D1692802

Fremdes Zuhause

Fremdes Zuhause

FLÜCHTLINGE UND VERTRIEBENE IN SCHLESWIG-HOLSTEIN nach 1945

Hrsg. von Hermann Heidrich
und Ilka E. Hillenstedt

Wachholtz

Zeit + Geschichte   Band 13
Sparkassenstiftung Schleswig-Holstein

Diese Publikation wurde gefördert von:

Sparkassenstiftung Schleswig-Holstein

Wilhelm Brandenburg GmbH & Co. oHG

Kulturstiftung Rendsburg-Eckernförde
Bordesholmer Sparkasse
Haus & Grund Schleswig-Holstein
Hans Schütt Immobilien GmbH
G. Pohl-Boskamp GmbH & Co. KG

Herausgeber:
  Hermann Heidrich
  Ilka E. Hillenstedt

Redaktion:
  Ilka E. Hillenstedt, Ulrike Looft-Gaude, Astrid Paulsen
Bildbearbeitung:
  Ulrike Looft-Gaude
Titelbild:
  Ferdinand Wollmann, Stolpe
Rückseite:
  Hildegard Messer, Trappenkamp (links), Alice Spruth, Kiel (rechts)

Alle Rechte, auch die des auszugsweisen Nachdrucks, insbesondere für Vervielfältigungen, der Einspeicherung und Verarbeitung in elektronischen Systemen sowie der photomechanischen Wiedergabe, der Übersetzung, der Verfilmung, des Fernsehens und des Vortrages, vorbehalten.

ISBN 978-3-529-02800-7
www.wachholtz.de

Wachholtz Verlag Neumünster 2009

INHALT

7 Vorwort

9 „Meine goldene Jugendzeit endete mit neun Jahren"
    Flüchtlingskinder in Schleswig-Holstein
    Ilka E. Hillenstedt

32 Die schlechte Zeit und die guten Erinnerungen
    Flüchtlinge in Dithmarschen nach dem
    Zweiten Weltkrieg
    Nils Hansen

43 Leben im Lager
    Uwe Carstens

53 „Eine Wohnung, die man mit gutem Gewissen wenigstens eine Reihe von Jahren jedem Deutschen zumuten kann"
    Die Nissenhütten im Husumer Birkenweg
    Astrid Paulsen

69 Wohnungsbau in den 1950er Jahren
    Architektur und Städtebau auf dem Weg
    in die Moderne
    Dieter-Jürgen Mehlhorn

84 Not der Nachkriegszeit
    Das Hamburger Umland am Beispiel Stormarns
    Norbert Fischer

92 Ein Experiment mit Folgen
    Die Ansiedlung der Gablonzer Glas- und
    Schmuckwarenindustrie im ehemaligen Marine-
    sperrwaffenarsenal Trappenkamp
    Stefan Wendt

110 Die Sprache wirkt wie ein Fingerabdruck
    Reinhard Goltz

125 Die Integration der Flüchtlinge und Heimatvertriebenen in die Landwirtschaft
    Klaus-J. Lorenzen-Schmidt

136 Pommerscher Kaviar und Holsteinische Ananas
    Nachkriegsernährung und die Akzeptanz
    fremder Speisen
    Ulrike Looft-Gaude

152 „Wir waren Flüchtlinge, aber die Mehrheit"
Zum Strukturwandel in der Ostseefischerei
nach dem Zweiten Weltkrieg
Stefanie Janssen

162 Brandenburg und die Rügenwalder Teewurst
Ulrike Looft-Gaude

181 Flüchtlingsbetriebe
Ein erfolgreicher Neubeginn am Beispiel des
Pharmaunternehmens Pohl-Boskamp
in Hohenlockstedt
Andrea Grotzke

194 Die ostpreußische Trakehner Pferdezucht in
Schleswig-Holstein
Hellmut Jucknat

201 Die Integration der Flüchtlinge in die evangelischen
Gemeinden nach 1945
Marion Wetzel

213 Die Ansveruswallfahrt bei Ratzebug
Karen Heide

219 Zur musealen Aneignung verlorener Heimat in
ostdeutschen Heimatstuben
Manuela Schütze

235 Endnoten

249 Literatur

255 Abbildungsverzeichnis

256 Die Autoren

Die Jahre danach.
Ein Film von Kay Gerdes.

VORWORT

Mit Ende des Zweiten Weltkrieges kamen ca. 12 Millionen Flüchtlinge und Vertriebene nach Westdeutschland. Im Verhältnis zur Gesamtbevölkerung hatte Schleswig-Holstein von allen Bundesländern den höchsten Anteil an Neubürgern aufzunehmen. Anfangs wurden sie notdürftig in Baracken und sogenannten Nissenhütten in Lagern, in Schulen, Kasernen, öffentlichen Räumen, Hotels und Gasthäusern untergebracht. Diese „Übergangslösung" dauerte für einige bis in die 1960er Jahre, als auch die letzten Flüchtlingslager geräumt werden konnten. Viele Flüchtlinge hofften anfangs, nach einigen Monaten in ihre Heimat zurückkehren zu können. Diese Einstellung führte zum Teil dazu, dass sich Einheimische und Flüchtlinge zunächst kaum annäherten.
Der vorliegende Band „Fremdes Zuhause" thematisiert die Eingliederung der Flüchtlinge und Vertriebenen in Schleswig-Holstein in der Nachkriegszeit. Mit zahlreichen Schilderungen von Zeitzeugen und Bildern unterlegt, beleuchten 16 Autorinnen und Autoren aus unterschiedlichen Perspektiven, wie sich die Menschen in Schleswig-Holstein einlebten und mit ihrer Situation arrangierten. Wie erfuhren die Flüchtlinge die ersten schweren Jahre? Wo kamen sie unter? Welche Arbeiten fanden sie? Welche Konflikte bestanden mit der hiesigen Bevölkerung? Wie veränderte sich durch die vielen Neubürger das Leben der Einheimischen?
Das Buch erscheint begleitend zur gleichnamigen Ausstellung im Schleswig-Holsteinischen Freilichtmuseum. Die Idee, sich im Museum mit diesem Thema zu beschäftigen, liegt bereits einige Jahre zurück. Viele Jahre stellten die „Stiftung Pommern", die „Landsmannschaft Ostpreußen e. V." und die „Stadtgemeinschaft Tilsit e. V." in unserem Haus aus Bergenhusen zahlreiche Exponate aus ihrer Heimat aus. Nachdem diese Präsentation „in die Jahre" gekommen war und nicht länger gezeigt werden konnte, initiierte Prof. Dr. Hermann Heidrich ein Ausstellungsprojekt, das das Schicksal der Vertriebenen und Flüchtlinge und den Neubeginn in Schleswig-Holstein auch für die heutige Generation nachvollziehbar und verstehbar macht. Nach Ablauf der Ausstellung wird das Thema dann als dauerhafte Dokumentation im Haus aus Dahmsdorf installiert.
Vielen Personen sei gedankt, allen voran den Autorinnen und Autoren, durch deren Mitarbeit dieses Buch erst entstehen konnte. Es erscheint gleichzeitig als Band 13 in der Reihe ‚Zeit und Geschichte' der Sparkassenstiftung Schleswig-Holstein. Ein großer Dank geht auch an den Wachholtz Verlag und dort vor allem an Renate Braus, die die Herstellung mit viel Engagement betreute.
Besonders danken wir dem Dokumentarfilmer Kay Gerdes, der in Zusammenarbeit mit dem Schleswig-Holsteinischen Freilichtmuseum den Film „Die Jahre danach" produzierte, welcher in vielerlei Hinsicht die Ausstellung und den Ausstellungsband ergänzt. Der Film liegt dem Buch bei und bietet die Möglichkeit, sich mit dem Thema in aller Ruhe zu Hause weiter zu beschäftigen.
Vor allem sei auch den Flüchtlingen und Vertriebenen gedankt, die in interessanten Gesprächen den Museumsmitarbeiterinnen sowie dem Filmemacher Einblicke in ihr Leben gewährten.
Dank geht auch an die Hamburger Architektin Dipl. Ing. Eva Stankowski, die mit großer Motivation in gestalterischer und inhaltlicher Zusammenarbeit mit dem Museum das Raumkonzept für die Ausstellung entwickelt hat.
Viele Privatpersonen und Institutionen haben uns auf dem Weg zur Ausstellung unterstützt, allen sei herzlich gedankt: Dr. Uwe Beitz (Museum Eckernförde), Hartmut Brandenburg (Archiv Brandenburg, Timmen-

dorfer Strand), Jutta Briel, Ulrich Dagge und Johannes Rosenplänter M. A. (Stadtarchiv Kiel), Dipl. Des. Meike Fehre (Ausstellungsgrafik), Andrea Grotzke M. A. (Firmenmuseum G. Pohl-Boskamp GmbH & Co. KG), Marianne Hansen (Heimatmuseum Hanerau-Hademarschen mit ostdeutschen Stuben), Mirjam Hipp (Hamburg), Vera Hütte (Medienberatung), Hilde Michalski und Wilhelm Kühl (Heimatmuseum der Ostdeutschen Landsmannschaften, Schleswig), Dr. Horst O. Müller (Kreismuseum Herzogtum Lauenburg), Dr. Wolfgang Muth (Geschichtswerkstatt Herrenwyk), Bernd Günther Nahm (Filmförderung S-H), Karsten Schrum (Dithmarscher Landesmuseum), Katrin Seiler-Kroll M. A. (Kieler Stadt- und Schifffahrtsmuseum), Dr. Elke Strang und Dr. Dirk Jachomowski (Landesarchiv Schleswig-Holstein), Simone Timm (Bauamt Husum), Guntram Turkowski M. A. (Stiftung Schleswig-Holsteinische Landesmuseen, Volkskundemuseum Hesterberg) sowie Almut Ueck (Kreisarchiv Nordfriesland).

Für ihre Mitarbeit, ihre Leihgaben und ihre Unterstützung danken wir den Zeitzeugen Ingrid Berlik (Schilksee), Ursula Bose (Luhnstedt), Robert Brokoph (Bordesholm), Edgar Ehling (Kiel), Karl-Christian Fleischfresser (Laboe), Ruth Griese (Wankendorf), Hildegund Hergenhan (Kiel), Hans-Joachim Koerner (Schierensee), Magda von Münchow (Wellsee), Erhard Neubauer (Kiel), Ingeborg und Willi Petersen (Husum), Margarete Pohl (Lütjenburg), Wolfgang Riedel (Dänischenhagen), Hans Friedrich Rothert (Kiel), Waltraut Siebert (Gnutz), Alice Spruth (Kiel), Ingo Ziehm (Kiel) sowie den beiden Museumspraktikantinnen Solvej Lüdke und Anna Schmidt.

Die Veröffentlichung und die Ausstellung wurden großzügig gefördert durch Mittel der Sparkassenstiftung Schleswig-Holstein und des Unternehmens Wilhelm Brandenburg GmbH & Co. oHG, Frankfurt am Main. Des Weiteren ist der Kulturstiftung Rendsburg-Eckernförde, der Bordesholmer Sparkasse, Haus & Grund Schleswig-Holstein sowie den Unternehmen Hans Schütt Immobilien GmbH, Kiel, und G. Pohl-Boskamp GmbH & Co. KG, Hohenlockstedt, für ihre finanzielle Unterstützung zu danken.

Molfsee, im Mai 2009

Ilka E. Hillenstedt   *Ulrike Looft-Gaude*   *Astrid Paulsen*

„MEINE GOLDENE JUGENDZEIT ENDETE MIT NEUN JAHREN"[1]
FLÜCHTLINGSKINDER IN SCHLESWIG-HOLSTEIN
ILKA E. HILLENSTEDT

Viele Kinder und Jugendliche sammelten während des Dritten Reiches und des Zweiten Weltkrieges einschneidende Erfahrungen in der Hitlerjugend, als BDM-Mädchen, als Luftwaffenhelfer oder als Ausgebombte.[2] Kinder, die überdies alleine oder mit ihren Familien flüchten mussten, waren am stärksten betroffen. Denn zusätzlich zu den Belastungen des Krieges und den gesellschaftlichen Umbrüchen hatten sie ihre Heimat verloren und mussten in einem neuen sozialen Umfeld zurechtkommen, in dem sie mit der einheimischen Jugend um ihre berufliche Bildung konkurrierten.[3]

Erste wissenschaftliche Untersuchungen zur Frage, ob sich die Erlebnisse und Belastungen der Flucht und der Nachkriegszeit auf den körperlichen und seelischen Zustand der Kinder auswirkten, fanden bereits in den 1950er und 1960er Jahren statt. Die Abweichungen der Flüchtlingskinder von dem normalen Durchschnittsbild eines Kindes in Friedenszeiten hingen ganz offenkundig mit den Folgen von Krieg, Flucht und Vertreibung zusammen. Das Untergewicht betrug teilweise bis zu 20 %, so dass aufgrund von Eiweißmangel die Muskulatur der Kinder schlecht entwickelt war und Haltungsschäden auftraten. Das körperliche Erscheinungsbild änderte sich vor allem durch die Schulspeisung.[4]

Spielende Kinder in Trümmern.

Im Jahr 1951 legte Elisabeth Henning an der Universität Kiel ihre Dissertation „Flüchtlingsschicksal und -milieu als gefährdende Momente für die psychische Entwicklung Jugendlicher. Untersuchung an gefährdeten und verwahrlosten weiblichen Jugendlichen"[5] vor. Sie wollte anhand von einigen Fallbeispielen den Zusammenhang zwischen dem Verlust der Eltern, der Heimat und des Lagerlebens auf die soziale Entwicklung aufzeigen. Aus heutiger Perspektive muss eine solche Untersuchung mit Vorbehalt betrachtet werden. Denn selbstverständlich litten die Flüchtlinge unter dem Verlust der Heimat und der persönlichen und materiellen Sicherheit,[6] doch bereits 1964 bewies die Generationsuntersuchung „Die 23-jährigen" von Elisabeth Pfeil aus dem Jahr 1964 die positive Lebenseinstellung junger Erwachsener. Besonders wichtig sind vor allem die Umstände, in die das Kind bzw. der Jugendliche aufgenommen wird; d. h. wie war die Aufnahme in der Schule, der Arbeitsstelle und der Gesellschaft? In ihrer Untersuchung erkannte Pfeil trotz mannigfaltiger Behinderungen und Entbehrungen in der Kindheit kein herabgesetztes Lebensgefühl. Sie beschreibt vielmehr, dass – obwohl die Gleichheit der Startchancen für die eigene Generation noch nicht voll erreicht war – die 23-Jährigen sich dies zumindest in ihrer Zukunft erhofften. Die Daten ließen auf eine optimistische Grundeinstellung schließen. Pfeils Studie erlaubt den Schluss, dass die emotionale Geborgenheit in der Kindheit wichtiger ist als die äußeren Umstände. Und diese Geborgenheit war offenbar auch in Notzeiten vorhanden.[7] Heute liegt die unmittelbare Nachkriegszeit mehr als 60 Jahre zurück und die damaligen Flüchtlingskinder sind meistens Großeltern. Die Erinnerungen an damals sind aber nach wie vor vorhanden. Als Reaktion auf einen Zeitungsartikel im Frühjahr 2008 meldeten sich im Schleswig-Holsteinischen Freilichtmuseum Vertriebene, die während ihrer Kindheit aus den ehemaligen deutschen Ostgebieten nach Schleswig-Holstein flüchteten.[8] Somit wurde es möglich, ausgewählte Zeitzeugeninterviews zu führen und die Flüchtlingskinder von damals zu Wort kommen zu lassen. Jedes Gespräch brachte andere Erkenntnisse und Erlebnisse zutage, kein Schicksal glich dem anderen. Gemeinsam ist ihnen vor allem die Erinnerung an Entbehrungen und Leid ihrer Familien sowie an den Neuanfang.[9]

Kinder in Kiel. Die Kleidung ist zu klein und es fehlen Socken und passende Schuhe, ca. 1950.

Erich Wollmann mit seinem Freund vor einer Kieler Baracke, ca. 1953.

Flüchtlingsbaracken in Eckernförde. Deutlich zu erkennen sind die Abzugsrohre der Öfen, die nach außen geführt werden, sowie die Gärten vor den Barackenwohnungen.

Die Befragten berichteten, dass vor allem die erste Zeit sehr schwierig gewesen sei und dass sie zuweilen auf Ablehnung stießen. Vergegenwärtigt man sich die Anzahl der Flüchtlinge und die Zahl der einheimischen Schleswig-Holsteiner, ist dies nicht verwunderlich. Die Bevölkerung in Schleswig-Holstein betrug am 17.05.1939 rund 1.589.000 Personen und hatte im April 1949 mit 2.762.000 Menschen den Höchststand erreicht.[10] Mit der steigenden Einwohnerzahl stieg jedoch nicht der zur Verfügung stehende Wohnraum. Flüchtlinge wurden in Lagern, Schulen, Kasernen, öffentlichen Räumen, Hotels und Gasthäusern untergebracht sowie bei Einheimischen einquartiert. Die Flüchtlinge rechneten zunächst damit, einige Monate nach Kriegsende in ihre Heimat zurückkehren zu können. Für die Familie von Herrn Ro. aus Ostpreußen war es „auch eine ganz klare Sache. Das war selbstverständlich, dass wir zurückkönnen." Diese Einstellung führte dazu, dass anfangs zwischen Einheimischen und Flüchtlingen kaum Annäherung stattfand, sondern eher Spannungen aufkamen.[11]

Die Flüchtlinge trafen in Schleswig-Holstein auf ein Land, das – bis auf einige Städte – vom Bombenkrieg weitgehend verschont geblieben war. Alle hatten mit dem Verlust gefallener Angehöriger und der Sorge über den Verbleib noch vermisster Familienmitglieder zu kämpfen. Bei den Flüchtlingen kamen der Schrecken der Flucht, der Verlust ihres Zuhauses und die Trauer um auf der Flucht umgekommene Angehörige sowie ihre ungewisse Zukunft hinzu. Untersuchungen unmittelbar nach dem Krieg sollten die bleibenden Schäden durch Flucht und Vertreibung dokumentieren, andererseits sollte der Sonderstatus der Flüchtlinge im Zeichen der Eingliederung möglichst schnell überwunden werden. Besonders Flüchtlingskinder hatten sich nicht zu sehr von ihren Altergenossen zu unterscheiden, vor allem nicht, was ihre Leistungsfähigkeit betraf. So wurde gerade in der Schule versucht, den Übergang zur Normalität zum Teil besonders schnell zu vollziehen. Viele Lehrer tendierten dazu, Unterschiede zwischen Einheimischen und Flüchtlingskindern herunterzuspielen oder als nicht mehr existierend zu betrachten.[12] In vielen Fällen sind solche Begebenheiten bis heute im Gedächtnis geblieben. An eine Situation aus dem Handarbeitsunterricht erinnert sich Frau H., Jahrgang 1938, aus Stettin, heute noch: „Wir machten Deckchen. Nur in der Situation, in der Mutti und ich waren, da machte man keine Deckchen. Nun sagte [meine Mutter], du machst einen Kopfkissenbezug, weil, die müssen wir sowieso haben." Die Lehrerin zeigte keinerlei Einfühlungsvermögen für die Situation von H., als sie vor der Klasse sagte: „H. heiratet jetzt aber als erste, die arbeitet ja jetzt schon für ihre Aussteuer." Die Lehrerin wollte mit diesem Satz bestimmt niemanden verletzen und wahrscheinlich war für sie die Situation schnell vergessen. Frau H. jedoch fühlte sich unverstanden und erinnert sich bis heute daran.

SCHULALLTAG

In der Schule sahen sich die Heimatvertriebenen unter den Schulkameraden oft schlechter gestellt als die Nichtvertriebenen.[13] Sie mussten verstärkt mit Leistungen glänzen, wenn sie in der Schule weiterkommen wollten. Auch Herr Ro., Jahrgang 1936, verspürte als ältester Sohn immer einen sehr großen Druck, gute Noten zu bekommen. Der lange Schulweg und die fehlenden finanziellen Mittel machten es für ihn bereits schwierig, die Mittelschule zu besuchen. Dennoch ermöglichten ihm seine Eltern, das Abitur zu machen. Ihnen war bewusst, dass ihr Sohn nur mit einer guten Ausbildung aus den Lebensumständen, in denen sich die Flüchtlinge befanden, herauskommen würde.

Ob die Kinder oder Jugendlichen eine höhere Schule besuchen konnten oder nicht, hing oftmals auch davon ab, welche Position ihr Vater im Ort innehatte. Herrn Ri. aus Schlesien (Jahrgang 1939) war ein weiterführender Schulbesuch aus seiner Lage als Flüchtling heraus nicht möglich: „Der hier, dem sein Vater war

Die Schwester von Frau Sp. bei der Einschulung, ca. 1950.

Eine Klasse im Lager Altenhof bei Eckernförde am 26.4.1949.

Leiter des Arbeitsamtes …, der war dumm wie Bohnenstroh, der kam aufs Gymnasium, … der hat bei mir abgeschrieben und so schlau war ich auch nicht." Und dennoch ist es vielen heimatvertriebenen Kindern gelungen, die mittlere und höhere Schulbildung zu erlangen. Das Bestreben vertriebener Eltern, ihr Kind auf die höhere Schule zu bringen, schien stärker gewesen zu sein als bei den Einheimischen. Möglicherweise hing dies mit der Tatsache zusammen, dass weniger Geschäfte und Betriebe vererbt werden konnten und so die Sicherheit eines Berufes nicht gegeben war. Offenkundig ist auch, dass die Entwurzelung vielfach zu Bewährung und Aufstieg anreizte, um der häufigen sozialen Deklassierung zu entkommen. Die Erfahrung, alles Materielle verloren zu haben, stärkte wohl vielfach die Bewertung von Bildung. So fanden sich in den 1960ern prozentual mehr Heimatvertriebene unter den Studierenden als es ihrem Bevölkerungsanteil entsprach.[14] Aus einer Befragung in Bayern von 1950 ging hervor, dass Vertriebene, die es für sich selbst aufgegeben hatten, die alte Berufsstellung und den alten sozialen Stand wieder zu erreichen, wenigstens ihre Kinder in dem alten Status sehen wollten. Wo dies nicht gelang, und das war hauptsächlich in den ländlichen Regionen der Fall, litten die Eltern stärker darunter, als unter ihrem eigenen Los.[15]

Abiturklasse mit Flüchtlingen und Einheimischen, Mitte der 1950er Jahre.

Dennoch schränkte gerade der Zwang des Geldverdienens die Flüchtlingskinder besonders ein. Wenn für die Schule kein Geld vorhanden war, blieb den Jugendlichen nichts anderes übrig, als durch eine Ausbildung das monatliche Einkommen der Familie zu unterstützen. Frau v. M. (Jahrgang 1927 aus Danzig) wollte eigentlich studieren, doch „dann musste ich aber von Wellsee bis zur Universität zu Fuß … Und dann wurde eben festgestellt, wir kommen so nicht hoch. Wir müssen zusehen, dass wir auf die Beine kommen."

Erst nach und nach öffneten die während des Krieges geschlossenen Schulen wieder ihre Tore. Die Entnazifizierung durch die britische Militärregierung betraf auch die Lehreinrichtungen, so dass anfangs noch großer Lehrermangel herrschte. In den vielen Flüchtlingslagern wurden Lagerschulen eingerichtet. Der starke Zustrom an Kindern füllte die Klassen so stark, dass häufig mehrere Jahrgänge gleichzeitig unterrichtet werden mussten. Die Unterrichtsräume waren meist karg eingerichtet. Bereits ein trockener, warmer Raum war ein unschätzbarer Vorzug. Eine der großen Leistungen der Nachkriegszeit war, dass bereits 1946 wieder 99 % der schulpflichtigen Kinder Unterricht hatten, wenngleich auch Lehrmaterialen so gut wie nicht vorhanden waren.[16]

Für viele Schulkinder war die Schulspeisung die einzige warme Mahlzeit am Tag. In den Jahren 1946-48 erhielten alle Kinder diese tägliche Kost. „Morgens belegte Brote mit Kakao, Brühe, das weiß ich noch, und mittags dann entweder heiße Schokoladensuppe oder Makkaroni. Einmal im Monat eine halbe Tafel Schokolade." (Herr N.) Einige Kinder bekamen zusätzlich „jeden Tag … einen Löffel Lebertran, zur Stärkung. Hat uns ja nicht geschadet. Da hab ich ja neue Gerichte kennen gelernt. Fischsuppe, Graupensuppe, Gemüsesuppe." (Herr R.) Da es im Lager wenig zu essen gab, war für Frau B. (Jahrgang 1933) die warme Mahlzeit der eigentliche Grund, wieder zur Schule zu gehen. Im Februar 1946 erhielten 22.000 Kieler Schulkinder aus sieben Großküchen diese zusätzlichen Kalorien. Selbstversorger, wie die Kinder vom Land, nahmen an der Schulspeisung nicht teil.[17]

Die meisten Kinder wurden im Frühjahr 1946 eingeschult bzw. wiedereingeschult, da damals das Schuljahr im April begann. Herr Ri. wurde 1946 aus Schlesien als 7jähriger vertrieben. Folglich war er für die erste Klasse schon zu alt und wurde gleich in die zweite Klasse versetzt. Nur mit Hilfe seines Stiefvaters hat er diese schwierige Phase überstanden, in der er mehr als andere Kinder starken Nachholbedarf hatte. Aber auch an Kindern, die bereits im Krieg eingeschult worden waren, gingen die Jahre ohne Schule nicht unbeschadet vorbei. Frau Si. (Jahrgang 1936 aus Pommern) sind besonders die ersten Schulerfahrungen in Schleswig-Holstein im Gedächtnis geblieben: „Mein einschneidendes Erlebnis war, ich musste da zur Schule. Ich hatte eineinhalb Jahre keine Schule, mit zehn Jahren, und was man da noch weiß, oje, das erste war, wir mussten ein Diktat schreiben und das hör ich heute noch, ich sollte das Wort ‚kommen' schreiben, da hab ich drüber gebrütet, oh, das wusste ich nicht einzuordnen. Ich weiß nicht, was ich geschrieben habe, jedenfalls, … ich wusste nichts mehr."

Verschiedene Altersstufen in einer Klasse.

Kinderspeisung in Kiel 1946.

Wie ein Lehrer auf seine Schüler eingeht und sie wahrnimmt, prägt einschneidend das schulische Weiterkommen und ob sich das Kind in der Schule wohlfühlt. Herr E. aus Danzig (geb. 1941) schreibt seine glückliche Schulzeit den Leistungen seines Lehrers zu: „Wir hatten einen Lehrer, der … es verstanden hat, keine Gräben zu schaufeln, sondern Brücken zu bauen. In einer Form, die bis heute Bestand hat." Wahrscheinlich war es dem Lehrer deshalb so wichtig, keine Unterschiede zwischen Einheimischen und Flüchtlingen zu machen, da er selbst Flüchtling war und erlebt hatte, dass es zu Konflikten kommen konnte. Dem Lehrer war zudem bewusst, dass es Flüchtlingskinder auf höheren Schulen hin und wieder schwerer hatten. Er gab den Schülern vor der Prüfung zur Realschule den Hinweis, sich nicht als Flüchtling preiszugeben. „[Denn] als Flüchtlingskind wurde man nicht bevorzugt behandelt … Und wenn man auf höhere Schulen ging, d. h. Mittelschule, dann wurde man selbst dort diskriminiert von den Lehrern." (Herr E.)

Durch die Schule bekamen die jungen Menschen recht schnell Kontakt zu Einheimischen. Meistens waren in der Nachkriegszeit in Schleswig-Holstein gemischte Klassen mit Flüchtlingskindern und Einheimischen üblich. Als jedoch Frau B. aus Danzig, 1946 bereits 14 Jahre alt, auf eine weiterführende Schule in Kiel gehen konnte, war sie noch die Ausnahme der Regel. „Da kam der Direktor [und sagte mir:] ‚Das ist eine protestantische Schule und du bist katholisch und wir haben alles Mädchen aus wohlerzogenen Häusern und du wohnst im Lager und bist ein Flüchtling. Und benimm dich ordentlich, denn du bist so ein Sonderfall und du bist die erste an der Schule, die aus so einer Situation kommt.'" Erst durch den Hinweis des Direktors wurde der Schülerin ihre eigene Position bewusst. Mit der Zeit änderten sich die Umstände und andere Flüchtlingskinder wurden in die Klasse eingeschult. Dennoch fühlte sie sich durch diese ersten Worte nie vollständig integriert.

Anders war die Situation bei Frau S. aus Westpreußen (Jahrgang 1936). Für sie war das Einleben in der Schule sehr einfach, es gab

Eine Schulklasse in Schleswig. Im Hintergrund die ehemaligen Kasernen, in denen Flüchtlinge untergebracht waren.

sehr viele Flüchtlinge in ihrer Klasse und sie hob sich nicht hervor. „Das Einzige, das schön war, [war] meine persönliche Integration mit meinen Schulkameraden. Also da war, da war kein Unterschied zwischen den Einheimischen und den Flüchtlingen." Auch Herr W. aus Posen (Jahrgang 1933) kann nicht von Konflikten aus der Schule berichten. „Alle gemeinsam in der Schule, Kieler und Flüchtlinge. Da gab es keine Probleme miteinander ... Man kann so sagen, die hatten etwas mehr. Die Kieler hatten Schrebergärten, mal Obst im Garten, hatten mal 'ne Stulle in der Hand. Was wir nicht so hatten. Aber im Gegenteil, die Kieler Kinder ... haben uns was abgegeben."

In dem geregelten Schulalltag fanden sich die Kinder bald wie von selbst zurecht. Anfangs bildeten sich zwischen den Kindern noch Gruppen, die sich in Flüchtlinge und Einheimische teilten. Da aber sehr schnell der Kontakt durch das tägliche Miteinander entstand, lösten sie sich bald auf. Den Flüchtlingskindern gelang es besser als den Erwachsenen, sich in der neuen Situation zurecht zu finden, da sich die Gruppenzugehörigkeiten verschoben und man wie selbstverständlich miteinander umging.

„GEBT UNSEREN KINDERN VIER WOCHEN ERHOLUNG"[18]

Die Verbesserung der Wohlfahrtsleistungen und die soziale Fürsorge gehörten zu den Kernaufgaben der Arbeiterwohlfahrt. In großem Umfang organisierte die AWO auch in der Notzeit nach dem 2. Weltkrieg vor allem für kranke und unterernährte Kinder Erholungsfahrten und Ferienaufenthalte. Mit Plakaten wurde die Bevölkerung aufgefordert, die Aktivitäten der AWO finanziell zu unterstützen.

FLÜCHTLINGSKINDER

Gebt unseren Kindern vier Wochen Erholung. Plakat der Arbeiterwohlfahrt.

Von 1946 an wurde dem zerstörten Deutschland auch aus dem Ausland geholfen. So erreichten Deutschland in der Nachkriegszeit fast zehn Millionen CARE-Pakete mit Lebensmitteln, Kleidung oder Werkzeugen.[19] Zuweilen enthielten diese Spenden Dinge, die nicht in erster Linie praktisch waren. „Wir bekamen Spenden aus Amerika. Diese CARE-Pakete. Die wurden dann verteilt, mehr oder weniger gut. Dann gab es auch manchmal Textilspenden … Das waren dann amerikanische, ja weiß ich nicht, Modesachen oder so. Als ich dann zur Schule ging, besaß ich ein gelbes Kleid mit riesengroßen blauen Lilien, … und dann die einzigen Schuhe, die mir passten, waren blaue Pumps. Ich sah grässlich aus." (Frau B.) Dennoch waren sie froh, die Kleidung zu bekommen. Auch das Schwedische Rote Kreuz sammelte nach Ende des Krieges Lebensmittel, Kleidung und Medikamente und sandte sie in die von den Kriegsschäden und -folgen stark betroffenen Gebiete. „Dann gab es früher im Lager noch, auch in den 40ern, so genannte Schwedenspenden, da wurde Zeug verteilt, das wurde in Schweden gesammelt und dann im Lager verteilt." (Herr N.)

„Verschickung" von Flüchtlingskindern in die Schweiz, betreut durch das Schweizer Rote Kreuz, in Kiel, um 1947.

Nahrungsmittelhilfe kam manchmal auch unverhofft. Herr W. aus Posen erinnert sich an seine Jugendzeit, die er mit Freunden oft in der Kneipe verbrachte. Am Abend kam die Küchenchefin zu ihnen und fragte, ob sie bereits gegessen hätten. „Und dann hat sie die Reste in der Küche, die sie hatte, ob's Bauernfrühstück war oder auch Fleisch, zurechtgemacht in einer großen Pfanne, dann mussten wir uns hinsetzen, … und sie hat uns zu Essen gegeben. Kostenlos."

„UND DAS LAGER WIMMELTE VON KINDERN"[20]

Für Kinder, die im Lager aufwuchsen, wurden die Enge und das Fehlen von Privatsphäre schnell zur Normalität. Je jünger das Kind zur Zeit des Einzugs in das Lager war, umso mehr nahm es das Lager als großes Abenteuer war. „Also, für die Erwachsenen war das, glaub ich, eine Katastrophe. Wir Kinder haben das nicht so empfunden. Das muss ich wirklich sagen … und da konnten wir spielen und toben." Vor allem Kinder zwischen fünf und zehn Jahren lebten sich meist mühelos und schnell ein, besonders, wenn sich die Lagerzeit über die Phase der schlimmsten Nachkriegsnot und über die Währungsreform im Jahre 1948 erstreckte. Ihnen mangelte es nicht an Spielfreundschaften und Freizeitraum. So entstand ein nachbarschaftliches Verhältnis und eine Gruppenzusammengehörigkeit, „die bis heute anhält", wie Herr E. beteuerte. Wie unterschiedlich die Auffassung über das Leben im Lager bei Kindern verschiedenen Alters war, bezeugt die Aussage von Frau B. über ihre acht und neun Jahre jüngeren Geschwister: „Ich bin nie wieder ins Lager zurück gegangen. Nie wieder. Aber meine Geschwister, die hatten Räder, für die war alles, jeder Sonntagsspazier-

Kinder in einem Barackenlager für Flüchtlinge.

gang, ins Lager, ins Lager, ins Lager. Zu den Leuten, die sie alle noch kannten. Die haben aus dem Lager nie richtig Abschied genommen."
Trotz der Verbundenheit und Spielmöglichkeiten zeichnen die zeitgenössischen Darstellungen des Lagerlebens ein trübes Bild. Der Journalist M. Lütgenhorst zog im Jahr 1948 durch das Land und beschrieb die Enge der Lager, den mangelnden Ernährungszustand und die Unsauberkeit und Krankheiten.[21] Hinzu kommt, dass die dort lebenden Menschen häufig kollektiv verurteilt und sogar als kriminell bezeichnet wurden. Während der Gespräche wiederum entstand ein ganz anderes Bild. Dort hieß es, dass gerade die ärmlichen Verhältnisse dazu beitrugen, dass man sich gegenseitig half und solidarisierte. „Es gab ja nur ein Fahrrad im Lager. Das lieh man sich aus und stellte es abends wieder hin." (Herr N. aus Pommern, Jahrgang 1942)
Zuweilen scheint es, als seien die entbehrungsreichen Jahre in Vergessenheit geraten. So zeigt sich im individuellen Fall ein Ausblenden dieser Erfahrungen, und die wiedergewonnene Selbstständigkeit rückt in den Vordergrund des Erzählens. Sie lassen die Kindheit im Lager sehr unbeschwert erscheinen und berichten davon, „viel Spaß gehabt zu haben" und dass es im „Lager wie in einer großen Familie" (Herr N.) gewesen sei. Kinder können sich besser als Erwachsene auf neue Situationen einlassen und noch keine Vergleiche ziehen. So werden Unterschiede in der Qualität der Erinnerung häufig mit dem Lebensalter bei der Ankunft im Lager zusammenhängen.[22] Herr E. war noch sehr klein, als er ins Lager kam und findet heute, dass sie eine „fantastische Jugend [hatten], schöner kann's gar nicht sein, weil als Kind nimmt man ja die Armut nicht wahr." Erst heute im Erwachsenenalter ist es möglich, dies aus anderer Sichtweise zu reflektieren. „Als Kinder war es eigentlich am einfachsten. Am schlimmsten hatten das meine Großeltern, meine Mutter, also die Erwachsenen, für die war es am schlimmsten. Für uns Kinder, wir hatten Schreckliches erlebt, aber man hat das mehr als Abenteuer gesehen. Und wenn das abgeschlossen war, naja, dann war's das." (Frau P. aus Hinterpommern, Jahrgang 1936)

Kinder im Lager.

Die Erwachsenen gingen mit dem Lagerleben anders um, denn die Verhältnisse dort bedeuteten eine extreme Lebenssituation. Die Lagerinsassen fühlten sich häufig auch nicht als Individuen wahrgenommen. Herr E. erzählte auch nach dem Auszug aus dem Lager nicht, woher er kam, um Diskriminierungen zu entgehen. Die Menschen standen im Lager unter Anstaltsrecht und nicht unter Mietrecht. Bis ins Detail war das Leben durch die Lagerleitung festgelegt.[23] Dadurch waren in der direkten Nachkriegszeit die Lebensbereiche der Einheimischen und der Flüchtlinge viel stärker voneinander abgegrenzt. Als die Menschen noch keine Arbeit hatten, verließen sie das Lager kaum und lebten weitgehend isoliert. „Wir waren also eine Stadt, ein Ort für sich. Wir waren abgeschlossen." (Frau P.) Für Frau B. (Jahrgang 1933) ist bezeichnend, dass es sich im Lager „eigentlich um eine Art Matriarchat [handelte]. Es gab ganz viele Frauen und unheimlich viele Kinder … Also brauchbare Männer im normalen Alter, die gab es nicht. So erst ab und zu mal den oder jenen Heimkehrer, der sehr lädiert zurückgekehrt ist. Aber ansonsten waren die Frauen dasjenige … Aber die Frauen, nicht, dass es ohne Zankereien oder Quengeleien zuging, aber die Frauen waren schnell solidarisch, weil sie sich und ihre Kinder durchbringen mussten. Die hatten gar keine Zeit für Kämpfe." Dieser Autoritätsgewinn resultierte nicht allein aus der gewachsenen Selbstständigkeit der Ehefrau während der Abwesenheit des Mannes, sondern vor allem im eingebüßten Autoritätsbewusstsein der Männer durch Deklassierung, Berufsverlust, Arbeitslosigkeit und Gefangenschaft.[24]

Eng aber fröhlich. Familienfeier in einem Kieler Flüchtlingslager.

Während sich soziale Kontakte unter den jungen Menschen im Lager bildeten, waren die Erwachsenen durch die Flucht aus ihren gesellschaftlichen Beziehungen herausgerissen. Für viele war der Verlust der damit

Frau Sp. aus Westpreußen mit ihrer kleinen Schwester im Barackenlager in Kiel, ca. 1950. Sie tragen Kleider, die ihre Mutter aus demselben Stoff für sie nähte.

verbundenen sozialen Stellung oft schlimmer zu ertragen, als die materielle Not. „Mein Großvater hat öfter erzählt, zu Hause war er wer, jeder kannte ihn, aber in Schleswig war er niemand. Und das war mit das Schlimmste, … dass man niemand mehr war." (Frau P.)

Der materielle Verlust und die damit einhergehende Sicherheit darf dessen ungeachtet nicht unterschätzt werden. Neben dem angestammten sozialen Status und der gesicherten Identität verloren die Menschen alles Materielle und Gesellschaftliche, was ihnen Halt und Kontinuität geben konnte: Heimat, Haus, Besitz, Erwerbsquelle und Land zur Sicherstellung der Nahrung.[25] Auch wenn dies vor allem die Erwachsenen betraf, wurde der materielle Verlust Frau Br. (Jahrgang 1936 aus Westpreußen) durch das Fehlen von Erinnerungsstücken bewusst. „Ich war bei meiner Freundin, die hatten vier Kinder, das war auf dem Bauernhof. Wir gingen auf den Dachboden und dort machten sie die Truhen auf und da war was von der Oma, der Uroma, da war ihr Kinderwagen, da war ihr Puppenwagen usw. Und dann ist mir mit einem Mal, da war ich neun, ist mir da klar geworden, dass ich keinen Dachboden hatte. Und dann hab ich so einen regelrechten Heulkrampf bekommen. Da ist mir die Situation erst bewusst geworden. Weil bei mir war die Vergangenheit abgeschnitten. Und die anderen, das war eine Einheit. Man lebt mit seiner Geschichte."

EINHEIMISCHE UND FLÜCHTLINGE

Der anhaltende Zustrom von Flüchtlingen stellte an die britische Militärregierung immer neue Anforderungen. Bald zeichnete sich ab, dass an eine baldige Rückkehr nicht zu denken war und die anfängliche Gastfreundschaft schlug bald in eine gereizte Atmosphäre über. Wo sollten die vielen Menschen unterkommen? Wie sollten sie ernährt werden? In Schleswig-Holstein kam es zu einer Bevölkerungszunahme von mehr als 70 %, während der Durchschnitt in der gesamten Bizone bei 22 % lag.[26] So kamen in Schleswig-Holstein auf je vier Einheimische drei Flüchtlinge. 1946 lebten hier mehr als 2,6 Millionen Menschen; über eine Million mehr als vor dem Krieg.[27] Die Hauptlast der Flüchtlingsaufnahme mussten die ländlichen Gemeinden tragen, deren Gesamtbevölkerung bis 1950 um 94 % zunahm. Die kreisfreien Städte kamen aufgrund ihrer Zerstörung nur bedingt in Frage. Bezogen auf das ganze Land lebten zwei Drittel der Flüchtlinge auf dem flachen Land und in Gemeinden mit bis zu 10.000 Einwohnern. Gerade hier aber waren die Berührungen am engsten, das Gefühl der Verschiedenheit am deutlichsten und Konfliktmöglichkeiten am ehesten gegeben.[28] So entwickelte sich besonders hier das Unterbringungsproblem zur zentralen Belastungsprobe im Zusammenleben der Menschen. Frau S. erinnert sich an ihre Ankunft: „Dann saßen wir auf diesem Lkw und da fing es an, noch grauslicher für uns zu werden. Weil man in den Dörfern, durch die wir fuhren, sah, dass die Gardinen zugezogen wurden. Die Türen schräg geschlossen wurden, die Leute verschwanden von der Straße. Die hatten natürlich Angst, da kommt Einquartierung, das versteh ich, aber trotzdem war das grausam."

Der Journalist M. Lütgenhorst beschreibt auf seiner Reise nicht nur das Leben in den Lagern, sondern besuchte auch Bauernhöfe. Hier beschreibt er einen beliebigen Hof, indem er Räume und Personen zählte: „Der alte Bauer mit seiner Familie ein Zimmer, der junge Bauer ebenfalls, im Wohnzimmer wohnen drei Flüchtlingsfamilien, acht Personen auf vielleicht 20 qm. Auf dem Flur steht ein Bett, in dem die 75jährige Großmutter schläft. Bei einem anderen Bauern wohnen fünf Flüchtlingsfamilien. Ich habe auf meiner Elendsreise

Bauernhöfe besucht, wo 50 und 60 Flüchtlinge wohnen, Barackenzimmer, wo Alte und Junge, Frauen und Säuglinge, Kranke und Gesunde seit drei Jahren zu zweit in einem Bett schlafen."[29] Überall in Schleswig-Holstein zeichnete sich dasselbe Bild ab. Überfüllte Bauernhöfe und volle Zimmer. Herr Ro. aus Ostpreußen, Jahrgang 1936, ist mit seiner Mutter und seinen zwei jüngeren Brüdern in Dithmarschen einquartiert worden: „Es wurde [auf dem Bauernhof] weniger, es dünnte sich aus. Es war voll, sonst hätte man uns ja nicht in den Stall getan. Wir rückten dann in ein Zimmer vor. Inzwischen war mein Vater da, der hatte uns gefunden … Mein Onkel war auch bei uns. So wohnten wir dann mit drei Kindern und drei Erwachsenen in dem einen Zimmer. Mit drei Stockbetten, aber wir waren aus dem Stall ja raus, das war also sehr ordentlich. Und nachher kamen wir dann in ein etwas größeres Zimmer."

Herr G. aus Schleswig-Holstein lebt noch immer auf dem Hof seiner Eltern, wo mehrere Flüchtlingsfamilien unterkamen. Anfangs waren sie alle überfordert, denn „die waren plötzlich da, man wusste vorher nicht. Es wurden immer mehr. Wir dachten: Wie soll das werden, wir hatten ja nur acht Kühe und alle bekamen Milch ab. [Später] war das ganz normal, dass die Flüchtlinge hierher kamen … Wir bekamen vom Bürgermeister Bescheid und dann kamen die hier an. Die hatten alle ihre eigene Brennhexe … und dann war das erledigt." Hier wird deutlich, dass gerade für die jungen Menschen die Lebensumstände der Flüchtlinge eine völlig „normale" Situation darstellten. Frau Ro. aus Kiel gibt heute zu: „Ich schäme mich dafür, dass ich früher nicht mehr über die Flüchtlinge gewusst habe und es ist mir im Nachhinein erst bewusst geworden, was die durchgemacht haben." Die Einheimische Frau Sch. bekam diese Unterschiede durch ihre Eltern eingebläut, die versuchte den Kontakt zwischen ihnen zu verbieten. „Meine Mutter kam zum Kontrollieren in den Gasthof … Die war immer darauf bedacht: Keine Freundschaft mit Flüchtlingen. Ich kann nicht verstehen, warum die so dachten." Sie selbst hatte immer guten Kontakt zu den neuen Mitbürgern und heiratete dann auch einen Flüchtling. Dennoch zeigt dieses Beispiel, was in den Gesprächen vielfach deutlich wurde. Die Flüchtlinge versuchten nicht aufzufallen. Das wurde den Kindern auch von den Eltern beigebracht: „Wir mussten immer Achtung vor den Bauern haben. Meine Mutter hat uns eingetrichtert, … wir mussten die Bauernsöhne mit Herr und Vornamen anreden." (Herr Ro.)

Wenn es bei den Bauern sehr voll wurde, entstanden Situationen, wie sie Herr Z. aus Pommern (Jahrgang 1938) erlebte, als seine Familie von einem Polizisten einquartiert werden sollte: „Die Frau wollte das nicht und schrie, dann musste sie uns ein Zimmer geben und um 6 Uhr hämmerte es an der Tür. Wir mussten gehen." Heute ist er nicht nachtragend, sondern hat Verständnis. „Wer weiß, wie viele

Weihnachten in den Flüchtlingsbaracken. Die „Küche" ist durch einen Vorhang vom „Wohnzimmer" abgetrennt.

sie schon aufnehmen musste, vielleicht mochte der Polizist sie auch nicht und hat uns deshalb bei ihr einquartiert." Möglicherweise trugen solche Gegebenheiten dazu bei, dass sich der Bruder von Herrn Z. heute nicht als Flüchtling bezeichnen lässt, aber bezeichnenderweise nur in dem Dorf, in dem sie damals einquartiert wurden. Und das nicht etwa, weil er sich heute nicht integriert fühlt, sondern weil „Flüchtling" lange Zeit als Schimpfwort galt. Der „Flüchtling" als Sozialtyp existierte auf dem Dorf sehr viel länger als in der Stadt, denn trotz aller Wandlungen, des Anschlusses an die Verkehrssysteme und der Massenmedien bildeten Dörfer vergleichsweise „geschlossene Lebenswelten", in denen die Flüchtlinge lange Zeit Fremde blieben.[30]
In manchen Fällen änderte sich das Verhalten der Einheimischen im Laufe der Zeit. Frau G. erlebte im Dorf einen plötzlichen Sinneswandel, denn „... das gute Verhältnis, was mein Vater mit dem Bauern hatte, war schlagartig aus, und wir wussten nicht warum ... Der hat uns schikaniert, wo er konnte." Frau H. spürte die Ablehnung jener Bewohner, denen es durch die Flüchtlinge schlechter ging als zuvor: „Die Bauern waren sehr vernünftig eigentlich. Die, die Hunde auf uns gehetzt haben, das waren die Dorfarmen ..., die hinten runter fielen, ... wenn ein Bauer ein Schwein geschlachtet hat, dann brachte er zu ihnen was hin, das gehörte

Kinder in Rederstall, Dithmarschen, spielen „Russen überfallen Flüchtlinge", Mitte der 1950er Jahre.

sich so früher, das ging nun aber nicht mehr." (Frau H.) Herr Br. wurde in einer sehr freundlichen Familie einquartiert. Dort wurde er respektvoll behandelt, so dass ihn Beschimpfungen besonders trafen. „Mein Lehrmeister hat mich immer Polacke genannt, da brannten dann die Sicherungen durch … Aber da waren wir hauchdünn. Man konnte alles mögliche mit uns machen, uns schwere Arbeit geben und weiß der Himmel was, aber uns beschimpfen als Pack, das war zuviel." (Herr Br.)

Zwar zeigte sich die Nahrungssituation auf dem Land häufig besser als in der Stadt, dennoch war Hunger ein ständiger Begleiter. Die Kinder mussten wie selbstverständlich die Äcker abstoppeln oder in den Sommerferien zum Himbeerpflücken, „das war selbstverständlich, wenn du essen willst … Ich sag immer, meine goldene Jugendzeit endete mit neun Jahren." (Frau Si.) Besonders in der ersten Not entstanden die häufigsten Konflikte durch die Nahrungsbeschaffung: „Wir waren Ähren sammeln und da kam der dicke Bauer und schlug uns mit der Peitsche vom Feld. Bis sich dann herausstellte, er war noch nicht mit der Hungerharke übers Feld gegangen. Das war so die Reste zusammenkratzen." (Herr Bo. aus Danzig, Jahrgang 1933) Eine positive Geschichte erzählte Frau Ber., die im Kr. Schleswig bei einem Bauern unterkam: „Nie vergessen werde ich auch meinen elften Geburtstag, als ich von Familie H. eine richtige Torte mit Schlagsahne überreicht bekam. Nach zehn Wochen Flucht mit knappster Ernährung war so eine Torte wie ein Weltwunder für uns."

Von den Kindern wurden die Schwierigkeiten der Eltern nicht wahrgenommen. Sie kamen schnell in Kontakt und „das Spielen hat nicht gelitten" (Herr Z.). Doch noch Jahre später, im Erwachsenenleben zeigte sich, dass das Verständnis manchmal nicht vorhanden war. „Da sagte der in allem Ernst zu mir: ‚Warum seid ihr eigentlich gekommen?' Das tut weh, das muss ich ganz ehrlich sagen, das tut weh … Da kann man nichts zu sagen, dem kann man nur aus dem Weg gehen." (Frau H.)

Es gibt auch viele Fälle, in denen die Einheimischen die Vertriebenen aufnahmen und wie eigene Familienmitglieder behandelten. „Wir hatten großes Glück, unsere Wirtsleute waren sehr verständnisvoll … [Er] war wie ein zweiter Vater für mich." (Herr Br. aus dem Memelland, Jahrgang 1929) Die Aufnahme bestimmt bis heute, ob man auch nach dem Auszug in ein eigenes Heim mit den ehemaligen Wirtsleuten noch Kontakte pflegte oder nicht. „Diese Familie war so was von ruhig. Kontakt kriegte man da gar nicht, erzählen konnte man da auch nicht, also da war keine Kommunikation. Wir kriegten da zwar Essen mit, aber, man kann das ja verstehen, fremde Leute auf einmal mit am Tisch." (Frau G. aus Ostpreußen, Jahrgang 1935) Oftmals blieb der Kontakt auch bis heute bestehen: „Und das waren so nette Menschen, da haben wir bis zuletzt Kontakt gehabt. Die haben das Letzte mit uns geteilt." (Frau G.) Herr A. aus Pommern ist auf dem Bauernhof sehr gut aufgenommen worden und weiß bis heute, dass er es besonders gut getroffen hatte. „Das ist unsere zweite Heimat geworden … Das war etwas Besonderes. Wir aßen mit den G.s immer an einem Tisch. Das war woanders nicht so." Und wenn Herr W. von seiner Jugendzeit erzählt, beginnt er zu schwärmen. Das Leben in einem Kieler Lager war zwar nicht immer einfach, vor allem, weil kein Geld da war, um auch mal die schönen Seiten des Lebens zu genießen. Um so mehr freute er sich, wenn er mit seinen

„Kohlenklau" vom Wagen.

Zeichnung von Br. während seiner Drechslerlehre in den 1950er Jahren.

Freunden vor dem Kino saß und der Besitzer kurz vor Vorstellungsbeginn herauskam: „Jungs, Kino ist nicht voll, geht mal rein.' Da durften wir umsonst ins Kino gehen."

Die Qualität der Erinnerung hängt entscheidend vom Alter der Flüchtlingskinder ab. Die erste Generation der Schulkinder, die 1945 nicht älter als zehn Jahre alt war, berichtet kaum über Streitigkeiten. Wer allerdings vor der Berufswahl stand oder auf dem Dorf bzw. in der Kleinstadt eine Wohnung suchen musste, der erzählt vermehrt von Spannungen.[31] Zu berücksichtigen ist ebenfalls, dass die Geschichten oft erst nach Jahrzehnten aufgezeichnet oder erzählt wurden. Somit sind die Berichte nicht immer unmittelbarer Ausdruck der Nachkriegszeit. Dazu gesellt sich eine harmonisierende Darstellung, bei welcher der Schwerpunkt auf einer als geglückt empfundenen Integration liegt.[32] Viele Konfliktsituationen scheinen längst vergessen zu sein, werden in den Gesprächen aber wieder lebendig. „Ja, so in der Erzählung, da hab ich doch die ein oder andere Sache erlebt, was Flüchtlinge anbelangt." (Herr Ri.) Heute ist das Verständnis vorhanden und man kann über die schwere Zeit damals inzwischen anders reflektieren. Frau B. weiß, dass es nicht einfach ist, sein Hab und Gut mit Fremden zu teilen, „jetzt ist das schon schwieriger. Jetzt würde ich die Hälfte von dem was ich hab nicht abgeben." Allerdings waren die Zeiten und die Not damals anders. „Alle, die hier ankamen, waren schwerst geschädigt, durch Krieg, Flucht und Verlust. Die Älteren, so wie meine Mutter, konnten nicht mal mehr weinen. Und dann mussten die Menschen hier, die ja von Krieg fast nichts mitbekommen hatten, alles teilen. Auf der Flucht wurden sie manchmal mit Hunden vom Hof gejagt. Sie waren ja nicht die ersten Flüchtlinge. Die Menschen hatten ja selbst nichts mehr, sie haben ja ihre Milch schon abgegeben." (Herr Z.)

UNTERSCHIEDE

Neben den wirtschaftlichen und sozialen Problemen gab es noch die feinen Unterschiede in der Mentalität, der Lebensumstände, der Konfession und letztlich der persönlichen Lebensumstände. Trotz verschiedener Herkunft betrachteten sich die Flüchtlinge als Gruppe und trafen auf eine einheimische Bevölkerung, die sich angesichts dieser Situation ebenso als geschlossene Gruppe sah. Verhärtungen und Meinungsverschiedenheiten waren die Folgen. Anfangs stand das Teilen der vorhandenen Ressourcen an erster Stelle, da ging es um Nahrung, Wohnraum, Heizmaterial und Kleidung. Weitere Konflikte entstanden, nachdem die unmittelbare Not überstanden war und die Flüchtlinge begannen, sich zu organisieren. Zwar war durch die britische Militärregierung die Bildung von Parteien verboten, aber kulturelle Aktivitäten waren erlaubt. So entstanden die Landsmannschaften, die Heimattreffen abhielten und versuchten, ihre regionale Kultur und Lebensweise mit Sprache, Bräuchen, Trachten und Feiern zu bewahren. Natürlich stand dabei die Annahme im Vordergrund, über kurz oder lang in die alte Heimat zurückkehren zu können.[33]

Lager Altenhof bei Eckernförde. Umzug während eines Schulfests am 12.7.1952.

Durch solche Abgrenzungen sahen sich die jungen Frauen von damals mit einem weiteren Problem konfrontiert. Besonders in landwirtschaftlichen Gegenden, in denen der Hof vererbt wurde und jeder jedem bekannt schien, war eine Heirat zwischen Flüchtlingen und Einheimischen in der ersten Zeit so gut wie nicht möglich. In einer Dissertation über die Flüchtlinge in der Probstei heißt es im Jahr 1950: „Für den Erben eines Bauernhofs wäre es unmöglich, ein Flüchtlingsmädel zu heiraten, ohne sich mit der ganzen Familie zu entzweien."[34] Die junge Generation bekam diese Streitigkeiten oft nur am Rande mit, war sich dessen aber bewusst. „Die etwas älter waren, die jungen Mädchen oder Jungs, wenn sie sich verliebt haben. Denn dann fingen andere Schwierigkeiten an, weil die Eltern das unterbinden wollten, das ging hin bis zur Enterbung," erinnert sich Frau S. aus Pommern. Frau L. aus Westpreußen (Jahrgang 1927) hatte das große Glück, von ihren einheimischen Schwiegereltern akzeptiert zu werden. Doch in der Verwandtschaft war sie immer „dieses Flüchtlingsmädchen", mit dem man nichts zu tun haben wollte.

Hochzeit im Kieler Scheerlager, 1956.

Herr Ri. lernte als junger Mann seine zukünftige Frau kennen, hatte anfangs jedoch Schwierigkeiten mit den Schwiegereltern in spe. „Mein Schwiegervater hat meine jetzige Frau, damals 1957, vor mir weghalten wollen, weil ich ja Flüchtling war. Haben die auch gesagt: ‚Was willst du mit ‘nem Flüchtling?' ... Du willst doch keinen Flüchtling heirateten' ... Die haben nicht mich gemeint, ich war ‚Flüchtling' für die." Diese Diskrepanzen legten sich mit der Zeit und auch der Schwiegervater von Herrn Ri. war im Nachhinein froh, dass er zur Familie gehörte. Bei den jüngeren Flüchtlingskindern hingegen wurde die Wahl des Ehepartners nicht mehr durch die Eltern abgesegnet. Sie handelten nach ihren eigenen Gefühlen; ob der Partner nun Flüchtling war oder Einheimischer, spielte keine Rolle mehr. Aus einer anderen Perspektive sah dies Frau Sch. Sie ist Einheimische aus Schleswig-Holstein und erinnert sich sehr gut daran, dass die Eltern Probleme mit den Flüchtlingen hatten: „Da haben wir nie drüber gesprochen, aber meine Mutter passte sehr auf, dass ich mir keinen Flüchtling anlachte." Sie und ihr Bruder hatten nie Probleme zwischen Einheimischen und Flüchtlingen gespürt und haben selbst Flüchtlinge geheiratet, „Das war die Quittung für meine Mutter, die ja keine Flüchtlinge mochte."

Flüchtlinge wurden auch häufig durch ihre Mundart als solche erkannt. Die Färbung der eigenen Sprache war ein Indiz für die Zugehörigkeit zu den Einheimischen oder Flüchtlingen.[35] Mit dem Plattdeutschen hatten die Meisten anfangs dann auch ihre Probleme: „Außerdem waren da so tolle Wörter drin wie Feudel und Leuwagen und Handeule, das kannten wir alles gar nicht. So ein Diktat habe ich nie wieder so verhauen." (Frau H. aus Pommern) Mit der Zeit lernte besonders die jüngere Generation das Plattdeutsche, so dass heute die meisten der Gesprächspartner die Mundart ihrer Eltern nicht mehr sprechen. Manchmal ging es so weit, dass Herr Z. auf die Frage, wann er sich denn integriert gefühlt habe, antwortet: „In Schüben. Als Kind war es sehr leicht, ich habe gleich Plattdeutsch gelernt, es aufgesogen wie ein Schwamm und mich mit Platt wohl gefühlt." Auch sei er „durch das Plattdeutsche beruflich weitergekommen. Man hört, dass ich verschiedenes Plattdeutsch gelernt habe [wegen der regionalen Unterschiede], auch wenn ich weiß, ich bin nicht von hier, aber es juckt mich nicht mehr."

ERINNERUNG

„Bis in die dritte Generation hinein wirkt sich das Geschehen aus, egal ob darüber geschwiegen oder gesprochen wurde. Die Vertreibung hat im Leben der Familien alles verändert und prägte den Familienalltag, je nachdem, wie viel Bedeutung die Geschichten von der alten Heimat und der Flucht hatten. Außerhalb der Familie tauchte dieses Thema dagegen kaum auf."[36] In den Gesprächen stellte sich heraus, dass die Kinder von Flüchtlingskindern an der Geschichte ihrer Eltern und Großeltern sehr interessiert waren. Frau G. aus Ostpreußen wollte sich zunächst nicht als Gesprächspartnerin zur Verfügung stellen. Als ihr Sohn sie aber ermutigte, stimmte sie zu. Die gebürtige Kielerin Frau N. ist mit einem Flüchtling verheiratet. Sie verriet, dass sie die meisten Geschichten auf den Familienfeiern zu hören bekam, wenn alle zusammensaßen und von damals erzählten. Die Flucht und Vertreibung betrifft die Menschen in Deutschland auch heute noch. Daher erstaunte es nicht, dass viele junge Leute, die von der Ausstellung erfuhren, bereitwillig von ihren Großeltern berichteten und wie sie aus dem Osten geflohen sind.

Die heutige Großelterngeneration ist sich darin einig, dass sie zwar in ihrem Verständnis von Heimat hin- und her gerissen ist, ihre Kinder aber Schleswig-Holsteiner sind. Das lässt sich auch an der Situation der Heimatstuben und Landsmannschaften erkennen. Die jüngere Generation fühlt sich ihnen nicht mehr verbunden. Heimatstuben sind vielmehr Orte der Versammlung als Sammlungen an sich.[37] Und einen gemeinsamen Versammlungsort braucht die jüngere Generation heute nicht mehr. Somit verlieren die Heimatstuben ihre Relevanz als Begegnungsstätten, nicht jedoch ihre kulturgeschichtliche Bedeutung. Mittlerweile werden daher viele Heimatstuben als komplette Sammlungen in Museen übernommen.

Die Flüchtlingskinder haben den zweiten Teil ihrer Kindheit in Schleswig-Holstein verbracht, haben hier geheiratet und eine Familie gegründet. Sie bezeichnen Schleswig-Holstein als ihr Zuhause. Dennoch ist ihnen ihre Herkunft bewusst. Wenn Sie nach ihrer Heimat befragt werden, ist die Antwort für viele nicht einfach „Mm, ja, das ist schwer, ich hab keine Heimat. Ich hab mich oft gefragt, wo ist meine Heimat. Meine Heimat würde ich tatsächlich als Ostpreußen bezeichnen. Natürlich bin ich auch Schleswig-Holsteiner, das kann man ja auch an der Sprache erkennen. Aber wenn ich gefragt werde: ‚Bist du Dithmarscher,' sage ich, natürlich bin ich kein geborener Dithmarscher. Insofern ist das bei mir etwas zwiespältig. Ich würde also immer sagen: Ich bin Ostpreuße. Doch, das ist das Entscheidende." Einige möchten keine Unterschiede machen, „Kann ich

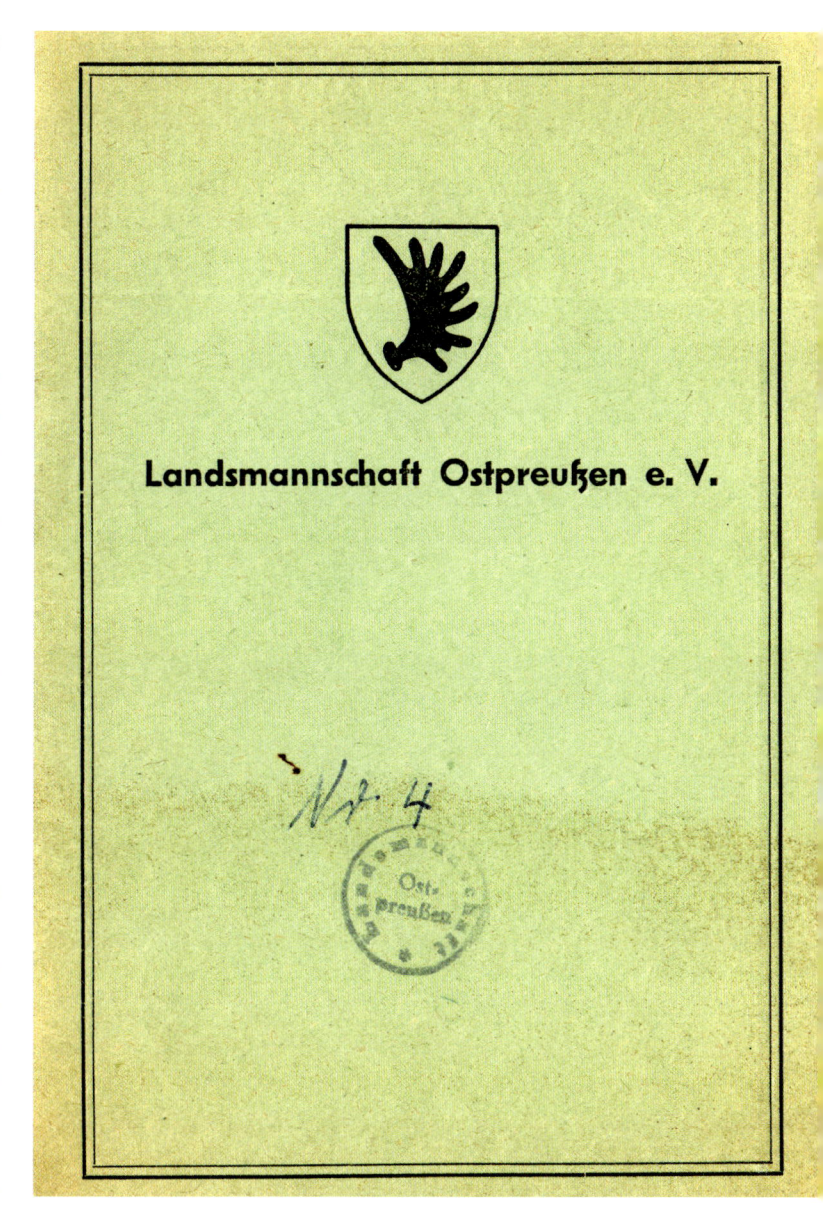

Mitgliedsausweis der Landsmannschaft Ostpreußen e. V.

nicht beantworten. Für mich überall dort, wo ich mich wohl fühle." (Herr Z.), und möchten sich auch nicht entscheiden: „Schleswig-Holstein und das Memelland. Beides. Ich bin von ganzem Herzen Memelländer und auch ganzem Herzen Schleswig-Holsteiner." (Herr B.) Andere wiederum zögern nicht, zu sagen, dass hier zwar ihr Zuhause sei, aber ihre „Heimat ist Pommern. Ich bin gerne hier, ich bin hier auch zu Hause, aber das ist meine Heimat. Denn wie gesagt, Heimat ist ja nicht nur das Haus oder die Wohnung, Heimat ist alles, was dazugehört. Die Menschen, und die waren da alle geballt. Und jetzt sind wir über die ganze Welt zerstreut." (Frau P.)

Es ist möglich, sich irgendwo zu Hause zu fühlen und doch seine Heimat woanders zu sehen. Die Öffnung des Ostens Anfang der 1990er Jahre und die Möglichkeit problemlos in die alte Heimat zu fahren, nahmen viele Vertriebene zum Anlass, ihr ehemaliges Elternhaus ausfindig zu machen. Viele der Gesprächspartner fahren jährlich in den Osten und haben heute dort viele Freunde.

Das Haupthaus auf dem Gut der Eltern von Herrn K. im Jahr 1937 in Pommern.

BIS HEUTE

Die Geschichte der Flucht und Vertreibung ist auch zur schleswig-holsteinischen Geschichte geworden. Das Land war im Grunde weder von der Siedlungsstruktur noch von der wirtschaftlichen Leistungsfähigkeit in der Lage, diese große Zahl an Flüchtlingen aufzunehmen. So kam der wirtschaftliche Aufschwung auch nur zögerlich in Gang.
Heute fühlen sich die ehemaligen Flüchtlingskinder der Nachkriegszeit in Schleswig-Holstein zu Hause. Das ist in vielen Gesprächen deutlich geworden. Natürlich gab es schwere menschliche Schicksale, auf Seiten der Flüchtlinge wie auch der Einheimischen. Durch das Bewusstsein, gemeinsam etwas Neues zu leisten, blieb ein anhaltender Sonderstatus oder gar eine Radikalisierung der Situation jedoch aus.[38] Für die ehemaligen Flüchtlingskinder war es sehr viel einfacher, sich zu integrieren und einzuleben, als es für ihre Elterngeneration der Fall gewesen ist: „Im Nachhinein wunder ich mich auch heute noch, wie sie das bewältigt haben. Gerade mein Vater war ja 48, 49 Jahre, seine besten Jahre, wie er hier bei Null anfangen musste." (Frau Si.)

Herr K. ist bereits mehrfach nach Polen gefahren, um dort sein Heimathaus aufzusuchen. Hier eine Aufnahme von 2004.

DIE SCHLECHTE ZEIT UND DIE GUTEN ERINNERUNGEN
FLÜCHTLINGE IN DITHMARSCHEN NACH DEM ZWEITEN WELTKRIEG[1]

NILS HANSEN

Wie ganz Schleswig-Holstein wurden auch die beiden Kreise Norder- und Süderdithmarschen[2] gegen Ende des Zweiten Weltkrieges und in der ersten Nachkriegszeit zu einem Auffangbecken für Flüchtlinge vor allem aus den östlichen Gebieten des damaligen Deutschlands. Die Menschen drängten sich auf engstem Raum zusammen, es fehlte an allen Gegenständen des Lebensbedarfs. Viele Betroffene erinnerten sich später mit Schrecken an diese Jahre, die von Not und Mangelwirtschaft bestimmt waren und als „die schlechte Zeit" im kollektiven Gedächtnis blieben. Auf der anderen Seite existieren aber für Dithmarschen eine ganze Reihe positiver Erinnerungsberichte, die als Widerspruch zu den damals tatsächlich äußerst eingeschränkten Möglichkeiten des täglichen Lebens erscheinen. Diese Gegensätzlichkeit soll im Folgenden näher betrachtet werden, indem zunächst die objektiven Lebensbedingungen und anschließend die subjektiven Erinnerungen[3] im Mittelpunkt stehen.

Gestützt auf gesetzliche Bestimmungen aus dem Jahr 1947, in denen Flüchtlinge als Personen bezeichnet wurden, die „aus ihrer Heimat vertrieben, ausgewiesen und geflüchtet sind"[4], wird im Folgenden der Begriff „Flüchtling" in einem umfassenden Sinn verwendet, also kein Unterschied zu den sogenannten Vertriebenen bzw. Heimatvertriebenen gezogen. Eingeschlossen sind auch die Evakuierten. Soweit es Dithmarschen betraf, stammten sie hauptsächlich aus Hamburg und Kiel, hatten dort ihre Wohnung durch Bombenschäden verloren und eine Unterkunft auf dem Land bezogen. Viele von ihnen waren bereits im Lauf des Krieges gekommen, als die Angriffe auf die Städte immer heftiger wurden, und noch im Januar 1948 lebten insgesamt über 10.000 Evakuierte in Dithmarschen.[5] Sie bildeten allerdings nur eine Minderheit unter denjenigen Menschen, die hierher geflüchtet waren.

Ankunft am Kieler Hauptbahnhof.

Ankunft eines Flüchtlingstrecks in Ratzeburg.

LEBENSBEDINGUNGEN

Während die Bevölkerung in Schleswig-Holstein zwischen Mai 1939 und Oktober 1946 um rund 63 Prozent von 1.589.000 auf 2.590.000 Einwohner anstieg, wuchs sie in Dithmarschen im selben Zeitraum von 98.337 auf 186.171 Personen, also um fast genau 90 Prozent![6] Verantwortlich für diese Bevölkerungsexplosion war in erster Linie der Zustrom von Flüchtlingen, die aus den östlichen deutschen Gebieten, und zwar überwiegend aus Hinterpommern und Ostpreußen kamen. Vor allem in den Monaten von März bis Juni 1945 trafen mehrere Hunderttausend in Schleswig-Holstein ein. Beendet wurde die ungehinderte Zuwanderung erst im Juli 1946, als die britische Militärregierung einen Aufnahmestopp erließ.[7]

Im Gegensatz zu den größeren Städten, die durch Bombardierungen zerstört oder doch zumindest davon gezeichnet waren und in denen die Ernährungslage sehr schlecht war, galten ländliche Gebiete wie Dithmarschen als besonders gut geeignet zur Aufnahme der Flüchtlinge. Hier schien es genügend Unterbringungs- und Versorgungsmöglichkeiten zu geben, da der Gebäudebestand und die Infrastruktur nur wenig unter dem Krieg gelitten hatten. In Dithmarschen war es zwar zu Bomben- und Tieffliegerangriffen gekommen, auch mit Todesopfern. Aber schwere Zerstörungen gab es nur bei der Erdölraffinerie in Hemmingstedt und in ihrer Umgebung, während die übrigen Schäden, auch wenn sie eine ganze Reihe von Ortschaften betrafen, insgesamt eher geringfügig waren.[8] Dennoch konnte die annähernde Verdoppelung der Bevölkerungszahlen selbstverständlich nicht ohne Weiteres aufgefangen werden. Dafür reichten weder die Wohn- noch die Ernährungskapazitäten aus und hinzu kam, dass seit dem Ende des Krieges nicht nur die britischen Besatzungstruppen Unterkünfte für sich beanspruchten, sondern – was erheblich mehr Komplikationen verursachte – schätzungsweise 200.000 deutsche Soldaten in Dithmarschen interniert wurden[9]. Dörfer wie Delve, Sarzbüttel und Krumstedt, die vor dem Zweiten Weltkrieg jeweils rund 550 Einwohner hatten, waren nun mit geschätzten 3.000 bis 3.500 internierten Soldaten bis auf den letzten Winkel belegt.[10] In Bargenstedt, das ursprünglich ebenfalls gut 500 Einwohner hatte, sollen mehr als 5.000 Soldaten einquartiert gewesen sein.[11] In Röst waren anscheinend etwa 4.000 Soldaten interniert, in Tensbüttel 5.500, in Süderwöhrden 7.000[12] – die Reihe ließe sich fortsetzen. In manchen landwirtschaftlichen Betrieben waren außer der Familie des Bauern, dem Gesinde und einer Reihe von Flüchtlingen zeitweise bis zu 200 Soldaten untergebracht, die auf ihre Entlassung aus der Wehrmacht warteten. Genauere Zahlen, die das Missverhältnis deutlich zeigen, liegen für Süderheistedt vor: Das Dorf hatte vor dem Krieg 348 Einwohner, nahm 1.000 Flüchtlinge auf und musste

Überfüllte Züge mit Flüchtlingen.

Flüchtlinge ziehen bei Einheimischen ein.

für 3.250 Internierte Platz schaffen.[13] Immerhin wurden die Soldaten seit Juni 1945 nach und nach entlassen, aber im Oktober des Jahres waren noch immer schätzungsweise 45.000 bis 50.000 in Dithmarschen einquartiert.[14] Die letzten verließen das Gebiet erst im Januar 1946.[15]

Sicherlich bedeutete die Entlassung der Soldaten eine spürbare Erleichterung für die übrige Bevölkerung, aber weiterhin herrschte in allen Belangen größter Mangel. Eines der Hauptprobleme war die drückende Wohnungsnot, wobei in den ersten Nachkriegsjahren jedem Einwohner Dithmarschens durchschnittlich kaum mehr als vier Quadratmeter Wohnraum zur Verfügung standen.[16] Die Flüchtlinge mussten sich den ihnen zugewiesenen Raum mit mehreren Personen teilen. Sie zogen in Stuben und Kammern, in Stall- und Werkstatträume, lebten auf Dachböden, in Kellerverschlägen und in Gartenlauben. Eine Alternative dazu bildeten die Flüchtlingslager mit Baracken und Nissenhütten. Doch auch sie boten nicht mehr als eine notdürftige Behausung. Eine eigene Küche oder Kochnische war meist nicht vorhanden, so dass die Kochgelegenheiten mit mehreren anderen Personen gemeinsam genutzt werden mussten. Gleiches galt für die Benutzung der sanitären Anlagen, die Inan-

Lagerleben.

spruchnahme von Speisekammern und anderen Räumlichkeiten, die zu Lagerungszwecken dienten, wie auch für die Verwendung von Gebrauchsgegenständen.[17] Das Lager im Dorf Bargen zum Beispiel beherbergte Ende 1946 insgesamt 143 Personen, die in vier Unterkunftsbaracken lebten und sich eine Wasch-, eine Wirtschafts- und eine Abortbaracke teilen mussten.[18] Hier kam es auf verlässliche Absprachen untereinander an, wer wann was benutzen durfte. Kooperation und Rücksichtnahme funktionierten jedoch nicht immer reibungslos und so ließen sich Konflikte kaum vermeiden. Weitere Probleme entstanden dadurch, dass viele Behausungen reparaturbedürftig waren. Ihre Dächer und Wände waren undicht, Fensterrahmen und Fensterscheiben fehlten zum Teil, ebenso Öfen und Ofenrohre.[19] Baustoffe, um diese Mängel zu beheben, waren allerdings nur selten zu bekommen, was dazu führte, dass zahlreiche Unterkünfte von den zuständigen Behörden als „nicht winterfest" eingestuft wurden.[20] Das von vielen Mängeln gekennzeichnete Lagerleben zog sich für manche Flüchtlinge über Jahre hin: 1950 gab es in Dithmarschen 45 Lager

Eine Frau beim Wäschewaschen, ca. 1946.

mit 4.730 Bewohnern, 1958 verzeichnete die offizielle Statistik immer noch neun Lager mit 470 Bewohnern.[21] Die letzten Flüchtlingslager in Dithmarschen wurden erst in den 1970er Jahren abgerissen.[22]

Wer privat eine Bleibe gefunden hatte und einen eigenen Raum bewohnte, schien im Vergleich zum Lagerleben ein besseres Los getroffen zu haben. Aber auch in diesen Fällen war die Unterbringung in der Regel äußerst dürftig. In Bargenstedt zum Beispiel lebte ein jung verheiratetes Paar – sie Einheimische, er Flüchtling – von 1948 bis 1952 in einem zwölf Quadratmeter kleinen Bretterverschlag auf dem Dachboden eines Bauernhofes. Wasser musste vom Brunnen auf dem Hof geholt werden, der Stall diente als Toilette.[23] Und in Jützbüttel wohnte ein schwer kriegsbeschädigter Flüchtling in einem kleinen Zimmer, das zugleich Küche-, Wohn- und Schlafraum war. Möbel besaß er fast keine, als Schlafstätte benutzte er ein ehemaliges Wehrmachtsbett aus Holz mit Bretterunterlage, Strohlager und einigen Wolldecken. Die Gemeinde befürwortete wegen der kümmerlichen Ausstattung einen einmaligen Zuschuss von 500 DM, hauptsächlich zur Anschaffung von Mobiliar. Das geschah allerdings erst im Dezember 1948, so dass anzunehmen ist, dass der genannte Mann bereits mehrere Jahre lang in solch menschenunwürdigen Zuständen gelebt hatte.[24]

Die angeführten Beispiele klingen vielleicht besonders drastisch, aber es gibt zahlreiche andere Hinweise auf die verbreitete Wohnungsnot. So mussten manche Flüchtlinge zumindest zeitweise auf dem Fußboden schlafen, hatten keine Heizmöglichkeit[25] und bekamen jahrelang nicht einmal die Mindestausstattung an Möbeln, einen Kleiderschrank und einen Tisch für jede Familie sowie eine Sitzgelegenheit für jede Person, zusammen.[26] Oft hatten zudem die Wohnungsinhaber wenig Verständnis für die Bedürfnisse der bei ihnen lebenden

ERINNERUNGEN

Flüchtlinge. Wenigstens ein Fall ist bekannt, in dem eine Dithmarscher Familie ihre Flüchtlinge so schlecht behandelte, dass die Aufsichtsbehörde einschritt, diese Familie selbst ausquartierte und für drei Monate einer anderen Gemeinde zuwies.[27] Zu Streitigkeiten führte häufig auch die Frage der Mietzahlung bzw. die Höhe der Miete, weil die Flüchtlinge oft kein oder nur ein sehr geringes Einkommen hatten und in Zahlungsrückstand gerieten. Nur wer „beim Bauern" wohnte, musste meistens keine Miete bezahlen, dafür aber auf dem Hof mitarbeiten, ohne finanziell entlohnt zu werden.[28] Ein weiterer Konfliktpunkt im Zusammenhang mit dem Wohnen lag in der mangelnden Versorgung mit Heizmaterial. Immer wieder fehlte es an Holz, Torf und Kohle, so dass reihenweise Knicks und Bäume ohne Erlaubnis abgeholzt wurden.[29] Die Holzdiebstähle häuften sich, selbst hölzerne Zaunpfähle wurden in so großer Zahl entwendet, dass die Landwirte aufhörten, ihre Weiden einzuzäunen.[30]

Das zweite Hauptproblem bildete die Ernährung. Obwohl Dithmarschen als reiches Bauernland galt, war die Versorgung mit Lebensmitteln schwierig. Selbst die Wasserversorgung war bis Anfang der 1950er Jahre nicht überall gesichert, weshalb die Bevölkerung in einzelnen Orten zeitweise auf Regenwasser als Trinkwasser zurückgreifen musste.[31] Die Nahrungsmittel waren knapp und gerade die Flüchtlinge mussten größtenteils auf Unterstützung hoffen. Viele hatten weder Geld noch materielle Werte vorzuweisen und waren auf Spenden angewiesen, die von den seit der Jahreswende 1945/46 eingerichteten lokalen Flüchtlingsausschüssen organisiert und verteilt wurden.[32] Hochwillkommen waren auch in Dithmarschen neben nationalen Unter-

Die von Lastwagen heruntergefallenen Kohlen und Kohlenreste wurden aufgesammelt.

Barackenlager in der Meldorfer Straße in Heide, Mitte der 1950er Jahre.

stützungsmaßnahmen die internationalen Spendenaktionen aus den USA, der Schweiz und Schweden, und die Schulspeisungen für Kinder wurden für viele Flüchtlingsfamilien zu einer fast unverzichtbaren Einrichtung.[33] Ergänzend kamen weitere Ernährungsangebote hinzu, wie beispielsweise die sogenannte Dänenspeisung, mit der hauptsächlich Kinder im Vorschulalter versorgt werden sollten.[34] In mehreren Orten Dithmarschens entstanden außerdem Volksküchen, die Speisen kostengünstig abgaben. So wurde etwa im Dezember 1945 allein die Volksküche in Büsum von 350 bis 400 Personen frequentiert.[35] Da die Ernährungslage zumindest bis zur Währungsreform 1948 trotz aller Hilfsmaßnahmen kritisch blieb, wurden viele Flüchtlinge – wie auch Einheimische – illegal aktiv, um die persönliche Versorgung aufzubessern, etwa im Schwarzmarktgeschäft oder durch „Tricksereien" mit den Lebensmittelkarten.[36] Weit verbreitet waren darüber hinaus Felddiebstähle. Als diese immer weiter zunahmen, regte der Norderdithmarscher Oberkreisdirektor an, freiwillige Selbstschutz- und Wachdienste zu organisieren. In der Realität hatte die Idee jedoch Schwächen, da einzelne Teilnehmer der Kontrollgänge selbst nicht abgeneigt waren, „Mundraub"[37] zu begehen. Mehr Sinn machte dagegen die Bereitstellung von Grundstücken für Kleingärten, die zur Selbstversorgung der Menschen beitragen sollten. Gemeinden und Landwirte boten kleinere Flächen zur Bearbeitung an, die in Gartenparzellen von meistens etwa 300 bis 400 Quadratmeter aufgeteilt wurden. Insgesamt stieg die Anzahl der Gärten allein in Norderdithmarschen von 1.520 im Jahr 1945 auf 9.705 zu Beginn des Jahres 1947.[38]

Drittes Hauptproblem war die Arbeitslosigkeit. In Dithmarschen gab es kaum Industrie- oder größere Gewerbebetriebe, die zahlenmäßig größte Branche war die Landwirtschaft. Im Jahr 1946 arbeiteten in diesem Bereich 40 Prozent aller in Dithmarschen gemeldeten „Erwerbspersonen"[39], aber die Arbeitsplätze, die hier angeboten wurden, waren zum größten Teil saisonabhängig und boten keine längerfristige Perspektive. Die meisten

Barackenlager in der Meldorfer Straße in Heide, Mitte der 1950er Jahre.

Flüchtlinge konnten in der Landwirtschaft keine Zukunft für sich erkennen, viele stammten zudem aus anderen beruflichen Zusammenhängen und waren nicht dafür geeignet. Manchen Flüchtlingen fehlte wohl auch die Motivation zur Arbeit, weil sie durch die Erlebnisse der Flucht traumatisiert waren oder noch längere Zeit auf eine Rückkehr in ihre Herkunftsgebiete hofften und sich in Dithmarschen nicht fest etablieren wollten[40]. Grundsätzlich bestand aber das Problem darin, überhaupt Arbeit zu finden. So herrschte zum Beispiel in Brunsbüttel noch im Jahr 1950 eine Arbeitslosenquote von etwas mehr als 16 Prozent, wovon 55 Prozent Flüchtlinge waren[41]. Im Arbeitsamtsbezirk Heide lag die Arbeitslosenquote 1951 bei 20 Prozent, wobei der Anteil der Flüchtlinge daran 60 Prozent betrug[42]. Die Zahlen belegen, dass die Flüchtlinge besonders stark von Arbeitslosigkeit betroffen waren, wie es übrigens für das gesamte damalige Land Schleswig-Holstein galt.[43] In dieser Beziehung bestand also ein enormer Druck in andere Regionen Deutschlands abzuwandern, um sich in Gebieten mit besseren beruflichen Möglichkeiten ein neues Leben aufzubauen.

Zu den genannten existentiellen Schwierigkeiten traten andere Probleme hinzu wie Mangel an Kleidung, vor allem an Winterkleidung und Schuhen, Unterversorgung mit Haushalts- bzw. Gebrauchsgütern und Anstieg der Kriminalität, wobei es weniger um Kapitalverbrechen ging, sondern neben vielen kleineren Diebstählen häufig um Bagatellsachen, wie zum Beispiel Verstöße gegen das nach Kriegsende bestehende nächtliche Ausgangsverbot.[44] Erhebliche Sorgen bereitete außerdem die durch die hohe Wohndichte und hygienische Mängel steigende Seuchengefahr, wie überhaupt der medizinische Bereich nur mühsam aufrecht erhalten werden konnte. Medikamente fehlten, die Kranken- und Altenpflege fand oft in behelfsmäßiger Weise statt.[45]

Ungenügend war auch das Schulwesen in Dithmarschen, denn im Vergleich zum Jahr 1939 verdoppelten sich die Schülerzahlen mit Kriegsende durch die Flüchtlingskinder, während es gleichzeitig an Lehrkräften, Lehrmaterial, ausreichenden Räumlichkeiten sowie an Mitteln zur Heizung der Schulräume fehlte.[46] Selbst im kirchlich-religiösen Bereich kam es zu Differenzen zwischen Einheimischen und Flüchtlingen, obwohl beide Gruppen zum allergrößten Teil der evangelischen Kirche angehörten. So gingen beispielsweise die Ansichten über die Gestaltung der Gottesdienste erheblich auseinander.[47]

Kompliziert war die Situation der Flüchtlinge auch durch die zwischenmenschlichen Probleme mit den Einheimischen und das beiderseitige Misstrauen, wobei zu bedenken ist, dass durch die enorme Bevölkerungszunahme die traditionelle Überschaubarkeit der Dörfer und Kleinstädte Dithmarschens, in denen sozusagen jeder jeden kannte, jetzt nicht mehr gegeben war.[48] Die Flüchtlinge waren in den Augen der Einheimischen Fremde und Außenseiter, und schon das Fehlen einer eigenen Wohnung wurde für sie oft genug zum Stigma des „Habenichts" und des Unterschichtigen generell. Das Leben in den Flüchtlingslagern bedeutete häufig auch wegen ihrer Lage am Ortsrand eine Isolierung der Bewohner.[49] Darüber hinaus gab es offensichtliche Benachteiligungen, wenn etwa Anzeigen für Arbeitsstellen nicht offen für alle Interessenten formuliert waren, sondern sich nur an „Hiesige" richteten[50], oder wenn Flüchtlingen in manchen Geschäften nicht dasselbe verkauft wurde wie den Einheimischen[51]. Zu den durch die Flucht bedingten materiellen und sozialen Verlusten kam also aus Sicht der Flüchtlinge zusätzlich das Gefühl, dass sie persönlich abgelehnt wurden.[52] Viele Dithmarscher erschienen ihnen als geizig, hartherzig und ohne Mitgefühl, so dass ein engerer Kontakt vermieden wurde. Wie distanziert das Verhältnis mitunter war, zeigen zwei Berichte von offizieller Seite. So wiesen der britische Resident in der Norderdithmarscher Kreisstadt Heide und die Leiter der lokalen Wohlfahrtsorganisationen im Jahr 1948 darauf hin, dass es so gut wie keine Unterstützung von der einheimischen Bevölkerung für die Bedürftigen gab, die fast ausnahmslos Flüchtlinge waren. Die Dithmarscher, so meinten sie, interessierten sich nur für sich selbst.[53] Sozusagen im Gegenzug berichtete die Heider Kirchenchronik von der „häufig zu beobachtenden frommen Heuchelei, den Diebereien, den Verleumdungen, den dummen Gehässigkeiten, dem Neide und der immer wieder zu beobachtenden Undankbarkeit der Vertriebenen".[54]

Solche Darstellungen dürfen sicher nicht verallgemeinert werden, aber die einschlägigen zeitgenössischen Äußerungen deuten doch darauf hin, dass sich die ansässige Bevölkerung und die Flüchtlinge zumindest in den ersten Jahren nach dem Krieg oft zurückhaltend gegenüberstanden. Aus diesem distanzierten Nebeneinander entwickelte sich eine allmähliche Annäherung, die sich in den 1950er Jahren, nicht zuletzt durch das allgemeine Wirtschaftswachstum und die verbesserten Lebensbedingungen, intensivierte.[55] Dass viele Menschen, die infolge des Krieges nach Dithmarschen gekommen waren, sich hier jedoch nicht wohlfühlten und keine Zukunftschancen sahen, zeigten die Maßnahmen zur Umsiedlung in andere Gegenden Deutschlands, die im Juli

Sammeln von Heizmaterial, sogar die Baumstümpfe wurden genutzt.

1948 anliefen: Es war kein Problem, genügend Umsiedlungswillige unter den Flüchtlingen zu finden, im Gegenteil, es wollten mehr fortziehen, als es die Kontingentierung erlaubte.[56] Insgesamt wanderten von 1946 bis 1960 rund 57.000 Menschen, also rund 30 Prozent der Bevölkerung, aus Dithmarschen ab.[57]

ERINNERUNGEN

Die Flucht nach Dithmarschen führte nicht in eine heile ländliche Welt und endete nicht am reich gedeckten bäuerlichen Mittagstisch. Stattdessen war die Lage der Flüchtlinge oft bis auf das Äußerste angespannt, und das wurde immer wieder auch in Erinnerungsberichten, lebensgeschichtlichen Erzählungen und anderen autobiografischen Zeugnissen geschildert[58]. So geht aus den Darstellungen von Betroffenen hervor, wie tief ihre Verzweiflung über ihre triste Lage war und wie hilf-, rat- und hoffnungslos sie vor ihrer Zukunft standen.[59] Erzählt wird von schlechter Behandlung durch Einheimische, von Beschimpfungen und Schlägen[60], von Entbehrungen jeder Art. „Wir wurden", heißt es in einem Bericht, „zum größten Teil als Eindringlinge betrachtet. Man nannte uns ‚Pollacken', die ‚zu Hause' nichts gehabt haben konnten, da wir nur mit dem Rucksack hier ankamen … Wir fühlten uns schon bald als Menschen zweiter Klasse."[61] Dabei trat nicht nur die ansässige Bevölkerung häufig ablehnend auf, sondern auch Behörden und kirchliche Einrichtungen halfen nicht immer weiter[62]. Im Übrigen sorgten die durch den Flüchtlingsstrom extrem beengten Verhältnisse für Unruhe und Gereiztheit auch unter den Einheimischen. Die meisten waren es nicht gewohnt, mit so vielen Menschen so eng beieinander zu leben und gerieten häufiger in Streit, so dass sich „in manchen Häusern … Alt und Jung bald totgeschlagen"[63] hätten, wie es eine Dithmarscherin in ihren Erinnerungen formuliert.
Aber es liegen auch positive Schilderungen von Flüchtlingen vor. Dankbar wird anerkannt, dass man herzlich in Empfang genommen und versorgt wurde[64], manch Nützliches geschenkt bekam[65], dass Mut zugesprochen wurde[66] und ein verständnisvolles und hilfsbereites Miteinander herrschte[67]. „Die Einheimischen halfen uns weiter, selbstverständlich, unermüdlich und fürsorglich"[68], heißt es in einem Bericht und in einem anderen, trotz der großen Versorgungsnöte: „Wir sind immer satt geworden."[69] Mit Zufriedenheit wird festgestellt, dass es seit den 1950er Jahren allmählich aufwärts ging[70], während die Frage, ob Einheimischer oder Flüchtling, mit der Zeit unwichtiger wurde. Vor allem die Kinder schlossen untereinander schnell Freundschaften und lebten sich rasch ein[71], auch wenn sich die fremde Herkunft nicht immer verleugnen ließ. So berichtete rückblickend ein 1936 geborener Zeitzeuge, der aus Leipzig stammte und seit Anfang 1946 zusammen mit seinem Vater und seinem Bruder in Osterrade lebte: „Unsere Aufnahme bei einem älteren Dithmarscher Ehepaar war insgesamt gesehen freundlich. Nur konnten wir viele Dorfbewohner zunächst schlecht verstehen, weil sie Plattdeutsch sprachen. Aber sie hatten mit meinem damaligen waschechten Sächsisch ähnliche Schwierigkeiten … Im Deutschunterricht … erntete ich mit meinem ‚Lütt Matten de Has' erstaunliche Heiterkeitserfolge."[72] Seine fehlenden Kenntnisse im Niederdeutschen machten dem Jungen allerdings nicht viel aus, er musste selbst über seine „Sprachkünste" lachen. Trotz solcher Kommunikationsprobleme und der lange Zeit spürbaren Entbehrungen ist in den Erzählungen nicht selten von einer glücklichen und fröhlichen Kindheit die Rede[73] und davon, dass das Lebensgefühl mit „Seinsfreude"[74] erfüllt war. „Obwohl wir wenig zu essen hatten, kein Fahrrad und kaum Spielsachen besaßen, unsere Kleidung eher bedürftig wirkte,

liefen wir nie ins Leere"⁷⁵, hob eine 1940 geborene Frau hervor, die als Fünfjährige mit ihrer Mutter und Großmutter aus Pommern nach Dithmarschen kam.

Unter den Erwachsenen waren die Verhältnisse anscheinend komplizierter, aber in den autobiografischen Quellen ist doch immer wieder die Rede davon, dass neben dem Mangel am Notwendigen und der verbreiteten Mutlosigkeit auch ein hilfreiches Miteinander zum Alltag gehörte⁷⁶. Bei der Ankunft in Dithmarschen, schrieb eine Flüchtlingsfrau, „wurden wir erstmal wieder als Menschen behandelt"⁷⁷. Von der Bäuerin, bei der sie Unterkunft fand, erhielt sie Kleidung, weil ihre eigene fast nur noch aus „Lumpen" bestand, und sie konnte sich satt essen. In manchen Erinnerungen klingt es, als wäre es für die beteiligten Einheimischen ohne Wenn und Aber selbstverständlich gewesen, den Flüchtlingen zu helfen.⁷⁸ Andererseits wurde es aber ebenso selbstverständlich erwartet, dass die Flüchtlinge sich auch von selbst nützlich machten. „Opa S.", berichtete eine Dithmarscherin, „ehemals Hafenarbeiter in Stettin, war ein Alleskönner. Handwerker im Haus brauchten wir nicht mehr … Oma S. war die beste Babysitterin und gütige Großmutter."⁷⁹ Solche Gegenleistungen haben das häusliche Miteinander im positiven Sinn beeinflusst und gefestigt. Zum besseren wechselseitigen Verständnis hat außerdem wohl beigetragen, dass viele Flüchtlinge wie die meisten Dithmarscher aus ländlichen Verhältnissen stammten. Dieser gemeinsame Erfahrungshorizont dürfte insgesamt das Zusammenleben erleichtert haben.

Die Berichte und Erzählungen, in denen von schmerzhaften, frustrierenden und verlustreichen Erlebnissen, von Hoffnungslosigkeit, Trauer, Enttäuschung, Wut und anderen negativen Gefühlen gesprochen wird, sind aufgrund der bis in die 1950er Jahre hinein stark bedrängten Lage vieler Flüchtlinge leicht nachzuvollziehen. Dass daneben aber auch zahlreiche positiv gestimmte Äußerungen vorliegen, ist bereits in anderen Zusammenhängen aufgefallen.⁸⁰ Wie lassen sie sich erklären? Selbstverständlich hat eine ganze Reihe von Faktoren Einfluss auf das, was erzählt wird, wie unter anderem die Selektion einerseits des Erinnerten und andererseits des Erzählten, die Gedächtnisleistung, der Abstand zum Erlebten, die Erzählsituation und ihr Anlass.⁸¹ Möglicherweise ist es also im Lauf des Lebens der Betroffenen in manchen Fällen zur Verdrängung von negativen Erfahrungen, zur „Gnade des Vergessens"⁸² oder einer nachträglichen, bewussten oder unbewussten „Beschönigung"⁸³ gekommen, etwa um die Geschichte des persönlich Erlebten zu glätten und weiteren Fragen aus dem Weg zu gehen. Grundsätzlich aber, das zeigen die oben genannten Beispiele, hat es in der Realität erfreuliche und schöne Erlebnisse und Erfahrungen im Alltagsleben der Flüchtlinge gegeben, und zwar nicht nur punktuell, sondern auch tiefer reichend, wenn zum Beispiel zwischen Einheimischen und den bei ihnen einquartierten Flüchtlingen Nähe, Vertrautheit und emotionale Bindungen entstanden und – wenigstens in einzelnen Fällen – das Einleben in das neue Umfeld in relativ harmonischer Weise glückte. In den Erinnerungen rücken die schlechten Lebensbedingungen im Vergleich dazu dann eher in den Hintergrund. Hiervon abgesehen kommt es aber auch darauf an, wie alt die Erzählerinnen und Erzähler zu der Zeit waren, über die sie berichten. Kinder haben die neue Umgebung und die zunächst ungewohnten Lebensumstände anscheinend schneller akzeptiert als Erwachsene. Sie fanden das Neue oft spannend und erlebten die engen Wohnverhältnisse, die

Die Brüder Hans Friedrich, Hermann und Heinrich in Dithmarschen, Ende der 1940er Jahre.

schlechte Ernährungslage, die knappen finanziellen Mittel usw. in vielen Fällen als alltäglich und normal, weil sie kaum etwas anderes kannten, so dass ihre späteren Erinnerungen an diese Zeit nicht so stark von den schlechten Erfahrungen der Not und des Mangels geprägt sind. Einiges Gewicht scheinen in der Rückschau zudem diejenigen Erlebnisse zu haben, die unmittelbar mit dem Ende der Flucht und der Aufnahme in Dithmarschen zusammenhingen. So hat es die Erinnerungen nachhaltig geprägt, die Strapazen der Flucht überlebt und dann eine freundliche, hilfsbereite Aufnahme gefunden zu haben. Je stärker der Kontrast zwischen den Anstrengungen der Flucht und den Annehmlichkeiten bei der Ankunft war, desto fester haben sich letztere als besonders positiv bewertete Erlebnisse ins Gedächtnis eingeschrieben und überstrahlen in der Erinnerung manchmal die negativen Aspekte des Flüchtlingsalltags. Relevant ist auch, wann die Flüchtlinge kamen. Die ersten, die schon längere Zeit vor Kriegsende in ihren Zielorten eintrafen, sind häufiger mit Wohlwollen und Großzügigkeit empfangen worden, was unter anderem daran lag, dass es sich noch um eine überschaubare Anzahl von Menschen handelte und zugleich die Meinung verbreitet war, sie würden nur für kurze Zeit zu versorgen sein und bald wieder in ihre Herkunftsorte zurückkehren. Diejenigen, die zu diesen frühen Flüchtlingen gehörten, haben vergleichsweise gute Erfahrungen gemacht, während jene, die erst bei Kriegsende und danach mit den großen Flüchtlingsmassen wie eine Art „Schockwelle" ins Land kamen, eher auf Ablehnung stießen.[84] Entsprechend unterschiedlich ist darüber später von ihnen berichtet worden. Stark beeinflusst sind manche Erinnerungserzählungen wohl auch von einer Art Selbstbeschränkung. Jedenfalls vermutet Dorothea Walther in ihrer Untersuchung „Frauenleben in Dithmarschen 1920-1990", dass die Flüchtlingsfrauen sich in den von ihr ausgewerteten schriftlichen Erinnerungen „nicht erlauben, irgendetwas Negatives über Dithmarschen, das ihnen inzwischen zur Heimat wurde, und über die Dithmarscher, die ihnen Nachbarn und Freunde geworden sind, zu berichten"[85]. Hier soll also ein inzwischen funktionierendes, gutes Verhältnis beschützt werden, wobei solch ein Erzählverhalten sicher nicht nur bei Frauen anzutreffen ist. Verstärkt wird diese Tendenz zur nachträglichen Harmonisierung durch das Gefühl, heimisch geworden zu sein, also eine Erfolgsgeschichte erlebt zu haben.[86] Um diesen Erfolg, das Gefühl des „Wir haben es geschafft", nicht zu beschädigen und den eigenen Lebensweg damit in Frage zu stellen, werden etwaige negative Erfahrungen aus den Erinnerungen ausgeblendet.

Insgesamt ergibt sich ein uneinheitliches Bild vom Flüchtlingsdasein in Dithmarschen nach dem Zweiten Weltkrieg, in dem sich positive wie negative Erfahrungen und Erinnerungen wiederfinden. Vielleicht stehen die Äußerungen im Vordergrund, die die schlimme Lage der Flüchtlinge beschreiben, aber die Bandbreite der Schilderungen geht doch weit darüber hinaus. Gelegentlich überwiegt der positive Eindruck deutlich, auch wenn die Quellen kritisch zu betrachten sind und nicht überbewertet werden dürfen. Sicherlich sind sie nicht in dem Sinn zu verstehen, als sei es bei der Aufnahme von Flüchtlingen in Dithmarschen zu weniger Komplikationen gekommen als andernorts in Schleswig-Holstein – schließlich waren hier wie dort überproportional viele Menschen unterzubringen. Aber die These, dass die Flüchtlinge von den Einheimischen mit ihren Problemen alleingelassen worden sind[87], lässt sich in dieser Ausschließlichkeit nicht bestätigen.

LEBEN IM LAGER
UWE CARSTENS

Obwohl die Flüchtlingslager zu den bekanntesten Begleiterscheinungen der Nachkriegszeit gehörten, blieben sie sowohl in der Flüchtlingsforschung als auch in der Flüchtlingsliteratur im Schatten des Interesses. Dabei bildeten sich gerade in den Flüchtlingslagern, die meistens während des Krieges oder kurz vorher errichtet worden waren und zunächst ganz anderen Aufgaben zu dienen hatten, am deutlichsten und profilierter als in den Wohngemeinschaften mit den Einheimischen jene Charakterzüge und Verhaltensweisen der Flüchtlinge[1] aus, die in der Fähigkeit zur ständigen Improvisation ihren ausgeprägtesten Niederschlag fanden. Bedingt durch die örtliche Lage der häufig an der Peripherie der Städte und Dörfer errichteten Flüchtlingslager, die eine räumliche Isolierung, ein stärkeres „Auf-sich-gestellt-Sein" bedeutete und das Eigenleben der Lager förderte, entstanden die „hölzernen Städte", die Alfred Karasek-Langer „Konzentrate einer Welt unter sich"[2] genannt hat. Symbole dieser Lager waren die Scheinwände aus Wolldecken, Wehrmachtsspinden oder auch nur Packpapier, mit deren Hilfe man die Großräume der Massenquartiere unterteilte, um wenigstens vor den Blicken der in der Regel fremden Mitbewohner geschützt zu sein. Trotzdem blieb jeder Lagerbewohner, bedingt durch die räumliche Enge, der gemeinsamen Einnahme der Verpflegung, der Teilhabe an den wenigen Tischen und Stühlen, an Öfen und Licht unablässig der Wohngemeinschaft ausgeliefert, musste mit ihr denken und handeln, ob er wollte oder nicht.

Zur Typologie der Flüchtlingslager gehörte, dass sich aus der unterschiedlichen Zusammensetzung der jeweiligen Menschengruppen, deren Fähigkeiten und Energie, entsprechend der topographischen Lage, den Wechselbeziehungen zur Umgebung und anderen Wirkkräften bestimmte Wesenszüge und Sonderheiten herauskristallisierten, die jedem Lager eine individuelle Note verliehen.

Da gab es Lager, in denen in Gemeinschaftsarbeit Wohn- und Gemeinschaftsbaracken und Aborte errichtet oder Kinderspielplätze angelegt wurden, gemeinsame Feiern stattfanden und geschlossen gegen Behördenwillkür gekämpft wurde. In anderen Lagern wiederum gab es keine nennenswerten Entfaltungsmöglichkeiten. Lagerakten berichten von Gruppenegoismen und Querulantentum. Für die Insassen solcher Lager bot manchmal nur die Umsiedlung eine echte Chance, aus dem Elend herauszukommen. Weitere Belastungen entstanden durch die kollektive Bewertung der Lagerinsassen durch die Einheimischen. Der einzelne Lagerbewohner wurde nach dem Ganzen beurteilt und nicht nach seinem individuellen Verhalten. Die schulpflichtigen Kinder, die keine Lagerschulen, sondern „normale" Schulen besuchten, waren alleine durch ihre Lagerherkunft stigmatisiert.

Das Kieler Flüchtlingslager „Eckernförder Chaussee" im Mai 1947.

Das Schicksal jener Flüchtlinge, denen nach Flucht oder Vertreibung auch noch das harte Los eines längeren Aufenthaltes in Lagern oder anderen Massenunterkünften beschieden war, wurde zu einem der bedrückendsten Einzelaspekte des Flüchtlingsproblems. Hier war die Kluft zwischen dem von der Militärregierung gesetzten und von der Regierung der Länder im Flüchtlingsgesetz programmatisch übernommenen Eingliederungspostulat und der tatsächlichen Lage der Flüchtlinge am augenfälligsten. Das individuelle Flüchtlingsschicksal erreichte hier den äußersten Punkt der Dehumanisierung. Die Lebensumstände in den Lagern waren in der Regel schlecht und in vielen Fällen unerträglich. Dies sollte allerdings nicht zu dem voreiligen Schluss verleiten, die im privaten Wohnraum der einheimischen Bevölkerung einquartierten Flüchtlinge seien eo ipso in ihren materiellen Existenzbedingungen wesentlich besser gestellt gewesen. Der primäre Gewinn aus einer Einzelunterkunft lag wohl in der Wiederherstellung einer wenn auch räumlich noch so beengten Privatsphäre, also eher im psychologischen Bereich.[3]

Als die Flüchtlinge in den Lagern ankamen, hatten sie eigentlich alles hinter sich, Hunger und Kälte, Raub und Vergewaltigung. Das Weitere musste nun besser sein. Aber es war schlimm genug. „Bis zu 80 Menschen," so beschrieb ein Kieler Zeitgenosse die Einfahrt eines Flüchtlingstransportes, „waren mit ihrer letzten Habe in einem ungeheizten Güterwagen zusammengepfercht. Vor allem die Kinder mußten auf diesen Transporten furchtbar leiden." Wer nicht schon im Treck oder mit dem Schiff nach Westen gezogen war, traf jetzt als „Stückgut" ein. Im Bestimmungsbahnhof wurden sie ausgeladen und mit DDT bestäubt, damals ein Allheilmittel, das Seuchen verhindern und vor allem den Läusen den Zuzug verwehren sollte.

Flüchtlingsfamilie aus dem Lager St. Peter-Böhl 1946.

Es war Winter, doch viele kamen in dünnen Kleidern oder Anzügen, manche ohne Schuhe. Die meisten Flüchtlinge besaßen weiter nichts als das, was sie am Leib trugen. Wer Glück hatte, wurde von Hilfsorganisationen mit einer heißen Suppe und Brot versorgt, die Kinder bekamen, seit Wochen zum ersten Mal, eine Milchsuppe. Fast jeder Transport brachte Tote mit, aber die Familien mussten immer gleich weiter. Einer sechzehnjährigen Einheimischen aus Heide entfuhren bei der Ankunft eines neuen Flüchtlingstransportes die Worte: „Oh haue ha, bald mehr Flüchtlinge als Menschen in Heide!"[4]

Vor dem Bahnhof standen Lastwagen, die die Angekommenen auf die Massenquartiere verteilten. Tausende dieser Quartiere, meist Barackensiedlungen aus der Kriegszeit, wurden voll gepfropft mit Flüchtlingen. Sie waren als Durchgangsstationen gedacht, als Übergangslösung, doch für Hunderttausende war der Übergang auch nach einem Jahrzehnt noch nicht beendet. Wer Glück hatte, bekam ein Bett, wenigstens einen Strohsack. Die meisten aber lagen, zumindest in der ersten Zeit, dicht gedrängt auf dem Boden, buchstäblich wie das liebe Vieh, auf Mänteln und sonstigen Sachen, die sie sich zusammengeklaubt hatten. Ein Fetzen Sackleinwand oder Packpapier markierte in den Massenquartieren die Trennlinien zum Nachbarn, oft diente ein Kreidestrich oder eine Ziegelsteinreihe, um kundzutun: Dies ist unsere Wohnung. Unter welchen Bedingungen Menschen 1948 in Deutschland leben mussten, schildert der Bericht des Journalisten Manfred Lütgenhorst: „Ein dunkler Gang trennt die großen Stuben, in denen während des Krieges die Soldaten einer Flakbatterie lagen. Im ersten Raum sitzt an einem wackeligen Tisch ein zerlumpter Mann von vielleicht 40 Jahren. Er hat den Kopf in die Hände gestützt und liest in einer Zeitung. Um ihn herum liegt der Dreck zentimeterhoch. In einer Ecke um einen alten Ofen verstreut liegt Kohlenstaub und Torf. Davor steht ein Holzgestell mit zerrissenen Wolldecken auf einer defekten Drahtmatratze. Sonst ist das Zimmer kahl. Ich frage den Mann, wie lange er schon in dieser Höhle haust. ‚Drei Jahre', ist seine Antwort. Er hat ein Bein im Krieg verloren, ist Witwer und hat zwei kleine Kinder, mit denen er auf der Holzpritsche schläft. ‚Ich komme nicht mehr zurecht', sagt er resigniert, ‚keine Beschäftigungsmöglichkeit in dieser Wildnis, Jahr und Tag in dieser Wanzenbude mit zwei Kindern ohne Mutter'. Im nächsten Zimmer sitzen sieben kleine Kinder in zerrissenen Kleidchen, alle ohne Strümpfe und Schuhe, um einen kalten Ofen und spielen mit Kohlenstaub und Torfstücken. Außer dem Ofen ist das einzige Mobiliar ein Drahtgestell, auf dem ein zweijähriger Junge zitternd vor Kälte unter einer schmutzigen Decke liegt. Ich frage nach Vater und Mutter. Die Mutter sei draußen, antwortet die Älteste, Vater ist noch in Rußland. ‚Wo schlaft ihr denn?' frage ich weiter. ‚Da vier und da vier', sie deuten in zwei Ecken. In der einen liegt auf dem Boden ein einstmals rotes Oberbett, in der anderen Ecke stehen zwei Tragbahren. ‚Mutter schläft auf dem Drahtgestell.' Die Kinder schauen mich ausdruckslos aus ihren blauen Gesichtern an. Der dritte Raum ist sehr klein und hat als Fenster nur ein schmales Loch. Hier wohnt eine Frau mit sechs Kindern und ihrem alten Vater. Sie richtet gerade das Abendessen: Fischköpfe. Dazu bedient sie sich einer kleinen Schüssel, die, wie sie erzählt,

Ein altes Wehrmachtsbett und ein Spind, dazu ein Strohsack: Der „Homo-Barackensis" 1946.

LEBEN IM LAGER

zur Körperwäsche, zum Waschen der Wäsche und zum Anrichten des Essens dient. Es stinkt fürchterlich in diesem Raum. Die Leute merken es nicht mehr. Ich frage die Frau, wo sie alle schlafen. Sie deutet nach hinten, wo ich nichts anderes als einen Haufen Lumpen erblicke. Die Frau muss sich mit dem Reinigen der Fischköpfe beeilen, da es dunkel wird. Der Raum ist ohne Lampe, ohne Stuhl und ohne Tisch. Ein kleines Kind von anderthalb Jahren mit eitrigem Ausschlag im Gesicht schreit. Ihr Mann sei schon viereinhalb Jahre in Rußland vermisst, sagt die Frau. Ich mag keinen weiteren Raum mehr sehen und verlasse die Baracke. Draußen laden Kinder und Erwachsene einen Wagen mit Torf ab. Einer Frau ohne Schuhe und Strümpfe spritzt der Schlamm bis zu den Knien. Es ist Februar 1948."[5]

Einen ebenfalls authentischen Eindruck vom Leben in einem Flüchtlingslager vermittelt das Tagebuch von Erika Stebner, die als 15-Jährige mit ihren Eltern im Kieler „Scheerlager" untergebracht war: „Am 2. Februar 1946 kamen wir mit einem Flüchtlingstransport nach Kiel. Für einen Monat bot uns die Elac[6] Unterkunft. In einem riesigen Saal hatte einer seine Schlafstätte neben dem anderen. Da wir das von der Flucht her gewöhnt waren, machte es uns nicht viel aus. Lange konnten wir aber so nicht leben, das war jedem klar. Eines Tages wurde bekanntgegeben, daß wir eine feste Unterkunft bekommen sollten, und zwar im Scheerlager. Mein Vater

Fischköpfe waren manchmal die einzige Mahlzeit. Lager Drachensee in Kiel-Hassee 1947.

machte sich sofort auf, um die Baracke, die uns für unbestimmte Zeit Wohnraum bieten sollte, zu besichtigen. Es war nicht gerade ein ermutigender Anblick, der sich ihm bot. Das 36 qm große Zimmer, das wir mit noch drei anderen Familien teilen mußten, war sehr schmutzig. Mein Vater reinigte die für uns bestimmte Ecke und holte die uns zugeteilten Strohsäcke, Wolldecken und einen Schrank ab. Es gab pro Person einen Strohsack und zwei Decken. Als soweit alles erledigt war, meldeten wir uns, um mit anderen Familien mit einem Lastwagen ins Scheerlager gebracht zu werden. In der ersten Zeit hatten wir nichts zu lachen, denn unsere Ecke hatte zwei Außenwände. Die paar Wolldecken, die uns zugeteilt worden waren, spendeten nicht genug Wärme, und einen Ofen gab es weit und breit nicht. Wollte sich jemand zu der Gemeinschaftsverpflegung, die meistens kaum genießbar war, etwas dazukochen, mußte er sich ein paar Ziegelsteine im Freien aufstellen und zusehen, daß er sein Essen gar bekam. Nach vielen Bemühen bekamen wir endlich ein kleines Zimmer. Es war nur 12 qm groß, aber wir hatten es für uns ganz alleine. Keiner kann wohl ermessen, was das eine Freude für uns war. Etwas später bekamen wir dann drei Bettgestelle. Zwei Personen mußten jeweils ein schmales Militärbett teilen. Einen Tisch und ein paar Stühle ließ man uns auch noch zukommen. Das Zimmer war aber so klein, daß uns nichts anderes übrig blieb, als ein Bett auf das andere zu stellen. Durch einen Arbeitskollegen meines Vaters war es uns möglich, einen Ofen zu kaufen. Nun brauchten wir nicht mehr zu frieren. Das Leben war erträglicher. Als wir dann erst unsere Lebensmittelkarten bekamen, war es auch mit dem Hunger nicht mehr so schlimm, denn wir konnten nun selber kochen und besser einteilen. Unter diesen Umständen verbrachten wir die erste Zeit im Scheerlager."⁷

Das in Kiel-Wik zwischen Feldstraße, Wiker Straße und dem Schüttenredder gelegene Scheerlager war 1941 als Reservelazarett für die Kriegsmarine errichtet worden. Es diente bis zum Mai 1963 als Flüchtlingslager.

Trotz dieser unglaublichen Zustände gab es noch eine Steigerung der Primitivität der Unterbringung: die Nissenhütte. Der kanadische Bergbauingenieur und Offizier Peter Norman Nissen (1871-1930) hatte von der britischen Regierung den Auftrag erhalten, eine Unterkunft für Soldaten zu entwickeln, die von vier Leuten binnen vier Stunden errichtet werden konnte. Nissen entwarf daraufhin eine Wellblechbaracke, die aus Fertigbauteilen bestand und einer in der Längsachse halbierten Tonne ähnelte. Die britische Besatzungsarmee brachte die Nissenhütte nach dem Zweiten Weltkrieg nach Deutschland und so wurden tausende von Nissenhütten in der britischen Besatzungszone als Notunterkünfte für Ausgebombte und Flüchtlinge errichtet.

Die Nissenhütte hatte in der Regel eine Gesamtwohnfläche von 40 qm und bestand aus doppelwandigem Wellblech. Vorgesehen war die Hütte, die weder über einen Wasseranschluss noch über sanitäre Anlagen verfügte, für zwei Familien, die anfangs nur durch einen Vorhang getrennt waren. Erst als sich die Materialbeschaffung normalisierte, wurden die Zwischenwand und später sowohl Kopf- als auch Rückwand entweder durch

Das Nissenhüttenlager „Prof.-Peters-Platz" in Kiel bestand von 1946 bis 1953.

Holz oder Mauersteine ersetzt. Anfangs waren die in Nissenhütten eingewiesenen Flüchtlinge mit dem Notquartier zufrieden, zumal man bei „Normaltemperaturen" durchaus in einer Nissenhütte wohnen konnte. Zwei Dinge aber machten den Nissenhüttenbewohnern das Leben zunehmend zur Hölle: die drangvolle Enge und die Temperaturschwankungen. Zwei Berichte eines Wohnungsamtermittlers aus dem Jahre 1946 sollen dies verdeutlichen: „In den Nissenhütten des Lagers auf dem Prof.-Peters-Platz [in Kiel] sind in einem Raum von ca. 20 qm (eine halbe Nissenhütte) 10 Personen, in den meisten Fällen mehr, untergebracht. Diese Personen gehören nicht einer Familie an, sondern sind bunt zusammengewürfelt, Männer, Frauen, Kinder, Kranke usw. Unter Tränen erzählten uns die Frauen, daß sie in großer Sorge um ihre Kinder sind, die durchweg einen kranken und gehetzten Eindruck machten. Schlafgelegenheiten bieten ehemalige Luftschutztragen. In Ermangelung von Tischen und Stühlen spielt sich das ganze tägliche Leben, wie essen und trinken, auf diesen Luftschutztragen ab. In den Hütten herrscht jetzt schon eine empfindliche Kälte [der Bericht ist vom 21. August 1946], zumindest nachts, wenn zu allem noch das Schweißwasser von den Blechwänden rinnt. Die letzten Habseligkeiten der Flüchtlinge verderben durch diese Feuchtigkeit."[8]

„Das Lager Prof.-Peters-Platz ist ein großes Barackenlager aus Wellblechhütten mit gemauertem Fußboden. Augenblickliche Belegung 1.190 Mann, davon in Gemeinschaftsverpflegung 500. Der größte Teil kocht selbst auf ganz primitiven Kochstellen im Freien, da sich in den allermeisten Baracken noch keine Öfen befinden. Das Lager ist in keinem Fall für den Winter geeignet. Es ist auch bei Zuweisung von viel Heizungsmaterial und Bau von Öfen in den Wellblechhütten schon durch den gemauerten Fußboden zu kalt.

Es sind im Lager über 150 Kinder. In jeder Baracke sind auf jeder der beiden Seiten 12 Personen untergebracht, ein Teil der Baracken ist jedoch nur einseitig belegt infolge Bauarbeiten. Es sind 415 Betten vorhanden, es fehlt also noch der größte Teil. Die anderen Flüchtlinge liegen, wenn sie nicht Betten selbst mitgebracht haben, noch auf Krankentragen direkt über dem Steinboden. Es sind 287 Familien, die sich mit nur 34 Waschschüsseln und 83 Tischen ohne jegliche Schränke behelfen müssen. Bänke sind nur zum Teil und zu wenig aufgestellt. Das Lager ist völlig neu erbaut, aber nur für die Sommermonate zu belegen."[9]

In der Tat wurden die „nissen huts" bereits vor dem Ersten Weltkrieg in Großbritannien u. a. als Unterkünfte auf Feldflugplätzen eingesetzt. Als die Engländer die ersten Hütten 1945 nach Deutschland brachten, waren sie zunächst nicht als Flüchtlingsunterkünfte gedacht, sondern sollten in erster Linie – besonders in stark zerstörten Regionen – der eigenen Truppe als Unterkünfte dienen. Das Nissenhüttenlager auf dem Prof.-Peters-Platz in Kiel bestand aus 129 Wohn- und Funktionshütten (Küchen, Toiletten, Waschräume). Im Winter 1946/47 mussten mehr als die Hälfte der Lagerbewohner (besonders Familien mit Kleinkindern) evakuiert werden. Allerdings gestaltete sich die Verlegung in andere Quartiere als äußerst schwierig, weil aufgrund der allgemeinen Überfüllung sowohl der übrigen Lager als auch der Privatunterkünfte nicht immer eine Verbesserung der Wohnsituation erreicht werden konnte.[10]

In keinem Fall für den Winter geeignet: die Nissenhütten im Sommer 1948.

Eine beinahe schon üppig ausgestattete Nissenhütte vom Lager Prof.-Peters-Platz 1949.

Es gab natürlich auch Hütten, die – bedingt durch handwerklich geschickte Bewohner – durchaus wohnlich hergerichtet waren. Wer in der Lage war, das Wellblech zu verkleiden und die Tür durch einen Vorbau zu sichern, der konnte sich auch in einer Nissenhütte einigermaßen wohl fühlen. Der überwiegende Teil aber hatte nur ein Ziel: So schnell wie möglich diese Art Unterkunft zu verlassen, die sich im Sommer durch die Sonne in einen Glutofen verwandelte und im Winter nahezu identische Temperaturen aufwies, egal ob man in oder vor der Hütte stand. So ist es nicht verwunderlich, dass die Nissenhütten gleich in das erste „Barackenräumprogramm" 1952/54 einbezogen wurden und allmählich aus dem Stadt- und Landschaftsbild verschwanden. Auch das Lager in Kiel gehörte dazu und so konnte der Stadtrat Thaddey am 18.8.1953 die letzte Familie vom Nissenhüttenlager auf dem Prof.-Peters-Platz in Kiel mit einem Nelkenstrauß verabschieden. Beliebt blieben die Hütten aber als Ställe oder Schuppen, und wenn man aufmerksam durch die Lande fährt, so sieht man auch noch heute Variationen der einfachen Idee des Peter Norman Nissen.

Dass der Eingliederungsprozess der Lagerbewohner weder gradlinig noch zwangsläufig und schon gar nicht schnell verlief, geht schon daraus hervor, dass es mehr als 20 Jahre dauerte, bis der letzte „Kriegsfolgenhilfeempfänger" (KFH-Empfänger) die Notunterkunft verlassen konnte. Da die Flüchtlingslager in der Regel nur dann in Presseverlautbarungen auftauchten, wenn es ihre Räumung zu feiern

Sogenannte „Funktionshütten": Büro der Flüchtlingsfürsorge im Nissenhüttenlager „Augustenburger Platz" in Kiel 1948, oben: von außen, rechts: innen.

LEBEN IM LAGER

Verpflegung gab es bis 1950 „auf Marken".

galt oder andere Ereignisse – zumeist mit negativen Vorzeichen (wie Feuer im Lager, Kind ertrank im Feuerlöschteich etc.) – das Lager für einen kurzen Moment aus der Isolation und Anonymität hervorholten, blieb ihr Dasein und damit auch das ihrer Bewohner im Schatten der stürmischen Nachkriegsentwickelung. Nachdem 1949 – nach Gründung der Bundesrepublik – ein auf Eingliederungshilfen abzielendes Soforthilfegesetz und für die vertriebenen Landwirte das Flüchtlingssiedlungsgesetz verabschiedet worden waren, konnten erste Schritte zur Konsolidierung eingeleitet werden. Flankierende Hilfe leistete das im September 1952 in Kraft getretene Lastenausgleichsgesetz, ein Fond für Flüchtlinge und andere Kriegsgeschädigte, der aus Haushaltsmitteln von Bund und Ländern gespeist wurde. Das umfängliche Gesetzeswerk (inzwischen 29 mal novelliert), brachte seinen Nutznießern bis heute insgesamt 127 Milliarden Mark. Vorgesehen waren unter anderem eine Hauptentschädigung für verlorenen Besitz, Hausratsentschädigung, Mittel für den Wohnungsbau, Aufbau- und Ausbildungshilfen, und die Ansprüche waren sogar vererbbar. Den weitaus größten Teil der Lastenausgleichsmittel zehrten allerdings die Renten auf – 48 Milliarden Mark.

Mit dem Bundesvertriebenengesetz vom Mai 1953 wurde die Eingliederung der Flüchtlinge bundesweit einheitlich geordnet. Nun gab es für alle Bundesländer die gleichen Begriffe, Regelungen und Behörden. Durch die Einrichtung von Beiräten der Vertriebenen bei den zentralen Dienststellen von Bund und Ländern wurde die Effizienz dieses Gesetzes erheblich erhöht. Wer sein Land an Flüchtlinge verkaufte, wurde mit Steuer-

Flüchtlingsfrau am Eingang einer Baracke ca. 1951.

vergünstigungen belohnt. Privilegien genossen die Flüchtlinge schließlich auch im Wohnungsbau. Aus dem Ausgleichsfond wurden rund 750.000 neue Wohnungen finanziert. Halbwegs im Gleichgewicht waren die Unterkunftsverhältnisse allerdings erst Ende der 50er Jahre – aber das galt natürlich auch für den Rest der Bevölkerung, vor allem in den Ballungsgebieten.

Bis weit in die 50er Jahre hinein war die Arbeitslosigkeit der Flüchtlinge und insbesondere der Lagerbewohner deutlich höher als die der Einheimischen. Praktisch musste die gesamte Basis an Sozial- und Produktionskapital für das Leben und Wirtschaften der Flüchtlinge neu geschaffen werden. Bis das gelang, war erhebliche Arbeitslosigkeit bzw. relativ niedrige Produktivität nicht zu vermeiden. Insgesamt aber war es der Wechsel der internationalen Politik zugunsten von Westdeutschland im Ausgang der 40er Jahre, der die Weichen stellte für eine überraschend schnelle Eingliederung der Flüchtlinge in den 50ern. Nicht einzelne Maßnahmen wie die Wohnungsbauprogramme, die Umsiedlungsaktionen (Schleswig-Holstein wurde ein Umsiedlungsanteil von 422.000 Personen zugewiesen, von denen bis zum 30. November 1955 insgesamt 359.899 Personen umgesiedelt wurden) und der Lastenausgleich waren es schließlich – so sehr sie den Prozess der Eingliederung auch flankierend förderten – die das Problem endgültig und auf eine auch für die Flüchtlinge befriedigende Weise lösten, sondern der ungeahnt rasche wirtschaftliche Wiederaufstieg Westdeutschlands. Er ermöglichte die Absorption der Flüchtlinge, da er die materiellen Lebensgrundlagen so stark vermehrte, dass auch den Flüchtlingen ihr Teil daran gegeben werden konnte, ohne dass er aus der Substanz der einheimischen Bevölkerung genommen werden musste.[11]

Die Unterbringung, das „Dach über dem Kopf" gehörte zu den elementarsten Bedürfnissen der Menschen nach dem traumatischen Erlebnis von Flucht und Vertreibung. Wer nach diesem Erleben noch für Jahre in einem Lager leben musste, mag das als ganz besonders hart empfunden haben. Die Flüchtlingslager waren zweifellos Hindernisse beim Neuanfang in der „neuen Heimat". Mancher hat den Absprung aus dem Lagerleben nicht geschafft und fand sich bald in einem der sogenannten „Obdachlosenlager" wieder. Es dauerte eben auch bei den Politikern eine geraume Zeit, bis sich die Erkenntnis durchgesetzt hatte, dass ein Lager immer mehr Probleme schafft, als es löst.

„EINE WOHNUNG, DIE MAN MIT GUTEM GEWISSEN WENIGSTENS EINE REIHE VON JAHREN JEDEM DEUTSCHEN ZUMUTEN KANN"
DIE NISSENHÜTTEN IM HUSUMER BIRKENWEG
ASTRID PAULSEN

HALBE WOHNTONNEN IN HUSUM

Ortsfremde, die in den Birkenweg im Husumer Ortsteil Dreimühlen kommen, wundern sich vermutlich über die acht Wohngebäude, die dort wie längs halbierte und überdimensionale Tonnen zwischen ganz „normalen" Häusern die Straße säumen. Vereinzelt stehen in den gepflegten Gärten quer hinter diesen Nissenhütten noch weitere kleinere tonnenförmige Gebäude. Das Ensemble der Husumer Nissenhütten ist deutschlandweit wohl einzigartig und ein Kulturdenkmal ganz besonderer Art. In meinem Beitrag berichte ich über die Geschichte dieser Gebäude, die im Nachkriegsdeutschland zunächst nur als provisorische Notunterkünfte für Vertriebene dienten, dann aber im Rahmen des vermutlich ersten sozialen Wohnbauprojekts in Schleswig-Holstein sowohl Einheimischen wie Vertriebenen auch für längere Zeit ein neues Zuhause bieten sollten. Mein besonderes Augenmerk gilt dabei der Nissenhütte, die seit nunmehr über 60 Jahren von Willi und Ingeborg Petersen bewohnt wird.

Drei von acht Nissenhütten, die heute noch im Husumer Birkenweg bewohnt werden.

DIE WOHNSITUATION IN SCHLESWIG-HOLSTEIN NACH DEM ZWEITEN WELTKRIEG

Nach dem Zweiten Weltkrieg gehörte neben der Versorgung der Menschen mit Nahrung und Heizmaterial der große Wohnraummangel zu den dringlichsten Problemen, die es zu lösen galt. Obgleich in Schleswig-Holstein, abgesehen von den größeren Städten wie Kiel, Lübeck und Neumünster, verhältnismäßig wenige Wohnungen durch Bomben zerstört worden waren, wurden die Unterkünfte durch den gewaltigen Zustrom der Vertriebenen sehr knapp. Lebten im Mai 1939 rund 1.589.000 Menschen in Schleswig-Holstein, waren es im Oktober 1946 bereits 2.590.000 Personen. Dazu kamen anfänglich viele Soldaten und Kriegsgefangene in den Sperrgebieten, die das Unterbringungsproblem noch verstärkten. Im April 1949 hatte die Bevölkerungszahl dann mit 2.762.000 Menschen ihren höchsten Stand erreicht.[1]

Viele Vertriebene lebten in überfüllten Wohnungen, Flüchtlingslagern und Wohnschiffen sowie in vorübergehenden Unterkünften in Pensionen, Gaststätten oder Schulen. Außerdem dienten Gartenlauben, Schuppen, Ställe, Bunker oder Ruinen als behelfsmäßige Bleibe. Wie gravierend der Wohnraummangel auch drei Jahre nach Kriegsende noch war, belegt eine Untersuchung des Sozialministeriums vom September 1948. Einheimische und Vertriebene mussten damals in Schleswig-Holstein mit durchschnittlich fünf Quadratmetern Wohnraum auskommen.

Die Belegung privaten Wohnraums durch Flüchtlinge wurde rechtlich zunächst durch das Reichsleistungsgesetz aus dem Jahr 1939 bestimmt. Am 8. März 1946 trat schließlich das Kontrollratsgesetz Nr. 18, das sogenannte Wohnungsgesetz, in Kraft. Organisiert wurde die Unterbringung der Vertriebenen durch die örtlichen Wohnungsämter, die in den Gemeinden und Städten den vorhandenen Wohnraum erfassten, gegebenenfalls beschlagnahmten und den Flüchtlingen und anderen Wohnungslosen zuwiesen. Es gab vermutlich viele Schleswig-Holsteiner, die ihre neuen Mitbewohner in den Wohnungen und Häusern nicht gerade willkommen hießen. Und auch für die Vertriebenen, die ja eigentlich nur schnellstmöglich wieder zurück nach Hause wollten, war die notgedrungene Unterbringung in der neuen fremden Umgebung meistens sehr belastend, auch wenn sie zunächst dankbar darüber waren, nach ihrer Flucht eine erste Bleibe gefunden zu haben. Es liegt auf der Hand, dass das Zusammenleben nicht immer konfliktfrei verlief. Neben der eingeschränkten Privatsphäre führte besonders die gemeinsame Nutzung von Küchen und Toiletten zu Streit. Problematisch war auch das Beheizen der abgetretenen Zimmer, in denen die Flüchtlinge lebten. Zum einen war das Brennmaterial knapp und zum anderen gab es dort häufig keine Öfen. Oft behalf man sich dann mit den sogenannten transportablen „Brennhexen", mit denen auch gekocht wurde.[2]

Eine schnelle Lösung des Problems durch den Neubau von Wohnungen war zunächst nicht in Sicht, da die finanziellen Mittel und die Baustoffe fehlten. 1947 konnten in Schleswig-Holstein wegen der Kohleknappheit im Vergleich zu den erzeugten Mengen des Jahres 1955 nur 3,2 % an Zement, an Kalksandsteinen nur 0,9 % und an Mauerziegeln nur etwa 9,5 % produziert werden. Die wenigen vorhandenen Materialien wurden für dringende Reparaturen und nur für solche Gebäude verwendet, die für die Gesamtbevölkerung von vorrangigem Interesse waren, wobei die britische Militärregierung die Zuteilung kontrollierte. Außerdem förderten die Wohnungsbauprogramme der Nachkriegszeit in den ersten Jahren nur Instandsetzungen bzw. Ausbauten und Teilungen vorhandenen Wohnraums. Neubauten der öffentlichen Hand und Bauvorhaben gemeinnütziger Wohnbauunternehmen kamen erst an letzter Stelle. Zudem wurden viele Bauplanungen durch unklare Zuständigkeiten erschwert.[3]

DIE LAGE IN DER STADT HUSUM

In Husum lebten 1939 nach der Eingemeindung der Orte Rödemis, Oster- und Norderhusum 14.235 Einwohner.[4] 1940 wurde Husum zur Garnisonstadt erklärt und das Stadtgebiet um neue militärische Areale erweitert. Dazu zählten auch die beiden Flugplätze, die seit 1939 gebaut wurden, im Norden unmittelbar bei der Stadt und im Osten nahe der Gemeinde Schwesing. Die Unterkunftsbaracken aus der Bauzeit des Schwesinger Flugplatzes dienten übrigens ab September 1944 als Außenstelle des Konzentrationslagers Neuengamme bei Hamburg. Zeitweise lebten dort weit über 2.000 Häftlinge, die bis zum Dezember 1944 beim Bau des sogenannten „Friesenwalls" nördlich von Husum eingesetzt wurden.[5]

Bereits seit 1943 waren ausgebombte Menschen aus Hamburg und Kiel nach Husum evakuiert worden. Für sie ließ die Stadtverwaltung im selben sowie im darauf folgenden Jahr mehrere Behelfsheime errichten, wie beispielsweise das in der Klußmannstraße.[6] Husum selbst blieb dagegen von Kriegshandlungen und damit von der Zerstörung von Wohnungen nahezu vollständig verschont. Es gab nur wenige Fliegerangriffe im März und April 1945, bei denen einige Häuser an der Ecke Kuhsteig/Asmussenstraße und in der Osterhusumer Straße beschädigt wurden und außerdem je drei Menschen ums Leben kamen.[7]

Dennoch wurden die Unterkünfte durch den flutartigen Zustrom von Vertriebenen in Husum mit einem Schlag knapp. Ende 1945 war die Einwohnerzahl bereits um rund 10.000 auf über 24.000 Personen angestiegen, was teilweise zu chaotischen Verhältnissen führte.[8]

Gleich nach Kriegsende wurden alle ehemaligen Militärbaracken zu Flüchtlingsunterkünften umgewandelt, wie die auf dem Gelände der Funkstelle auf dem Lundberg zwischen Mildstedt und Rödemis. Auch das im Dritten Reich für Zwangsarbeiter genutzte „Tausend-Mann-Lager" zwischen Marienhofweg und Flensburger Chaussee baute man zur Vertriebenenunterkunft um. Im Herbst 1945 wurde auch die ehemalige Außenstelle des Konzentrationslagers Neuengamme in Schwesing zum Vertriebenenlager umgewandelt. In den Husumer Lagern gab es für eine Person durchschnittlich gerade einmal drei Quadratmeter Wohnraum.[9]

Wie anderswo auch, beschlagnahmte außerdem das Wohnungsamt für die Neubürger alle privaten Wohnräume, die entbehrlich waren: leerstehende Wohnungen, Wohn- und ungenutzte Schlafzimmer oder sonstige Räume, die zu behelfsmäßigen Quartieren hergerichtet werden konnten. Der Landrat des Kreises Husum, Kuno Tönnies, ließ auf Anweisung der britischen Militärbehörde Mitte 1945 in Husum und in allen Dörfern des Kreises eine Wohnungskommission bilden, die sich jeweils aus drei Einheimischen und zwei Vertriebenen zusammensetzte. Sie schlichteten Streitigkeiten und hatten Mitspracherecht bei Umquartierungswünschen.

Es fehlte nicht nur an Wohnraum, sondern auch an Möbeln, Öfen, Ofenrohren und Brennmaterial. Das Problem der Unterbringung wurde zudem dadurch erschwert, dass die Briten in der ehemaligen Garnisonstadt Husum Dutzende von Wohnungen für sich beschlagnahmt hatten.[10] Wie groß die Wohnungsnot war, belegt auch ein Aufruf vom 2. Februar 1946 im Kieler Kurier, der von der Britischen Militärregierung für die nördliche Hälfte Schleswig-Holsteins herausgegeben wurde: „Der Bürgermeister der Stadt Husum gibt bekannt:

Es ist untersagt, in Wohnungs- oder Quartierangelegenheiten oder sonstigen Fragen der Raumbeschaffung sich privat an den Leiter oder die Angestellten oder den Dezernenten des Wohnungsamtes zu wenden und diese in ihren Wohnungen aufzusuchen. Für die Erledigung dieser Angelegenheiten ist allein die Dienststelle des Wohnungsamtes, Süderstraße 18, zuständig."[11]

Wie überall in Schleswig-Holstein dauerte es auch in Husum noch Jahre, bis die Vertriebenenlager und andere unzumutbare Behelfsunterkünfte geräumt werden konnten und sich die Wohnlage allmählich verbesserte. Eine wirkliche Entspannung trat erst in den 1950er Jahren ein, als umzugswillige Vertriebene nach Süd- und Westdeutschland umsiedelten und mit dem Bau fester Wohnungen begonnen wurde, etwa mit der Errichtung der Wohnblocks in der Herzog-Adolf-Straße oder der Gewoba-Siedlung bei Hockensbüll.[12]

Die meisten neuen Wohnungen wurden von Baugenossenschaften errichtet, die mit günstigen Mieten bzw. mit Hilfe günstiger Kredite und mit der Eigenleistung ihrer zukünftigen Besitzer bezahlbare Wohnungen und erschwingliche Eigenheime zur Verfügung stellten. Auch die Nissenhüttensiedlung im Birkenweg, mit denen in Husum drei Jahre nach Kriegsende erstmals wieder fester und dauerhafter Wohnraum geschaffen wurde, war ein genossenschaftliches Bauprojekt.

„NISSEN HUTS" ALS NOTUNTERKUNFT FÜR VERTRIEBENE

„Kaum eine Unterbringung für Vertriebene weckt so sehr die Erinnerung an die Zeit nach dem Zweiten Weltkrieg wie die Nissenhütte. Sie ist geradezu ein Symbol für die Zeit von Flucht, Vertreibung und Eingliederung geworden",[13] schreibt der Politologe und Soziologe Uwe Carstens, der intensiv zu den Flüchtlingen und Flüchtlingslagern in Schleswig-Holstein geforscht hat. In diesem Zusammenhang hat er sich in seinen Publikationen auch ausführlich mit den Nissenhütten als Vertriebenenunterkünfte beschäftigt.[14] Im vorliegenden Katalog hat Carstens den Flüchtlingslagern und den Nissenhütten als Vertriebenenunterkunft ebenfalls einen Beitrag gewidmet.[15] Ich verzichte daher auf eine erneute ausführliche Beschreibung, sondern fasse zum Verständnis meiner nachfolgenden Ausführungen nur die wichtigsten Fakten zusammen:

Die „Nissen huts" wurden nach ihrem Erfinder, dem kanadischen Bergbauingenieur und Offizier Peter Norman Nissen (1871-1930), benannt. Nissen war 1916 von der britischen Regierung beauftragt worden, eine Soldatenunterkunft zu entwerfen, die von vier Personen in vier Stunden aufgebaut werden konnte. Das Ergebnis war eine große längs halbierte Wellblechtonne. Das erste Modell führte er während eines Truppenbesuchs der britischen Königin Mary 1917 in Frankreich vor. Seitdem verbreiteten sich die Nissenhütten überall im britischen Weltreich, vor allem in den klimatisch heißen Regionen des britischen Empire.[16]

So waren es auch die Engländer, die 1945 die ersten Hütten nach Deutschland brachten. Zunächst dienten sie auch hier als provisorische Soldatenunterkünfte und Lagerräume. Seit 1946 wurden dann in der britischen Besatzungszone und damit auch in Schleswig-Holstein in Lagern zahlreiche Wellblechbaracken als Notunterkünfte für Ausgebombte und Flüchtlinge errichtet.

Eine Nissenhütte war üblicherweise 40 qm groß. Die Wände bestanden aus doppelwandigem Wellblech, die beiden Giebelseiten hatten Wände aus Mauersteinen, verputztem Lehm oder Holz. Wasseranschlüsse und sanitäre Anlagen fehlten. Dafür gab es in den Lagern separate Funktionshütten. Die „Wohnbereiche" der verschiedenen Familien, die sich eine Nissenhütte teilen mussten, waren anfänglich nur notdürftig voneinander getrennt. Wesentlich mehr als unter der fehlenden „Privatsphäre" litten die Bewohner unter den Temperaturschwankungen in den anfänglich unisolierten Hütten. Das dadurch gebildete Schwitzwasser ließ die Unterkünfte zu „Tropfsteinhütten" werden. Noch schlimmer war aber, dass im Sommer die Hitze und im Winter die Kälte trotz aufgestellter Öfen ungehindert eindringen konnte, zumal Feuerungsmaterial knapp war oder ganz fehlte. So kam es im kalten Winter 1946/47 zu zahlreichen Erfrierungen und mehreren Todesfällen. Erst als es wieder genügend Baumaterial gab und die Bewohner die Hütten dämmen konnten, entspannte sich die Lage. Nun konnten auch massive Querwände eingezogen und somit zumindest ansatzweise separate Wohnräume für die Familien geschaffen werden.[17]

Die Bezeichnung „Nissenhütte" wurde in der Nachkriegszeit übrigens häufig falsch gedeutet bzw. zum Verspotten der Bewohner benutzt. Als Begründung für die Namensgebung wurde nämlich häufig, ob nun irrtümlich oder absichtlich, das Wort „Nissen" herangezogen. Damit sind bekanntlich die Eier von Läusen gemeint, unter denen natürlich gerade die Bewohner der engen Lagerunterkünfte mit ihren schlechten hygienischen Bedingungen sehr zu leiden hatten.[18]

In den 1950er Jahren verschwanden die Nissenhütten allmählich. Sie wurden verkauft und zu gewerblichen Zwecken oder als Lager umfunktioniert.[19] Heute sind in Schleswig-Holstein nur noch wenige erhalten. Neben den acht bewohnten Nissenhütten in Husum steht noch eine im Tierpark Neumünster, die auch besichtigt werden kann. In Niedersachsen stehen neben einer Hütte im Freilichtmuseum am Kiekeberg weitere im Luftbrückenmuseum in Faßberg, im Panzermuseum in Munster und im Grenzdurchgangslager Friedland.[20] Außerdem plant das Rheinische Freilichtmuseum Kommern in Nordrhein-Westfalen den Aufbau einer Nissenhütte.

Die Nissenhütte im Freilichtmuseum am Kiekeberg wurde dort 2006 wieder aufgebaut.

DIE „HEIMSTÄTTE SCHLESWIG-HOLSTEIN" BAUT „BRITISCHE BLECHBUNGALOWS" FÜR KLEINSIEDLERSTELLEN

Der Aufbau von Nissenhütten als Lagerunterkünfte für Vertriebene gehörte 1946 zu einer der ersten Hilfsaktionen der britischen Militärregierung in Schleswig-Holstein. Darüber hinaus drängte die Militärbehörde aber auch darauf, mit Nissenhütten dauerhafte Kleinsiedlerstellen einzurichten. Das erforderliche Material wollte die britische Armee aus Restbeständen zur Verfügung stellen. Dabei sollten jeweils drei Hütten zwei benachbarte Siedlerstellen ergeben. Jeweils eine war als Wohnung vorgesehen, und die dritte sollte quer zwischen beiden Siedlerstellen mittig auf der Grundstücksgrenze stehen. Eine Siedlerstelle bestand also aus eineinhalb Hütten.

Für jeden ländlichen Kreis Schleswig-Holsteins waren Hütten für 30 bis 35 Kleinsiedlerstellen geplant, wobei geeignete Grundstücke von den Gemeinden zur Verfügung gestellt werden sollten. Als Grundstücksgröße waren zwischen 1.000 und 2.500 m² vorgesehen. So war genügend Platz für eine möglichst weitgehende Selbstversorgung mit Obst, Gemüse und Kleintieren. Größere Städte wie Kiel nahmen an dem Projekt nicht teil. Die Siedler sollten sich aus Vertriebenen, Handwerkern, Ausgebombten, Kriegsversehrten und kinder-

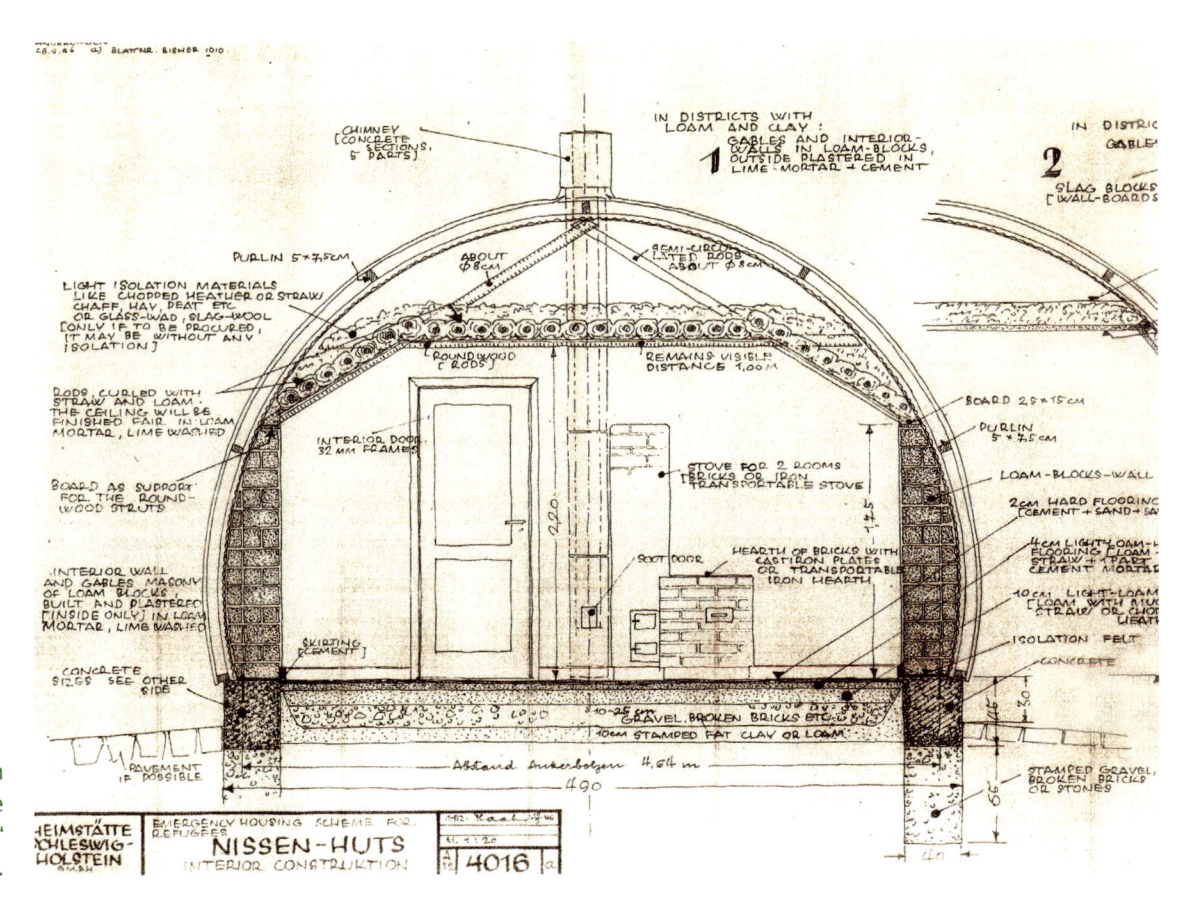

Ein Plan der „Nissen Huts", „Heimstätte Schleswig-Holstein" aus dem Jahr 1947.

reichen Familien zusammensetzen. Die allgemeine Kritik an dieser wenig wärmegedämmten Unterkunft mit einer geringen Haltbarkeit griff auch der wohnwirtschaftliche Beirat in Schleswig-Holstein auf. Die Briten beharrten aber auf ihrem Vorschlag.[21]

Mit der Umsetzung wurde die „Heimstätte Schleswig-Holstein" beauftragt. Die Baugenossenschaft und Treuhandstelle war 1919 als „Provinzielle Wohnungsfürsorgegesellschaft" gegründet worden. Nach dem Ersten Weltkrieg hatte man von staatlicher Seite in allen preußischen Provinzen, später auch in anderen Ländern, Organisationen gegründet, mit denen bestimmte politische Ziele im Wohnungsbau verfolgt wurden. So war es der erklärte Auftrag der „Heimstätte", die diesen Namen seit 1933 trug, für einkommensschwache und kinderreiche Familien in Kleinsiedlungen bezahlbare Wohnhäuser mit großen Gärten für eine möglichst weitgehende Selbstversorgung zu schaffen. Dieses Ziel sollte unter anderem mit entsprechenden Bau- und Siedlungsplänen, der Ausarbeitung einheitlicher Haustypen, der Beschaffung und Erschließung von Baugelände, dem gemeinsamen und somit vergünstigten Bezug von Baumaterial, bezahlbaren Hypotheken sowie möglichst viel Eigenleistung der zukünftigen Hausbesitzer erreicht werden.[22]

1946 legte die Heimstätte für die längerfristige Nutzung der Nissenhütten entsprechende bauliche Entwürfe vor. Aus einem begleitenden Text zu den Zeichnungen erfahren wir Näheres zur „Verwendung von Nissenhütten für Kleinsiedlerstellen": „Die Nissenhütten, die seitens der Militärregierung zur Errichtung von Wohnungen zur Verfügung gestellt werden, sind in ihrem Aussehen unerfreulich. Als doppelwandige Blechkonstruktion ist die Hütte für die hiesigen Klimaverhältnisse, wenn man sie als Dauerwohnung benutzen will, nicht warm genug. Sobald man sich aber entschliesst, die Hütte vollständig mit senkrechten Innenwänden und einer waagerechten Decke auszubauen, ändern sich die Verhältnisse von Grund auf. Bei zweckmässiger Grundrisseinteilung entsteht dann eine ausreichend warme zweckmässig eingeteilte und genügend grosse Wohnung, die 4-6 Betten aufnehmen kann, eine Wohnung, die man mit guten Gewissen wenigstens eine Reihe von Jahren jedem Deutschen zumuten kann."[23]

Und weiter heißt es: „Zu einer Kleinsiedlerstelle gehört ausser der Wohnhütte auch eine halbe Hütte, die als Kleintierstall, als Werk- oder Abstellraum, auch als Lagerraum für Holz und Kohlen gedacht ist und die auch den Abort aufnimmt."

Für den Innenausbau empfahl die Heimstätte an selber Stelle folgendes: „Da sich der Ausbau der Hütte unter dem vorher zu errichtenden Hüttendach abspielt, ist als Baustoff besonders auch der Lehm geeignet, bei dessen Anwendung auch Laienkräfte mithelfen können. Die Innen- und Giebelwände sind aus Lehmsteinen aufzumauern, die Decke z. B. als

Ein Schaubild zur Verwendung von Nissenhütten, „Heimstätte Schleswig-Holstein", 1946.

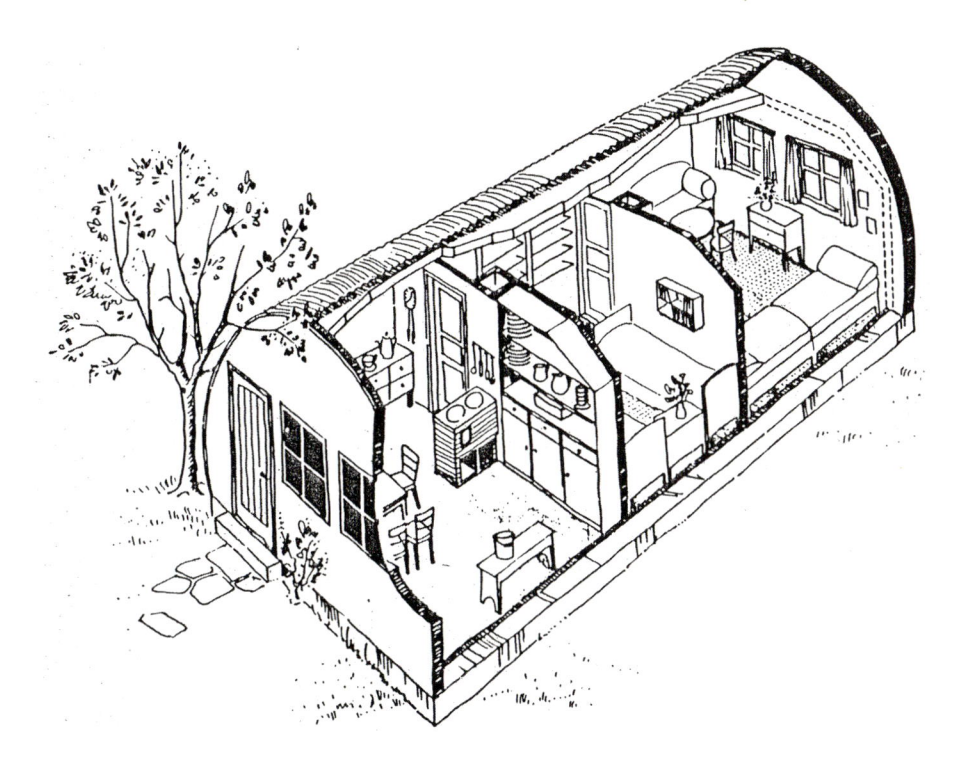

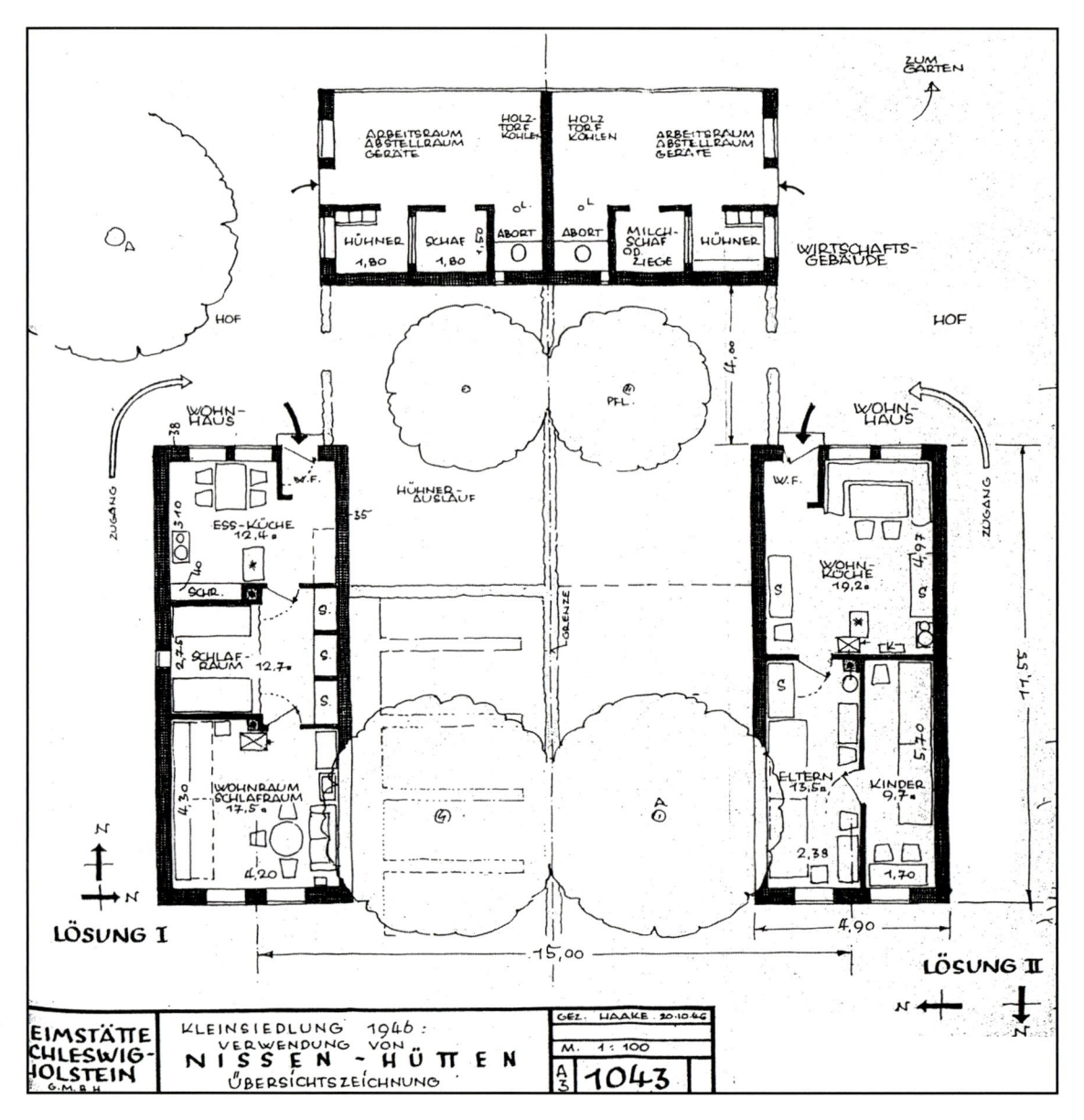

Eine Übersichtszeichnung von zwei nebeneinanderliegenden Nissenhütten-Siedlungsstellen der „Heimstätte Schleswig-Holstein", 1946.

sogenannte Strohlehmwickelung unter Verwendung von Rundholzstangen auszuführen und auch der Fussboden kann als Leichtlehmestrich mit Hartschicht hergestellt werden."

Wegen des Mangels bzw. der „Kontingentierung" von herkömmlichem Baumaterial war Lehm übrigens damals in Schleswig-Holstein als Behelfsbaustoff ausgesprochen „populär". Im Februar 1946 wurde sogar eine „Arbeitsgemeinschaft für zeitgemäßes Bauen" gegründet, die sich für den Lehmbau einsetzte und in Ascheberg eine Lehmbauschule eröffnete.[24]

Weiter schreibt die Heimstätte, dass der Einbau von Fenstern, Türen, Herden, Öfen, Schornsteinen usw. in „üblicher Form" erfolgen und die Innenflächen der Wände geputzt oder gekalkt werden sollten. Und in späteren Jahren, empfahl man abschließend, könnte die Hütte dann mit einem regulären Dach überbaut oder auf dem Grundstück ein neues Wohnhaus errichtet und die Hütte für Wirtschaftszwecke umgenutzt werden. Alle Gemeinden, die für das Projekt in Frage kamen, wurden mit einem Rundschreiben darüber informiert. So verschickte zum Beispiel das Kreisbauamt des damaligen Kreises Eiderstedt am 26. November 1946 an jede Gemeinde folgendes Schreiben: „Die Landesverwaltung beabsichtigt in Verbindung mit der Schleswig-Holsteinischen Heimstätte GmbH Kleinstsiedlungen zu errichten durch Aufstellung von Nissenhütten. Eine solche Siedlung besteht aus einer Küche, zwei weiteren Räumen und einer halben Nissenhütte als Kleintierstall oder Werkstatt, dazu etwa 1.000 qm Gartenland … Falls die Gemeinde Interesse hat, ist bis spätesten zum 30.11. 46 nach hier zu berichten."[25]

Die Kosten für eine Nissenhütte und ihren Transport betrugen 1.000,- RM, für eineinhalb Hütten also 1.500,- RM. Mit Grundstück, Bauerschließung und Innenausbau kostete eine Siedlerstelle 7.500,- RM, von denen 3.600,- RM bezuschusst wurden. Die Siedler sollten 2.500,- RM durch Eigenleistung beim Aufbau und den Rest durch Eigenkapital bzw. durch ein günstiges Darlehen finanzieren.[26]

Offenbar stieß das von den Briten initiierte Projekt trotz des Wohnraummangels längst nicht in allen Gemeinden auf ein positives Echo. So gab es anscheinend häufig schon bei der Bereitstellung der erforderlichen Grundstücke Probleme. Die eher negative Haltung hatte wohl „nicht zuletzt ihre Ursache in der Ablehnung der Nissenhütten selbst."[27] Vermutlich konnten sich viele Menschen die Nissenhütten, die ja eigentlich ursprünglich lediglich als vorübergehende Notunterkunft für Vertriebene dienten, nicht als längerfristiges Zuhause vorstellen.

Folglich hieß es in einer Abschrift des Wohnungsamtes im Ministerium für Aufbau und Arbeit der Landesregierung Schleswig-Holstein vom 8. Mai 1947: „Sofern die Landbeschaffung in den einzelnen Gemeinden zum 30.5.1947 nicht möglich erscheint, sind die diesen Gemeinden in Aussicht gestellten Kontingente an Nissenhütten auf andere Gemeinden zu übertragen, die geeignetes Land bis zu diesem Zeitpunkt bereitstellen können. Andernfalls müssen die Kontingente zurückgezogen werden."[28]

Weiter geht aus der Abschrift hervor, dass stattdessen offensichtlich mehrere Gemeinden beantragt hatten, ihnen Nissenhütten für gewerbliche Zwecke zur Verfügung zu stellen. Eine solche Verwendung wurde aber nur dann bewilligt, wenn durch die Verlegung des Gewerbes nachweislich Wohnraum frei wurde. Später durften die Nissenhütten der Heimstätte aber offensichtlich auch von Firmen verwendet werden. So erhielt der Wurstfabrikant Wilhelm Brandenburg in Timmendorfer Strand im Oktober 1948 die Genehmigung, eine Nissenhütte zur Lagerung von Sägespänen, Holzfässern und Verpackungsmaterial aufzustellen.[29]

Leider ging aus den eingesehenen Archivalien und anderen Quellen nicht hervor, wie viele und welche Gemeinden sich in Schleswig-Holstein letztlich wirklich an dem Nissenhütten-Siedlungsprojekt beteiligt haben. Vereinzelt entstanden aber tatsächlich Kleinsiedlerstellen, wie etwa in St. Peter-Ording. Dort wurden im Heideweg mehrere Nissenhütten als Siedlungsstellen errichtet.[30] Die letzte Hütte wurde dort 1958 abgerissen. Im Husumer Birkenweg dagegen sind heute noch acht bewohnte Nissenhütten aus dem damaligen Siedlungsprogramm erhalten.

„ENGLISCHE TRUPPENBARACKEN" IM HUSUMER BIRKENWEG

Ursprünglich standen im Husumer Birkenweg 20 Nissenhütten.[31] Heute sind noch acht von ihnen erhalten und bewohnt. Die Gebäude wurden in zwei verschiedenen Bauabschnitten errichtet. Aus dem Archiv des Husumer Bauamts geht hervor, dass die Heimstätte Schleswig-Holstein das Gesuch um Bauerlaubnis für die ersten 14 Behelfskleinsiedlungen auf der Ostseite der Straße am 31. Mai 1947 stellte. Unterlagen von den weiteren sechs Hütten, die offensichtlich noch im selben Jahr auf der gegenüber liegenden Straßenseite errichtet wurden, konnten leider nicht eingesehen werden. Die beigefügte Baubeschreibung[32] für die ersten 14 Gebäude verrät Näheres über ihre Ausführung:

Die „Englischen Truppenbaracken" mit ihren Wellblechdächern erhielten an Vorder- und Rückseiten mit Lehmpatzen, also luftgetrockneten Ziegeln aus Lehm, Wasser und Stroh, gemauerte Giebel. Auch alle weiteren Wände bestanden aus Lehmpatzen. Die Fundamente der Hütten wurden auf 11,55 m Länge und 4,90 m Breite auf eine frostfreie Tiefe von 80 cm unter Bodenniveau heruntergeführt. Die untere Hälfte wurde aus grobem Kies ohne Zementzusatz, die obere Schicht aus Beton im Mischungsverhältnis 1:8 hergestellt. Keller waren für die Gebäude nicht vorgesehen. Die waagerechte Isolierung erfolgte mit 1,5 cm starker Estrichschicht mit Dichtungsmittel. Die waagerecht eingezogenen Decken der Hütten bestanden aus Stangenholz mit Strohlehmstakung. Die Fußböden erhielten eine Schicht Strohlehm (10 cm), zwei Schichten Leichtlehm (4 cm) und zwei Schichten Holzzementestrich (2 cm). Als Heizung dienten Öfen. Es gab Wasserleitungen zur Bewässerung, eine Entwässerung war aber nicht vorgesehen. Als Aborte sollten Kübel verwendet werden.

Am 18. August 1947 erteilte das Husumer Bauamt die Baugenehmigung für die Hütten. Wann die Arbeiten dann tatsächlich begannen, geht aus den Unterlagen nicht hervor. Für die „Behelfskleinsiedlung" von Willi Petersen liegt jedoch ein Gebrauchsabnahmeschein vor, aus dem hervorgeht, dass das Gebäude ab dem 15. November 1948 zum Einzug freigegeben wurde.[33]

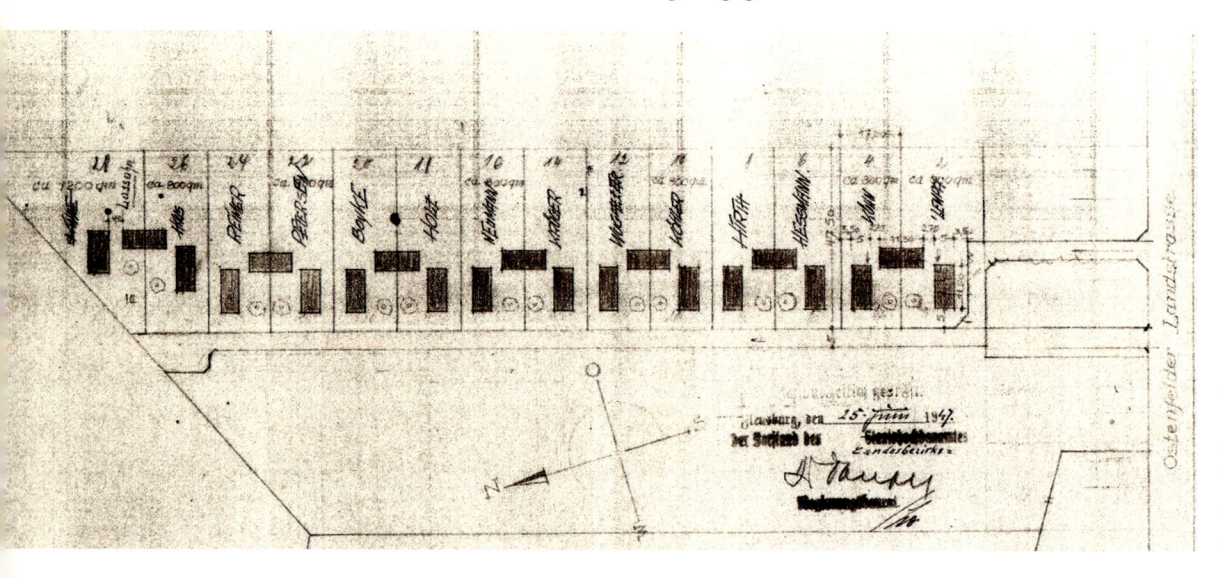

Auf dem Lageplan des Husumer Birkenwegs sind die ersten 14 Nissenhütten-Siedlungsstellen eingezeichnet, die auf der Ostseite des Straße im Jahr 1947 errichtet wurden.

Die hintere Nissenhütte ist das Zuhause des Ehepaars Petersen.

DIE NISSENHÜTTE DER FAMILIE PETERSEN

Während die benachbarten Nissenhütten mittlerweile längst nicht mehr von ihren ersten Besitzern bewohnt werden, leben Willi und Ingeborg seit dem Tag ihres Einzugs nunmehr über 60 Jahre im Birkenweg. Sie ermöglichten es uns im März 2008, ihre Nissenhütte ausführlich zu besichtigen und zu fotografieren und berichteten über ihr Leben darin. Für ihre Gastfreundschaft und Gesprächsbereitschaft sowie für die Erlaubnis, im vorliegenden Band etwas über sie und ihr Zuhause veröffentlichen zu dürfen, bedanke ich mich an dieser Stelle sehr herzlich. Übrigens ist es für Willi und Ingeborg Petersen nichts Ungewöhnliches, über ihr „Häuschen" befragt zu werden. Bereits mehrfach erschienen Zeitungsartikel über sie.[34] Und am 22. Februar 2005 brachte das NDR-Fernsehen im „Schleswig-Holstein-Magazin" einen dreiminütigen Bericht über die Nissenhütte der Petersens.

Mit Rücksicht auf das sehr beachtliche Alter von Willi und Ingeborg Petersen kamen in unserem Gespräch beide Lebensläufe nur unvollständig zur Sprache. Auch einige Fragen zur Nissenhütte mussten unbeantwortet bleiben. Die erfragten Informationen reichen aber allemal aus, um einen kleinen Einblick in das Leben der Petersens in ihrer Nissenhütte zu geben, zumal außerdem Unterlagen über das Gebäude aus dem Archiv des Husumer Bauamts und die genannten Zeitungsartikel eingesehen werden konnten.

Willi Petersen wurde am 23.08.1908 geboren, seine Frau am 18.01.1910. Beide sind gebürtige Husumer. Willi Petersen absolvierte nach seiner Schulzeit eine kaufmännische Lehre in Husum. Um 1930 machte er einen LKW-Führerschein und arbeitete anschließend als Fahrer. Während des Zweiten Weltkrieges wurde er als

Vorne das Fenster zur guten Stube, hinten rechts das Fenster der Stube neben der Küche.

Ingeborg und Willi Petersen im März 2008.

Kraftfahrer zunächst nach Dänemark und dann nach Russland eingezogen. Nach Kriegsende kehrte er wieder nach Husum zurück. Aus der Ehe mit seiner ersten Frau, die bereits mit 35 Jahren verstarb, gingen sieben Kinder hervor. Auch Ingeborg Petersen hatte ihren ersten Ehepartner verloren. Ihr Mann war im Krieg gefallen. Frau Petersen war Hausfrau und hatte eine Tochter. Während des Krieges arbeitete sie mehrere Jahre in einem Lazarett in ihrem damaligen Wohnort in St. Peter-Ording, anschließend war sie dort in einer Firma als Bürokraft tätig.

Willi und Ingeborg Petersen kannten sich bereits aus Kindertagen. Nachdem sie sich nach dem Tod ihrer beiden ersten Ehepartner wieder begegnet waren und beschlossen hatten zu heiraten, bemühten sie sich um eine Unterkunft für ihre kinderreiche „Patchwork"-Familie. So war es ein großer Glücksfall, dass Willi Petersen am Nissenhütten-Projekt im Husumer Birkenweg teilnehmen konnte. Wie alle Siedler, errichtete auch Willi Petersen sein zukünftiges Zuhause überwiegend in Eigenleistung. Im November zog das Paar, damals noch unverheiratet, mit den acht Kindern in ihre eineinhalb Nissenhütten ein. Die Hochzeit fand im Jahr darauf statt.

Nach eigenem Bekunden fühlten sich die Petersens von Beginn an in ihren ersten eigenen vier Wänden, auf die sie auch heute noch stolz sind, sehr wohl. In der Haupthütte waren, wie bei den anderen Hütten, die Küche und dahinter zwei Stuben untergebracht. Der Haupteingang führte in der rückwärtigen Giebelseite in die Küche. Rechtwinklig zur Haupthütte stand und steht die Nebenhütte, die nach den Plänen der Heimstätte ursprünglich als Stall oder Werkstatt gedacht war. Bei den Petersens diente sie als Kinderzimmer. Das Plumpsklo befand sich außerhalb in einem Schuppen, den Willi Petersen neben den Wohngebäuden auf seinem 800 m² großen Grundstück errichtet hatte. Zum Waschen ging die Familie in die Küche. Ein Wasseranschluss, wie er in der Baubeschreibung für die Nissenhütten im Birkenweg angeführt ist, fehlte in den

Die Petersens vor ihrer Nissenhütte um 1950.

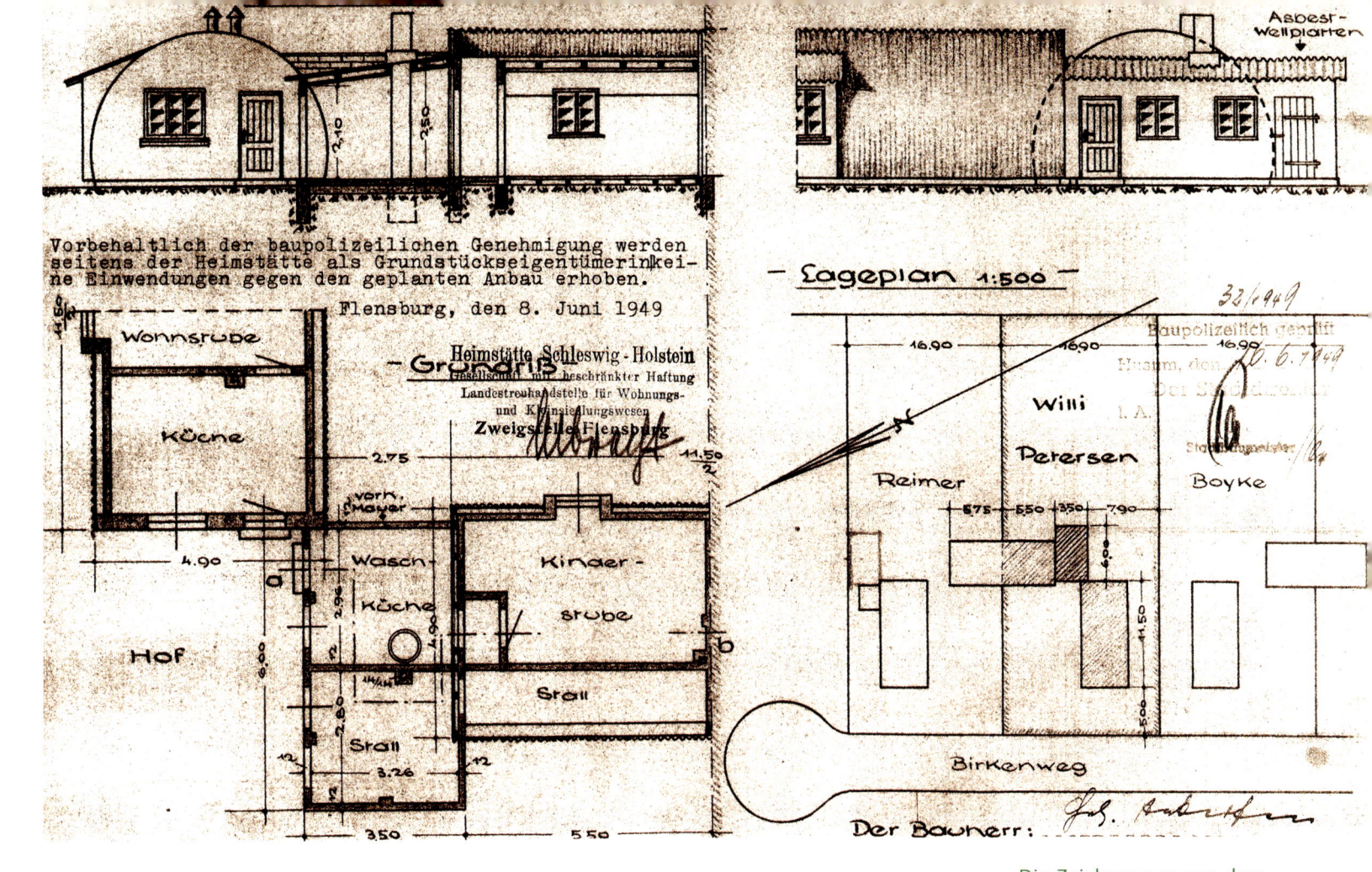

ersten beiden Jahren. So holten die Petersens ihr Wasser in Eimern und Kanistern von einem nahe gelegenen Hydranten. Dafür hatte die Familie von Anfang an Strom. In der Küche stand ein Koksherd zum Kochen und Heizen. Die angrenzende Stube war ebenfalls mit einem Koksofen beheizbar, der hintere Raum dagegen nicht. Hier behalf sich die Familie, ebenso wie im Kinderzimmer, mit einem transportablen Ofen. Der Rauch der festen Öfen wurde über zwei Schornsteine nach draußen geleitet.

Laut Willi Petersen wurden zur Isolierung seiner Nissenhütte zwischen die beiden Blechschichten der Außenhaut Sägespäne und Torf gefüllt. Außerdem seien die senkrecht und waagerecht eingezogenen Innenwände „mit Tannenzweigen und anderen Nadelhölzern" verstärkt worden.

Mit den Jahren baute Petersen sein Zuhause immer weiter aus und führte zahlreiche Modernisierungen durch. So stellte er bereits im April 1949 den Bauantrag, „eine Waschküche nebst Stall als Verbindungsbau zwischen Wohnhaus und Stallhütte … zu errichten. Die Fundamente sollen aus Stampfbeton …, die aufgehenden Wände als Ziegelmauerwerk hergestellt werden. Zwischen Wohnhaus und Stall ist bereits eine 1/2 Stein starke Mauer vorhanden, die als Außenwand nach der Straßenseite mitbenutzt wird. Im Interesse der Standsicherheit sind einige Pfeilerverstärkungen vorgesehen. Die Ansichtsflächen erhalten einen glatten Putz aus Kalkmörtel.

Die Zeichnungen aus dem Jahr 1949 zeigen den Anbau mit Waschküche und Stall, den Willi Petersen zwischen seiner Haupthütte mit Küche und den beiden Stuben sowie der Nebenhütte mit dem Kinderzimmer als Verbindungstrakt errichtete.

NISSENHÜTTEN

Die weiße Wand ist die Außenwand des 1949 errichteten Verbindungsbaus zwischen den beiden Hütten.

Die Haustür hat Willi Petersen von einem Schlachter aus Bredstedt gekauft.

Für die Abdeckung des Daches, das sich als Pultdach an die Stallhütte anlehnt, sollen Asbest-Wellplatten verwendet werden, die sich der übrigen Bedachung anpassen. Die Waschküche erhält einen Schornstein …"[35] Drei Monate später erhielt Petersen die Genehmigung für den Verbindungsbau, mit dem der bis dahin offene Platz zwischen Haupt- und Nebenhütte zu einem geschlossenen Raum wurde. So mussten Kinder und Eltern den Weg dazwischen nicht länger im Freien zurücklegen. Im neuen Stall für das Kleinvieh fand auch das Plumpsklo seinen endgültigen Platz. Der angeführte Schornstein wurde für die Rauchableitung des Waschkesselofens verwendet. Im Verbindungsbau fand sich fortan auch der Haupteingang des Wohngebäudes.

Da neues Baumaterial damals so gut wie nicht zu bekommen war, wusste sich Petersen anders zu helfen. Er besorgte sich das benötigte Material aus einem gesprengten Bunker und von den Abbruchstellen der beiden Husumer Flughäfen. Die Jugendstiltür, die Petersen als Haustür einbaute, hatte er von einem Schlachter in Bredstedt gekauft. Noch wesentlich ältere Bauelemente finden sich in der Vorratskammer, die sich zwischen der rechten Kinderzimmerwand und der gewölbten Außenwand der Nebenhütte befindet. Dort hat Petersen zur Wärmedämmung unter anderem eine Decke aus alten Paneelen eingezogen, die aus dem Wohngebäude einer nordfriesischen Hallig stammen.

Die weiteren baulichen Maßnahmen und Modernisierungen, die Petersen an seinem Zuhause durchführte, sind zeitlich leider nicht genau einzuordnen. So unterkellerte er seine Küche, um Platz für Vorräte zu schaffen, ersetzte die Öfen durch eine Zentralheizung, baute ein Badezimmer mit Wanne und WC ein und ersetzte die alten Fenster durch moderne.

Aus heutiger Sicht lebten die Petersens mit ihren acht Kindern recht beengt. Nachdem die Kinder aber schließlich nach und nach auszogen, hat das Ehepaar laut Frau Petersen heute „eigentlich viel zu viel Platz". Gewohnt wird hauptsächlich in der Stube hinter der Küche. Das Kinderzimmer dient längst als Schlafzimmer, ebenso wie seit kurzem die vordere Stube, die viele Jahre nur noch zu besonderen Anlässen genutzt worden war.

Ein Blick in die Küche, die nachträglich unterkellert wurde.

Frau Petersen in der Küche. Bevor 1949 der Anbau mit Waschküche und Stall errichtet wurde, war die Tür im Vordergrund die Haustür.

Den Nissenhütten war ursprünglich nur eine Lebensdauer von maximal 15 Jahren vorausgesagt worden. Tatsächlich stehen aber im Husumer Birkenweg von den ursprünglich 20 immerhin noch acht Nissenhütten. Entsprechende Umbau- und Modernisierungsmaßnahmen haben die einstigen Behelfsunterkünfte zu dauerhaften Wohnhäusern gemacht. Die verbliebenen Gebäude werden jedoch in den nächsten Jahren vermutlich nach und nach verschwinden, weil sie den heutigen Wohnansprüchen in der Regel nicht mehr genügen. Dieser Meinung ist auch Willi Petersen: „Irgendwann wird unsere Hütte abgerissen und das Grundstück als gutes Bauland verkauft." Vielleicht ist es aber dennoch denkbar, dass eine der Hütten als architektonisches Denkmal erhalten bleibt: Als weiteres Gebäude im Schleswig-Holsteinischen Freilichtmuseum wäre es hervorragend geeignet, unseren Besuchern ein ganz besonderes Wohnobjekt der schleswig-holsteinischen Nachkriegszeit erlebbar zu machen.

An der Decke der kleinen Vorratskammer neben dem Schlafzimmer (früher: Kinderstube) hat W. Petersen zur Wärmedämmung nachträglich Paneele eingebaut, die ursprünglich aus dem Wohnhaus einer nordfriesischen Hallig stammen.

Der noch erhaltene Sockel in der Stube hinter der Küche verrät den einstigen Standort des Kohleofens.

Ein Blick in die „gute Stube" der Petersens.

WOHNUNGSBAU IN DEN 1950ER JAHREN
ARCHITEKTUR UND STÄDTEBAU AUF DEM WEG IN DIE MODERNE
DIETER–JÜRGEN MEHLHORN

In den 1950er Jahren wurde in Schleswig-Holstein ein Siedlungsprogramm zur Integration von etwa einer Million Menschen aus den ehemaligen deutschen Ostgebieten und der ehemaligen SBZ bzw. DDR begonnen, das in nur wenigen Jahren das Bild der schleswig-holsteinischen Städte völlig verändert hat: In den 1970er Jahren bestand mehr als die Hälfte aller Bauten aus den Nachkriegsjahren! Dass etwa eine Million Menschen (es werden auch 1,3 Mio. genannt) hier Aufnahme suchten und fanden, gehört zu den großen Leistungen der ansässigen anderthalb Millionen Menschen in der Nachkriegszeit. Was es bedeutete, so viele Menschen anderer kultureller Prägung in so kurzer Zeit in die bestehende Gesellschaft zu integrieren, aber auch damit verbundene Einflüsse von außen zu verarbeiten, ist noch ein Desiderat der Mentalitätsgeschichte von Schleswig-Holstein. Es ist zu hoffen, dass die Aufsätze des vorliegenden Buches und auch dieser Beitrag dazu beitragen mögen, den Fragen intensiver als bisher nachzugehen.

Zu fragen ist, ob die Nachkriegsentwicklung für den Städtebau ein Neuanfang war, was aus den 1930er Jahren nachwirkte und wie sich die Prinzipien des modernen Bauens durchsetzten. Auffällig ist das auch in anderen gesellschaftlichen Bereichen erkennbare hohe Maß an Kontinuität von der Begründung und Begrifflichkeit des „sozialen Wohnungsbaus" bis zur architektonischen Formensprache. Das dürfte nicht zuletzt auf das Fortwirken der mit der Heimatschutz- und/oder NS-Architektur sowie dem Siedlungswesen verbundenen Personen, d. h. Architekten und Verwaltungsbeamte, zurückzuführen sein. Unter dem Zwang zur Rationalisierung durch Normung und serieller Produktion war das Bau- und Siedlungswesen in den 1940er Jahren bereits ohnehin weitgehend entideologisiert worden; man konnte deshalb ohne Weiteres daran anschließen. An die intensive Auseinandersetzung mit allen Fragen des Wohnens in den 1920er Jahren und die hohe Qualität des Gebauten wurde allerdings nur selten angeknüpft.

Konzeptionell wurde der Siedlungsbau nach 1949 durch Vorstellungen der „gegliederten und aufgelockerten Stadt" geprägt, die aber auch in einer Traditionslinie von der Gartenstadt über die Siedlungszellen der NS-Zeit (= Ortszellen der NSDAP) standen und durch aus dem Amerikanischen übernommene „neighbourhood"-Konzepte aktualisiert worden waren, sowie der seit dem 19. Jahrhundert vorgetragenen Idee der Stadtlandschaft, d. h. der Verbindung und Durchdringung von Siedlung und Landschaft. In den späten 1950er Jahren setzten sich schließlich die Vorstellungen der „organischen" und der „autogerechten" Stadt durch.

Der Siedlungsbau macht durch die Überlagerung und Durchdringung konservativer und moderner Gestaltungsprinzipien in hervorragender Weise die Widersprüchlichkeiten der jungen Bundesrepublik zwischen Restauration und Aufbruch sichtbar, da dieser immer das Werk von Vielen ist und den gesellschaftlichen Konsens erfordert (Einzelbauwerke können sich dagegen über allgemeine Auffassungen leichter hinwegsetzen). Im Folgenden sollen ausgehend von einer Betrachtung der Wohnungspolitik in den Besatzungsjahren bis 1949 und in der jungen Bundesrepublik zwei Siedlungen näher betrachtet werden, die sich zwar teilweise grundsätzlich unterscheiden, jedoch die Entwicklung der 1950er Jahre gut abbilden. Abschließend wird versucht, die Qualität und Defizite beider Siedlungen im Kontext ihrer Zeit zu benennen.

WOHNUNGSPOLITIK IN DEN BESATZUNGSJAHREN

Schwerpunkte der Zerstörungen während des Zweiten Weltkrieges waren in Schleswig-Holstein die Industriestandorte Kiel, Lübeck und Neumünster. Die kleinen Städte und das platte Land blieben weitestgehend verschont – nicht zuletzt einer der Gründe, weshalb so viele Vertriebene und Flüchtlinge aus dem Osten gerade hierher strömten oder gelenkt wurden. 1939 zählte die Provinz Schleswig-Holstein 435.000 Wohnungen für 1.589.000 Menschen, kurz nach dem Krieg waren es 454.000 Wohnungen für 2.594.000 Menschen. In den Großstädten erhöhte sich die Wohnungsbelegung von 3,65 Pers./WE auf 5,71. Sicher verlief das nicht ohne Probleme für alle, denn es hieß zunächst einmal, in der Not zu teilen und zusammenzurücken. Über die Unterbringung in Notquartieren, wie den sogenannten Nissenhütten, oder in Baracken wird in dem Beitrag von Uwe Carstens berichtet.

Von 1949 bis 1971 entstanden in Schleswig-Holstein nahezu 532.000 neue Wohnungen, von denen etwa die Hälfte öffentlich gefördert worden ist. 1971 stammten 58 % aller Wohnungen aus der Nachkriegszeit, die Wohnungsbelegung sank auf 2,5 Pers./WE in den Zentren, 3,0 Pers./WE in den ländlichen Gemeinden.

Der Wieder- oder gar Neuaufbau kam allerdings nur schleppend voran, denn es fehlte zunächst vor allem an Baumaterial, das nur zu Schwarzmarktpreisen oder gegen Tausch zu erlangen war. Vorrangig war deshalb die Behebung von kleineren und mittleren Schäden, um über den nächsten Winter zu kommen. Eine Neubautätigkeit war dadurch bis 1949 praktisch nicht möglich, was neben dem Mangel an Baumaterial und unklaren Zuständigkeiten auch auf die verbreitete Stimmung zurückzuführen ist: „Das Wohnungselend, die Enge und Beschränkung durch Zusammenpferchung tötet soviel Initiative, Arbeitslust und Arbeitskraft, dass diese Verluste sich empfindlich in der Produktion bemerkbar machen müssen."[1]

WOHNUNGSPOLITIK IN DER JUNGEN BUNDESREPUBLIK

Mit der Währungsreform und Gründung der Bundesrepublik 1949 belebte sich die öffentliche Diskussion durch die Erarbeitung von wohnungspolitischen Konzeptionen der Parteien. Zur Umsetzung fehlte aber nach der Währungsreform das notwendige Kapital, ein Mangel, der erst mit Einsetzen der Ersparnisbildung einsetzte, gefördert und mobilisiert durch die neue Bundesregierung.

Die Parteien, hier vor allem SPD und CDU, orientierten sich an den bereits während der Weimarer Zeit entwickelten Vorstellungen. Konsens war, dass Wohnungspolitik eine soziale Aufgabe sei und durch den Staat geprägt und gestützt werden müsse. Unterschiede gab es bei der Ausrichtung der Programme. Die SPD orientierte sich an der Hauszinssteuerphase der 1920er Jahre und wollte damals möglichst viele gute und preiswerte Mietwohnungen mit Hilfe öffentlicher Planung, Lenkung und Finanzierung schaffen und die Wohnungswirtschaft am Modell der Gemeinnützigen[2] ausrichten. Die sozialpolitische Verantwortung für die Wohnungsversorgung bezog sich dabei auf sozial Schwache, damit explizit nicht nur auf Arbeiter, sondern auch auf Vertriebene, Ausgebombte und Kinderreiche, wodurch sich Wohnungspolitik von der Arbeiter- zur Gesellschaftspolitik ausweitete. Die CDU orientierte sich dagegen an der katholischen Soziallehre und deren Großstadt- und Zivilisationskritik, die trotz unterschiedlicher Fundierung auch Eingang in die NS-Ideologie gefunden hatte. Durch das politische Ziel einer breiten Streuung von Eigentum sollten individuelle Werte gestärkt, die Familien mit dem Boden verwurzelt und die Verbürgerlichung der unteren Einkommensschichten gefördert werden. In einigen Punkten gab es somit Kontinuitäten des überwundenen NS-Systems, was auf einem Wahlplakat der CDU von 1947 evident wird, in dem die strahlende Zukunft mit Einzelhäusern, viel Grün und friedlich rauchenden Schloten, der zu überwindenden Vermassung in verrußten Mietskasernen und Dreck schleudernden Fabrikschornsteinen gegenüber gestellt wurde, wie es bereits aus den 1930er Jahren bekannt war.

Werbung der großen Parteien für ihre Wohnungsbaupolitik. Die CDU warb für Eigenheime, die SPD für Mietshäuser. Wahlplakate zur Bundestagswahl 1949.

Eine entscheidende Wende brachte das I. Wohnungsbaugesetz (WoBauG) von 1950, dessen Ziele darin bestanden, Kapital zu mobilisieren, Bauland zu beschaffen und die Wohnungszwangswirtschaft zu beenden. Damit waren die Voraussetzungen für den sozialen Wohnungsbau geschaffen. Versucht wurde, den Begriff „sozialer Wohnungsbau" zu vermeiden, stammte dieser doch aus der NS-Zeit. Mit einem „Führer-Erlass" vom 15.11. 1940 wurde die für den Wiederaufbau gegründete Reichsbehörde des Reichwohnungskommissars Robert Ley für den sozialen Wohnungsbau ins Leben gerufen. Die Behörde suchte die wirtschaftliche Notwendigkeit von Standardisierung und industrieller Vorfertigung mit dem Konzept von „Heimat" und „Landschaftsbindung" in Übereinstimmung zu bringen und näherte sich damit den Positionen der konservativen Heimatschutzbewegung. Diese scheinbare Entideologisierung bereitete letztlich dem bruchlosen Übergang in die Nachkriegszeit den Boden. Im Gesetz hieß es deshalb auch „öffentlich geförderter sozialer Wohnungsbau". Aber schon die Begriffsbestimmung in § 1 setzte auf die Bezeichnung „sozialer Wohnungsbau", die sich auch im allgemeinen Sprachgebrauch behauptete: „Als sozialer Wohnungsbau ist die Errichtung von Wohnungen in Ein- und Mehrfamilienhäusern zu fördern, die nach Größe, Ausstattung und Miete (Lasten) für die breiten Schichten bestimmt und geeignet sind." Demnach ist die Wohnraumförderung als Vertrags- und Finanzierungsinstrument organisiert, das die unterschiedlichen Subventionen, wie Baukosten- und Aufwendungszuschüsse oder Zinsverbilligung, regelt. Dadurch sollten die tatsächlich zu zahlenden Mieten von den Kostenmieten auf ein vertretbares Maß gesenkt werden. Akteure waren der Bund, die Länder und die Kommunen einerseits, gemeinwirtschaftliche Wohnungsunternehmen und Genossenschaften andererseits. In Deutschland kam den kommunalen Wohnungsbaugesellschaften eine hervorgehobene Bedeutung zu, faktisch unterlagen sie aber den gleichen Regelungen. Die Wohnflächen sollten in der Regel mindestens 32 qm, höchstens 65 qm betragen. Das II. WoBauG von 1956 verstärkte die Förderung des Eigenheimbaus für die unteren Einkommensgruppen, wobei die staatlichen Subventionen die Eigenkapitalanteile der Familien ersetzten und die Entwicklung großflächiger Einfamilienhausgebiete einleitete.

Die nach dem I. WoBauG im Bundesgebiet zu finanzierenden 250.000 Wohnungen konnten nicht wie geplant im Jahr 1950 realisiert werden, da u. a. die Vorbereitung und Genehmigung nicht abgeschlossen werden konnten. Der wichtigste Impuls für den Bau neuer Wohnungen in Schleswig-Holstein ging von dem ERP-Sonderprogramm aus (European Recovery Program), das über den Deutschen Gewerkschaftsbund die Mittel für den Bau von 10.000 Wohnungen zur Verfügung stellte. Ziel war es, nicht nur die akute Wohnungsnot zu lindern, sondern im Verbund mit den Programmen des Marshallplanes auch die Wirtschaft, insbesondere die Bauwirtschaft anzukurbeln.

Das Baugeschehen konzentrierte sich vor allem auf die Zentren Flensburg, Kiel, Lübeck und Neumünster sowie das Hamburger Umland (z. B. die Gartenstadt Elbhochufer in Wedel). Aber auch in kleineren Städten, wie Eckernförde, Eutin und Preetz, entstanden Siedlungen, deren Straßennamen auf das Bemühen verweisen, den neuen Bürgern die Eingewöhnung zu erleichtern (Ostlandstraße, Memellandstraße, Pillauer Straße o. ä.). Die Neubauprogramme wurden ergänzt durch die Förderung des Baus von Rentner- und Ledigenwohnungen sowie Altenheimen.

Im Folgenden soll auf zwei Siedlungen eingegangen werden, die die Diskrepanz konservativer und moderner Überlegungen über die Siedlungsplanung der ersten Nachkriegsjahre erkennbar machen.

Die Hans-Böckler-Siedlung in Neumünster hat als eine der größten in der jungen Bundesrepublik viel Aufsehen erregt und ist relativ zügig nach einer einheitlichen Planung realisiert worden und recht gut dokumentiert.

Über die allgemein wenig beachtete Siedlung Fruerlundholz in Flensburg ist dagegen im Stadtarchiv oder im Archiv des Selbsthilfebauvereins SHB in Flensburg nahezu nichts mehr zu finden, was die Geschichte dieser interessanten, modernen Strömungen stärker, wenn auch nicht konsequent folgenden Siedlung nachvollziehbar machen könnte. Die über einen längeren Zeitraum reichende Durchführung spiegelt den Wandel der städtebaulichen und architektonischen Leitbilder bis in die 1980er Jahre wider. Die „Hans-Böckler-Siedlung" wirkt in ihren zentralen Bereichen homogen und lässt das ungebrochene Nachwirken der 1930er Jahre erkennen, gleichzeitig, wie bei der Schule und den Reihenhäusern, auch das Eindringen neuer Gestaltungsansätze. Die Siedlung Fruerlundholz ist von Anfang an moderner, wenn auch die Klarheit der ursprünglichen Konzeption immer mehr verloren geht. Ich werde deshalb versuchen, einen der ersten erhaltenen Entwürfe für diese Siedlung der Realisierung gegenüberzustellen und die späteren Änderungen an der allgemeinen Entwicklung reflektieren, wobei die tatsächlichen Gründe für die Veränderungen der städtebaulichen Konzeption vage bleiben müssen.

HANS-BÖCKLER-SIEDLUNG IN NEUMÜNSTER

Die Hans-Böckler-Siedlung stellt den Beginn des großen Wohnbauprogramms für Flüchtlinge und Vertriebene in Schleswig-Holstein dar und fand in der ganzen Bundesrepublik Beachtung. Neumünster mit ursprünglich 50.000 Einwohnern hatte trotz umfangreicher Zerstörungen etwa 20.000 Menschen aufgenommen, die nur völlig unzureichend untergebracht werden konnten. Als Industriestandort bot die Stadt die Voraussetzungen einer schnellen wirtschaftlichen Erholung.

Die Planungen entstanden aus der Zusammenarbeit des Landesbauamtes und des Stadtbauamtes. Die Grundsteinlegung auf dem Gelände eines aufgegebenen Flughafens erfolgte durch den damaligen ersten Vorsitzenden des Deutschen Gewerkschaftsbundes, Dr. Hans Böckler, am 5.3.1950. Die ersten 800 Wohnungen konnten am 2.9.1950 gerichtet werden, am 25.4.1951 weitere 76 Wohnungen und 16 Läden. Die ersten Wohnungen wurden im Frühjahr bezogen. Es folgten 1953 das Bugenhagen-Gemeindezentrum, 1956 die Hans-Böckler-Schule, 1958 die Immanuel-Kant-Schule, 1959 ein großer Kinderspielplatz und 1963 die Bugenhagenkirche jenseits des Hansaringes. 1960 gab es 1.150 Mietwohnungen und 158 Eigenheime mit 5.147 Einwohnern (davon 95 % Vertriebene und Flüchtlinge) sowie 41 gewerbliche Objekte.

Zur Realisierung des Projektes hatten sich der Deutsche Gewerkschaftsbund, die Landesregierung, der Landesverband der Heimatvertriebenen, der Verband der Norddeutschen Wohnungsunternehmen u. a. zur „Arbeitsgemeinschaft für produktive Flüchtlingshilfe" zusammengefunden. Bauherren waren u. a. die 1949 durch die Stadt gegründete gemeinnützige Wohnungsbau GmbH WOBAU, die Baugenossenschaft Holstein, die in Kiel ansässige Wohnungsbaugesellschaft Schleswig-Holstein und die Neue Heimat in Hamburg.

Das städtebauliche Konzept folgte den durch Johannes Göderitz, Hubert Hoffmann und Rainer Roland bereits in den 1940er Jahren formulierten und in der Nachkriegszeit allgemein anerkannten Prinzipien der „gegliederten und aufgelockerten Stadt". Durch die Verwendung unterschiedlicher Haustypen (mehrgeschossige Wohnblocks, Reihenhäuser) und deren Zusammenfassung in Hausgruppen, Einbettung in differenziert gestaltete Grünzüge im Zusammenhang mit einer Kleingartenanlage und halböffentlichen Grünflächen sowie ein hierarchisch differenziertes Erschließungsnetz mit gekrümmten Sammelstraßen, Schleifen und Sackgassen sowie fahrverkehrsfreien Fußwegen wurde ein aufs Ganze gesehen abwechslungsreiches Siedlungsbild erreicht. Merkwürdig inkonsequent ist die Verbindung von Kantplatz und Bugenhagen-Gemeindezentrum sowie die Anordnung der Grünzüge, von denen einer durch den Rübezahlweg als Zufahrt zur Hans-Böckler-Schule mittig zerschnitten wird und keine Fortsetzung über die Breslauer Straße hinweg hat. Im westlichen (ersten) Teil der Siedlung (Stegerwald, Max-Richter-, Legienstraße) bestimmt eine, für die NS-Zeit typische, Mischung offener Baublöcke und senkrecht zu den Straßen angeordneter Zeilen das Straßenbild, während die späteren Zeilen im westlichen Teil lockerer angeordnet sind (Elchweg, Sudetenlandstraße).

Insbesondere der Kantplatz lässt durch seine bauliche Geschlossenheit und Monumentalität die Kontinuität der 1930er Jahre erkennen und entspricht nahezu vollkommen den Skizzen des damals sehr geschätzten Hei-

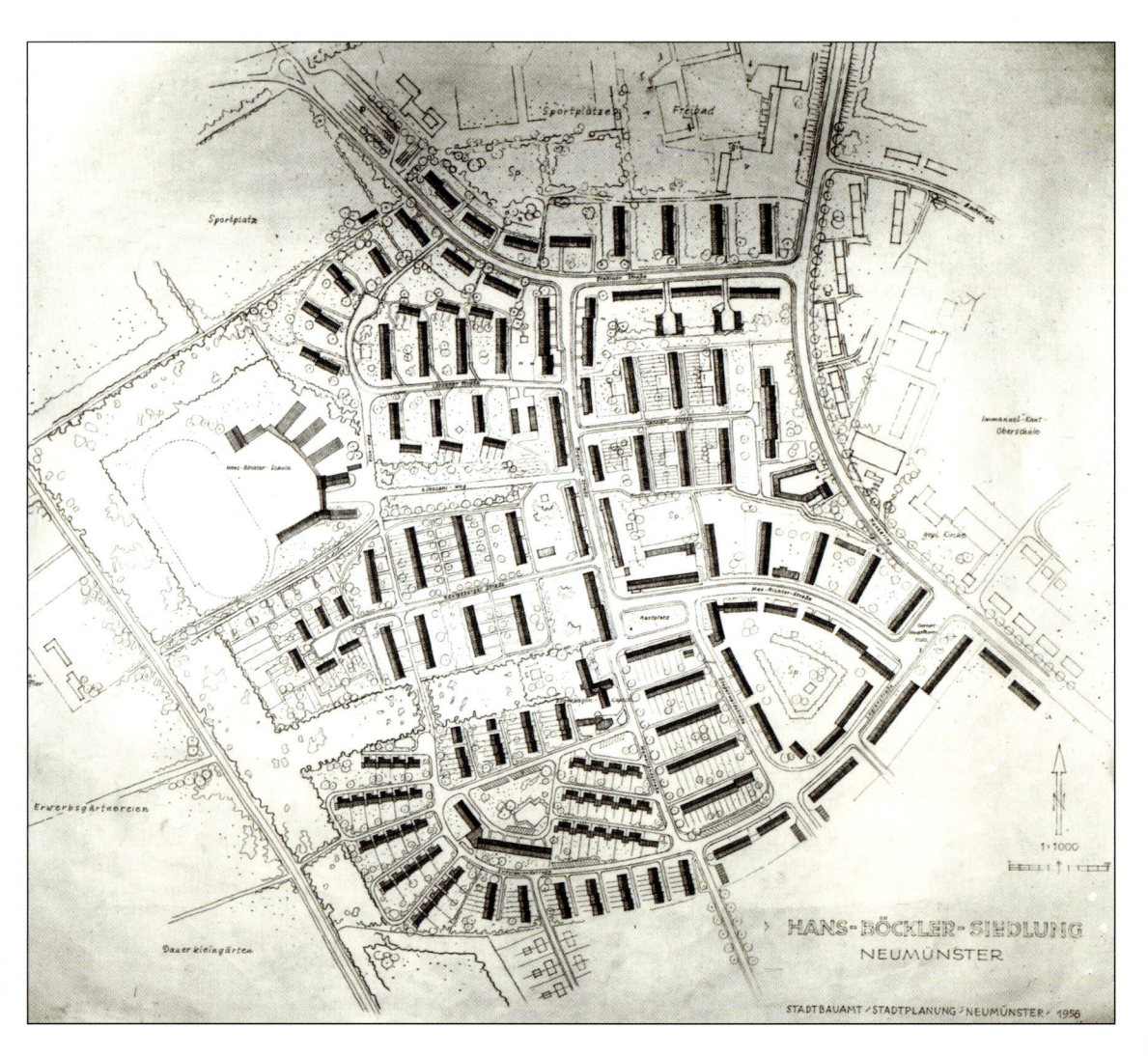

Lageplan der Hans-Böckler-Siedlung in Neumünster, gez. vom Stadtbauamt der Stadt Neumünster.

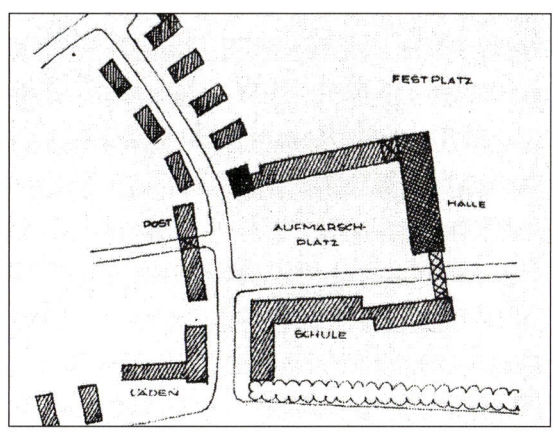

Skizzen für Aufmarschplätze der NS-Zeit, die für den Kantplatz in Neumünster vorbildlich gewesen sein könnten.

matschutzarchitekten Heinz Wetzel für Aufmarschplätze in Neubausiedlungen mit Feierhaus, Parteigebäude und solchem Platz. Diese Funktionen kamen natürlich nicht mehr in Frage, die Form allerdings blieb. Die Grüninsel in der Platzmitte (mit einem Denkmal für Hans Böckler) macht deutlich, dass es sich nicht um einen wirklichen Platz als Versammlungs- oder Marktplatz handelt, also nicht um das, was ein Platz sein könnte oder sollte, nämlich die funktionale Mitte eines Stadtquartiers. Sie hätte eine so geschlossene Raumbegrenzung rechtfertigen können. Es ging aber vielmehr um die Formvorstellung, wie ein Stadtteilzentrum aussehen könnte, nicht um die baulich-räumlichen Voraussetzungen für ein gemeinschaftliches Leben. Der vorspringende Risalit der nördlichen Raumkante zitiert ein dominierendes Gebäude, wie es in den 1930er Jahren als Parteigebäude üblich war (vgl. die Skizze von Heinz Wetzel); Postamt und Polizeirevier im Erdgeschoss allein konnten den großen formalen Aufwand nicht rechtfertigen. Es handelt sich somit um ein rein dekoratives Element, das dem modernen, sachlichen Bauen völlig wesensfremd war. Straße bzw. Platz sind von den umgebenden, etwas höher gelegenen Läden durch einen schmalen Grünstreifen getrennt und schließen eine Verbindung von Platz, Fußwegen und umgebender Bebauung aus (in den 1990er Jahren verändert).

Die bauliche Gestaltung entspricht dieser unentschlossenen Haltung zwischen konservativer, die Gestaltungsprinzipien der Heimatschutz- und NS-Zeit fortführenden Grundhaltung und dem Anspruch nach moderner Gestaltung: Die Architektur, vor allem der mehrgeschossigen Wohnblöcke, ist im Wesentlichen der Heimatarchitektur verpflichtet (Verwendung roten Backsteins und Steildach), verrät aber im Detail die Handschrift von in der NS-Zeit geschulten Architekten

Nordseite des Kantplatzes in Neumünster, im Erdgeschoss Polizeirevier, Postamt und Läden, Blick in Richtung Max-Richter-Platz.

(Ausbildung von Traufen, Ortgängen, Giebeln, Stichbögen und Kreuzsprossenfenstern). Dass Bauherren und Architekten von einer zentralen Stelle, der „Arbeitsgemeinschaft für Zeitgemäßes Bauen", förderungsfähige und vorgenehmigte Typengrundrisse, Musterzeichnungen und Detailpläne geliefert bekamen, wuchs sich 1952 zu einer Kontroverse zwischen dem Bund Deutscher Architekten, BDA, und der Landesregierung aus. Typisierung und Normung galten für den Vertreter des zuständigen Sozialministeriums als Kennzeichen der historischen Stadt sowie Mittel zur Verbilligung, Beschleunigung und Vereinfachung des Wohnungsbaus. Diese Gedanken schließen sich unmittelbar an die methodische Tradition des „typischen Gestaltens" der Heimatschutzarchitektur und der 1940er Jahre an, wie sie in Zeitschriften und Manifesten immer wieder geäußert wurden (z. B. in: „Der Wohnungsbau in Deutschland", offizielles Organ des Reichkommissars Dr. Robert Ley, 1943-1945).

Die Wohnungen waren entsprechend den geltenden Förderbestimmungen zwischen 20,6 qm (Einzimmerwohnung), 31,4 qm (Zweizimmerwohnung) und 60,7 qm (Vierzimmerwohnung) groß. Alle Wohnungen waren praktisch geschnitten und mit kleiner Küche oder Kochnische sowie einem schmalen Badezimmer ausgestattet. Balkone gab es an keinem der Mehrfamilienhäuser, Eingänge und Treppenhäuser waren auf das unbedingt Notwendige reduziert. Ebenso sparsam war der Außenraum gestaltet. Große Bedeutung hatten die Wäschetrockenplätze, gab es doch damals weder elektrische Waschmaschinen, noch Wäschetrockner. Gemeinschaftliche Waschküchen waren im Keller angelegt. Allein in der Danziger Straße gab es zwischen den zweigeschossigen Häusern von den Wohnungen getrennte Mietergärten für Gemüseanbau und Erholung. Komfortabler eingerichtet und mit eigenem Garten waren die Reihen- und Gartenhofhäuser am südwestlichen Rand der Siedlung, die ab den 1960er Jahren entstanden.

Die unentschiedene Ausrichtung der Architektur, konservativ oder modern, wird auch in den beiden öffentlichen Einrichtungen erkennbar. Das Bugenhagen-Gemeindezentrum ist ein kleiner Winkelbau, dessen straßenseitiger asymmetrisch angeordneter Winkel mit der Kapelle durch einen Dachreiter bekrönt wird. Die bescheidene Anlage strahlt kleinstädtische Behäbigkeit aus, die Gestaltung ist deutlich von der Architektur der 1930er Jahre geprägt. Offenheit und Sachlichkeit der Moderne kennzeichnet dagegen die ab 1956 errichtete Hans-Böckler-Schule. Mehrere fächerartig angeordnete Klassenpavillons mit versetzten Pultdächern werden durch einen gebogenen offenen Gang verbunden, der einen zum Spielplatz ausgerichteten und durch die Turnhalle und einen Sonderklassentrakt begrenzten Freiraum baulich fasst. Konzeption und Detaillierung lassen an die zeitgleichen Pavillonschulen von Rudolf Schröder in Kiel denken.

SIEDLUNG FRUERLUNDHOLZ IN FLENSBURG

Auch in dieser vom Selbsthilfebauverein e. G., SBV, einer 1949 gegründeten Genossenschaft, erstellten Siedlung finden sich viele Elemente der „gegliederten und aufgelockerten Stadt" wieder. Der gesamte Stadtteil, der den hier besprochenen Teilbereich einschließt, ist als eigenständige, kleine Gartenstadt konzipiert, die allseitig von Grünflächen umgeben ist: im Süden das Lautrupstal, im Osten und Norden das Obektal, im Westen der Volkspark. In den Volkspark eingebettet sind Sportstätten (Stadion und Tennisplätze), die Jugendherberge und die ehem. Pädagogische Hochschule (neuerdings ein Einkaufszentrum). Für Fruerlundholz wer-

den die großen Linien der Konzeption fortgesetzt in der Schaffung eines kleinen Nachbarschaftszentrums mit mehreren Läden und einem Straßen- und Wegenetz nach dem Schleifenprinzip, der vorherrschenden Stellung der Gebäude in Zeilenbauweise und landschaftlichen Gestaltung der allgemein nutzbaren Freiflächen.
Gegenüber der Planung für die Hans-Böckler-Siedlung ist aber der moderne Grundton unverkennbar. Ein erster Entwurf für die Siedlung von 1955 wird im Stadtarchiv aufbewahrt, ist allerdings nicht reproduzierbar. An diesem sollen im Weiteren die Modifizierungen reflektiert werden, die schließlich zu einem anderen Bild als ursprünglich gedacht geführt haben.
Die Planskizze stellt im Anschluss an ein bestehendes Einfamilienhausgebiet einen Bereich mit Reihenhäusern oder zweigeschossigen Mietshäusern dar. Vorgesehen war es, Zwischenräume nicht durchgehend zu parzellieren, sondern so zu gestalten, dass in Verbindung mit einem hausseitigen, privat verfügbaren Freisitz ein allgemein verfügbarer Geländestreifen entsteht, der über einen mittig angelegten Grünzug den Bezug zur umgebenden Landschaft vermittelt.
Dieser Grünzug, in den ein Fußweg eingebettet ist, sollte einen „Sonderbau" (wahrscheinlich eine Schule) mit dem Ladenzentrum am Eingang zur Siedlung verbinden. Die Erschließung erfolgt in einer Schleife, von der aus die Häuser über nicht befahrbare Wohnwege erreichbar sind. Diese Gestaltungselemente – Positionierung von Ladenzentrum und Sonderbau, Anlage eines verbindenden Grünzugs und schleifenartige, gekurvte Erschließung – zitieren das in den 1950/1960er Jahren vorbildliche Konzept der „organischen Stadt", wie es Bernhard Reichow in seinen Schriften formuliert und in der Sennestadt bei Bielefeld (1954-1956) realisiert hatte.

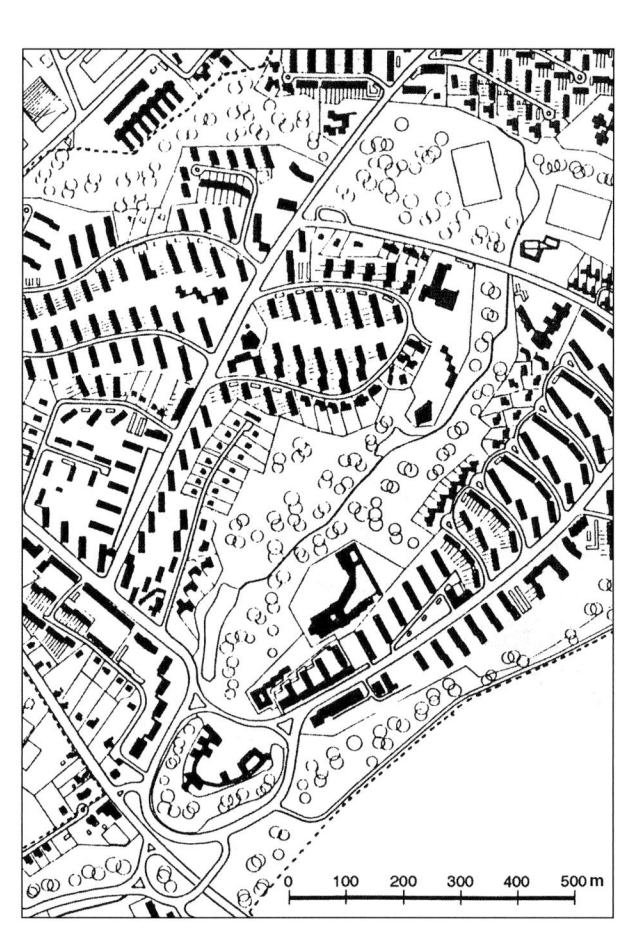

Dieser Entwurf kam allerdings nur ansatzweise zur Ausführung. Die Gründe dafür sind in wirtschaftlichen Überlegungen zu vermuten, die zum Bau von mehrgeschossigen Wohnblöcken mit dem Wunsch, das Grundstück besser auszunutzen führten oder Fördergelder in Anspruch zu nehmen, möglicherweise aber auch im schwierigen Beteiligungsprozess, in dem der Grünzug als ein nicht vertretbarer Luxus angesehen worden sein könnte. Im Kataster der Siedlung ist die Parzelle des vorgesehenen Grünstreifens noch gut erkennbar, vor Ort nur mit großer Mühe, da sich der „Grünstreifen" weder durch größere Breite noch besondere Gestaltung von den Abstandsgrünflächen zwischen den Wohnblöcken abhebt.

Detail des Lageplans der Sennestadt, in dem alle auch für Fruerlundholz charakteristischen städtebaulichen Elemente vorgeprägt sind: Grünzüge, verkehrsgerecht geschwungene Straßen, zentrale Einrichtungen und zeilenartige Zuordnung der Wohnblocks.

Lageplan der Siedlung Fruerlundholz in Flensburg, 1970er Jahre. In der Mitte ist die für einen Grünzug freigehaltene Parzelle erkennbar (L = Ladenzentrum, H = Hochhaus).

Der Fußweg ist nicht realisiert, der Anschluss an das Ladenzentrum durch einen Ladenpavillon verbaut worden.

Das kleine Ladenzentrum ist sehr geschickt am Siedlungseingang so eingebunden, dass jeder von der Mürwicker Straße her kommend dieses durchqueren muss. Es wird im Gegensatz zum oben beschriebenen Kantplatz in Neumünster jede repräsentative Attitüde vermieden. Die zentrale Bedeutung wird durch die Anordnung der Bushaltestelle unterstrichen. Diese Art von Wohngebietszentren entsprach den aus England übernommenen und in den „new towns" realisierten Nachbarschaftszentren. Es war unverzichtbar für die wohnungsnahe Versorgung und damit für das Funktionieren einer Siedlung, als es weder Einkaufszentren gab, noch die Menschen über einen Kühlschrank oder gar ein Auto verfügten.

Dass es in Flensburg in den 1950er Jahren zu Siedlungen in reiner Zeilenbauweise kam, ist im Kontext der Situation in Schleswig-Holstein als Bekenntnis zur Moderne zu werten. Darauf, dass „die der modernen Architektur zugewandten Architekten in der strengen Geometrie der Zeilen auch einen Gewinn sahen", und nicht nur dem pragmatischen Postulat der gleichen Besonnung und Belichtung folgten, hat Gerd Albers hingewiesen. Auch wenn es fern der Metropolen keine über das Pragmatische hinausgehenden Debatten über allgemeine Planungsziele gab, ist darin der Versuch zu sehen, an die modernen Entwicklungen anzuschließen, wie es vom nahen Dänemark oder von Schweden vermittelt wurde. Augenfällig ist die Verwendung des gelben Backsteins, der für die Moderne in Dänemark (Universität von Århus und im Siedlungsbau) charakteristisch ist und sich damit vom roten Backstein der Heimatschutz- und NS-Architektur deutlich absetzt.

Modern war auch der erste Entwurf hinsichtlich der Separierung von Fuß- und Fahrverkehr und die nicht zügige, gebrochene Führung der Fahrstraßen. Unter dem Schlagwort „autogerechte Stadt" (wiederum von Bernhard Reichow formuliert) setzte sich am Ende der 1950er Jahre das städtebauliche Ziel durch, die Stadt dem Gebrauch des Autos anzupassen. Diesem Leitbild folgt die endgültige Anlage der Siedlung: Die äußere Erschließung erfolgt über die Mürwiker Straße, die innere über Erschließungsstraßen mit beidseitigem Fußweg. Die zunächst geplante Straßenbreite von 5,50 m zuzüglich beidseitiger Fußwege von je 1,50 m wurde auf bis zu 13,00 m einschließlich einem Parkstreifen erweitert. Die Kreuzungen weisen Kurvenradien auf, die den Verkehrsfluss deutlich beschleunigen. Die Dominanz des motorisierten Verkehrs gegenüber den Fußgängern wird betont durch die Leuchten, die die Fahrbahn und parkenden Autos beleuchten, nicht aber die Fußwege („autogerechte Stadt")!

Die Größen der Wohnungen waren in den späten 1950er Jahren erheblich angehoben worden, auch gehörten gut nutzbare Loggien zum Standard. Neben dem funktionalen Wert der Loggien als Teil des Außenraumes hatten diese auch erheblichen Einfluss auf die plastische Durchbildung der Baukörper, so dass der die Hans-Böckler-Siedlung bestimmende abweisende Charakter der Baukörper vermieden werden konnte.

Die weitere Entwicklung lässt die Einflüsse der sich verändernden städtebaulichen und architektonischen Leitbilder bis in die frühen 1980er Jahre erkennen. So entstanden in den 1960er Jahren ein Hochhaus und in den 1970er Jahren halboffene Höfe mit durch Flachdächer und Betonrasterfassaden charakterisierten Wohnbauten.

Unterschiede: schwer lastende Pfeilerarchitektur in Neumünster gegenüber schwebender Betonkragplatte in Flensburg.

Unterschiede: „irgendwie-historischer" Hauseingang in Neumünster gegenüber spielerischer Anordnung von Fliesen am Treppenhaus eines Wohnhauses in Flensburg.

Unterschiede: Blockhaftigkeit der Wohnhäuser ohne jede Gliederung in Neumünster gegenüber Plastizität und Rhythmus durch Balkone und Loggien in Flensburg.

Übereinstimmung: hohe Bedeutung des fließenden Verkehrs in Neumünster (links) und überdimensionierter Verkehrsraum in Flensburg.

Übereinstimmung: Einbettung der Bauten in landschaftlich gestalteten Freiraum, links die moderne Hans-Böckler-Schule in Neumünster, unten Wohnblocks in Flensburg.

BEWERTUNG UND AUSBLICK

Die Siedlungen, sowohl die Hans-Böckler-Siedlung als auch die Siedlung Fruerlundholz, entsprechen nicht mehr den Erwartungen der heutigen Bewohner an die Qualität von Wohnungen (Größe, Ausstattung) und das Wohnumfeld. Die Einkäufe werden nicht mehr täglich und wohnungsnah getätigt, so dass den Läden die Existenzgrundlage entzogen ist und sie schließen müssen. Den älteren, nichtmotorisierten Bewohnern bleiben dadurch nur eingeschränkte Einkaufsmöglichkeit. Dazu kommt der gestiegene motorisierte Verkehr, für den die Siedlungen nicht ausgelegt waren. Die Fördermodalitäten des sozialen Wohnungsbaus haben durch das mit diesen verbundene Belegungsrecht der Kommunen zu einer Bevölkerungsstruktur geführt, die aus soziologischer Sicht als problematisch anzusehen ist (anders sieht es durch die Mitbestimmung der Mitglieder in den Genossenschaftssiedlungen aus). Die Kosten für Verbesserungen bleiben nicht ohne Einfluss auf die Mieten, was die Haushalte zusätzlich belasten würde oder diese sogar zum Wegzug zwänge. Inzwischen gelten einige Siedlungen der 1950er-70er Jahre als soziale Problembereiche, deren Aufwertung anscheinend nur mit hohem Kostenaufwand für die Modernisierung oder sogar Abriss (bereits in Kiel, Lübeck, Neumünster, Trappenkamp und andernorts erfolgt) zu bewältigen ist.

Es ist dabei immer wieder der Blick in die Vergangenheit zu richten. Auch wenn die Siedlungen und Wohnungen aus heutiger Sicht nicht allen Anforderungen genügen, sollte man sich vor Augen halten, wie die Menschen nach der Unterbringung in Baracken und Nissenhütten die neuen Wohnungen begrüßt haben müssen. In Neumünster konnten im Juli 1954 die letzten Nissenhütten abgerissen, vier Lager aufgelöst und die letzten Holzbaracken geräumt werden. Die Zeitungen der Zeit berichteten stets überschwänglich vom Erfolg des Wohnungsbaus und über das Glück der Menschen, endlich wieder eine eigene Wohnung zu haben. Die Fotos aus der Entstehungszeit lassen die Siedlungen durch ihren Mangel an Vegetation ziemlich kahl erscheinen und erinnern an Holzbauklötze. Inzwischen sind überall die Bäume so gewachsen, dass eine parkähnliche Situation entstanden ist, die von den jetzigen Bewohnern sehr geschätzt wird. Mit großem Aufwand haben die Eigentümer der Siedlungen, insbesondere in Neumünster die WOBAU und in Flensburg der SBV Selbsthilfebauverein, die Attraktivierung von Wohnungen (Vergrößerung der Wohnflächen durch Zusammenlegung, Anbau von Balkonen, Wärmedämmung u. a.) und Neugestaltungen des Wohnumfeldes (Eingangsbereiche, Grünflächen, Hausgärten) bewirkt. Teilweise wurden diese Bemühungen im Rahmen des Bund-Länder-Programms „Stadtteile mit besonderem Entwicklungsbedarf – die soziale Stadt" gefördert, um den Siedlungen eine Zukunft zu geben. Wie nachhaltig wirksam solche Maßnahmen in Hinblick auf die demografische Entwicklung angelegt sind, wird sich in Zukunft erweisen.

Beide beschriebenen Siedlungen kennzeichnen die mit der Wohnungspolitik der Nachkriegszeit verbundenen gesellschaftspolitischen Diskrepanzen dadurch, dass diese zwar als gemeinsame Aufgabe angesehen wurde, die ideologische Grundierung jedoch sehr unterschiedlich war. Setzte die SPD mehr auf die Verantwortung der Gesellschaft für die Benachteiligten, forderte die CDU mehr Eigenverantwortung des Individuums. Der Streit dauert bis heute an. Hierzu gehören in jüngster Vergangenheit die Marginalisierung der gemeinnützigen Wohnungswirtschaft, die Privatisierung kommunaler Wohnungsbestände und von Werkswohnungen sowie die Umstellung staatlicher Unterstützung von Objekt- auf Subjektförderung. Mit dem II. WoBauG von 1956 wurde die Schaffung der unsere Städte umgebenden Einfamilienhausgebiete eingeleitet. Dadurch bekam auch der untere Mittelstand eine reale Alternative zum kollektiven Wohnen in den Wohnblocks der 1950er Jahre.

Der Wohnungsbau der 1950er Jahre suchte zwar an die Leistungen der Weimarer Zeit konzeptionell anzuknüpfen, erreichte aber nicht deren Qualität. Als Beispiel der damaligen Güte sind die von Karl Schneider entworfenen Wohnungsgrundrisse für Kleinstwohnungen in der nach Plänen von Fritz Schumacher errichteten Siedlung Dulsberg in Hamburg zu nennen, die so angelegt waren, dass bei zu erwartender Steigerung der Ansprüche an Fläche und Ausstattung mehrere Wohnungen ohne größere Umbauten zusammengelegt werden konnten. In einigen Blocks verfügen die erdgeschossigen Wohnungen über eigene Eingänge und gartenähnliche Freisitze. Die Häuser sind durch spezifische Gestaltungselemente (z. B. Eingänge) individualisiert und damit unterscheidbar. Die äußere Gestaltung ist trotz aller Typisierung nicht einheitlich und monoton, sondern vielfältig und spannungsreich. Die Freiflächen bilden ein Netz von Teilräumen mit gradueller Differenzierung des privaten und öffentlichen Raums. Gebäude- und Freiflächengestaltung sind aufeinander bezogen. Demgegenüber fallen die meisten Siedlungen der 1950er Jahre qualitativ entschieden zurück. Einzelfälle, wie das 1951 in Neumünster errichtete Laubenganghaus Steinkamp 11-13, belegen aber, dass die Themen durchaus bekannt waren. Warum diese in Neumünster und anderenorts nicht in stärkerem Maße wieder aufgegriffen wurden, ist nicht bekannt. Eine Erklärung könnte darin zu suchen sein, dass der Wohnungsbau als sozial verpflichtende Aufgabe im Bewusstsein der Architekten und der Entscheidungsträger einen weit geringeren Stellenwert hatte als in den 1920er Jahren. Mit dem Wohnungsbau der 1920er Jahre sind die Namen vieler bekannten Architekten, wie Ernst May, Bruno Taut, Walter Gropius u. a., verbunden. In seiner Wohnbaufibel von 1932 forderte Otto Völckers, dem Werkbund angehörender, einflussreicher Architekt und Publizist (1888-1957): „… wir sollen zugleich verbilligen und verbessern. Verbilligung durch Verschlechterung anzustreben, ist ethisch und volkswirtschaftlich gleicherweise verwerflich. Das ganze Wohnungsbauprogramm konzentriert sich damit auf die Bestgestaltung der kleinsten Wohnung."[3] Fritz Schumacher sprach noch von den „geistigen Mitteln der Organisation und Rationalisierung"[4]. Davon ist in den zunehmend jede Kreativität einengenden Vorschriften für den sozialen Wohnungsbau und in der Baupraxis bis weit in die 1980er Jahre wenig zu spüren. Nach dem Krieg bestimmten die Bauabteilungen der Wohnungsbaugesellschaften, Behörden und halbstaatlichen Organisationen das Baugeschehen. Einwände des BDA wurden, wie im Falle der Hans-Böckler-Siedlung, besserwisserisch beiseite geschoben. Der Verfasser hat es selbst noch in den 1970er Jahren erlebt, wie durch vorgegebene Maße der Räume, Abstände von Schrank und Bett u. v. a. m. die Normierung als Voraussetzung der staatlichen Förderung derart „perfektioniert" worden war, dass sie jedes Eingehen auf sich verändernde Lebensverhältnisse oder Experimente ausschloss. Der Verzicht auf wohnungsbezogene Freisitze im Erdgeschoss könnte auch darauf zurückzuführen sein, nicht ein paar Bewohner besser stellen zu wollen als die anderen. Dass man dadurch Bau- und Pflegekosten hätte sparen können, dürfte den Planern der 1950er Jahre nicht entgangen sein. Gleichbehandlung aller Bewohner und die landschaftliche, undifferenzierte und nutzungsneutrale Gestaltung der Freiflächen im Wohnumfeld gehörten zu den unausgesprochenen Themen der Siedlungsplanung bis weit in die 1970er Jahre.

Erst in den 1980er Jahren sollten sowohl im Neubau von Siedlungen, wie bei deren Weiterentwicklung – auch bei den beiden besprochenen – derartige Themen wieder aufgegriffen werden: in Neumünster nach der Planung des Architekturbüros Bock & Schulz, in Flensburg zunächst durch Eigeninitiative der Bewohner (Freisitze), später auch durch den SBV.

Die bauliche Gestaltung ist dabei nur die nach außen sichtbar werdende Widersprüchlichkeit unterschiedlicher Erwartungen und Ansprüche einer zutiefst zerrissenen Gesellschaft der 1950er Jahre: in Neumünster ein deutlicher Rückgriff auf die 1930er Jahre, in Flensburg der Versuch, an die modernen Strömungen der Zeit anzuschließen. Beide wurden überlagert durch das Prinzip der gegliederten und aufgelockerten Stadt, das NS-Elemente mit internationalen Trends verband (der Begriff Ortsgruppe von 1940 wurde durch den der Nachbarschaft ersetzt). Auch die Entwicklung der Wohnungsbauförderung, weg von kollektiven Wohnformen hin zum Einfamilienhaus und die Stigmatisierung der „Sozialwohnung" als Wohnform der Nichtbesitzenden und zunehmende Wertschätzung des individuellen Wohnens als bevorzugte Wohnform derjenigen, die es zu etwas gebracht haben, spiegelt die gesellschaftliche und wirtschaftliche Entwicklung in der Bundesrepublik wider. Diese trug schließlich in einer Verschärfung der Gegensätzlichkeit von Miet- und Eigentumswohnungsbau (Großsiedlungen wie z. B. Mettenhof in Kiel), zu weiterer Privatisierung und Auflösung gemeinwirtschaftlicher Strukturen (Zerschlagung des gewerkschaftseigenen Baukonzerns Neue Heimat), verstärktem Einsatz von Privatkapital im Wohnungsbau (Eigentumswohnungsbau) sowie Privatisierung kommunaler Wohnungsbestände u. Ä. bei.

Die Siedlungen der 1950er Jahre sind neuerdings dadurch in eine besondere Krise geraten, dass der Wohnungsmarkt als weitestgehend ausgeglichen gilt (nach wie vor nicht für die Unterschicht), die Siedlungen aber wegen der demografischen Entwicklung (u. a. Überalterung der Bewohnerschaft) und der damit geringeren Einnahmen der Eigentümer, zugleich aber durch steigende Ansprüche potenzieller Mieter, zusehends zur Disposition gestellt werden: Es werden deshalb bereits Wohnhäuser abgerissen, weil der hohe Aufwand für eine nachhaltige Entwicklung nicht rentabel erscheint. In Hinblick auf die unzweifelhaften Qualitäten sollten dennoch die Bemühungen der Wohnungsbaugesellschaften und Genossenschaften unterstützt werden, die für die Identität des Landes so wichtigen Siedlungen unter Beachtung ihrer spezifischen Werte sensibel weiter zu entwickeln.

NOT DER NACHKRIEGSZEIT
DAS HAMBURGER UMLAND AM BEISPIEL STORMARNS
NORBERT FISCHER

DIE AUSGANGSLAGE

Für Schleswig-Holstein ist die Zeit nach dem Zweiten Weltkrieg, insbesondere das Thema „Flüchtlinge und Vertriebene", jüngst wieder in den Fokus geschichtswissenschaftlicher und volkskundlicher Forschung gerückt.[1] Im Folgenden soll die Situation in den Nachkriegsjahren für den Kreis Stormarn skizziert werden.[2] Stormarn war nach 1945 gleich mehrfach von strukturellen Problemen betroffen, deren Lösung die Geschichte des Kreises in der Folgezeit entscheidend prägen sollte. Im Hintergrund stand zunächst, dass Stormarn durch das Groß-Hamburg-Gesetz von 1937 bevölkerungs- und flächenmäßig stark dezimiert worden war. Das Groß-Hamburg-Gesetz hatte Stormarn etliche einwohnerstarke Kommunen der direkten Hamburger Randzone genommen, darunter die 1927 gebildete Großgemeinde Billstedt. Die Bevölkerungszahl sank durch das Groß-Hamburg-Gesetz um mehr als die Hälfte auf rund 60.300 Einwohner.[3] Strukturell folgenreich war der Verlust an wirtschaftlicher Substanz, denn Stormarn musste die meisten seiner gewerblich-industriell entwickelten Gebiete abtreten – darunter die Gemeinden Bramfeld und Billstedt.[4] Dadurch war der Kreis größtenteils zu einer weitgehend agrarisch geprägten Region mit nur wenigen gewerblich-industriellen Inseln geworden.[5] Nur Ahrensburg und Glinde wiesen in der Nachkriegszeit neue Großbetriebe mit mehr als 500 Beschäftigten auf.[6]

Trotz dieser schlechten Rahmenbedingungen wurde Stormarn – wie auch das übrige Hamburger Umland – zu einer Hauptaufnahmeregion für jene, die mit den Flüchtlingstrecks entlang der Ostsee kamen.[7] Hinzu kamen die sogenannten „Butenhamborger", die schon zu Kriegszeiten vor den Bombenangriffen aus Hamburg ins

Flüchtlingsbaracken in Glinde (Kreis Stormarn).

Umland ausgewichen und höchst provisorisch untergekommen waren.[8] Das dezimierte Stormarn sah sich plötzlich mit einer annähernd verdoppelten Bevölkerungszahl konfrontiert, resultierend aus dem Zustrom ausgebombter Hamburger sowie von Flüchtlingen und Vertriebenen aus dem Osten. Der Arbeitsbericht des Kreisflüchtlingsbeauftragten verzeichnete am Stichtag, dem 31. Dezember 1949, für Stormarn exakt 68.066 Einheimische und 82.853 Flüchtlinge.[9] Allerdings zeigten sich erhebliche lokale Unterschiede in der Bevölkerungszunahme. Betroffen waren vor allem die Kommunen in der direkten Hamburger Randzone. Hoisdorf beispielsweise, das nahe an der sogenannten Walddörferbahn (Hamburger Vorortbahn, heute U-Bahn-Linie 1) liegt, verzeichnete einen Bevölkerungsanstieg von 189 %.[10] Viele von den Zugezogenen blieben auf Dauer. Daran änderten auch die Flüchtlingsumsiedlungen innerhalb der Bundesländer und die Rückkehr der Ausgebombten kaum etwas. Noch 1958 hatten Gemeinden wie Großensee, Lütjensee und Trittau einen Bevölkerungszuwachs von über 100 % im Vergleich zu 1939.[11]

ERNÄHRUNGS- UND WOHNRAUMPROBLEME, ARBEITSPLÄTZE UND PENDLERTUM

Zurück in die ersten Nachkriegsjahre: Wie kritisch die Lebensmittelversorgung war,[12] zeigt beispielhaft ein Bericht des gerade gewählten ersten Stormarner Nachkriegskreistages zur Ernährungslage. Dabei hieß es Ende 1946, dass „keinerlei Ernährungsreserven für den Kreis zur Verfügung stehen". Und weiter: „Die starke Abschlachtung unseres Viehbestandes, besonders des Grossviehbestandes, zwingt uns, nunmehr auch Milchkühe zur Ablieferung zu bringen. Da heute schon die Milchablieferung der Bauern gegenüber dem Vorjahre auf 50 % abgesunken ist, besteht die Gefahr, dass wir nicht mehr so viel Milch produzieren können, um unsere Säuglinge aufzuziehen. Insbesondere bedeutet der Fortfall der Nährmittel ein langsames Verhungern unserer Kleinst- und Kleinkinder."[13] Später wurden im Kreistag auch Klagen über das Horten von Grundnahrungsmitteln durch Landwirte laut.[14] Aus dem Ausland, etwa von amerikanischen Mennoniten, kommende Spenden konnten die Sorgen höchstens lindern.[15]

Insgesamt zeigten sich die Nachkriegsjahre als Blütezeit der Notökonomie. Zahlreiche, meist kleinere Gewerbebetriebe wurden für teilweise nur kurze Zeit gegründet.[16] Die Protokolle des Stormarner Kreiswirtschaftausschusses sind voll von entsprechenden Anträgen. Insbesondere das Wandergewerbe war in den ersten Nachkriegsjahren stark gefragt. Bis 1949 wurden im Kreisgebiet insgesamt rund 750 Wandergewerbescheine ausgestellt, die dokumentieren, auf welch vielfältige und ideenreiche Weise man in der Not überleben wollte: Messer- und Scherenschleifer, Puppenwerkstatt, Milchgeschäft nebst Honig und Marmelade, Masseurin, Holzwarenproduktion, Trikotagen und Strümpfe, Schneiderei, Versehrtentischlerei, Strohdachdecker, Heimstrickerei, Strohschuhe, kunstgewerblicher Drechsler von Lampenfüßen und anderes.[17]

Die Wohnraumversorgung wurde naturgemäß zu einem der wichtigsten sozialen Probleme. Der durch die Zuwanderung erfolgte Wohnraummangel war nicht nur ein Problem Stormarns und des Hamburger Umlandes, sondern der gesamten Bundesrepublik.[18] Georg Wagner urteilt in seiner Studie über die Wohnungsnot nach 1945: „Es ist nicht übertrieben, wenn man feststellt, dass die durch den Zweiten Weltkrieg hervorgebrachte Wohnungsnot einen Einschnitt markierte, der die Lebensverhältnisse eines großen Teils der

In Bad Oldesloe gab es bis in die 1960er Jahre Flüchtlingsbaracken.

Bevölkerung auf lange Zeit prägte und die Geschichte der Wohnungsversorgung in Westdeutschland bis gegen Ende der 70er Jahre bestimmte."[19]

In Bad Oldesloe kamen schwere Bombenschäden hinzu. Es war die einzige Stadt in Stormarn und eine der wenigen schleswig-holsteinischen Städte, bei denen der Bombenkrieg zu massiven Zerstörungen geführt hatte. Beim Luftangriff vom 24. April 1945 waren Teile der Stadt getroffen worden – vor allem die Gebiete am Bahnhof, der ja als damaliger Verkehrsknotenpunkt das eigentliche Ziel des Angriffs war.

Die britische Besatzungsmacht hatte im Herbst 1945 verdeutlicht, dass alle infrage kommenden Räume für die Flüchtlinge zur Verfügung gestellt werden müssten. Stormarns damaliger Landrat Wilhelm Paasche veröffentlichte diese Anordnung am 22. Oktober 1945 und fügte an: „Wir gehen einem der schwersten Winter der ganzen deutschen Geschichte entgegen ... Jeder, ob Eingesessener, ob Flüchtling, muß sich jetzt einschränken und das Letzte, was er hat, dem geben, der es braucht, um durch den Winter zu kommen. Es wird nicht immer möglich sein, Ehepaaren ein eigenes Schlafzimmer zu belassen. Wohnräume werden nur als gemeinschaftliche Aufenthalts- und Wärmeräume für größere Hausgemeinschaften gestattet werden, und nur dann, wenn gleichzeitig die Schlafräume noch enger als 3,7 Quadratmeter pro Person belegt werden." Dass die Wohnungsnot nicht auf die ersten Nachkriegsjahre beschränkt blieb, zeigt der Umstand, dass in Stormarn im Jahr 1950 noch immer rund 10-15 % aller Wohnparteien in provisorischen Notwohngebäuden lebten. Bis weit in die Fünfziger Jahre hinein zeugten die überall präsenten Flüchtlingsbaracken von den anhaltenden Problemen – in der Stormarner Kreisstadt Bad Oldesloe gehörten sie selbst in den 1960er Jahren noch zum Ortsbild.[20]

Ein weiteres existenzielles Problem bildeten die Arbeitsplätze. Wie eingangs erwähnt, bot das „amputierte" Stormarn in der Nachkriegszeit kaum gewerblich-industrielle Arbeitsplätze. So wurde das Berufspendlertum zu einem bedeutenden Phänomen.[21] Zählten 1950 nur zehn Städte und Gemeinden mehr als 1.000 Auspendler, so waren es 1956 bereits 17 Orte.[22] Die absolute Zahl der Pendler aus Stormarn nach Hamburg stieg zwischen 1950 und 1956 von 14.315 auf 20.139 und wurde unter den übrigen Hamburger Randkreisen nur noch vom Kreis Pinneberg (1956: 21.253 Auspendler) leicht übertroffen.[23] Innerhalb Stormarns stiegen die Pendlerzahlen vor allem in den hamburgnahen Kommunen besonders stark an: so im Raum Glinde/Schönningstedt/Reinbek oder in den Räumen Ahrensburg und Harksheide (dem späteren Stadtteil der 1970 gegründeten Stadt Norderstedt).[24] Ahrensburg selbst nahm 1956 mit 3.972 Auspendlern sogar den ersten Rang aller Auspendlergemeinden in den Hamburger Umlandkreisen ein.[25]

Von entscheidender Bedeutung für die Pendlerströme war die Anbindung an den öffentlichen Nahverkehr. Aus Stormarner Sicht spielte die Eisenbahnstrecke Hamburg-Lübeck eine wichtige Rolle, da sie bis Ahrensburg als Vorortlinie ausgebaut war und darüber hinaus unter anderem Bargteheide und Bad Oldesloe bediente. Ahrensburg war zusätzlich, ebenso wie Großhansdorf-Schmalenbeck, über die sogenannte „Walddörferbahn" an das Hamburger U-Bahn-Netz angeschlossen. Reinbek wiederum profitierte von der Eisenbahnstrecke Richtung Büchen, die zwischen Hamburg-Hauptbahnhof und Friedrichsruh als Vorortlinie der S-Bahn betrieben wurde.[26] In den Gemeinden des östlichen Randgebietes lag der Anteil des Individualverkehrs (in der Reihenfolge Krad, Moped, Fahrrad, PKW) dagegen sehr viel höher – vor allem nach Stilllegung der Stormarner Kreisbahn 1952.[27]

SIEDLUNGSBAU UND INFRASTRUKTUR

Die intensive Wohnraumbewirtschaftung wurde spätestens seit der Währungsreform im Juni 1948 gelockert, die Einweisungspraxis nur noch eingeschränkt von den Kommunen weitergeführt. Eine Zäsur im System der Wohnraumbewirtschaftung bedeutete dann das Wohnraumbewirtschaftungsgesetz des Bundes vom 31. März 1953. Es löste das bisherige Zuweisungssystem im Prinzip auf, weil das Recht zur Auswahl künftiger Mieter von den Wohnungsbehörden an den Vermieter delegiert wurde. Auch der im April 1950 verkündete Beginn des Sozialen Wohnungsbaus (Erstes Wohnungsbaugesetz) resultierte aus der katastrophalen Wohnungsnot.[28] Schließlich versprach nur Wohnungsneubau in einem Umfang, der den massenhaften Zuzug von Neubürgern als Fakt anerkannte, eine langfristige Lösung des Problems. Im Übrigen bot der Erwerb von Grundstücken mit Gartenflächen ja auch die Chance, die Versorgung mit Nahrungsmitteln grundlegend zu verbessern.
Zwei Daten zeigen die Dringlichkeit des Wohnungsneubaus nach Kriegsende: Kamen in Stormarn im Jahr 1939 nur 86 Einwohner auf einen Quadratkilometer, so waren es 1960 185, also mehr als die doppelte Zahl. Anfang 1954, also in einer Zeit der Normalisierung und Konsolidierung, betrug die absolute Einwohnerzahl des Kreises exakt 137.556 Personen (gegenüber 67.889 im Jahr 1939). Davon waren immer noch etwa die Hälfte Flüchtlinge. Die stärksten Bevölkerungszunahmen konzentrierten sich auf den südstormarnschen Raum: An der Spitze stand das früher hamburgische Großhansdorf (181 % Zunahme), knapp gefolgt von Großensee (180 %), Hoisdorf (178 %), Barsbüttel (177 %), Witzhave (175 %) und Glinde (153 %).
In den Stormarner Städten und Gemeinden schossen in den 1950er Jahren neue Siedlungen geradezu aus dem Boden. Dies galt nicht zuletzt für Bad Oldesloe, das 1954 knapp 15.000 Einwohner zählte (darunter fast 7.000 Flüchtlinge und Vertriebene) – rund 80 % mehr als im Jahr 1939.[29] In kurzer Zeit entstanden in den 50er Jahren neue Straßenzüge und Siedlungen: Goldberg, Lindenkamp, Königsberger Straße, Stettiner Straße, Breslauer Straße – aus den Namen der Straßen ging hervor, dass es sich häufig um Wohnungen für Flüchtlinge und Vertriebene handelte.[30] In den Stadtverordnetenprotokollen wurde Bad Oldesloe als Spitzenreiter im Wohnungsbau des Kreises Stormarn bezeichnet. 1951 entstanden 238 neue Wohnungen, 1952 waren es 278, 1953 138 und 1954 nochmals 216 neue Wohnungen.[31] In Ahrensburg sah der am 15. Juli 1952 beschlossene Aufbauplan unter anderem die neuen Wohnsiedlungen Reeshoop und Am Neuen Teich vor.[32] Während zuvor vor allem Einzelbebauung oder allenfalls Reihenhaussiedlungen bekannt waren, wurden nun die ersten Wohnblocks in Geschossbauweise errichtet. Ende der 1950er Jahre schließlich wurden am Bahnhof und an der neu angelegten Stormarnstraße weitere mehrgeschossige Wohnblocks sowie das erste achtgeschossige Hochhaus errichtet.

Neubausiedlung in Großhansdorf in den späten 1950er Jahren.

Andererseits gab es um 1955 noch eine Vielzahl von Notwohnungen und Behelfssiedlungen. Zwar hatte sich der Bestand zwischen 1950 (3.095 Notwohnungen) und 1956 (2.133 Notwohnungen) um ein knappes Drittel verringert, aber im Oktober 1955 wohnten noch immer fast 6.000 Menschen in Notunterkünften. Die meisten dieser Unterkünfte lagen im Hamburg nahen Randbereich des Landkreises, dort, wo sich ausgebombte Hamburger in ihre Holzhütten der auf Stormarner Gebiet liegenden Schrebergärten zurückgezogen hatten.

Wie dem auch sei: Der Wohnungs- und Siedlungsbau half enorm bei der Integration der Flüchtlinge. Dennoch blieb die Flüchtlingsfrage auch in den 1950er Jahren ein ständiges Thema. 1952 wurden in Städten mit mehr als 10.000 Einwohnern hauptamtliche Flüchtlingsbeauftragte angestellt. Zu ihren Aufgaben gehörten nicht nur die allgemeine Flüchtlingsbetreuung, sondern auch konkrete Arbeiten wie die Hilfestellung bei Anträgen auf Umsiedlung (Wohnraum, allgemeiner Existenzaufbau, Transportkostenbeihilfen) oder die Rückführung von Evakuierten. Mithilfe des 1953 in Kraft getretenen Bundesvertriebenengesetzes erfolgte dann eine systematische Unterstützung der Flüchtlinge. Im Übrigen vertraten die Flüchtlinge auch selbst ihre Angelegenheiten. Dies zeigt das Beispiel der später zusammengelegten Gemeinden Hoisdorf und Oetjendorf: Wie in anderen Stormarner Orten auch, fanden Flüchtlingsversammlungen statt und wurden Flüchtlingsausschüsse gewählt sowie ein Ortsverein des BHE (= Bund der Heimatvertriebenen und Entrechteten) gegründet – jener Flüchtlingspartei, die in den 1950er Jahren in Stormarn sowie in Schleswig-Holstein und in anderen Bundesländern eine relativ wichtige Rolle spielte und teilweise als Koalitionspartner an Regierungen beteiligt war.

Der enorme Bevölkerungszustrom erforderte aber nicht nur raschen Wohnungsbau, sondern auch die Erweiterung der sozialen und technischen Infrastruktur. Allein der Kreis veranlasste etliche Verwaltungsneubauten, vor allem das 1952 eingeweihte Stormarnhaus in Bad Oldesloe als neuen Sitz der Kreisverwaltung. Ebenfalls in Bad Oldesloe wurde 1956 der Neubau der Kreislandwirtschaftsschule errichtet und 1960 das Kreiskrankenhaus erweitert. In Ahrensburg entstand eine weitere Kreisberufsschule (1953), zuvor war die bereits bestehende in Bad Oldesloe ausgebaut worden (1950/51). Hinzu kamen der Neubau von Alters-, Kinder- und Pflegeheimen.[33]

EIN LANDRAT MIT NS-VERGANGENHEIT: ÜBER DIE POLITISCHEN VERHÄLTNISSE

Neben den wirtschaftlichen, gesellschaftlichen und infrastrukturellen Problemen war man bis 1950 mit der Neukonstituierung jener politischen und verwaltungsmäßigen Strukturen beschäftigt, die dann für die folgenden Jahrzehnte im Prinzip gültig bleiben sollten. Wie überall in Schleswig-Holstein kamen die Vorgaben zur Neuordnung der politischen Strukturen von der britischen Besatzungsmacht. In Stormarn unterstand nach dem Verbot der NSDAP und ihrer Gliedorganisationen das gesamte öffentliche Leben dem 501. Military Government Detachement in Bad Oldesloe. Politik und Verwaltung waren in der ersten Nachkriegszeit äußerst schwierig, Post und Telefon auf ein Mindestmaß beschränkt und Reisen problematisch. Bis in einzelne Verwaltungsschritte hinein bestimmten britische Offiziere den Ablauf. Als Schaltstelle zwischen Besatzungsmacht und Kommunen beziehungsweise Bevölkerung fungierte das Landratsamt.

Der erste Kreistag nach Kriegsende kam am 10. Januar 1946 in Bad Oldesloe zusammen und traf sich im weiteren Verlauf des Jahres zu acht Sitzungen.[34] Seine 54 Mitglieder waren von der britischen Militärregierung ernannt worden. Dabei griff man auf jene Personen zurück, die 1933 aus politischen Gründen zur Aufgabe ihrer Tätigkeiten gezwungen worden waren. Eine aus diesem Personenkreis gebildete Liste wurde der Militärregierung zur Auswahl vorgelegt. Soweit möglich sollte sie einen Querschnitt der Bevölkerung einschließlich der Flüchtlinge und Vertriebenen darstellen. Zusätzlich berief die Militärregierung von sich aus Vertreter der politischen Parteien, der Kirchen und andere Persönlichkeiten.[35] Unter Orientierung an den Wahlergebnissen der Zeit vor 1933 bestand dieser erste ernannte Kreistag aus Vertretern der CDU beziehungsweise deren Vorläufern, aus Sozialdemokraten und KPD-Anhängern sowie etlichen Unabhängigen.[36]

Die vorläufige Kreisverfassung wurde vom Kreistag in seiner dritten Sitzung am 7. Februar 1946 beschlossen, ebenso eine vorläufige Geschäftsordnung. Landrat und damit Verwaltungschef blieb zunächst noch jener Wilhelm Paasche, der das Amt im April 1945 von den Briten zugewiesen bekommen hatte – auf seine NS-Vergangenheit wird abschließend noch zurückzukommen sein.

Die ersten freien Kommunalwahlen der Nachkriegszeit fanden am 15. September 1946 (Gemeinden und Ämter) sowie am 13. Oktober 1946 (Kreistag) statt. Wählbar waren nur Personen, die nicht der NSDAP, SA oder anderen, gesondert aufgelisteten NS-Organisationen angehört hatten.[37] Auch die Wahl des zweiten Kreistages, die am 24. Oktober 1948 durchgeführt wurde, fiel noch unter die britischen Militärverordnungen.[38] Kommunalpolitisch war in den Nachkriegsjahren jene von der Besatzungsmacht erlassene Verordnung Nr. 21 maßgeblich, die am 1. April 1946 zur Revidierten Deutschen Gemeindeordnung erklärt und durch Verfügung der Militärregierung vom 29. Juli 1946 auch für die Kreise verbindlich wurde. Die britische Militärregierung führte die in Großbritannien übliche Zweigleisigkeit von politischer (ehrenamtlicher) und verwaltungsmäßiger (professioneller) Spitze ein – während die preußisch-deutsche Tradition den hauptamtlichen Landrat kannte, der beides in einer Person vereinte. Nun wurde – nach einigem Hin und Her mit den Amtsbezeichnungen – aus dem bisherigen Kreistagspräsidenten der ehrenamtliche Landrat und ergänzend das Amt eines professionellen leitenden Verwaltungsbeamten geschaffen, der den Titel „Oberkreisdirektor" erhielt. Für die Stellung des Landrates brachten diese Veränderungen eine nicht unerhebliche Minderung des Einflusses. Die Neuordnung der Kommunalverfassung lag nicht zuletzt im Misstrauen der Briten gegenüber dem preußisch-deutschen Beamtentum begründet.[39]

Ungeklärt geblieben war noch die Kreisstadtfrage. Das Stormarner Landratsamt war bis in die Kriegsjahre hinein in Wandsbek geblieben, auch nachdem die Stadt 1937 zu Hamburg gekommen war. Erst die Bombardierung Hamburgs führte 1943 zu seiner Verlegung. Zunächst improvisierte man und verteilte die Dienststellen auf Ahrensburg, Bargteheide und Bad Oldesloe. Ab Juni 1944 wurden sie in Bad Oldesloe konzentriert, das schon zuvor zur „heimlichen" Kreisstadt aufgestiegen war, denn die Nationalsozialisten hatten von dort über Stormarn geherrscht.[40] 1949 wurde Bad Oldesloe dann vom Kreistag endgültig zur Kreisstadt gekürt.

Einen aufschlussreichen Fall für den Umgang mit der NS-Vergangenheit bildete in Stormarn das Beispiel des bereits erwähnten Landrates Wilhelm Paasche. Paasche wurde am 18. Februar 1913 im ostpreußischen Stallu-

Kreistagssitzung im Provisorium der Berufsschule Bad Oldesloe, vorn im Bild: Kreistagspräsidentin Erika Keck (um 1955).

pönen als Sohn eines Landwirts geboren. Er schlug die Juristenlaufbahn ein und legte noch vor Beginn des Zweiten Weltkrieges seine Erste juristische Staatsprüfung sowie 1942 seine Große juristische Staatsprüfung ab. Per „Führerurkunde" wurde Paasche mit Wirkung vom 14. September 1944 zum Regierungsrat ernannt und dem braunschweigischen Landratsamt zugeteilt, dem er – ebenso wie dem braunschweigischen Innenministerium – schon einmal überwiesen worden war, ohne tatsächlich Dienst zu leisten. Während dieser Jahre war er im Kriegseinsatz, aus dem er schwerverwundet zurückkam. Am 29. März 1943 wurde er mit dem EK I, dem Eisernen Kreuz erster Klasse, ausgezeichnet. Vor seiner Wehrmachtszeit hatte er bereits als Gerichts- bzw. Regierungsreferendar in Freising, Bartenstein und Königsberg gearbeitet.[41]

Paasche konnte unter der britischen Besatzungsmacht im Kreis Stormarn zunächst das leitende Verwaltungsamt übernehmen, weil er bei den Befragungen wichtige Fakten seiner nationalsozialistischen Vergangenheit verleugnet hatte. Im Stormarner Kreistag gab Paasche Anfang 1946 auf Anfrage zu seinen nationalsozialistischen Mitgliedschaften und Betätigungen unter anderem an, dass er keiner Gliederung der Partei angehört und keine Ämter bekleidet hätte.[42] Tatsächlich jedoch hatte Paasche, wie sich im weiteren Verlauf herausstellt, wichtige Funktionen innerhalb der NS-Parteigliederungen unterschlagen oder falsch dargestellt. Weil er nach seiner Entlassung in Stormarn seine Wiedereinstellung in den Verwaltungsdienst betrieb, kamen in den folgenden Jahren aus den Akten immer neue Details über seine Vergangenheit ans Tageslicht, die ein ganz anderes Bild von seiner Einbindung in die nationalsozialistischen Strukturen zeigten. Bereits während der Kriegsjahre hatte er im Personalbogen des Braunschweigischen Staatsministeriums angegeben, seit dem 24. November 1931 in der Hitlerjugend (was er im Census-Fragebogen von 1948 verleugnete) sowie Mitglied des NSDStB (Nationalsozialistischer Deutscher Studentenbund) und des NSRB (Nationalsozialistischer Rechtswahrerbund) gewesen zu sein. Aus den Personalakten geht des Weiteren hervor, dass Paasche seit 1931 aktiv in der nationalsozialistischen „Bewegung" engagiert war, unter anderem in der Reichsjugendführung (z. B. als Kreisschulungsleiter, Bannführer und studentischer Kameradschaftsführer). Ergänzt sei, dass Paasche ab dem 1. Januar 1938 bei der NSDAP als Leiter der Organisationsstelle der Reichsstudentenführung angestellt war.[43]

Was die Gründe für seine Einstellung unter der britischen Besatzungsherrschaft anbelangte, so ist zu vermuten, dass Paasche einerseits seine Ausbildung zugute kam, andererseits seine NS-Vergangenheit in Schleswig-Holstein zunächst unbekannt geblieben war. Wie gesagt, amtierte Paasche zunächst als kommissarischer Landrat, dann als Oberkreisdirektor von Stormarn, bevor er mit Wirkung vom 1. März 1946 von der Militärregierung aus politischen Gründen entlassen wurde. Danach betrieb Paasche über Jahre hinweg in Schleswig-Holstein und Niedersachsen seine Wiedereinstellung bzw. die Zahlung des sogenannten Wartegeldes (die üblicherweise mit dem Monat beginnt, in dem der Beamte seine Wiederverwendung beantragt). Auch hier verschwieg er jene Fakten seiner Vergangenheit, von denen er unter den neuen politischen Verhältnissen Nachteile zu erwarten hatte.[44] Dem Kreis Stormarn blieb Wilhelm Paasche noch einige Zeit erhalten. Er wurde mit der Kreistagswahl vom 29. April 1951 als Abgeordneter des BHE in den Kreistag gewählt. Zeitweilig war er auch Mitglied des Kreisausschusses. Ab 1953 konnte er anderen Orts seine Karriere fortsetzen: unter anderem als Regierungsrat in Braunschweig und Lüneburg sowie zwischen 1962-1978 als langjähriger Oberkreisdirektor im niedersächsischen Landkreis Lüchow-Dannenberg.[45]

EIN EXPERIMENT MIT FOLGEN
DIE ANSIEDLUNG DER GABLONZER GLAS- UND SCHMUCKWAREN-INDUSTRIE IM EHEMALIGEN MARINESPERRWAFFEN-ARSENAL TRAPPENKAMP

STEFAN WENDT

Die Entstehungsgeschichte der „Flüchtlingsgemeinde" Trappenkamp, heute eine Kleinstadt mit knapp 5.000 Einwohnern, ist in zweifacher Hinsicht bemerkenswert. Zum einen erwuchs die Kommune aus dem Gebäudebestand eines im Mai 1945 aufgelösten Marinearsenals, dessen bunkerartige Lagerhäuser erst in mühevoller Arbeit für die zivile Nutzung hergerichtet werden mussten. Und zum anderen geht das Gemeinwesen auf die Ansiedlung einer landsmannschaftlich geschlossenen und wirtschaftlich homogenen Gruppe zurück, was im Prozess der schleswig-holsteinischen Vertriebenenintegration einzigartig ist.

Bei den Zwangszuwanderern handelte es sich um sudetendeutsche Facharbeiter der weltbekannten Gablonzer Schmuckindustrie, die nach ihrer Vertreibung aus der Tschechoslowakei gleich an mehreren Standorten innerhalb der amerikanischen, sowjetischen und britischen Zone Fuß zu fassen suchten. Die ersten Initiativen erfolgten im Herbst 1945 im Raum Gotha/Waltershausen sowie in Kaufbeuren und Waldkraiburg. Die zuständigen Kreis- und Landesbehörden in Thüringen und Bayern betrachteten die hochqualifizierten Facharbeiter als attraktive Neubürger, von denen sie sich eine Hebung der Wirtschaft und Steuerleistungen versprachen. Warum dieses Kalkül berechtigt war, liegt in Struktur und Produktivität der Gablonzer Industrie begründet, zu deren Charakterisierung in der unmittelbaren Nachkriegszeit zahlreiche Denkschriften verfasst wurden. In dem Exposé, das die Trappenkamper Gruppierung zur Selbstdarstellung an die regionalen Wirtschaftsbehörden adressierte, heißt es voller Selbstbewusstsein: „Die Gablonzer und die Heidaer Glas- und Schmuckwarenindustrie nahmen sowohl in der Tschechoslowakei als auch später in der deutschen Volkswirtschaft in mehrfacher Hinsicht eine Sonderstellung ein. Sie stellte neben den Skoda-Werken Pilzen die bei weitem größte Exportindustrie in der Tschechoslowakei dar, die allein in den Jahren 1937/38 im Durchschnitt für 2,5 Milliarden tschechische Kronen (ca. 250 Millionen Reichsmark) exportierte. Die Eigenart dieses Industriezweiges bestand darin, daß er aus der räumlichen und der wirtschaftlichen Zusammenfassung zahlreicher weitgehend spezialisierter Fachkräfte in Mittel-, Klein- und Kleinstbetrieben bestand, die aus den einfachsten und billigsten Rohstoffen wie Glas und Metall hochwertige Fertigfabrikate, vor allem Schmuckwaren und Gebrauchsgegenstände (z. B. Knöpfe), herstellten. Diese Industrie gewährleistete mit geringem Aufwand von Kapital und Maschinen, aber mit einem sehr lohnintensiven Einsatz einer großen Zahl weitgehend spezialisierter Fachkräfte, deren hohes handwerkliches Können sich seit Jahrhunderten in der Familie vererbt hatte, diesen hohen Exportgewinn."[1]

Wann die Gablonzer erstmals auf den schwer zugänglichen, in keiner Landkarte verzeichneten Arsenalkomplex im Nordosten des Neumünsteraner Staatsforstes aufmerksam wurden und wer die Idee für das Siedlungsprojekt hatte, ist nicht mehr zu rekonstruieren. Nachweislich waren seit den Kapitulationstagen zahlreiche sudetendeutsche Soldaten im Lande präsent. Über 30.000 von ihnen befanden sich in den beiden großen Kriegsgefangenenlagern in Dithmarschen (Sperrgebiet G) und Ostholstein (Sperrgebiet F), welche die Briten zur Internierung der deutschen Wehrmachtsangehörigen in den Maitagen 1945 eingerichtet hatten. Gemäß ihrer landsmannschaftlichen Zugehörigkeit wurden die Sudetendeutschen in eigenen Einheiten zusammengefasst, die sich selbst verwalteten und eine vergleichsweise große Bewegungsfreiheit genossen. Um den Entlassenen die Rückkehr ins Zivilleben zu erleichtern, wählten sie aus ihrer Mitte Betreuungsstäbe, die über die Lagerzeit hinaus bestehen blieben. Im Januar 1946 – das Sperrgebiet G war zwischenzeitlich aufgelöst worden – konnte die von Dithmarschen nach Hamburg verlegte Betreuungsstelle einen eigenen Geschäftsraum beziehen. Im Bemühen, eine möglichst wirkungsvolle Organisation aufzubauen, schloss sich die „Sudetendeutsche Beratungsstelle" der vom Hamburger Bürgermeister Rudolf Petersen gegründeten „Hilfsgemeinschaft deutscher Flüchtlinge" an. Ihre Hauptaufgabe sah die Beratungsstelle nach wie vor darin, Landsleuten Unterkünfte und

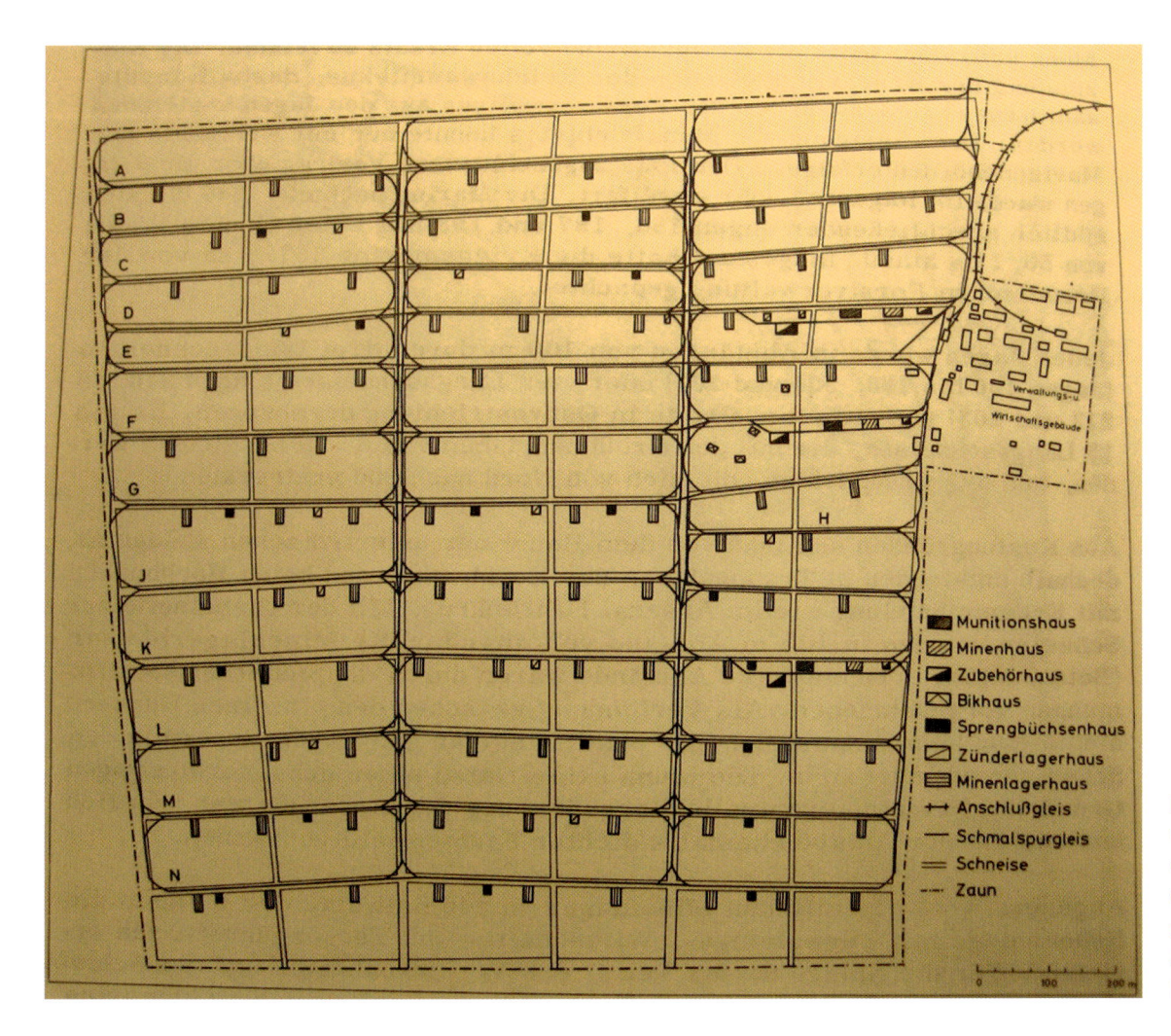

Das ab 1935 auf einer Fläche von 172 ha errichtete Sperrwaffenarsenal umfasste 174 Gebäude, die den Krieg unbeschadet überstanden hatten. An den 13 Querschneisen lagen die 94 Munitionsbunker.

Arbeit zu vermitteln. Und spätestens seit den durch die Potsdamer Beschlüsse (Juli 1945) legalisierten Vertreibungen aller Sudetendeutschen suchte sie intensiv nach Siedlungsschwerpunkten für die Angehörigen der Gablonzer Industrie, deren Funktionstüchtigkeit nur im wirtschaftlichen Verbund gesichert war. Ideal wäre nach heimatlichem Vorbild eine Konzentration aller Fachkräfte an einem Ort gewesen, aber dieses Ziel erwies sich angesichts der vielfältigen und unwägbaren Entwicklungen in den einzelnen Besatzungszonen als illusionär.

DAS MARINESPERRWAFFENARSENAL TRAPPENKAMP

Das innerhalb einer dichten Waldfläche angelegte Marinesperrwaffenarsenal[2] Trappenkamp, dessen 174 Gebäude den Krieg unbeschadet überstanden hatten, schien trotz gewisser Handicaps für das Gablonzer Industrieprojekt gut geeignet. Der in den Jahren 1935 bis 1940 erbaute Militärkomplex erstreckte sich über eine Gesamtfläche von knapp 172 ha und war in drei Bereiche gegliedert: einen Munitionsteil, den Verwaltungs- und Versorgungstrakt sowie eine Verladestation („Arsenal-Bahnhof") mit Gleisanschluss für den Material- und Waffentransport von und nach Kiel. Der für eine Lagerkapazität von 2.000 Seeminen ausgelegte Munitionsteil, der bei weitem die größte Fläche beanspruchte, wurde von 13 Längsschneisen (Ost-West-Richtung) und fünf Querschneisen durchzogen. An den Längsschneisen standen in großzügigen, aber ziemlich regelmäßigen Sicherheitsabständen die 94 oberirdischen Munitionsbunker. Namentlich diese Lagerhäuser, jedes davon knapp 120 qm groß, boten sich nach entsprechenden Umbauarbeiten für ein kombiniertes Wohnen und Wirtschaften unter einem Dach an, zumal die häufig im Familienverband tätigen Gablonzer keine größeren Maschinen zur Ausübung ihres Gewerbes benötigten. Jedes der fensterlosen Lagerhäuser, die sich nur über eine kleine Rampe betreten ließen, besaß einen Strom- und (außerhalb des Gebäudes) einen Wasseranschluss.

Die insgesamt 31 Gebäude, die den Verwaltungs-, Versorgungs- und Wirtschaftsbereich bildeten, waren im östlichen Bereich des Geländes konzentriert. Sie konnten ohne weitere Umbaumaßnahmen als Unterkunft oder in ihrer vormaligen Funktion genutzt werden. Ansonsten stand die für militärische Zwecke konzipierte Infrastruktur der Anlage den Erfordernissen eines funktionstüchtigen Gemeinwesens in mancher Hinsicht geradezu entgegen. Beispielsweise führten im Munitionsteil keinerlei Wege durch den dichten Baumbestand, da lediglich ein gut 30 km langes Schmalspurnetz die Lager- und Arbeitshäuser während des Arsenalbetriebs miteinander verbunden hatte. Und auch Toiletten oder Waschgelegenheiten gab es nur an zentralen Stellen in den Verwaltungs-, Versorgungs- und Arbeitsgebäuden. Gleichwohl spielten derartige Gegebenheiten unter dem Aufnahmedruck der ungeheuren Zahl von Flüchtlingen und Vertriebenen, die seit Kriegsende unablässig nach Schleswig-Holstein strömten, keine Rolle.[3]

Bei den ersten, nur ganz vereinzelt in Trappenkamp eintreffenden Flüchtlingen handelte es sich um Beschäftigte der in Ostdeutschland aufgelösten Marinearsenale, die sich mit ihren Familien auf den Weg nach Westen gemacht hatten. Sie kamen aber nicht auf dem Arsenalgelände, sondern in den umliegenden Dörfern unter, da die hermetisch abgesperrte Anlage noch lange Zeit nur mit Passierschein und einer besonderen Genehmigung betreten werden durfte.[4]

Zum Gebäudebestand zählten auch einige Baracken – diese beherbergte 1946 übergangsweise drei Familien. Der Tisch vor dem Haus besteht aus einer umfunktionierten Seemine.

Die Pläne für die geschlossene Ansiedlung einer landsmannschaftlich homogenen Vertriebenengruppe nahmen dann zu Beginn des Jahres 1946 schärfere Konturen an, als der Sonderdezernent der Deutschen Hilfsgemeinschaft (Nord), Lutz Warschauer, mit dem Kieler Landeswirtschaftsamt in Verhandlungen trat. Dabei spielte auch der letzte Arsenalkommandant Heinrich Fennel eine wichtige Rolle, der die Anlage am 5. Mai 1945 kampflos einer Aufklärungseinheit der 11. britischen Panzerdivision übergeben hatte. Unter britischer Oberhoheit verblieb er zunächst auf seinem Posten, um mit einigen seiner Offiziere und rund 100 ehemaligen Arbeitern Entmilitarisierungsaufgaben wahrzunehmen.[5] Später übte er diese Tätigkeit noch für eine gewisse Zeit als zivilangestellter „Managing Director" aus. Fennel setze sich vehement für das Gablonzer Siedlungsprojekt ein, nicht zuletzt, weil auch er nach einer beruflichen Perspektive für die Zukunft suchte. Über Heinrich Fennel und seinen Bruder Wilhelm, der bei der Industrie- und Handelskammer in Göttingen als Geschäftsführer tätig war, wurden wichtige Kontakte geknüpft und einige durch den Krieg nach Ostfriesland versprengte Gablonzer auf das Trappenkamper Arsenal aufmerksam gemacht.

ANWERBUNGSVERSUCHE IN WEST UND OST

Auf Seiten der deutschen Behörden hatten sich die siedlungs- und wirtschaftspolitischen Vorstellungen im Mai 1946 so weit konkretisiert, dass in Bad Segeberg ein „Sonderausschuß zur Schaffung einer Norddeutschen Schmuck- und Kristallwaren-Export-Industrie" gegründet werden konnte. Dieses Gremium bestand aus

Vertretern des Landes- und Kreiswirtschaftsamtes sowie Repräsentanten des Hamburger Senats und der Lübecker Industrie- und Handelskammer. Für Trappenkamp wurden Heinrich Fennel und Karl Potesil in den Ausschuss berufen. Potesil, der als erster Trappenkamper Unternehmer im Bahnhofsgebäude des Arsenals eine „Kunstwerkstatt" zur Produktion von Fischlederartikeln betrieb, übernahm zusammen mit dem Leiter des Segeberger Kreiswirtschaftsamtes geschäftsführende Funktionen in dem Ausschuss. Potesil allein blieb es vorbehalten, Wirtschaftsbeziehungen mit den Gablonzer Gruppen in der Amerikanischen Zone aufzunehmen. Dafür erhielt er eine offizielle Bescheinigung, die ihm die „Unterstützung aller deutschen Dienststellen" sicherte. Bei den Initiatoren der Gablonzer Siedlungsprojekte in Bayern stießen Potesils Aktivitäten auf wenig Gegenliebe und es scheint, dass er kaum Interessenten für Schleswig-Holstein gewinnen konnte. Nicht zuletzt aus diesem Grund beauftragte der Sonderausschuss nur wenige Monate später den aus Kaufbeuren zugereisten Alfred Haupt, der in Trappenkamp eine Maschinenfabrik einrichten wollte, nunmehr in der Sowjetischen Zone nach übersiedlungswilligen Gablonzern Ausschau zu halten. Ausgestattet mit Zuzugsgenehmigungen für insgesamt 70 Familien, begann Haupt im November 1946 seine Abwerbungstour in Quedlinburg. Die monatelange Sondierungsreise rief nach eigenem Bekunden allerorten „viel Unruhe unter den bereits Seßhaften hervor", und nur mit Mühe konnte sich Haupt einer „Verhaftung wegen Industrieverschleppung entziehen".[6] Ende Januar 1947 hatte er dennoch insgesamt 40 Familien für das Trappenkamper Industrieprojekt anwerben können, die in drei Schüben über das zentrale Aussiedlerlager Friedland schließlich ins Arsenal gelangten. Die genaue Zahl und viele Namen der organisierten Trappenkamp-Zuzügler sind allerdings nicht mehr zu ermitteln, da die Einwohnermeldekartei verloren gegangen ist.

BRITISCHE PLÄNE ZUR ENTMILITARISIERUNG UND DEMONTAGE

Gingen alle deutschen Dienststellen schon bald nach Kriegsende übereinstimmend davon aus, das Arsenal unversehrt übernehmen und dort eine Glasindustrie etablieren zu können, vertraten die britischen Besatzer keinen einheitlichen Standpunkt in dieser Frage. Vielmehr herrschten zwischen Militärregierung und Royal Navy, die das Arsenal von der 11. Panzerdivision im Sommer 1945 zur weiteren Abwicklung übernommen hatte, sehr unterschiedliche Auffassungen. Und selbst die einzelnen Fachabteilungen („Branches") der Militärregierung waren untereinander nur bedingt konsensfähig.
De jure galt für solche Anlagen wie Trappenkamp die am 6. Dezember 1945 vom Alliierten Kontrollrat verabschiedete Direktive No. 22, „Clearance of Minefields and Destruction of Fortifications, Underground Installations and Military Installations in Germany."[7] Sie gliederte sich in vier Abschnitte und einen Anhang („Appendix A"). Im Kern besagte dieser Text, dass alle – im Anhang genauer kategorisierten und spezifizierten – Militäreinrichtungen zu zerstören seien. Abschnitt 2 regelte den Zeitraum, in dem die Entmilitarisierungsarbeiten abgeschlossen sein mussten. Danach sollten alle Anlagen, die unter die Kategorie I fielen, im Laufe von 18 Monaten, die unter Kategorie II genannten innerhalb von weiteren vier Jahren geschleift werden. Als „depot of war materials" wurde Trappenkamp in die Prioritätsklasse II eingestuft. Danach blieb also lediglich der Zeitpunkt, nicht aber die Zerstörung als solche eine offene Frage. Gleichwohl hatte der Kontrollrat noch

Die Kommandantur (o. li.) und die Versorgungsgebäude (o. re./u. re.) blieben von Umbauauflagen verschont, während die Munitionslagerhäuser – im Bild (u. li.) die „Bunker-Filiale" des Bornhöveder Bäckers Otto Ratzow – entmilitarisiert werden mussten.

einen Passus über mögliche Modifizierungen aufgenommen, der einen gewissen Ermessensspielraum für die Zukunft eröffnete.[8]

Zur Umsetzung der Direktive No. 22 trat am 17. Juli 1946 im Kieler Hauptquartier der Britischen Militärregierung ein „Regional Neutralisation Committee" zusammen. Dieses zunächst unter strengster Geheimhaltung tagende Gremium hatte die Aufgabe, Grundlagen für eine einheitliche Entmilitarisierungspolitik in Schleswig-Holstein zu entwickeln. In der ersten Sitzung rangierte die Behandlung Trappenkamps an vorderster Stelle. Zunächst trugen Referenten aus den einzelnen Branches ihre Einschätzungen vor. Der Vertreter der „Manpower Branch" (Abt. für Arbeitskräfte) betonte die vorzügliche Eignung für die Ansiedlung von gut 300 Flüchtlingsfamilien mit jeweils 0,6 ha landwirtschaftlicher Nutzfläche, dem sich unter gewissen Auflagen auch der Referent aus dem „Disarmament Branch" (Abrüstungsabteilung) anschließen konnte. Sehr skeptisch wurde ein Fortbestand des Arsenals jedoch vom Repräsentanten der Royal Navy beurteilt. Als größtes Zugeständnis, so Commander Crowe-Read, könne er lediglich unter zwei Voraussetzungen (Entfernung des Waldes und des Schmalspurgleiskörpers) von einer sofortigen Zerstörung absehen und für zwei Jahre die weitere Entwicklung abwarten. Sinngemäß wurden diese Vorschläge dann auch als verbindlicher Standpunkt des Komitees formuliert, wobei die Verwaltungs-, Wirtschafts- und Versorgungseinheiten ohne jede Auflage erhalten bleiben und die „Situation" 1949 erneut überprüft werden sollte.

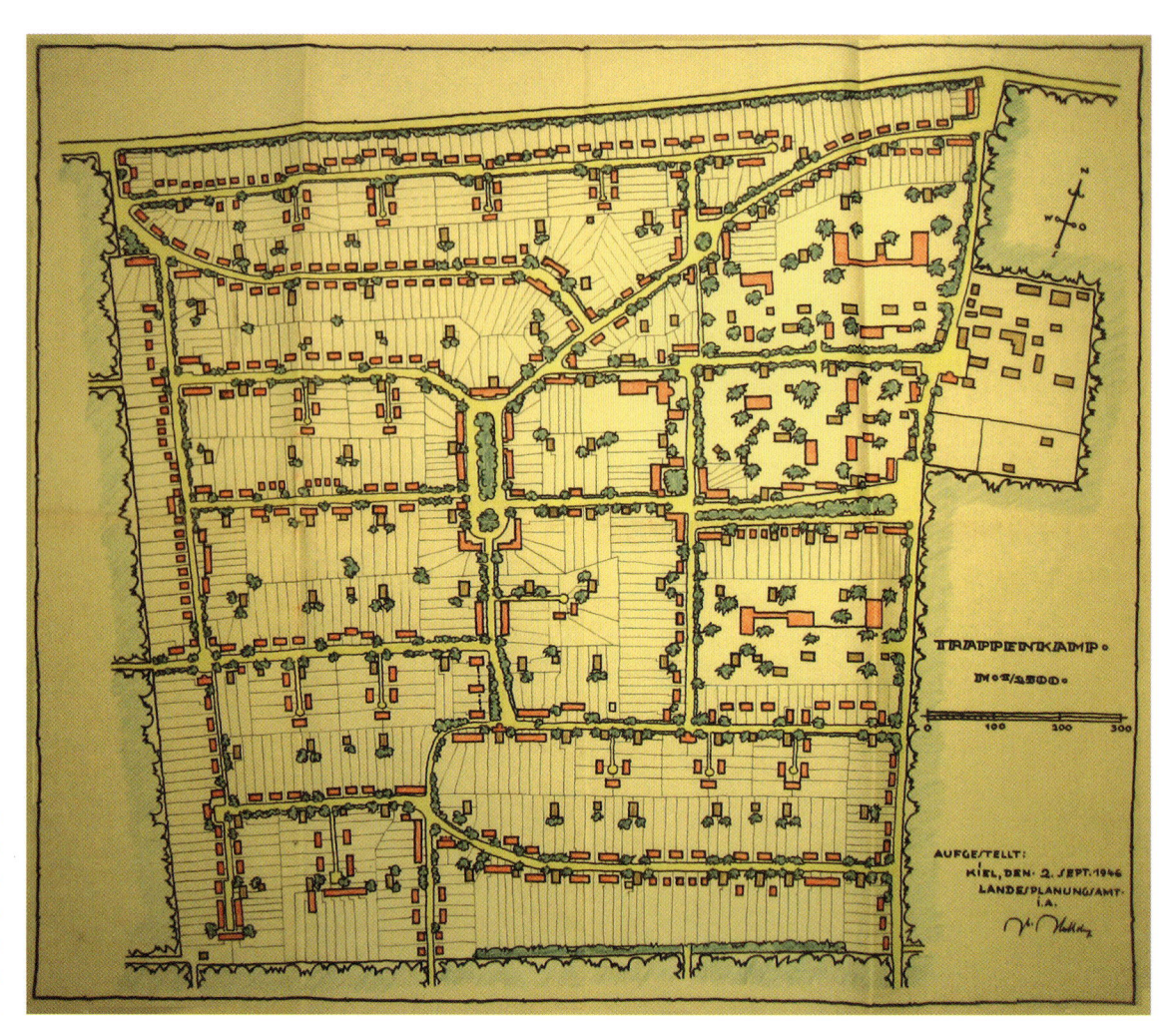

Die Schöpfer des ersten Bebauungsplans vom September 1946 stellten sich vor, die großzügigen Abstände zwischen den Bunkern mit vielen kleinen Gebäuden zu schließen.

Doch nur drei Monate später konstituierte sich eine neue britische Kommission („Regional Demilitarisation Committee" = DEMCO), die sich zur Nachfolgerin des zwischenzeitlich aufgelösten „Regional Neutralisation Committee" erklärte und ausdrücklich ihre exekutive Gewalt betonte, die das vorherige Gremium nicht besessen habe. Auch deshalb sei eine erneute Überprüfung aller bisher gefassten Beschlüsse erforderlich. Bis zum Oktober 1950 sollte dieses Komitee in über 40 Sitzungen zusammentreten, auch um sich immer wieder mit der Zukunft Trappenkamps zu beschäftigen. Schon die erste Sitzung führte auf den Kern des Problems. Das Dilemma lag in der nur wenige Monate zuvor verkündeten Zeitklausel, die eine endgültige Entscheidung erst für das Jahr 1949 vorgesehen hatte. Sollte das Arsenal dann aber doch zerstört werden, so die aktuelle Überlegung, würde das bis dahin in den Siedlungsaufbau investierte Kapital verloren sein. Dennoch kam es in dieser Kernfrage zu keiner Einigung. Erst die April-Sitzung 1947 wartete wieder mit Entscheidungen auf. Danach sollte die Zeitklausel gestrichen und die Anlage zur ständigen Besiedlung an die deut-

Ein umgebauter Bunker nach dem Musterplan (s. Bild unten) der „Schleswig-Holsteinischen Heimstätte" vom Januar 1947.

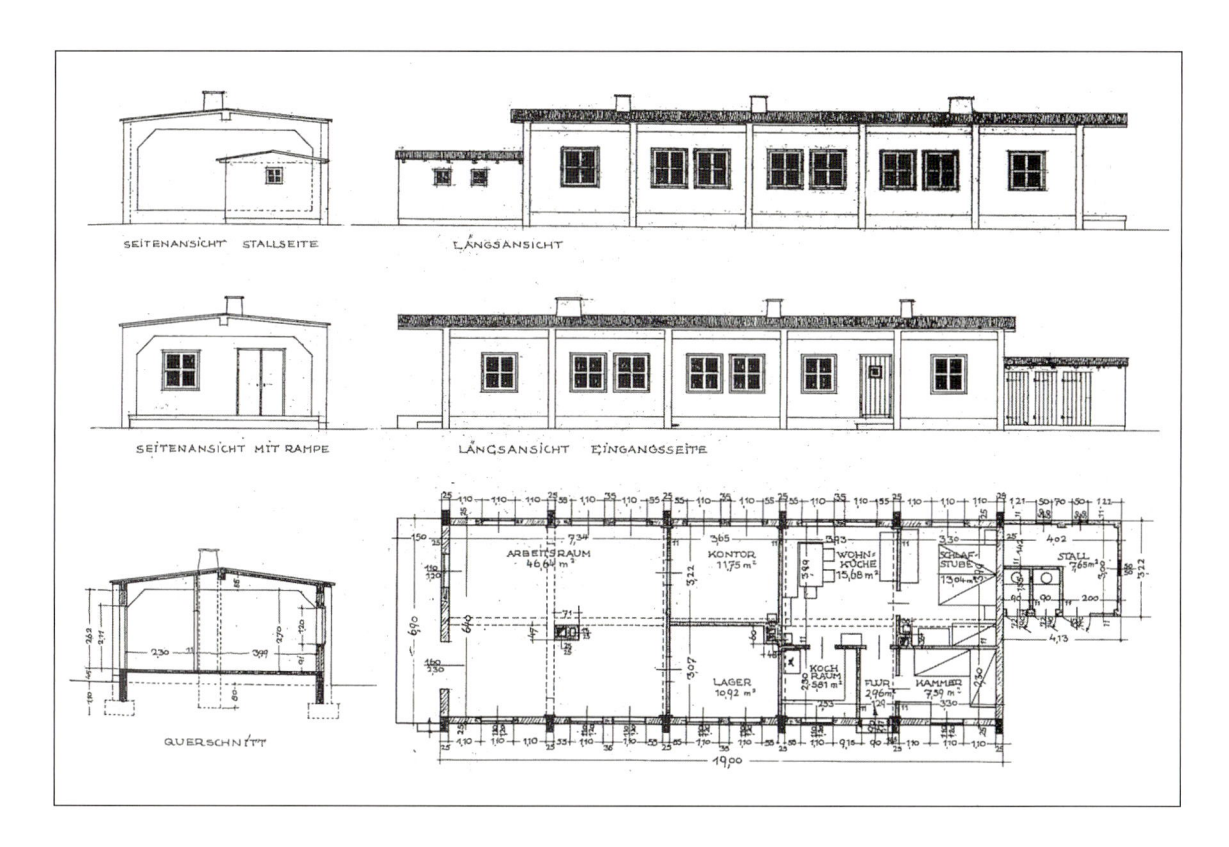

sche Bevölkerung übergeben werden. Als Bedingungen galten nach wie vor die Abholzung des Waldes und eine Entfernung des Schienennetzes. Mit diesen Maßnahmen wurde im Verlauf des Jahres 1947 begonnen. Trotz deutscher Proteste erfolgte die Abholzung so gründlich, dass das kahlgeschlagene Gelände mit den nicht gerodeten Baumstubben und den aufgelockert stehenden grauen Bunkern noch Jahre später einen überaus trostlosen Anblick bot.

Die beiden geforderten Entmilitarisierungsauflagen waren mit Ablauf des Jahres 1948 erfüllt, so dass einem Fortbestand der „Flüchtlingssiedlung" offiziell nichts mehr im Wege stand. Aber ungeachtet früherer Vereinbarungen plädierte der Vertreter aus dem „Disarmament Branch" auf dem 29. DEMCO-Treffen (24. März 1949) plötzlich für eine Revision des bisherigen Kurses. Mit dem Argument, dass die latente Bedrohung des Trappenkamper Arsenals bislang unterschätzt worden sei, habe seine Abteilung einen neuen, verschärften „Liquidation plan" erarbeitet. Konkret hieß es, dass die bisherigen Entmilitarisierungsmaßnahmen im Verhältnis zum Gefahrenpotential der Anlage nicht ausreichend gewesen seien, zumal das Arsenal in kürzester Zeit wieder in seine ursprüngliche Funktion versetzt werden könne. Dieser Standpunkt konnte zwar weder ad hoc noch in der folgenden Sitzung in einen Beschluss umgesetzt werden, doch in der Praxis wurden von der Abrüstungsabteilung Vorbereitungen getroffen, die die deutschen Politiker misstrauisch stimmten und zu Protesten veranlassten. Nach Lage der Dinge konnten sich ihre Einspruchmöglichkeiten allerdings nur auf unverbindliche Bittschriften beschränken. Die Landesregierung übermittelte ihre Befürchtungen in einem Schreiben vom 14. Juni 1949 an die Militärregierung und Ministerpräsident Bruno Diekmann intervenierte persönlich beim Zivilgouverneur William Asbury. Asbury war es schließlich auch, der die endgültige Entscheidung herbeiführte, die auf der 31. DEMCO-Sitzung am 24. Juni 1949 ratifiziert wurde. Ein neuer 12-Punkte-Plan zur weiteren Entfernung „anstößiger Merkmale" wurde beschlossen. Doch insgesamt fielen diese Demontagen so moderat aus, dass Gebäude und Inventar nicht nachhaltig beeinträchtigt wurden.

Nach dem kompletten Einschlag des Waldes sah Trappenkamp für viele Jahre wie eine Einöde aus.

Im Frühjahr und Sommer wurde der unwirtliche Eindruck der Siedlung durch üppigen Grasbewuchs und Kleinsträucher etwas gemildert.

TRAPPENKAMP

Drei Jahre also hatte die Entscheidungsfindung auf höchster Ebene beansprucht, wobei die deutschen Dienststellen oftmals nur zeitversetzt oder unvollständig von den jeweiligen Meinungs- und Beschlusslagen der Briten in Kenntnis gesetzt worden waren. Trotzdem, oder vielleicht auch gerade deshalb, hatten die Bemühungen um das Siedlungsprojekt die ganze Zeit angedauert.

DIE GABLONZER ORGANISIEREN SICH

So war vier Monate nach Einsetzung des Segeberger Sonderausschusses (s. o.) am 18. September 1946 die „Trappenkamper Glas- und Schmuckwaren eGmbH" gegründet worden. Die Gesellschaft, die sich als Dachorganisation aller ansiedlungswilligen Betriebe verstand, unterhielt zunächst ein kleines Büro in Segeberg, bevor sie im ehemaligen Stabsgebäude des Arsenals einen Raum anmieten konnte. Satzungsgemäß wollte die „Genossenschaft" – so der interne Sprachgebrauch – in allen kaufmännischen und arbeitstechnischen Belangen für ihre Mitglieder tätig werden. Gegen eine Einlage von 500 RM wurden allerdings nur Interessenten aufgenommen, die einem „Betrieb der Schmuck-, Glas-, Kristallwaren-Industrie oder des Kunsthandwerks" angehörten.[9] Mit Blick auf die potentiellen Absatzmärkte strebte man von vornherein eine Spezialisierung der Produktpalette an. Nur bewährte Erzeugnisse, die auch im Ausland einen krisenfesten Absatz versprachen, sollten hergestellt werden. Über die wirtschaftliche Interessenvertretung hinaus suchte die Genossenschaft auch die politischen Belange der künftigen Siedlung zu repräsentieren, was sich beispielsweise in einem Eingemeindungsantrag der gesamten Arsenalfläche nach Bornhöved niederschlug.[10]

Die eigentliche Gründungsveranstaltung war in einen fünftägigen Veranstaltungsrahmen gebettet, der am Montag, dem 16. September, mit einem Bustransfer vom Hamburger Hauptbahnhof begann. Dieser Umstand ist nicht weiter verwunderlich, da die meisten Mitglieder entweder aus der Hansestadt selbst, dem Hamburger Umland oder aus Kaufbeuren anreisen mussten. Aus der ältesten erhaltenen Mitgliederliste vom November 1946 geht hervor, dass von den 31 Genossenschaftern nur Fritz Hillebrand das „Lager Trappenkamp" als seinen aktuellen Aufenthaltsort bezeichnete. Die satzungsgemäß vorgeschriebenen Leitungsgremien wie Vorstand, Aufsichtsrat und Geschäftsführung wurden jeweils mit zwei Personen besetzt. Darüber hinaus bot man Heinrich Fennel den Posten eines „Verwaltungsdirektors" an, den dieser nach gründlicher Prüfung aber ausgeschlagen hat.[11]

In der Genossenschaft waren bis auf einen Glashüttenbetreiber nahezu alle typischen Berufsbilder der Branche vertreten. Grob gesagt, lässt sich die Gablonzer Facharbeiterschaft traditionell in die zwei Sparten der Glas- und Metallverarbeitung unterteilen, die wiederum in zahlreiche Spezialtätigkeiten zerfallen. Dazu gesellen sich einige Zulieferbetriebe aus dem Bereich der Verpackungsindustrie (Kartonagen, Holzbehältnisse). Die Produkte der in Trappenkamp tätigen Gablonzer gehörten vor allem zu den sogenannten Glaskurzwaren, wie Knöpfe, Perlen, und Schmucksteine, die aus Hohl-, Kristall- oder Farbglas veredelt wurden. Die dazu notwendigen Werkzeuge und Formen fertigten die Metallfacharbeiter, die ihrerseits auch noch selbst verschiedene Arten von Schmuck herstellten. Als Grundlage für einen dritten Produktionszweig dienten die Rohmaterialien Holz, Leder und Kunststoffe, aus denen ebenfalls Knöpfe, aber auch Schnallen, Besen, Bürsten, Intarsienarbeiten sowie künstliche Blumen hervorgingen. Den Verkauf organisierte der sogenannte Exporteur, der von jeher nicht nur über die erforderlichen Geschäftskontakte verfügte, sondern auch bei der Zusammenstellung der Kollektionen und ähnlichen Fragen federführend mitwirkte.

An der Vermarktung der Gablonzer Produkte beteiligte sich auch der Referent des Landesamtes für Wirtschaft, Gerd Ullrich Horenkohl, der das Siedlungsprojekt seit Mitte 1946 betreute. Horenkohl förderte die Beteiligung Trappenkamper Firmen an Musterschauen. So organisierte er im Herbst 1946 die Lübecker Ausstellung „Neues Schaffen in Schleswig-Holstein", auf der die Potesilsche Kunstwerkstatt ihre Fischlederartikel zeigte. Und auch auf der ersten deutschen Exportmesse in Hannover (1948) waren Trappenkamper Aussteller vertreten. Darüber hinaus ließ Horenkohl mehrsprachige Werbebroschüren und Briefaufkleber mit der geographischen Lage Trappenkamps drucken, um die Erzeugnisse und den bis in die 1950er Jahre hinein auf keiner Landkarte verzeichneten Standort bekannt zu machen.

ERSTE WIRTSCHAFTLICHE ERFOLGE

Das handwerkliche Können und große Improvisationstalent bescherten der Gablonzer Gemeinde zunächst auch eine gute Konjunktur. Im Herbst 1946 hatten 13 glas- und metallverarbeitende Betriebe und ein Exporteur ihre Tätigkeit aufgenommen.[12] 1947 waren es schon 40 Betriebe, die insgesamt 240 Facharbeitern sowie 220 an- oder ungelernten Kräften einen Arbeitsplatz boten. Das seinerzeit größte Unternehmen, der „Glasdrückbetrieb" von Josef Holey, beschäftigte 54 Personen und erzielte im genannten Jahr einen Umsatz von 250.000 RM. Euphorisch schrieb Holey im Mai 1947 an seine Schwester: „Ich habe augenblicklich und für die nächste Zukunft sehr gute Aussichten. Meine Glasknöpfe gehen reißend zu guten Preisen weg, und ich bin nicht im entferntesten in der Lage, der Nachfrage zu genügen."[13] Hinsichtlich der Fachkräfte kam es sogar zu einem regelrechten Mangelbedarf, der dazu führte, dass sich die Betriebe gegenseitig die Arbeitnehmer durch höhere Lohnofferten abzuwerben suchten. Außerdem übte Trappenkamp auch auf die Arbeitskräfte der weiteren Umgebung einen Reiz aus, da man selbst als Ungelernter mit einer besseren Bezahlung als in der heimischen Landwirtschaft rechnen durfte. Diese Entwicklung nahmen Teile der alteingesessenen Bevölkerung, namentlich in den drei nächstgelegenen Dörfern Bornhöved, Gönnebek und Rickling, mit Besorgnis oder Verärgerung zur Kenntnis. Der wirtschaftliche Erfolg des „Goldgräbernestes", wo die „Hundefresser"[14] wohnten, verstärkte die generellen Ressentiments, die man gegenüber den in Mundart, Religion und Arbeitsweise so fremd anmutenden Neubürgern verspürte, um ein konkretes Neidgefühl. Noch zu Beginn der 50er Jahre hieß es in einem Artikel der Lübecker Nachrichten mit kaum verhohlener Distanz: „Aber die Gablonzer Glasindustrie ist noch ein Fremdkörper im Wirtschaftsgefüge Schleswig-Holstein. Die Bewohner dieses nördlichsten deutschen Landes verstehen es vorzüglich, mit Vieh und landwirtschaftlichen Geräten umzugehen. Sie sind in der Schiffahrt, der Fischerei und ihren Industrien, im Handel und Handwerk groß geworden, sie lieben wie in der heimatlichen Landschaft die weite, großzügige Linie, den reiflich bedachten, aber dann oft kühnen Wurf. Ihnen fehlt der bienenfleißige Gewerbesinn der Leute aus dem Riesengebirge. Ihre von den Naturgewalten gezeichneten, kräftigen Hände eignen sich nicht zu mühsamer Kleinarbeit. Steinchen schleifen und Perlen aufziehen, das ist ‚Prüntjekram'".[15]

Unabhängig von den Befindlichkeiten alteingesessener Bevölkerungsteile, von denen nicht wenige auf eine nur vorübergehende Siedlung hofften, blieb die Genossenschaft auf Erfolgskurs. Im Sommer 1947 war die

Zahl der Mitgliedsfirmen bereits auf 70 angewachsen und als Höchststand sollte noch die Marke von 112 erreicht werden. Der Vorstand strebte eine Erweiterung auf 150 Mitglieder an, wobei man ausdrücklich nur die besten Fachkräfte der Gablonzer Industrie in Trappenkamp konzentrieren wollte. Doch das blieb eine Illusion, da eine permanente Konkurrenzsituation zu den übrigen Gablonzer Neuansiedlungen gegeben war. Und je länger Trappenkamp ein Provisorium blieb und sich die endgültige Freigabe des Arsenals durch die britische Militärregierung hinauszögerte (s. o.), desto lukrativer wurden Standorte mit gesicherteren Rechtsverhältnissen. Insbesondere die bis 1954 fehlende Möglichkeit, Grund und Boden im Arsenal zu erwerben, was u. a. die Kreditwürdigkeit gegenüber den Banken spürbar erhöht hätte, erwies sich als schwere Hypothek. Wie sehr die Gablonzer an einer angemessenen Wohnqualität interessiert waren, zeigt auch der letztlich gescheiterte Abwerbungsversuch des Solinger Oberstadtdirektors, der im September 1948 bei einer persönlichen Trappenkampvisite 500 Personen – gut Zweidrittel der Einwohnerschaft – die Übersiedlung anbot. Die Offerte stieß jedoch schon deshalb auf kein gesteigertes Interesse, weil der Oberstadtdirektor statt „annehmbarer Wohnungen" nur „Massenquartiere" in Aussicht stellen konnte.[16]

AUSWIRKUNGEN DER WÄHRUNGSREFORM

Die nachhaltigste Erschütterung für die junge Trappenkamper Industrie brachte jedoch die Währungsreform vom 20./21. Juni 1948. Sozusagen über Nacht wurden die Produkte der Gablonzer unverkäuflich. In der Zeit vor dem Währungsschnitt hatte einem relativ schmalen Warenangebot ein vergleichsweise hohes Geldaufkommen gegenüber gestanden. Deshalb fanden die aus einfachsten Materialien, aber kunstvoll gefertigten Artikel einen reißenden Absatz. Doch mit dem Währungsstichtag, bei dem die Bank- und Sparkassenguthaben im Verhältnis von 10:1 abgewertet wurden, musste sich das Kaufinteresse nahezu zwangsläufig vom Modeschmuck auf lebensnotwendigere Güter verlagern. Auch die Qualitätsansprüche auf dem Inlandsmarkt stiegen – und nur in diesem Segment hatten die Gablonzer trotz ihrer geplanten Exportorientierung bisher Fuß fassen können. Die schlagartig veränderten Absatzverhältnisse stellten einige Firmeninhaber, die erst nach der Vertreibung den Schritt in die Selbstständigkeit gewagt hatten, vor unlösbare Probleme, so dass es zu einer scharfen Marktauslese kam. Innerhalb weniger Monate ging die Anzahl der Betriebe um mehr als ein Drittel zurück. Bei den Beschäftigtenzahlen fiel der Einschnitt noch dramatischer aus. Waren im Mai 1948 noch 630 Arbeitskräfte in 56 Betrieben tätig, standen zum Jahresende nur noch 287 Personen in nunmehr 34 Unternehmen in Lohn und Brot.
Hinsichtlich der Rohstoffversorgung – das Glas musste bislang auf kostspieligen Wegen aus den Hütten Süddeutschlands herbeigeschafft werden – zeichnete sich im Verlauf des Jahres 1948 aber eine Verbesserung ab. Am 1. September eröffnete Eduard Künzl das so dringend benötigte Hohl- und Farbglashüttenwerk. Um seine Kapazitäten besser auszulasten, nahm Künzl auch die Herstellung von Gebrauchsgläsern auf. Dennoch schaffte er es nicht, rentabel zu produzieren, so dass im Dezember 1950 der Gang zum Konkursrichter unausweichlich wurde. Eine Schließung der Hütte hätte aber auch alle Abnehmer empfindlich getroffen, da sie mittlerweile gut 90 % ihres Rohglases von Künzl bezogen. In dieser prekären Situation sprang die Landesregierung in die Bresche und ließ die Hütte durch die Wirtschaftsaufbaukasse übernehmen, die sich wiederum

Die im September 1948 eröffnete Glashütte stellte die Versorgung der Gablonzer Veredelungsbetriebe mit Stangen-, Hohl- und Kelchglas sicher.

erfolgreich um einen neuen Pächter bemühte. Der aus Thüringen stammende Glasfabrikant Hermann Bulle, der bereits einen Pressglasbetrieb in Wahlstedt unterhielt, wurde nun auch in Trappenkamp tätig. Später eröffnete Erwin Zimmermann in einem ehemaligen Munitionsarbeitshaus noch eine zweite Hütte, die vor allem Press- und Stangenglas produzierte.

Doch trotz aller Bemühungen hat sich die Gablonzer Industrie nach der Währungsreform nicht wieder entfalten können. Die Siedlungsanreize erwiesen sich als nicht ausreichend, um die dringend benötigten Fachkräfte, die zur Prosperität der nur im Verbund erfolgreichen Wirtschaft erforderlich waren, in genügender Zahl an den Ort zu binden. So mussten Teilaufträge an die Spezialisten in den anderen Gablonzer Zentren vergeben werden, da sie in Trappenkamp nicht ausgeführt werden konnten. Die langen Transportwege und erhebliche Qualitätsschwankungen der Arbeiten trieben den Endpreis in die Höhe und minderten damit die Konkurrenzfähigkeit. Die günstige Lage zum Exportzentrum Hamburg konnte, wie bereits oben angesprochen, auch nicht im erhofften Maße ausgenutzt werden, da nur ein geringer Teil der Erzeugnisse tatsächlich ausgeführt wurde.

GEHEN ODER BLEIBEN?

Und auch die infrastrukturelle Erschließung der Siedlung ließ in vielerlei Beziehung zu wünschen übrig. Beispielsweise erwiesen sich die aufgeschotterten „Straßen", die sich auf den ursprünglichen Schneisen herausgebildet hatten, trotz wiederholter Befestigungsmaßnahmen nach Regenfällen für Autotransporte kaum geeignet. Dennoch blieben die Forderungen nach einer effektiven Oberflächenentwässerung und angemessenen Kanalisation lange Zeit ungehört. Als besonders belastend wurde von vielen Siedlern vor allem die Ungewissheit empfunden, wann beantragte und oftmals bereits zugesicherte Maßnahmen realisiert sein würden. Das ständige Kommen und Gehen blieb deshalb bis in die 50er Jahre hinein ein charakteristisches Merkmal der Siedlung und führte zu mitunter extremen Positionen. Denn während einige Neubürger hochfliegende Pläne für ein norddeutsches Glasindustriezentrum mit 10.000 Gablonzern schmiedeten, zogen andere die komplette Aufgabe Trappenkamps ins Kalkül. Sehr ernsthaft wurde beispielsweise eine geschlossene Übersiedlung nach Weidenberg bei Bayreuth geprüft. Auf der anderen Seite versuchten die eifrigsten Trappenkamp-Verfechter, die in Österreich niedergelassenen Gablonzer für den schleswig-holsteinischen Standort zu gewinnen. Beide Initiativen verliefen letztlich ergebnislos im Sande. Unter dem Strich verließen jedoch immer mehr leistungsstarke Betriebe den Ort in Richtung Süddeutschland, insbesondere mit Ziel Kaufbeuren, von wo aus viele Gablonzer einst in den hohen Norden aufgebrochen waren.

Die Genossenschaft machte vor allem die Politik der Landesregierung für die Stagnation und dauerhaft prekäre Situation der Siedlung verantwortlich. In einer Denkschrift an Ministerpräsident Lübke (CDU) vom 25. November 1951 forderte sie energisch Abhilfe und listete die nach ihrer Einschätzung gravierendsten Versäumnisse auf. Neben unzulänglichen Fördermitteln kritisierte sie die zögerliche Haltung aller öffentlichen Verwaltungsebenen, deren Engagement nach verheißungsvollen Anfängen deutlich abgenommen habe. Aber auch der schleppende Wohnungsneubau, die nur ansatzweise erfolgte Kultivierung des Geländes und weitere infrastrukturelle Unterlassungen im Straßenbau, bei der Verkehrserschließung und im Postwesen sowie die fehlende Unterstützung jedweder Sozial- und Bildungsarbeit wurden thematisiert. Flankenschutz erhielten die Genossenschafter durch engagierte Berichte in den Tageszeitungen, namentlich der sozialdemokratisch geprägten Presse, die der CDU-geführten Landesregierung unisono einen unzulänglichen Förderwillen vorwarfen.

In seiner gleichermaßen ausführlichen Replik vom 4. Februar 1952 wies Ministerpräsident Lübke die Vorwürfe entschieden zurück und suchte nun seinerseits „die besonders tatkräftige Unterstützung der Landesregierung"[17] mit Zahlenmaterial zu untermauern. Gleichzeitig gab er eine Garantie für den Fortbestand und die weitere Unterstützung der Siedlung, relativierte jedoch mit Hinweis auf eine „kontinuierliche Entwicklung" das von der Genossenschaft gewünschte rasche Aufbautempo.

TROTZ ALLEDEM: DAS GEMEINWESEN NIMMT FORMEN AN

Tatsächlich waren seit den zwei frühesten Bodenordnungsplänen (September/Oktober 1946) in allen von der Genossenschaft angemahnten Bereichen gewisse Anstrengungen erfolgt, denen jedoch keine übergeordnete Gesamtplanung zugrunde lag. Das Hauptaugenmerk hatte zunächst der Wohnraumbeschaffung und damit dem Umbau der 94 Munitionslagerhäuser gegolten, von denen im ersten Bauabschnitt 20 als kombinierte Wohn- und Wirtschaftsstätten hergerichtet wurden. Die „Schleswig-Holsteinische Heimstätte" lieferte im Januar 1947 einen exakten Aufriss, der u. a. das Einziehen von Zwischenwänden, das Aufmauern von Schornsteinen, das Verlegen von Parkett und den Einbau von 16 Fenstern vorsah. Da die Lagerhäuser in solider Stahlbetonskelettbauweise ausgeführt waren, beanspruchte allein das Ausstemmen einer Fensteröffnung einen kompletten Arbeitstag. Bevor die Währungsreform das weitere Engagement merklich dämpfte, hatten bereits 53 Bunker das Umbauprogramm durchlaufen.

An zusätzlichen Unterkünften waren zunächst nur Nissenhütten projektiert, wobei von den 60 geplanten Wellblechbehausungen ab September 1947 letztlich 15 im äußersten Nordwesten des Areals aufgestellt wurden. Die ersten gemauerten Neubauten – vier Doppelhäuser der Segeberger Wohnungsbaugenossenschaft – entstanden im Jahre 1948 im nordöstlichen Arsenalbereich. Bis 1955 wurden von mehreren gemeinnützigen Woh-

Eine von 15 Nissenhütten, die ab Herbst 1947 als zusätzliche Unterkünfte errichtet wurden.

nungsbaugenossenschaften noch 66 weitere Einheiten, zumeist Einfamilienhäuser, auf fünf getrennt voneinander liegenden Flächen errichtet, was der von Kritikern beschworenen Zersplitterung des Ortsbildes weiteren Vorschub leistete. Mit der baulichen Entwicklung schritt zwangsläufig die verkehrstechnische Erschließung voran, wobei sich die innerörtliche Straßenplanung aus Kostengründen an den ehemaligen Schneisen und damit am Verlauf der unterirdischen Versorgungsleitungen orientierte.

Bei der Straßenbenennung verfuhr man zunächst ganz pragmatisch und griff auf die Anfangsbuchstaben der vormaligen Schneisennnamen (Anton, Bruno, Cäsar ... Ludwig) zurück.

In vielen sozialen, kulturellen und seelsorgerischen Belangen mussten die Trappenkamper noch längere Zeit warten bzw. ihren Interessen außerhalb der Siedlung nachgehen, bevor sich eine als leidlich angemessen empfundene Infrastruktur herausgebildet hatte. Die anfänglich von fliegenden Händlern geleistete Versorgung mit Artikeln des täglichen Bedarfs – nur Brot und Milch waren auf dem Gelände erhältlich – wurde nach der Währungsreform zunehmend durch Geschäfte und Einkaufsmöglichkeiten vor Ort ersetzt. Namentlich einige Bornhöveder Händler richteten Zweigstellen in den Bunkern ein.

In gleichermaßen kleinen Schritten ging auch die politische Emanzipation voran, wobei das Schneckentempo nicht selten internen Zwistigkeiten geschuldet war. So stritten einzelne Interessengruppen innerhalb und außerhalb der Genossenschaft darüber, wer als legitimer Vertreter der Siedlung auftreten dürfe. Seit den Kommunalwahlen vom Oktober 1948 saß ein Trappenkamper Vertreter mit SPD-Parteibuch im Bornhöveder Gemeinderat, und mit dem 1. April 1949 wurde die „Flüchtlingssiedlung" offiziell als Ortsteil von Bornhöved geführt. Doch obwohl die Trappenkamper zunehmend mehr Mitsprache im Ortsparlament der Muttergemeinde erreichten, gab bei vielen wichtigen Entscheidungen die lokale Zugehörigkeit den Ausschlag – selbst wenn nach Parteizugehörigkeit ganz andere Abstimmungsergebnisse möglich gewesen wären. Denn Wünsche, die sich allein zu Gunsten Trappenkamps auswirkten, waren kaum konsensfähig. Andererseits hätte die Muttergemeinde viele Anträge der in jeder Beziehung entwicklungsbedürftigen Tochter selbst bei größtem Wohlwollen finanziell gar nicht schultern können.

KOMMUNALE SELBSTSTÄNDIGKEIT UND WIRTSCHAFTLICHER STRUKTURWANDEL

In den übergeordneten Kreis- und Landesbehörden hatte man dieses Dilemma schon frühzeitig gesehen, aber eine kommunale Selbstständigkeit Trappenkamps nicht forcieren wollen. Die mögliche Trennung wurde von den Betroffenen erstmals im November 1953 im Bornhöveder Ortsparlament angesprochen und dann in jahrelangen Diskussionen erörtert. Der Segeberger Landrat Alnor, der als kommunale Aufsichtsbehörde

Als Briefaufkleber gedruckte „Werbemarken" sollten den jeweiligen Adressaten mit der geographischen Lage Trappenkamps, das bis in die 50er Jahre hinein auf keiner Landkarte verzeichnet war, vertraut machen.

zu einer Stellungnahme an das Innenministerium verpflichtet war, setzte in seinem Votum für eine Trennung auf die Kraft mentaler Befindlichkeiten: „Es hat sich in den vergangenen Jahren gezeigt, dass die Struktur beider Ortsteile, ihre Entfernung voneinander und der Charakter der in ihnen lebenden Bevölkerung doch so unterschiedlich ist, dass ein echtes Zusammenwachsen nicht zu erzielen ist. Selbst wenn eine selbständige Gemeinde Trappenkamp auch nicht viel mehr für die Entwicklung dieses Ortsteils tun könnte, als bisher geschehen ist, so würden die Trappenkamper doch auf jeden Fall das Gefühl verlieren, die Betreuung sei ungenügend, weil die Mehrheit der Gemeindevertretung und auch der Bürgermeister in Bornhöved wohnen." Der Rest war reine Formsache. Durch einen entsprechenden Beschluss der Landesregierung wurde die Neubildung der eigenständigen Gemeinde Trappenkamp zum 1. April 1956 vollzogen. Erwartungsgemäß ging mit der kommunalen Autonomie weder sofort eine spürbare Verbesserung der Gesamtsituation einher noch war der Fortbestand der Siedlung definitiv gesichert.[18] Vielmehr mussten drei weitere Jahre vergehen, bis das Gemeinwesen endlich stabilisiert war. Erst der 1959 umgesetzte Beschluss des Bundesministeriums für Wohnungswesen und Städtebau, in Trappenkamp ein Demonstrativbauprogramm mit 600 (letztlich 800) Einheiten aufzulegen, wirkte wie eine Initialzündung und schuf gewerbliche, aber auch private Anreize zur Niederlassung in Schleswig-Holsteins jüngster Gemeinde. Die potentiell interessierten Unternehmen sahen offenbar erst mit dem finanziellen Engagement des Bundes den Standort gesichert und machten ihre Investitionsbereitschaft davon abhängig. Jedenfalls nahmen im „Epochenjahr" 1959 gleich fünf größere Betriebe ihre Produktion auf und leiteten einen nachhaltigen wirtschaftlichen Strukturwandel ein, der sich statistisch folgendermaßen niedergeschlagen hat. Waren 1958 noch weit über die Hälfte aller in Trappenkamp erwerbstätigen Personen in der Glasindustrie beschäftigt, die mit 51 % zum Gesamtumsatz der Siedlung beitrug, verdiente 1965 nur noch ein Fünftel seine Brötchen im angestammten Sektor, der auch nur noch 11 % des Gesamtumsatz erwirtschaftete – Tendenz weiter fallend.

Noch eklatanter fiel der Wandel bei Wachstum und Herkommen der Bevölkerung aus. Im Jahrzehnt nach 1947 hatte sich die Einwohnerzahl mit markanten Ab- und Aufschwüngen von 580 auf 985 entwickelt, bevor

Das Demonstrativbauprogramm des Bundes (1959–1966) – im Bild ein Planungsmodell – gliederte sich in sieben Bauabschnitte, in deren Verlauf knapp 800 Wohneinheiten entstanden.

1959 der Sprung über die 1.000er Grenze gelang und sechs Jahre später bereits 2.373 Personen gezählt wurden. Der Anteil von Flüchtlingen und Vertriebenen betrug in diesem Jahr nur noch 33 %, was ziemlich genau dem Durchschnittswert im Lande Schleswig-Holstein (32 %) entsprach. Aufgeschlüsselt nach landsmannschaftlicher Zugehörigkeit ergibt sich im Detail, dass die einst mit über 90 % dominierende Gruppe der Sudetendeutschen 1965 wegen kontinuierlicher Fortzüge und altersgemäßer Sterbefälle auf 6 % geschrumpft war, während die Pommern mit diesem Wert gleichgezogen hatten. Als größte Zuwandergruppe galten nunmehr die Ostpreußen mit 6,6 %. Neben weiteren Zugezogenen aus Schlesien (3,9 %), Westpreußen (3,5 %), Rumänien (0,6 %) und der SBZ/DDR (6,2 %) rekrutierte sich die überwiegende Mehrheit (64 %) der Trappenkamper Neubürger jetzt aus dem Bundesgebiet, die meisten davon (46 %) stammten aus dem Land zwischen den Meeren.

Als Fazit bleibt abschließend festzuhalten: Mehr als ein Jahrzehnt hatte es gedauert, bis Trappenkamp seinen provisorischen Charakter überwinden konnte und sich als funktionstüchtige Kommune etablierte. Und noch ein weiteres Dezennium sollte vergehen, bevor aus dem „Sonderfall" einer landsmannschaftlich und wirtschaftlich homogenen „Flüchtlingssiedlung" ein in jeder Beziehung „normales" schleswig-holsteinisches Gemeinwesen entstanden war.

DIE SPRACHE WIRKT WIE EIN FINGERABDRUCK
REINHARD GOLTZ

„Mutter nahm uns meist als ‚Übersetzer' mit."[1] Was Gernot Schubert über den alltäglichen Einkauf in Glückstadt berichtet, wirft ein deutliches Licht auf die Rolle, welche die Sprache für das soziale Miteinander in der Nachkriegszeit spielte. Denn sie war viel mehr als ein Medium, über das eine Information von einem Sprecher zum anderen gelangt. Diese Erfahrung teilte Gernots Mutter mit vielen Tausenden Menschen, die sich nach dem Ende des Zweiten Weltkrieges, nach Flucht und Vertreibung in Schleswig-Holstein aufhielten, sei es auf der Durchreise, als Zwischen- oder als neue Heimat. Gernots Mutter jedenfalls fühlte sich schon beim alltäglichen Einkauf sprachlich überfordert – was eindringlich zeigt, dass Sprache hier auch eine ein- und ausgrenzende Funktion hatte: Wer die richtige Sprache nicht spricht, gehört eben auch nicht dazu.[2]

Doch dieser Zustand konnte sich ändern. Denn es gehört schließlich auch zu Gernots Beobachtungen, dass den Kindern und Jugendlichen der Zugang zu den anderen, zu den in der Familie unüblichen Ausdrucksmitteln wesentlich leichter fiel als den Erwachsenen. Mit der Annahme der heimischen Sprache deutet sich hier ein Weg an, der genutzt werden konnte, um nicht allein die Sonderrolle des erkennbar Randständigen abzulegen, sondern in der bestehenden Gemeinschaft der Einheimischen Anerkennung zu finden. Von einer geglückten sprachlichen Integration berichtet Ursula Langmaack, bei der die Beherrschung des Plattdeutschen sogar zu den Ehevoraussetzungen zählte: „Weihnachten 1945 lernte ich meinen jetzigen Mann kennen. Er war einziger Bauernsohn aus dem Nachbardorf Sievershütten. Aus den anfänglichen Treffen bei Tanzabenden im Dorfkrug wurde eine feste Beziehung, was zu damaliger Zeit zwischen Einheimischen und Flüchtlingen sehr selten war … Mein Freund und ich blieben ein Paar. Auch seine Eltern akzeptierten mich. Der Vater meines Freundes war, als wir uns kennenlernten, im Internierungslager. Als er im Februar 1947 entlassen wurde und von unserer Freundschaft erfuhr, war seine einzige Bedingung, ich müßte ‚Holsteiner Platt' lernen, was ich zu der Zeit schon ein bißchen konnte."[3]

Plattdeutsch, Friesisch, Dänisch oder Südjütisch, daneben aber auch ein breit näselndes norddeutsches Hochdeutsch, signalisierten die Zugehörigkeit zur Gruppe der Einheimischen. Im Gegensatz dazu brauchten Flüchtlinge, Vertriebene, Displaced Persons oder andere, die der Krieg in eine fremde Umgebung geworfen hatte, nur

Hochzeit in einer Flüchtlingsbaracke, Kiel 1956.

Ein Flüchtlings-
ausweis.

den Mund aufzumachen, und schon waren sie identifiziert. In der unmittelbaren Nachkriegszeit, in der das Behaust- und Beheimatet-Sein keineswegs eine allgemein verfügbare Selbstverständlichkeit, sondern ein hohes Gut darstellte, diente die Sprache als untrüglicher Ausweis für die regionale Herkunft. Und damit auch für eine alles übergreifende soziale Zuordnung. So heißt es in einer Ortschronik treffend: „Das Wort Flüchtling wurde über Nacht zu einer Kategorie Mensch. Es gab plötzlich nicht mehr nur Nachbarn, Bekannte, Verwandte, Gleichgesinnte nach Beruf, Herkunft oder Neigung, Mann und Frau, sondern zunächst einmal Einheimische und Flüchtlinge. Das war so. Und wer das heute leugnen wollte, täte Unrecht."[4]

Bis in die 1980er Jahre hinein konnte man in Schleswig-Holstein in der Öffentlichkeit noch recht häufig Menschen mit einer erkennbar ostdeutschen Sprachprägung hören. Auch nach Jahrzehnten in der neuen Heimat klangen bei ihnen einzelne Laute anders als bei der alteingesessenen Bevölkerung, und oft folgte auch die Satzmelodie anderen Mustern. In der Rückschau neigen wir dazu, solche Eindrücke nostalgisch zu verklären, nicht zuletzt, weil wir wissen, dass diese Sprechweise für immer verklingt. Der pommersche, der west- und ostpreußische, aber auch der baltische oder der schlesische Sprachklang ist nicht mehr als ein geschichtlicher Nachhall. Wenn die letzten Menschen aus der Erlebnisgeneration gestorben sind, werden diese Sprachformen aus unserem Alltag verschwunden sein.

Die sprachliche Beharrlichkeit oder besser: die an vielen Menschen zu beobachtende Unfähigkeit, die eigene sprachliche Ausstattung abzulegen, mag auf den ersten Blick verwundern. Spätestens in den 1970er und 1980er Jahren waren Flüchtlinge und Vertriebene nur noch in Ausnahmefällen an ihrer Kleidung zu erkennen. Die Siedlungen mit den typischen Notunterkünften waren längst aufgelöst. Der räumlichen Mobilität war eine soziale Mobilität gefolgt, die wirtschaftliche, kulturelle und alltagskulturelle Integration galt als weitgehend erfolgreich abgeschlossenes Kapitel. Als die Flüchtlinge und Vertriebenen kaum noch auffällig waren, konnte es einem aber immer noch geschehen, dass man in ganz alltäglichen Situationen, auf dem Wochenmarkt oder auf der Post, Laute und Wörter hörte, die aus einer anderen Zeit und einem anderen Raum kamen. Vor allem die älteren Menschen hatten sich – bei den meisten sicherlich mehr ungewollt als gewollt – ihren Sprachklang erhalten. Was nur zeigt, dass sich die meisten Menschen in sprachlicher Hinsicht nicht „häuten" können, schließlich zählt die Sprache zu den elementaren Ausdrucksmitteln des Menschen. Die Fähigkeit, sie zu benutzen, ist grundsätzlich allen Menschen in gleicher Weise gegeben, aber die in frühkindlicher Zeit angelernten Muster gehören bei vielen zum unverwechselbaren und nicht austauschbaren menschlichen „Inventar".

Auch wenn sich der sprachliche Aspekt durchaus isoliert betrachten lässt, so findet er sich doch immer eingebettet in eine Vielzahl alltagskultureller Akte, die etwa die Art sich zu kleiden, Speisen zuzubereiten oder Feste zu feiern umfasst. Äußerungen wie „die sprachen irgendwie anders" zeigen dabei zweierlei: Zum einen können die meisten gar nicht recht benennen, worin denn genau die Andersartigkeit der Sprache besteht. Offenbar ist eine solche Präzision auch gar nicht erforderlich, zumal die Funktion der Differenzierung oder der Ausgrenzung ja erfüllt ist. Dies aber führt dazu, dass uns relativ wenige Berichte vorliegen, die ausdrücklich die andere Sprachlichkeit der Flüchtlinge und Vertriebenen ansprechen. Zum anderen ist festzuhalten, dass die sprachliche Wahrnehmung fast immer mit anderen Beobachtungen einhergeht, die ebenfalls Fremdheit signalisieren. Vermerkt wurde etwa das langsamere Absingen der Kirchenlieder durch die neuen Gemeindemitglieder, und in unterschiedlichen Varianten wurden die Reaktionen von Einheimischen auf das Sammeln, Zubereiten und Essen von Pilzen durch die Zugezogenen beschrieben.

Wenn aber die Sprache, vor allem auch im Zusammenwirken mit anderen Faktoren, eine klare Signalfunktion hat, dann verwundert es wenig, dass aus den ersten Jahren nach dem Zweiten Weltkrieg nur von wenigen Konflikten in Gemeinschaften berichtet wird, sei es in der Unterkunft, am Wohnort, in der Schule, bei der Arbeit oder im Verein, die sich an sprachlichen Erscheinungen festmachen lassen. Vordergründig ging es ja auch nie um die gute, die richtige, die angemessene Sprache, sondern um Essen, Wohnraum, Kleidung oder den Arbeitsplatz. Die Sprache kommt dann ins Spiel, wenn solche Konflikte mündlich ausgetragen werden und als Markierung in einer Grundkonstellation mit Einheimischen und Nicht-Einheimischen dem jeweiligen Sozialprestige zugeordnet werden. Hier zeigt sich, dass in einer gesellschaftlich instabilen Lage,

Zeichnung eines Vertriebenen, in der er seine Flucht verarbeitet hat.

die zudem durch das Zusammentreffen verschiedener inhomogener Gruppen charakterisiert ist, der sprachlichen Ausstattung eine nicht unerhebliche identitäre Kraft zuwachsen kann. Nimmt man solche Unterschiede im Umgang mit anderen Menschen oder auch mit Institutionen wahr, liegt es nahe, solche Erfahrungen zu verarbeiten und die Vorstellungen von der eigenen Identität jeweils neu zu justieren. In einem solchen Prozess schärfen sich die Konturen von Identität, wenn man diese begreift „als Gefühl der Übereinstimmung des Individuums mit sich selbst und seiner Umgebung, und vielleicht noch deutlicher in der negativen Form: im Bewußtsein oder Gefühl mangelnder Übereinstimmung."[5]

DIE EINEN UND DIE ANDEREN

Die offensichtlichste Form der Distanzierung durch Sprache findet ihren Ausdruck in der Markierung, der ausgrenzenden Bezeichnung der Anderen. „Flüchtlinge" galt ja keineswegs als neutrales Wort, sondern es war eine soziale (und in einigen Fällen wohl auch allgemein-menschliche) Qualifizierung, oder besser: kollektive Abqualifizierung. Gleiches gilt für das bewusst im niederdeutschen Sprachgewand verwendete „frömd Volk". Katharina Federau, die aus dem ostpreußischen Mertensdorf nach Schleswig-Holstein gekommen war, erinnert sich an die verbalen Ausgrenzungsattacken: „On met de Eenheemsche wär et toerscht ook recht schlemm. De wäre joa ook manchmoal recht onfrindlich, on denn schempte se eenem ut: ‚Ehr Flichtlingspack! Ehr Lompepack! Ehr Pollacke!' on wat se doa nich noch säde."[6] Ebenfalls auf das besonders verletzende angebliche Nicht-Deutschsein bezieht sich Käte Möller in ihren Erinnerungen. In Nortorf hatte man die Flüchtlinge als „Russen, Pollacken, zugereistes Pack"[7] beschimpft. Auch für Helga Bianka Kränicke waren in Klausdorf/Schwentine Beschimpfungen an der Tagesordnung: „Man nannte uns damals ‚Pollackenvolk' und ‚Habenichtse', die zurückgehen sollten, wo sie herkamen."[8]

Mit sprachlichen Mitteln zugefügte Verletzungen dienten nach innen der Vergewisserung der eigenen Position der Stärke und nach außen als Demonstration hierarchischer Rangfolgen. Sie sind damit nicht zuletzt Zeugnis einer Konkurrenzsituation, in der es den meisten Einheimischen um Besitzstandswahrung auf verschiedenen Ebenen ging. Dabei ist grundsätzlich vor pauschalen Zuweisungen und allzuschnellen Urteilen zu warnen – zu unterschiedlich waren die persönlichen Erlebnisse und Empfindungen. Die Bandbreite reichte von ehrlicher, selbstloser Hilfsbereitschaft bis zu egoistischer Erniedrigung, Ausbeutung und Ausgrenzung. Doch obschon Abstrahierungen und Systematisierungen dem Miteinander im gelebten Leben mit seinen Nuancen kaum gerecht werden können und immer nur als Hilfsmittel zur Strukturierung zu betrachten sind, so lassen sich die Gruppen der Einheimischen und der Zugezogenen in ihrem Umgang mit der eigenen Sprachform der jeweils anderen deutlich voneinander unterscheiden.

Bei den Zugezogenen dominiert ein klarer Anpassungswille. Die meisten sind bestrebt, die sprachliche Differenz aufzuheben, weil sie immer auch für eine soziale Differenz steht. Man bemüht sich, die regionale Färbung zugunsten eines neutralen und damit vermeintlich nicht mehr markierten Hochdeutsch abzulegen, und lässt sich sogar auf das lokale Niederdeutsch ein, dem eine hohe Signalkraft zugeschrieben wurde. Die mitgebrachte Sprache büßte so rasch wichtige Funktionen ein, sie reduzierte sich zur Haussprache, zur nicht-öffentlichen Mundart, aber sie gewährte auch emotionale Rückzugsflächen, diente als Sprache der Geborgenheit, als Medium des mentalen Rückzugs aus einer bedrohlichen Welt, wie Margit Garrn aus Bargfeld-Stegen berichtet: „Wenn es mal ganz schlimm kam, haben wir untereinander Ostpreußisch gesprochen, was wir eigentlich von Haus aus nicht taten. Dann mußten wir lachen, und es ging wieder."[9]

Zumindest für die zehn Jahre zwischen 1945 und 1955 lässt sich daneben aber auch ein Zug zur Beharrung beobachten, und zwar bei Menschen, die sich mit dem Verlust der Heimat noch nicht abgefunden hatten und die mental auch noch nicht im Westen angekommen waren. Diese Flüchtlinge und Vertriebenen „saßen auf gepackten Koffern", und viele von ihnen legten großen Wert darauf, dass in ihrem Umfeld die mitgebrachten alltagskulturellen Elemente gepflegt und praktiziert wurden. Warum sollte man seine Sprechweise den Westdeutschen anpassen, wo man doch in absehbarer Zeit wieder zu Hause sein würde? Nach etwa zehn Jahren allerdings war für die meisten diese Phase abgeschlossen, wie Anna Krüger aus Büsum berichtete: „Die Jahre vergingen, in denen wir die Hoffnung, in unsere Heimat zurückkehren zu können, aufgaben. 1957 kauften wir uns in Büsum ein Grundstück in einer Nebenerwerbssiedlung und konnten am 5. November 1958 mit unserer fünfköpfigen Familie unser eigenes Haus beziehen. Wir hatten eine neue Heimat gefunden!"[10]

Den Einheimischen war in der Regel wenig daran gelegen, die sozialen Unterschiede abzubauen. Die Bereitschaft zum Abgeben oder zum Teilen hatte recht enge Grenzen. Für die Entwicklung der sprachlichen Verhältnisse in der höchst unruhigen Nachkriegszeit konnte diese Grundposition nur zur Folge haben, dass sich die Entwicklung eben nicht nach dem Modell des „melting pot" (dt. Schmelztiegel) vollzog, mit einer Vermengung und gegenseitigen Durchdringung der vorhandenen Grundelemente, so dass am Ende etwas gemeinsames Neues entsteht, sondern dass die unterschiedlichen Bestandteile vielmehr getrennt nebeneinander existierten, wie es das Modell „salad bowl" (dt. Salatschüssel) beschreibt, in der die einzelnen Zutaten erkennbar bleiben. Erst seit Mitte der 1950er Jahre verschiebt sich diese Position mit Blick auf das Niederdeutsche. Denn nun sind wesentliche Teile der gesellschaftlichen Wahrnehmung auf sozialen Aufstieg, Mobilität und Teilhabe an Medienereignissen ausgerichtet, so dass in der Folge das Niederdeutsche als Familiensprache durch das Hochdeutsche abgelöst wird. Die ausgrenzende Funktion des lokalen Platt hatte seine Kraft bereits eingebüßt und die traditionelle identitätsstiftende Kraft des Niederdeutschen innerhalb überschaubarer Gruppen reichte offenkundig nicht mehr aus, um die gesamtgesellschaftliche Hinwendung zum Hochdeutschen zu behindern.

Flüchtlingsfamilie in Schleswig vor der ehemaligen Kaserne, Ende der 1940er Jahre.

DIE SPRACHLICHEN VERHÄLTNISSE

Mit dem Zuzug von Flüchtlingen und Vertriebenen ab 1945 hatte sich die sprachliche Vielfalt in Schleswig-Holstein vergrößert. Traditionell herrschte in nahezu allen Landesteilen eine funktionale Zweisprachigkeit mit klar definierten hochdeutschen und niederdeutschen Anteilen; hinzu kamen im Landesteil Schleswig Dänisch und Südjütisch sowie im Westen Friesisch. Diese sprachliche Fülle steht allerdings nur zu einem geringen Teil für Toleranz und Offenheit, vielmehr dokumentiert sie die Koexistenz von Gruppen mit ausgeprägtem Eigenbewusstsein – zumindest gilt dies für die dänische und die friesische Sprachgemeinschaft.[11]

Waren schon die traditionellen sprachlichen Verhältnisse in Schleswig-Holstein kompliziert und mehrschichtig, so lässt sich die Sprache der Flüchtlinge und Vertriebenen ebensowenig als einheitlich beschreiben. Die überwiegende Mehrzahl der Zugezogenen kam aus Pommern, Westpreußen, Ostpreußen und Schlesien. Sie alle brachten ihre hochdeutsche Umgangssprache mit, aber diese unterschied sich auf den verschiedenen sprachlichen Ebenen – von der Intonation über den Wortschatz bis hin zum Satzbau – zum Teil erheblich von der Alltagssprache der Einheimischen. Nahezu unmöglich wurde die Verständigung in solchen Situationen, in denen die Einheimischen das Dänische, das Südjütische oder das Friesische benutzten. Aber auch das Platt in Schleswig und in Holstein bereitete Vielen erhebliche Mühe, obwohl die Meisten auch aus niederdeutschen Sprachlandschaften kamen. So erinnerte sich der in Pommern gebürtige Rudi Habermann an die sprachlichen Wahrnehmungen, die er als 9-Jähriger hatte: „Die einheimischen Einwohner verstanden wir nicht, weil sie durchweg das Schleswiger Platt sprachen."[12]

Das Plattdeutsche war zunächst das Alleinstellungsmerkmal der Einheimischen. Insofern ist es verwunderlich, dass nur wenige Berichte darüber vorliegen, dass Flüchtlinge diese Sprache gelernt hätten. Bekanntlich gelingt es nur ganz wenigen aus der ersten Generation von Zugezogenen, den regionaltypischen Akzent zu treffen. Entsprechende Berichte aus der Nachkriegszeit liegen allerdings kaum vor. Vielleicht wich man in der Regel auf das Hochdeutsche aus, vielleicht wurden solche Spracherlebnisse aber auch nicht ins Erzählrepertoire aufgenommen. Das Prestige des Plattdeutschen wird greifbar in einem Bericht von Margarete Pohl, die in einer zum Lager umfunktionierten Kaserne in Schleswig untergebracht war. Demnach setzten sich Flüchtlingskinder gegen Beschimpfungen durch Einheimische zur Wehr, indem sie auf Platt antworteten: „Als wir die ersten Ausflüge außerhalb des Kasernengeländes unternahmen, riefen uns andere Kinder nach: ‚Flüchtlinge, Flüchtlinge'. Wir wußten uns zu helfen, denn wir riefen zurück: ‚Dat segg ick min Mudder.' So glaubten wir sie zu überzeugen, daß wir gar keine ‚Flüchtlinge' seien."[13]

Das Pommersche[14] und das Niederpreußische[15] gehören zur Gruppe der ostniederdeutschen Mundarten. Diese unterscheiden sich strukturell vor allem durch einen anderen Einheitsplural der Verben im Präsens. Während es im Westniederdeutschen *wi maakt – ji maakt – se maakt* heißt, sagt man in den Landschaften, die nicht zum altsächsischen Kernland zählen, *wi maken – ji maken – se maken*. Nun gelten diese -en-Endungen auch

Margarete P. aus Virchow in Hinterpommern mit ihren Freundinnen in Schleswig, 1950.

im Landesteil Schleswig, aber es liegen keine Berichte darüber vor, dass dies die Verständigung in irgendeiner Weise begünstigt hätte. Westliche Plattsprecher empfinden zudem das Niederdeutsche aus Ost- und Westpreußen oft als stark hochdeutsch beeinflusst; so wird das Vergangenheitspartizip hier wie im Hochdeutschen mit einer Vorsilbe ge- oder je- gebildet. Der hochdeutsche Satz „ich habe gemacht" lautet im Niederpreußischen „ek häff jemaakt" (im holsteinischen Platt sagt man „ik heff maakt"). Typisch ist außerdem die Senkung der Vokale i und u zu e und o, so dass sich Wortpaare wie *Schipper – Schepper* und *vull – voll* ergeben.

Hinzukommen erhebliche Unterschiede im Wortschatz – das gilt für alle Zugezogenen, unabhängig davon, ob sie über Vorkenntnisse im Niederdeutschen verfügten oder nicht. In der Rückschau werden entsprechende Erfahrungen häufig in anekdotische Erzählungen eingebettet, wie etwa Edith Neu über ihren Vater berichtet: „Er sollte den Leuwagen auf der Diele reparieren. Da er Huf- und Wagenschmied war, sollte dieses eigentlich kein Problem sein. Er fand aber keinen Wagen auf der Diele. Auf Nachfrage bekam er einen Schrubber gereicht, der aufgestielt werden mußte."[16] Margit Garrn war 14 Jahre alt, als sie nach Bargfeld-Stegen kam, und auch ihr sind einzelne, damals fremde Wörter in Erinnerung geblieben: „Was um alles auf der Welt waren Leuwagen, Feudel, Handeule und Wurzeln, und was nur mochte ‚eisch' bedeuten? Zunächst verstand ich kein Wort, aber dann besann ich mich auf das in der Schule gelernte Englisch. Dies half mir. Andererseits schüttelten auch die Dorfbewohner den Kopf über unsere Ausdrucksweise."[17]

Selten nur wird das direkte Nebeneinander von Ost- und Westniederdeutsch angesprochen. Dies zeigt, dass es nicht viele Situationen gegeben haben wird, in denen das heimische neben dem fremden Platt benutzt wurde. Dabei stehen einfache Missverständnisse im Vordergrund, wie das Beispiel mit dem Leuwagen zeigt. Nur sehr vereinzelt wird die Gemeinsamkeit der Zugehörigkeit zur niederdeutschen Sprachfamilie betont, so dass unter diesem Dach auch das auswärtige Platt positiv gesehen wird. So beschreibt Gisela Wehden aus Pasewalk in Vorpommern ihre ersten Tage in Groß Niendorf: „An einem der darauffolgenden Tage sprach der Bauer ... mit meiner Mutter, und da sie Plattdeutsch sprechen und verstehen konnte, war der Kontakt gleich etwas lockerer."[18] Unter günstigen Voraussetzungen konnte die Sprache also durchaus das Verhältnis der Menschen zueinander verbessern. Und wenn das geschafft war, war sogar ein harmonisches Nebeneinander der Dialekte möglich. So erzählt Edith Neu aus Uetersen: „Unser Vater gehörte schon richtig zur Familie K. Wenn er mit Jakob sprach, hörte es sich richtig lustig an, weil sie beide platt sprachen, einer ostpreußisch, der andere holsteinisch. Sie verstanden sich aber gut."[19]

Die meisten Sprecher eines ostniederdeutschen Platt dürften aber auf ihre neue Umgebung ebenso fremd gewirkt haben wie die Menschen mit ostmitteldeutschen Mundarten. Hierzu zählen für Schleswig-Holstein in der Nachkriegszeit vor allem das Hochpreußische und das Schlesische[20]; wegen der Nähe zum hochdeutschen Sprachsystem sollte außerdem das Masurische genannt werden. Anders als bei den niederdeutschen Mundarten sind hier die Konsonanten mit denen des Hochdeutschen identisch. Dialektale Eigentümlichkeiten zeigen sich allerdings bei der Aussprache von Vokalen und bestimmten Silben. Wie im Niederpreußischen zeigt sich im Schlesischen eine Entrundung von ü und ö zu i und e, also: *Schüssel – Schissel, fröhlich – frehlich*; auslautendes -en bei Substantiven und Partizipien wird als -a gesprochen: *Tonnen – Tunna, gegessen – gegassa*; intervokalisches -nt- wird als -ng- artikuliert: *hinter – hinger*; langes u spricht man kurz: *Blut – Blutt, gut – gutt*. In einer literarischen Verarbeitung macht Siegfried Lenz darauf aufmerksam, dass ein eigentümlicher Wortschatz nicht nur bei den Einheimischen zu finden war, sondern dass auch die Flüchtlinge und Vertriebenen zahlreiche regionale Wörter und Wendungen gebrauchten: „Bizak? So nannten wir den Rohrstock. Schlippches – das sind Augen. Schicher und Fladrusch: so nannten wir Hut und Schleier. Aber sicher weiß ich, was schnurjeln, schurgeln und sturgeln heißt: dies alles geschieht in der Küche, am Herd. Luggen? Verstecken, natürlich."[21]

All diese Merkmale zusammen, außerdem ergänzt durch die jeweilige Sprachmelodie, machen deutlich, dass die Verständigung ausgesprochen schwierig verlief, wenn man auf die regionalen Varietäten angewiesen war. Zu den mitteldeutschen Mundarten zählt auch das Sächsische, aber die Sprachbarriere war für Christoph Sikora in Dithmarschen anfangs nur schwer überwindbar, und zwar in beide Richtungen: „Nur konnten wir viele Dorfbewohner zunächst schlecht verstehen, weil sie Plattdeutsch sprachen. Aber sie hatten mit meinem damaligen waschechten Sächsisch ähnliche Schwierigkeiten."[22]

Auffällig ist, wie unterschiedlich die Distanz zwischen den einheimischen und den neu hinzugekommenen Sprachformen wahrgenommen wurde. In den Erinnerungserzählungen reicht die Bandbreite von der Unmöglichkeit zu kommunizieren bis hin zum einträchtigen Miteinander. Grundsätzlich darf angenommen werden, dass solche Erzählungen, die zumeist mit einer erheblichen zeitlichen Verzögerung aufgezeichnet wurden, vor dem Hintergrund eines positiven Lebensverlaufs und einer inzwischen erfolgreichen Integration zu freundlichen Umwertungen neigen.[23] Die negativen Erlebnisse hingegen bleiben oft ausgespart oder werden nur indirekt angerissen, etwa in einem Satz von Gerda Volz wie: „Ich möchte nicht weitere Einzelheiten erwähnen."[24]

Das sprachliche Miteinander in der Zeit zwischen 1945 und 1955 lässt durchaus allgemeine Tendenzen erkennen, doch insgesamt dürften die Verhaltensabweichungen immens gewesen sein. Immer spielten auch zufällige persönliche Zu- und Abneigungen eine Rolle: „Die sprachlichen Konstellationen in der Nachkriegszeit weisen wenig Konstanz auf. Zum einen, weil sich die Siedlungsgemeinschaften, sei es in Lagern oder Privatunterkünften, fast ausnahmslos aus instabilen Übergangsverbänden bildeten: zeitlich befristete Einheiten mit hoher Fluktuation. Zum anderen ist zweifellos das jeweilige Stadium der Integration zu berücksichtigen. Drittens spielte das Lebensalter der Menschen eine Rolle. Diverse Berichte dokumentieren, dass sich die Jüngeren im Umgang mit westlichen oder westlich beeinflussten Sprachformen als erheblich flexibler erwiesen. Und viertens schließlich registrierte man erhebliche regionale Unterschiede, festzumachen an den jeweiligen Flüchtlingsanteilen. Diese wiederum waren Auslöser von mit bestimmten Lebensstilen verbundenen Polarisierungen wie Stadt – Land oder Agrarregion – Industrielandschaft."[25]

ORTE DER BEGEGNUNG

Die Art und der Umfang der Kontakte zwischen Einheimischen und Zugezogenen konnte sehr unterschiedlich ausfallen. Entscheidend waren die jeweiligen Bedingungen vor Ort. An drei ausgewählten Konstellationen, nämlich dem Wohnen, der Arbeit und der Schule, soll aufgezeigt werden, welche Faktoren wirkten.

WOHNEN

Nur in Ausnahmefällen blieben in der Nachkriegszeit sprachlich homogene Flüchtlingsgruppen zusammen. Geschah dies aber doch, so hatte das Auswirkungen auf die sprachliche Ausstattung: „Die Vertriebenenmundarten können sich dort am ehesten erhalten, wo Ostdeutsche gleicher Herkunft in einer geschlossenen Siedlung zusammenleben."[26]

Das weitgehende Auflösen von landsmannschaftlichen Nachbarschaften hatte zur Folge, dass der Gebrauch der Ausgangsmundarten nahezu ausschließlich auf das engere Umfeld der Familien beschränkt blieb. Die nach dem Prozess der Familienzusammenführung bereits Ende der 1940er Jahre innerhalb der Bundesrepublik einsetzenden Umsiedlungsprogramme sorgten für starke Fluktuationen, die von Entwicklungen im Rahmen der Industrialisierung der 1950er Jahre in hohem Maße beeinflusst wurden.

Im Zuge groß angelegter Wohnungsbauprogramme entstanden in zahlreichen Städten und Orten Siedlungen, in die vorrangig Flüchtlinge einzogen und deren Straßennamen nicht selten an Orte oder Landschaften in Schlesien, Pommern oder Ostpreußen erinnerten. Beispielhaft heißt es über den Elmshorner Stadtteil Langenmoor: „An die ehemals deutschen Städte, aus denen nach Kriegsende viele Flüchtlinge nach Elmshorn verschlagen wurden, erinnern die meisten Straßennamen in diesem Wohngebiet: Kolberg, Memel, Breslau, Stargard, Königsberg, Tilsit, Karlsbad, Elbing und Stettin."[27]

Hatte man in den Lagern noch landsmannschaftliche Anknüpfungen gesucht, so zeigten sich nun die heterogenen sprachlichen Verhältnisse um so deutlicher. Das Sesshaft-Werden aber beschleunigte die Hinwendung

Frau P., die bis 1960 in einer Flüchtlingskaserne lebte, machte diese Aufnahme bei einem gemeinsamen Fest Mitte der 50er Jahre.

118

zum Hochdeutschen: „Ein mehrjähriges Leben in der ‚Sprachinsel' eines Flüchtlingslagers konnte oft das Aufgeben der Mundart aus dem Osten verzögern. Doch selbst in der überwiegend von Schlesiern bewohnten, aus einem Flüchtlingslager entstandenen Stadt Espelkamp in Nordrhein-Westfalen meldeten sich bereits 1954 nur noch wenige, als ein Lehrer in der Grundschule für einen Chor Kinder suchte, die ‚Schlesisch' sprechen konnten."[28]

Wie Espelkamp nimmt auch das holsteinische Trappenkamp eine Sonderrolle ein, weil es erst nach dem Krieg entstand und keine einheimische Bevölkerung und keine tradierten Strukturen vorhanden waren. Ab 1935 war hier ein Sperrwaffenarsenal für die Marine betrieben worden, Gebäude und Zuwegungen gab es also, so dass sich unmittelbar nach Kriegsende die ersten Flüchtlinge ansiedelten. Die Einheimischen in den benachbarten Dörfern ignorierten die Neusiedler zunächst, wobei nur am Rande etwas über das sprachliche Miteinander zu erfahren ist: „In einem bunten Sprachgemisch heimatlicher Dialekte sudetendeutscher, schlesischer, rumäniendeutscher, ostpreußischer, pommerscher Heimatsprachen, die sich gegenüber der plattdeutschen Mundart dieses Raumes wie Fremdsprachen ausnahmen, führten die ersten Siedler ein den in den Nachbardörfern … lebenden Mitmenschen wenig bekanntes und sie auch wenig interessierendes Dasein."[29]

Wie in anderen Siedlungsgebieten gab es zweifellos auch in Trappenkamp die Neigung, einen Ausgleich in einer nicht oder nur leicht mundartlich gefärbten hochdeutschen Sprache zu suchen. Diese Lage aber änderte sich bald und zwar aus wirtschaftlichen Erwägungen: „Die … Flüchtlinge aus Schlesien und Ostpreußen sind mehr oder weniger durch Zufall nach Trappenkamp verschlagen worden. Mit Beginn des Jahres 1947 … ist es dann auch zur planmäßigen Ansiedlung einer landsmannschaftlich und wirtschaftlich homogenen Bevölkerungsgruppe gekommen: den Sudetendeutschen. Dabei handelte es sich fast ausschließlich um Angehörige der Gablonzer Glas- und Schmuckwaren-Industrie."[30] Diese zahlenmäßige und letztlich auch identitäre Stärkung der Gruppe der Sudetendeutschen führte kaum zu einer Verbesserung des Verhältnisses zu den Nachbarn. Traut man zeitgenössischen Berichten, so wurde die Polarisierung eher deutlicher wahrgenommen: „Zu unterschiedlich waren die Welten, die hier aufeinanderprallten. Auf der einen Seite die über Jahrhunderte gewachsene, ländlich strukturierte und überwiegend protestantisch geprägte Dorfgemeinschaft; auf der anderen Seite die Flüchtlinge, in Mundart, Religion, Denkweise und Arbeitsweise von ihrer auch landschaftlich so andersartigen böhmischen Heimat geformt."[31] Auch die Tatsache, dass die Trappenkamper Modeschmuck produzierten, konnte sich kaum in das Bild von rechtschaffener Arbeit der holsteinischen Landbewohner einfügen. Die entsprechenden Urteile waren eindeutig: „Steinchen schleifen und Perlen aufziehen, das ist ‚Prüntjekram'."[32] Bezeichnend ist, dass für die Distanzierung ein niederdeutscher Ausdruck gewählt wurde.[33] Die Abgrenzung kulminierte aber auch in anderen Ausdrücken, hinter denen sich diffuse Vorstellungen verbargen: „Trappenkamp, das waren die ‚Hundefresser'. Tatsächlich sollen einige der Einwohner auch Hundefleisch gegessen haben, das angeblich vor Schwindsucht schützt. – Trappenkamp, das war aber auch das ‚Goldgräbernest', das man nach Möglichkeit mied. In das man nicht fuhr, schon gar nicht nach Einbruch der Dunkelheit."[34]

Kontakte zwischen den Trappenkampern und den Bewohnern der umliegenden Dörfer entstanden über die zunächst prekäre Versorgungslage in der Siedlung. Die Rolle der Sprache als Medium, das Vertrautheit in fremder Umgebung vermittelt, unterstreicht der Bericht des Arztes Erwin Wengel, der 1949 von Boostedt aus Trappenkamp versorgte: „Meine Landsleute waren dankbar, daß sie mit mir in ihrer Mundart sprechen konnten, denn ich beherrsche sie ja auch seit meiner Kindheit."[35]

Über Maßnahmen zur Pflege und zum Fortbestand der mitgebrachten Sprache ist aus den beiden Trappenkamper Chroniken kaum etwas zu erfahren. Im Vordergrund steht die wirtschaftliche Entwicklung des Ortes. Einzelne traditionelle Termine im Jahreslauf nahm man nach den Vorbildern aus dem Sudetenland wahr, hierzu gehörten „das Aufrichten des Maibaumes, die Sonnenwendfeier, Kirmes, Weihnachtskrippenspiel."[36] Es darf davon ausgegangen werden, dass zumindest bis in die 1960er Jahre die mundartliche Ausgestaltung selbstverständlicher und daher auch nicht weiter thematisierter Teil dieser kulturellen Grundausstattung war: „Dabei war das Gemeinschaftsgefühl über Familie und Verwandtschaft hinaus stark geprägt von heimatlicher Verbundenheit und deren Sitten und Bräuchen."[37]

Trotz der starken sudetendeutschen Anteile lassen sich seit den 1960er Jahren Ausgleichstendenzen erkennen. Von den rund 800 Einwohnern im Jahr 1956 waren etwa 74 % Flüchtlinge und Vertriebene. Dieser Wert war bereits neun Jahre später bei nunmehr über 4.000 Einwohnern auf den Landesdurchschnitt von 33 % gesunken.[38] Das Bemühen um Ausgleich zeigt auch ein Blick in die Programme der 1962 gegründeten Volkshochschule Trappenkamp. Mehrfach war der beliebte niederdeutsche Erzähler Rudolf Kinau aus Finkenwerder zu Gast. Über die ersten Veranstaltungen war resümierend in den Kieler Nachrichten zu lesen: „Am besten besucht waren die Sondervorträge. Über 250 Trappenkamper wurden hier gezählt. Weit an der Spitze lag Rudolf Kinaus Vortrag in plattdeutscher Sprache."[39]

ARBEIT

Der Arbeitsplatz bildete für die meisten erwachsenen Flüchtlinge die wichtigste Kontaktstelle zu den Einheimischen und damit auch zu deren Alltagspraxis und Sprache. Als Orientierungspunkt diente dabei die Sprache der Einheimischen, weil diese in der Regel über die Produktionsmittel verfügten. Nach einer Zeit der Eingewöhnung waren die meisten Flüchtlinge imstande, das Plattdeutsche der neuen Umgebung zu verstehen, während ein nur geringer Prozentsatz diese Sprache auch aktiv beherrschte. In den Städten vollzog sich der Wechsel zum verbindenden Hochdeutsch rascher und reibungsloser als in den ländlichen Regionen. Aber auch hier sollte sich bald das Hochdeutsche als Verständigungssprache durchsetzen.

Eine Sonderentwicklung zeichnete sich bei den Fischern entlang der Ostseeküste ab, denn für dieses Berufsfeld „kam es zu einer Konzentration der ostdeutschen Fischerfamilien an der schleswig-holsteinischen Ostseeküste. Damit trat hier die – wohl einmalige – bevölkerungsmäßige und berufsbezogene Situation ein, daß die ostdeutschen Fischer ihre einheimischen Kollegen in einem Verhältnis von etwa 75 zu 25 majorisierten."[40] Wohnungsbauprogramme sorgten rasch dafür, dass etwa 20 geschlossene Fischersiedlungen[41] entstanden, die nahezu ausschließlich mit ostdeutschen Fischerfamilien besetzt wurden. Die Dimensionen dieses Zuzugs werden offenkundig, wenn etwa für Heiligenhafen festgestellt wird: „Unter den bei und nach Kriegsende einströmenden Flüchtlingen befanden sich 1.300 aus dem Fischerberuf."[42]

Die Flucht über die Ostsee hatte es den Fischern ermöglicht, ihre Familien, aber auch ihre Schiffe und die Netze in den Westen zu bringen. Und während die einheimischen Fischer in der Regel Küstenfischerei betrieben, besetzten die Flüchtlinge mit der von ihnen betriebenen Kleinen Hochseefischerei ein bis dahin weitgehend unterentwickeltes Wirtschaftsfeld. Der erhebliche Bedarf an Nahrungsmitteln in den ersten Nachkriegsjahren trug zudem zu einer schnellen wirtschaftlichen Konsolidierung dieser Betriebe bei.

Allerdings bildeten diese „Flüchtlingsfischer" oder „Ostfischer" keineswegs eine homogene Gruppe. Die Ursache hierfür findet sich in der kleinräumigen Struktur der Fischereikultur an den Ostseeküsten. Mit der Konsequenz, dass beispielsweise auch der Fischereiwortschatz regionaltypisch war, „nicht zuletzt, weil die Fischerei selbst sehr unterschiedlich war."⁴³ Auf jeden Fall bestimmte fachliches und alltagskulturelles Selbstbewusstsein die mentale Grundhaltung in dieser Gruppe. Das hatte etwa zur Folge, dass die sozialen Kontakte mit Einheimischen nicht aus der Rolle des Eindringlings und Bittstellers heraus vollzogen wurden, sondern von einem gleichberechtigten Miteinander ausgingen. Zum Sprachgebrauch stellt ein aus dem Samland stammender Fischer fest: „Tohuus heww wi joa emmer onser Platt jesproake … On nu es dat joa andersch – doa kemmst anne Hoaw on vertellst di wat met diene Kollege. Doa kannst nich so rede wie du wellst. On de kemmt ut Schleswig-Holsteen on de kemmt von de Danzjer Bucht, on de von de Fresche Nehrung un de vom Kurische Haff, on de vom Memelland – joa, on de von Pommre on de von Meckleborg. Wi send joa international hier … Wenn eener Platt red, denn red eck ook Platt, red eener Hochdietsch, dann red eck ook Hochdietsch. Doamet kemmst kloar."⁴⁴

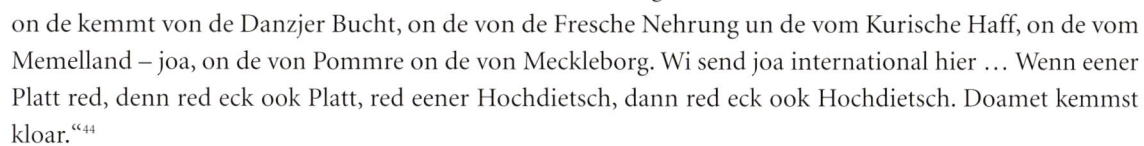

Auch wenn an Bord der einzelnen Fahrzeuge eine pommersche oder niederpreußische Arbeitssprache benutzt wurde, so übernimmt eine regional geprägte und am hochdeutschen Standard orientierte Umgangssprache bald die Rolle der Ausgleichssprache. Die terminologische Vielfalt und den Bedarf an standardisierten Formen illustriert ein Fischer aus Heiligenhafen, aufgewachsen in Rügenwaldermünde, am Beispiel der Benennungen von Teilen des Stellnetzes: „Du mußt Bojen auf ham, nech … ja, wie nanntn wir die, ich saach Schtöda, hier sagn se Waka, nich, und wir sagn Schtödas – wie nanntn wir die – Baak glaub ich, saachten wir – Baak."⁴⁵

Das Bedürfnis nach Verständlichkeit war hier für die Hinwendung zum Hochdeutschen verantwortlich. Ein Fischer aus Hela verdeutlicht diese Notwendigkeit: „von 10 Worte war bestimmt eins, das man nich verstehen konnte. Da haben wir gesagt: Mensch, sprecht doch lieber Hochdeutsch, das is ne Sprache, die wir alle verstehn! Und dadurch haben wir uns sehr gut verständigt."⁴⁶

Vom nächtlichen kleinen Sprechfunkverkehr auf See behaupteten die einheimischen Fischer noch in den 1980er Jahren, dieser fände „in Ostpreußisch" statt, überlagert allerdings von einer überregionalen Fachsprache: „Insgesamt hat sich bei den aktiven, auch den jungen Fischern der Kleinen Hochseefischerei eine Umgangssprache durchgesetzt, die besonders lautlich und prosodisch der niederpreußischen Mundart verpflichtet ist: Palatalisierung $g > j$, leichte Diphthongierung $a > au$, $o > ou$, Senkung des hellen $i > e$ u. a. m."⁴⁷

Die allgemeine Krise der Fischerei seit den 1980er Jahren hat zunächst die Privatisierung und anschließend das Verklingen der ostdeutschen Mundarten an den Küsten beschleunigt. Heute, mehr als 60 Jahre nach der Flucht, gehören diese Sprachformen allenfalls der Erinnerungskultur an.

Weihnachten 1954. Man hatte sich eingerichtet und feierte gemeinsam.

SCHULE

Für viele Lehrer in Schleswig-Holstein stellte sich die sprachliche Ausgangslage nach 1945 als ausgesprochen zwiespältig dar.[48] Zum einen erkannte man in der Schule ein geeignetes Instrument, dem Faktor Bildung einen neuen Wert beizumessen und damit die soziale Mobilität zu fördern. Grundlegend dafür war, dass die Schule zur kulturellen und sprachlichen Integration der Kinder aus den Flüchtlings- und Vertriebenenfamilien beitrug. Aus dieser Perspektive gab es keinen Zweifel, dass dem Hochdeutschen allererste Priorität einzuräumen war, es hatte als allgemeine Sprache der Verständigung zu dienen. Doch nicht wenige Lehrer befürchteten, dass die Begegnung der Schüler mit dem traditionellen natur- und kulturräumlichen Nahbereich bedeutungslos zu werden drohte. Der 1948 verabschiedete Erlass „Pflege der niederdeutschen Sprache" versuchte, die bestimmenden Faktoren dieses Zielkonflikts miteinander zu verknüpfen: „Das Ziel des deutschen Sprachunterrichts muß selbstverständlich die Beherrschung der neuhochdeutschen Schriftsprache bleiben. Das schließt aber nicht aus, daß die plattdeutsche Mundart ausgiebig geachtet und berücksichtigt wird, führt doch in vielen Fällen gerade das Plattdeutsche zum Verständnis hochdeutscher Spracherscheinungen, -formen und -inhalte hin."

Das gemeinsame Erlernen des Hochdeutschen in der Schule und das parallel dazu außerschulisch verlaufende Erlernen des einheimischen Niederdeutsch durch die Neu-Bürger wurde von den Schulen als wichtiger Faktor der sozialen Integration gesehen. So heißt es in der Schulchronik der Gemeinde Schenefeld hinsichtlich der beiderseitigen Annäherung der Schüler, „während die einheimischen Abc-Schützen hochdeutsch sprechen, snacken die Flüchtlingskinder schon platt"[49].

Zahlreiche Berichte belegen, dass es den Kindern bis zu einem Alter von 12 oder 14 Jahren am besten gelang, ihre anfängliche sprachliche Andersartigkeit auszugleichen. So heißt es von dem Jungen Reinhard R., der als Kleinkind aus dem südlichen Ostpreußen nach Lütjenburg gekommen war: „Er lernte sogar die plattdeutsche Sprache perfekt und akzentfrei."[50]

Das einheimische Plattdeutsch spielte aber zumindest in der Behandlung traditioneller mundartliterarischer Stoffe eine Rolle. So dürften zumindest in allen Volksschulen Schleswig-Holsteins Texte von Klaus Groth, ob als Gedicht oder als Lied präsentiert, zum selbstverständlichen Kanon gezählt haben. Hier war sicherlich das pädagogische Geschick des einzelnen Lehrers gefordert, wollte er die Sensibilität aller Schüler für die Regionalsprache wecken. Die Erzählung von Christoph Sikora über ein Erlebnis an der Mittelschule Albersdorf zeigt, dass dieser Versuch nicht immer geglückt ist: „Unsere Klassenkameradschaft wurde von Jahr zu Jahr besser und die Frage ‚Einheimischer oder Flüchtling?' immer unwichtiger. – Im Deutschunterricht freilich wurde das gelegentlich doch noch deutlich, wenn auch die ‚Flüchtlinge' plattdeutsche Gedichte oder Liedtexte lernen oder vortragen mußten. So erntete ich mit meinem ‚Lütt Matten de Has' erstaunliche Heiterkeitserfolge.

Anfang der 1990er Jahre wurde in Neumünster nach ehemaligen Schulkameraden von 1947 gesucht, darunter waren auch viele Flüchtlinge.

Nur mit Mühe brachte ich diesen Liedtext über die Runden, weil ich mehrfach über mich selbst lachen konnte, was nicht immer das schlechteste ist."[51] Hier hatte sich offenbar ein Lehrer mit einem Gedicht des plattdeutschen Klassikers Klaus Groth ein Instrument zur Ausgrenzung der Flüchtlingskinder geschaffen.

An keiner Stelle findet sich ein Verweis darauf, dass in der Schule die Mundarten der Flüchtlinge thematisiert oder gar Anregungen zum Sprachgebrauch oder Spracherwerb geworden wären. Das gilt auch für die relativ homogenen Verhältnisse in Trappenkamp. Die Schule propagierte Hochdeutsch als Sprache der staatlichen Institutionen, der Bildung und schließlich auch einer neuen gemeinsamen Identität, die Einheimische und Flüchtlinge gleichermaßen einschloss.

Ruth G. (Mitte) auf einem Kinderfest. Das Kleid aus Fallschirmseide hatte ihre Mutter geschneidert.

DOKUMENTATION UND PFLEGE OSTDEUTSCHER MUNDARTEN IN SCHLESWIG-HOLSTEIN

Im Nachhinein wirkt es erstaunlich, dass zwischen 1945 und 1965 in Schleswig-Holstein keine Erhebungen zum aktuellen Sprachgebrauch durchgeführt wurden. Ebenso wenig untersuchte man die sprachliche Anpassungsfähigkeit der Flüchtlinge. Diese Gruppe geriet immer dann in den Blick sprachwissenschaftlicher Betrachtung, wenn es darum ging, alte Sprachzustände zu dokumentieren. So trug man in mehreren bundesweiten Langzeitprojekten ab Mitte der 1950er Jahre Hunderte von Tonaufnahmen zusammen, etwa in der Serie „Ostdeutsche Dialektgeographie" (1955-1957, 1104 Aufnahmen) oder in der Reihe „Tonbandaufnahme der Vertriebenenmundarten" (1962-1965, 989 Aufnahmen).[52] Daneben entstand für ost- und westpreußische Mundarten in Kiel eine der wichtigsten und umfangreichsten Tondokumentationen. Ulrich Tolksdorfs Archiv, das als ein Segment einer umfassenden alltagskulturellen Dokumentation und damit immer auch im Zusammenhang mit dem „Preußischen Wörterbuch" gesehen werden muss, umfasste weit über 600 eigene Aufnahmen aus den Jahren 1965 bis 1990. Das Wörterbuch selbst, von 1955 bis 2005 als Projekt an der Christian-Albrecht-Universität in Kiel angesiedelt, war der Mittelpunkt für sprachbezogene und volkskundliche Forschungen zu Ost- und Westpreußen.[53]

In einer Reihe von Siedlungen und Gemeinschaften gründeten Flüchtlinge und Vertriebene Kulturorganisationen, die sich auch der Pflege der mitgebrachten Mundarten verschrieben. Hierzu zählt das 1957 in Trappenkamp gegründete „Sudetendeutsche Kulturwerk Schleswig-Holstein". Auch wenn die Mundart nicht explizit genannt wird, so dürfte dieser Aspekt zu den kulturellen Belangen gehören, die laut Satzung der Heimatpflege und Heimatkunde dienen. Ritualisierte Bräuche, wie das Leber- und Blutwurstessen im März, Maibaumfeste und Sonnwendveranstaltungen, sollten die Erinnerung an den ehemaligen Lebensraum wachhalten.

In ganz anderer Weise im heutigen Schleswig-Holstein angekommen ist ein anderes Kulturprojekt, das 1982 als gemeinnütziger Verein gegründet wurde und seit 2006 in Elmshorn unter dem Namen „Forum Baltikum – Dittchenbühne" firmiert. Ursprünglich war man angetreten, um mundartliche ostdeutsche Kultur auf der Bühne und in Vortragsveranstaltungen weiterzutragen. Heute steht die Förderung der interkulturellen Zusammenarbeit im Vordergrund sowie die Erhaltung und Entwicklung einer sozio-kulturellen Begegnungsstätte. Doch auch heute spielt man Theater, wobei sich das sprachliche Profil gewandelt hat: Hochdeutsch steht im Mittelpunkt, daneben werden aber durchaus auch mundartliche Passagen in ostpreußischem Platt, Masurisch oder Niederschlesisch geboten. Der Internet-Auftritt verrät zudem, dass es kein großes Problem darstellt, wenn Jugendliche lernen müssten, in ostpreußischer Mundart zu sprechen. Somit dürfte sich in Elmshorn die einzige Stelle in Schleswig-Holstein befinden, wo sich junge Menschen auch heute noch an der Aussprache und dem Wortschatz der Flüchtlinge und Vertriebenen erproben können.

AUSBLICKE

Die vielen Sprachen und Mundarten der Flüchtlinge und Vertriebenen sind für immer verklungen. In den Familien erinnert man einzelne Wörter, weil sie so andersartig und vielleicht besondere Erlebnisse mit ihnen verknüpft sind: Luntrus, Marjell, Bowke, Lachodder, Pomuchelskopp und viele mehr. In der Öffentlichkeit finden sich nach wie vor Zeichen, die auf die Herkunftsgebiete der Flüchtlinge und Vertriebenen Bezug nehmen. Man denke an die Straßennamen wie Danziger Straße, Königsberger Weg oder Masurenring, die in nahezu jeder größeren Gemeinde anzutreffen sind. Allerdings ist auch bei diesen Namen davon auszugehen, dass der ursprüngliche Verweis-Charakter zunehmend verblasst.

Mit ihrer Integrationsleistung, die nicht zuletzt eine sprachliche Integration war, haben die Flüchtlinge und Vertriebenen dazu beigetragen, dass sich Schleswig-Holstein nach 1945 so veränderte, dass es für die einen Heimat bleiben und für die anderen Heimat werden konnte.

Die Erinnerungen an die Flucht verblassten und wurden von Kindern im Spiel „Russen überfallen Flüchtlinge" verarbeitet, ca. 1954.

DIE INTEGRATION DER FLÜCHTLINGE UND HEIMATVERTRIEBENEN IN DIE LANDWIRTSCHAFT

KLAUS-J. LORENZEN-SCHMIDT

Die drei Landschaftszonen Schleswig-Holsteins – Marsch, Geest und östliches Hügelland – sind durch historisch gewachsene unterschiedliche Siedlungs- und Landwirtschaftsstrukturen gekennzeichnet. Der Großgrundbesitz dominierte im östlichen Hügelland, auch wenn durch die Agrarreform zu Beginn des 19. Jahrhunderts die Leibeigenschaft aufgehoben worden war. Die meisten der frei gewordenen Bauern blieben Zeit- und Erbpächter, bis in den 1920er Jahren auf der Grundlage des Reichssiedlungsgesetzes energisch eine Umwandlung der Pacht- in Eigentumsverhältnisse durchgeführt wurde. Der eigentliche Großgrundbesitz wurde aber dabei nicht angetastet. 1925 verfügten 54 adlige Gutsbesitzer über Grundeigentum von mindestens 1.000 ha und 750 ha landwirtschaftlicher Nutzfläche; von diesen hatten 16 Betriebe 3.000 ha und mehr Gesamtfläche. Die Betriebsgröße der Güter lag durchschnittlich bei 268 ha, worin 47 ha Wald enthalten waren. Auch in den beiden anderen Landschaftszonen gab es Betriebe mit mehr als 100 ha Fläche; sie waren auf der Geest recht zahlreich, weil durch die Verkoppelung des 18. und 19. Jahrhunderts die zum Teil großen Moor-, Heide- und Waldstrecken der ländlichen Gemeinden unter den Hofbesitzern aufgeteilt worden waren. Auch in den Marschen kamen Großgrundbesitze vor. Mengenmäßig dominierten aber die mittleren landwirtschaftlichen Betriebe mit zwischen 10 und 50 ha.

Tab. 1: Zahl der landwirtschaftlichen Betriebe in Schleswig-Holstein nach den Betriebsgrößenklassen am 17. Mai 1939[1]

Größenklasse	Zahl	Gesamte Betriebsfläche in ha
0,5 - unter 2 ha	11 118	24 792
2 - unter 5 ha	11 986	41 625
5 - unter 20 ha	9 165	76 932
10 - unter 20 ha	13 637	218 189
20 - unter 50 ha	16 456	554 508
50 - unter 100 ha	3 297	238 807
100 ha und mehr	654	210 322
Summe	66 313	1 356 175

Auf diese landwirtschaftliche Betriebsgrößenstruktur traf 1945/46 die größte Zuwanderungswelle in der Geschichte des Landes: Zwischen Februar und Juni 1945 strömten 789.300 Flüchtlinge und Wehrmachtssoldaten nach Schleswig-Holstein. Insgesamt nahm die Bevölkerung hier von 1944 (gut 1,5 Millionen) auf 1947 (gut 2,6 Millionen) um 1,1 Millionen Menschen zu, die im Gefolge von Flucht vor der Roten Armee und Vertreibung aus den unter polnischer Besetzung stehenden Gebieten ins Land strömten. Damit ist die damalige nördlichste preußische Provinz der Reichsteil mit der stärksten Flüchtlingsproblematik. Die Bevölkerung stieg bis 1949 auf 2,7 Millionen an. Da die Städte des Landes durch die alliierten Bombenangriffe besonders starke Schäden aufwiesen, musste der Bevölkerungszustrom auf dem Lande untergebracht werden, was hier zu einer kaum zu bewältigenden Belastung führte.

Die Flüchtlingsverteilung im Land war dabei nicht gleichmäßig. In einer Reihe von Kreisen, vor allem im Südosten des Landes, aber auch in Steinburg und Eckernförde war die Zahl der Flüchtlinge größer als die der Einheimischen. Unzureichende Wohnverhältnisse, mangelnde Lebensmittelversorgung, fehlende Arbeitsmöglichkeiten und unzureichende medizinische Versorgung führten zu teilweise katastrophalen Zuständen.

Diese Situation musste unter den erschwerten Bedingungen einer Besatzungsadministration mit eigenen Zielvorstellungen politisch geändert werden. Mit starker Unterstützung der britischen Militärverwaltung wurde die vollständige Überlastung des Landes durch Umverteilung der Flüchtlinge, aber auch durch beschleunigte Auflösung der großen Kriegsgefangenenareale (Eiderstedt, Dithmarschen, Ostholstein) und rasche Zurückführung der „Displaced Persons" (insbesondere der osteuropäischen Zwangsarbeiter) gemildert. Doch eine Bodenreform, die die Ansiedlung eines erheblichen Teils der aus den landwirtschaftlich strukturierten Gebieten im Nordosten des Deutschen Reiches nach Schleswig-Holstein geflüchteten bzw. vertriebenen Menschen ermöglichte, musste von deutscher Seite eingeleitet und realisiert werden.

Die Landwirtschaft war bereits vor dem Zweiten Weltkrieg, gemessen an den Möglichkeiten, notorisch untermotorisiert, weil erhebliche Maschinenbaukapazitäten durch die Aufrüstung gebunden wurden und die NS-

Nicht nur Pferde wurden vor den Treck gespannt, sondern auch die Rinder des Hofes.

Ideologie die bäuerliche Handarbeit propagandistisch überhöht hatte. Nun boten sich allerdings durch den Zustrom von Arbeitskräften und Zugtieren (Pferden) Möglichkeiten, diese Lage gewinnbringend auszunutzen. Zwar waren zahlreiche Bauernhöfe mit Flüchtlingen belegt und beengten so die hauswirtschaftlichen Aktivitäten, auch waren etwa 30 % der (ohnehin nicht in sehr großer Zahl vorhandenen) landwirtschaftlichen Werkswohnungen durch betriebsfremde Kräfte besetzt, aber auf der anderen Seite gab es genügend billige Arbeitskräfte aus dem Agrarsektor, die für die Ankurbelung der Produktion eingesetzt werden konnten.

Die inneren Verhältnisse der ländlichen Gesellschaft, die den sehr hohen Flüchtlingsanteil aufnehmen musste, waren alles andere als unkompliziert. In den meisten ländlichen Gemeinden, die bis 1945

Zeichnung eines Vertriebenen. Nach der Ankunft in Schleswig-Holstein begann er als junger Mann, beim Bauern auszuhelfen.

durchaus landwirtschaftlich geprägt waren, gab es starke soziale Unterschiede. Sie hatten sich im Verlauf der frühen Neuzeit herausgebildet und unter Bedingungen des Pauperismus in der ersten Hälfte des 19. Jahrhunderts verschärft. Die industrialisierungsbedingte Abwanderung ländlicher Arbeitskräfte hatte dann in der zweiten Hälfte des 19. Jahrhunderts zu einer Verknappung von agrarischen Lohnarbeitskräften geführt. Die Kluft zwischen Bauern und Landarbeitern hatte sich aber durch den starken Aufschwung der Landwirtschaft während der Hochindustrialisierungsphase eher verschärft, wobei es im Land starke Unterschiede gab. Am schroffsten waren die Gegensätze in den Marschen und auf den Gütern, abgeschwächter auf der Geest. Auch die Phase der nationalsozialistischen Herrschaft mit ihrer Volksgemeinschaftsideologie hatte im Grundsätzlichen an der sozialen Polarisierung nichts ändern können, da sie die Besitzverhältnisse kaum antastete („Bildung von Neubauerntum"). Auf diese Sozialstruktur trafen nun die Flüchtlinge aus den Agrargebieten des ehemaligen Nordostdeutschlands. Ihre Situation war gleich – aber ihre Herkunft ganz unterschiedlich: Es gab Gutsbesitzer, Hofbesitzer, Landarbeiter und andere ländliche Arbeitskräfte, die sich nun als Fremdkörper in den Dörfern Schleswig-Holsteins wiederfanden.

Die Ablehnung der Flüchtlinge war allgemein, auch wenn heute davon niemand mehr etwas wissen will. In vielen Ortsgeschichten des Landes finden sich die nach 50 oder 60 Jahren Ortsansässigkeit inzwischen geglätteten, geschönten Erinnerungen der Flüchtlinge, die – möglicherweise nach anfänglichen Hoffnungen auf Rückkehr in ihre Heimat – sich mit ihrer neuen Lebensumgebung abzufinden hatten und gezwungen waren, diese positiv zu bewerten.[2] Erst der Aufschwung der westdeutschen Wirtschaft in den 1950er Jahren, der den rapiden Bedeutungsverlust der Landwirtschaft einleitete und zahlreiche Arbeitskräfte in anderen Sektoren benötigte, entspannte die Lage, die auch durch das starke soziale Absinken der Flüchtlinge und Vertriebenen gekennzeichnet war (Tab. 2). Denn einheimischer Bauer und Flüchtling trafen vor allem dann aufeinander, wenn letzterer zum Landarbeiter geworden war.[3] Tatsächlich ersetzten sie hier oft die einheimischen Land-

INTEGRATION

arbeiter und mithelfenden Familienangehörigen, die sich beruflich anderweitig orientiert hatten. 1949 stellten die Flüchtlinge etwa die Hälfte aller familienfremden, ständig beschäftigten landwirtschaftlichen Arbeitskräfte.[4] Gerade diese Existenz als Landarbeiter war von besonderer Härte für ehemals selbstständige Bauern. Sie wurden zum größten Teil unter Tarif bezahlt und zudem zunächst vom 1947 neu gegründeten Bauernverband nicht anerkannt.[5] Hinzu kam die Beschaffung von Wohnraum, oft durch Erwerb ländlicher Wohngebäude durch die Flüchtlinge, und die Ansiedlung von geflüchteten Landwirten auf eigenen Höfen. Letzteres geschah in einem längeren Prozess, nachdem ein erster, fast revolutionärer Schritt zur Ansiedlung einer großen Zahl von Bauern und Kleinbauern im Lande durch eine weitgehende Agrarreform gescheitert war.

Tab. 2: Soziales Absinken der Flüchtlinge und Vertriebenen des landwirtschaftlichen Sektors in Schleswig-Holstein[6]		
Erwerbspersonen	vor der Flucht	1949/1950
Zahl	107 000	82 000
Selbstständige	32,4 %	2,2 %
mithelfende Familienangehörige	39,5 %	1,5 %
Beamte	0,5 %	0,2 %
Angestellte	3,1 %	2,6 %
Arbeiter	24,5 %	93,6 %

Es war das Ziel der sehr bald nach dem britischen Einmarsch und der Kapitulation der Regierung Dönitz neu erstandenen SPD[7], auf politischem Wege eine Möglichkeit zur Bereitstellung von landwirtschaftlichen Siedlungsstellen für den ländlich geprägten Großteil der Flüchtlinge aus Ost- und Westpreußen, dem Wartheland und Pommern zu finden. Das hatte seinen Grund auch darin, dass die SPD, die sich im März 1946 mit einem ordentlichen Bezirksparteitag in Neumünster neu konstituierte und im Mai desselben Jahres von der Militärregierung für ganz Schleswig-Holstein zugelassen wurde, von vielen Flüchtlingen und Vertriebenen als die Partei angesehen wurde, die ihnen den Ausgleich der Besitzverhältnisse bringen konnte. Das hieß konkret: Aufgabe der SPD war die Einleitung einer Bodenreform. Allerdings fehlte der Partei eine Verankerung in der Gruppe der Klein- und Mittelbauern, die traditionell eher konservativ wählten und mit der Partei der Arbeiter und Habenichtse wenig zu tun haben wollten. Hingegen gab es eine enge Verzahnung zwischen dem neu gegründeten Bauernverband und dem im Januar 1946 als „Demokratische Union" gegründeten und sich im Februar 1946 der CDU anschließenden Landesverband der eher konservativen Kräfte im Land.
Im ersten, noch von der Militärregierung ernannten, Landtag wurde die Agrarpolitik als zentrale Aufgabe der Wirtschaftspolitik gesehen. Das war selbstverständlich, weil die Lösung der Unterernährungsfrage, der „Kampf gegen den Hunger"[8], drängte und nur durch die Ankurbelung einer ausreichenden Agrarproduktion gewähr-

leistet werden konnte. Gleichzeitig sollte damit das soziale Problem der Flüchtlings- und Vertriebenenfamilien gelöst werden. Über diese Haupterfordernisse waren sich die politischen Kräfte im ernannten Landtag einig – aber wie sollte insbesondere das Siedlungsproblem gelöst werden? Die CDU mit ihrer engen Bindung an Großgrundbesitz, Mittel- und Kleinbauern und Industrie und die FDP, die ebenfalls im Frühjahr 1946 gegründet worden war, wollten das bestehende Eigentum an Grund und Boden sichern, schon allein, um ihre Wähler und Parteigänger nicht zu verprellen.

Im Gegensatz zu den bürgerlichen Parteien sahen SPD und KPD in der landwirtschaftlichen Siedlung auch ein Instrument für die Neuordnung des Lebens und Arbeitens im ländlichen Raum und für eine Umgestaltung der wirtschaftlichen Struktur des Landes. Die KPD betrachtete die Bodenreform vor allem als eine Aufgabe zur Sicherung der Demokratie und strebte deshalb die Enteignung der Großgrundbesitzer an. Kleine Bauernwirtschaften sollten Bauern und Landarbeiter zu „freien Herren auf freier Scholle" machen. Hingegen legte die SPD den Plan einer grundlegenden Agrarstrukturreform vor, in deren Rahmen eine intensivierte Bodenbewirtschaftung mit hohem Arbeitskrafteinsatz angestrebt wurde. Das benötigte Land sollte durch Rückführung von Wehrmachtsgelände in die landwirtschaftliche Nutzung, durch Flurbereinigung, Meliorationen und Landgewinnung, durch Überführung von Landbesitz der Gemeinden, Städte und Kreise, der Kirche und von Stiftungen bereitgestellt werden. Vor allem aber sollte der Großgrundbesitz enteignet werden. Der sozialdemokratische Agrarexperte Erich Arp erklärte, dass die Sicherung der Demokratie die Enteignung des Großgrundbesitzes und damit die „Entmachtung einer Klasse, deren Herrschaft in Vergangenheit und Gegenwart politisch und wirtschaftlich gleich schädlich gewesen sei"[9] erfordere.

Nun hatte die britische Militärregierung zunächst eine Umsetzung des Bodenreform-Gesetzentwurfes des Alliierten Kontrollrates vom Oktober 1945 nicht in Angriff genommen und erst im Februar 1946 die Beschlagnahmung von Gütern über 500 ha landwirtschaftlicher Nutzfläche angeordnet. Davon waren zwischen 40 und 50 Besitzungen betroffen, die zunächst in der treuhänderischen Verwaltung ihrer ehemaligen Eigentümer blieben. Im September 1947 wurde dies in einer Verordnung festgelegt.

Auf schleswig-holsteinischer Seite begannen Siedlungsexperten bereits früh, an dieser Frage zu arbeiten. Die Freigabe von vier Wehrmachtsgütern durch die Besatzungsmacht und der noch verbliebene Landvorrat der Schleswig-Holsteinischen Landgesellschaft erlaubten schon bald eine, wenn auch mit nur rund 5.500 ha geringe, Siedlungstätigkeit.[10] Ein von den Siedlungsexperten unter F. W. Boyens im Mai 1946 vorgelegter Entwurf einer „Verordnung über die Förderung der ländlichen Siedlung in Schleswig-Holstein" sah vor, den privaten Großgrundbesitz über 125 ha für die Siedlung bereitzustellen. Mehrfachbesitz wurde danach verboten, und für alle Betriebe zwischen 30 und 150 ha war eine gestaffelte Landabgabe zwischen 2 und 34 % vorgesehen. Insgesamt sollten dadurch etwa 210.000 ha Nutzfläche für 78.000 Kleingärten, 50.000 Kleinsiedlungen, 18.500 Landarbeiterstellen sowie 13.200 Handwerker-, Gärtner- und Bauern-

Jedes noch so kleine Stückchen Land wurde für den Gartenanbau genutzt.

stellen geschaffen werden. Eine überarbeitete Version wurde im September 1946 im Landtag kontrovers diskutiert: Während die SPD durch ihren agrarpolitischen Sprecher Erich Arp die sofortige Enteignung des Grundbesitzes über 100 ha Gesamtfläche gegen eine niedrige Entschädigung forderte, lehnte die CDU, unter dem Einfluss des insbesondere im östlichen Landesteil ansässigen Großgrundbesitzes, diese Vorschläge ab. Das Gesetz wurde von den britischen Stellen jedoch weder genehmigt noch verboten. Schon daraus wird der Interessengegensatz zwischen SPD und CDU deutlich: Die SPD wünschte im Interesse der vielen Landlosen eine möglichst weitgehende Enteignung und Entmachtung des Großgrundbesitzes und auch der Mittelbauern, die CDU hingegen wollte diesen nicht grundsätzlich antasten, sondern nur freiwillige Landabgaben erreichen.

In der Zeit zwischen 1946 und 1947 fanden zahlreiche Maßnahmen zur Demokratisierung und Steigerung der Effektivität der landwirtschaftlichen Organisation statt. Im März 1947 wurden die Ernährungswirtschaften Hamburgs und Schleswig-Holsteins getrennt. Landwirtschaftsämter in allen Kreisen wurden als Verwaltungsorgane des Landwirtschaftsministeriums eingerichtet. Im Mai 1947 wurde ein modifizierter Entwurf zur Neugestaltung der Landesbauernkammer (Landwirtschaftskammer) genehmigt, so dass nun eine demokratische Umgestaltung der aus der NS-Zeit überkommenen Reichsnährstandsorganisation durchgeführt werden konnte. Bei der ersten Landtagswahl am 20. April 1947 gelang der SPD nahezu überall ein beträchtlicher Stimmengewinn, so dass sie als Sieger aus der Abstimmung hervorging. „Die Sozialdemokraten waren

Die erste Sitzung des Landtages in Kiel fand im Neuen Stadttheater (heute Schauspielhaus) statt.

INTEGRATION

vor allem dort stark, wo die in Aussicht genommenen Bodenreformgebiete lagen und eine besonders große Zahl von Flüchtlingen untergebracht war."[11] Daraus zog die SPD den Schluss, dass ein vordringlicher Wählerauftrag in der Umsetzung der Bodenreform lag.
Als erste gesetzliche Maßnahme wurde von Landwirtschaftsminister Erich Arp der Entwurf eines Kleingartengesetzes vorgelegt, das – im Landtag einstimmig angenommen – im März 1948 in Kraft trat. Sein Ziel war es, für viele Familien eine zusätzliche Ernährungsbasis zu schaffen. Die Zahl der Kleingärten war im Lande von 93.500 zu Beginn des Jahres 1945 auf über 326.000 im Frühjahr 1948 gestiegen.
Im November 1947 konnte die Landesregierung einen neuen Gesetzentwurf zur Bodenreform vorlegen. Diesem waren Debatten um ein Bodenreform-Rahmengesetz für die Britische Zone im Zonenbeirat von Juni bis September 1947 vorausgegangen. Die im September 1947 von der Militärregierung erlassene Verordnung Nr. 103 „verfügte die Beschränkung des Grundbesitzes auf 150 ha … Die Enteignung sollte bei ‚angemessener' Entschädigung erfolgen … Die Anwendung der Verordnung hätte in Schleswig-Holstein noch immerhin ca. 450 Betriebe mit einer Gesamtfläche von 194.000 ha und 84.000 ha landwirtschaftlicher Nutzfläche erfaßt, was eine besiedlungsfähige Landmenge von rund 127.000 ha bedeutet hätte."[12] Der Gesetzentwurf griff in Anlehnung an die britische Rahmenverordnung auf den Entwurf von 1946 zurück. Grundlage für die Landabgabe und Enteignung war der 1. Januar 1945; dies war nötig, weil angesichts drohender staatlicher Maßnahmen zahlreiche Großgrundbesitzer zu privaten Landaufteilungen durch Scheinverkäufe und Erbüberlassungsverträge gegriffen hatten, so dass man nicht mehr den Grundbesitz einer Person, sondern mehrere Besitzungen in einer Familie greifen konnte. Auch die von britischer Seite geforderte Größe des heranzuziehenden Grundbesitzes wurde unterschritten (statt 150 ha nun 100 ha). Die Debatte im Landtag war erbittert. Vor allem die CDU warf der SPD-Regierung vor, den „Anfang der Kolchose" herbeizuführen und eine „drastische Anpassung an die Methode der SED in der Ostzone"[13] vorzunehmen.
Dies ist nur eine von vielen Äußerungen, mit denen seitens der CDU versucht wurde, alle Bodenreformpläne der SPD mit der Entwicklung in der Sowjetischen Besatzungszone in Beziehung zu setzen und damit zu diffamieren, um so grundsätzlich eine durchgreifende Reform zu verhindern. Die CDU verfocht eine reine Standespolitik im Interesse der Mittelbauern und der Großgrundbesitzer, wobei sie sich nur noch unverbindlich zu Siedlung und Bodenreform bekannte. Die Vorlage wurde gleichwohl allein mit der SPD-Stimmenmehrheit angenommen. Die Abstimmungsniederlage wurde von der CDU, dem Bauernverband und der Arbeitsgemeinschaft des Grundbesitzes nicht hingenommen, sondern diese Organisationen brachten Rechtsgutachten bei, die das Gesetz als den geltenden Rechtsnormen zuwiderlaufend bezeichneten. Parallel wurde in einer Kampagne der Agrar- und Grundbesitzerverbände die Öffentlichkeit gegen das beschlossene Gesetz mobilisiert. Das blieb nicht ohne Auswirkungen auf die britischen Militärbehörden, die im Dezember 1947 dem Gesetz in der vorliegenden Fassung die Zustimmung verweigerten und 15 Änderungsauflagen formulierten, darunter auch hinsichtlich der Rückwirkung und der betroffenen Hektarzahl.
Kurz darauf wurde Landwirtschaftsminister Erich Arp – ein unerschrocken für seine Zielvorstellungen einer möglichst tiefgreifenden und die sozio-politische Vormachtstellung der Großgrundbesitzer brechenden Bodenreform streitender Politiker – von Ministerpräsident Hermann Lüdemann beurlaubt und trat im Januar 1948 zurück. Arp, der auch von konservativen Kritikern als „reger und kluger, besonders aber … eminent fleißiger Politiker …, der temperamentvoll und furchtlos, auch bei der Militärregierung, seine Ansichten verfocht"[14],

beurteilt wurde, war geradezu von der Idee der Zerschlagung des Großgrundbesitzes besessen. Seine politische Ideenwelt war stark marxistisch geprägt, suchte jedoch einen dritten Weg zwischen Kapitalismus und Kommunismus. Zunehmend gerieten seine agrarpolitischen Vorstellungen auch in Konflikt mit den von der in Hannover neu gebildeten Parteizentrale der SPD entwickelten Leitlinien. Gleichzeitig gab es aber auch heftige Differenzen mit dem schleswig-holsteinischen Parteivorsitzenden Andreas Gayk, der – ohne direkte Verantwortung in der Landesregierung zu übernehmen – starken Einfluss auf diese nahm. Dennoch engagierte sich Arp weiter für seinen Weg. Er besuchte die umliegenden Länder und informierte sich ausführlich über deren Landwirtschaft. Hierbei besuchte er auch Mecklenburg, wo die Bodenreform bereits abgeschlossen war; seine Beurteilung der Erfolge der Reformmaßnahmen war positiv, auch wenn er Kritik an der Zerstückelung der Gutsbetriebe und deren Aufteilung in zu kleine Bauernstellen übte. Zwar konnte sich Arp während der Debatten zu dem im März 1948 erneut in den Landtag eingebrachten Bodenreformgesetz in den Monaten Juli und August 1948 noch einmal durchsetzen, verließ dann aber im Januar 1949 die SPD und kam damit einem von der Parteizentrale vorbereiteten Parteiausschluss zuvor. Arps Position war dem Schumacherflügel, dem auch Andreas Gayk und Hermann Lüdemann zuzurechnen sind, zu marxistisch. „In der für Schleswig-Holstein entscheidenden Frage der Bodenreform hatte sich mit dem Fall Arp exemplarisch die Abkehr der SPD von ihrem Anspruch nach radikalem Neubeginn deutlich gezeigt. Sie beschränkte sich bald auf sozialistische Rhetorik und unterwarf sich in ihrer praktischen Politik den Bedingungen des Kalten Krieges."[15]

Nachfolger Arps als Landwirtschaftsminister wurde Bruno Diekmann, unter dessen Ägide das neue Gesetz zur Einleitung der Agrarreform in Schleswig-Holstein im März 1948 in die Landtagsberatung gegeben wurde. Dieser Entwurf legte die Hektargröße nach Wahl des Eigentümers entweder auf 100 ha landwirtschaftlicher Nutzfläche ohne Rücksicht auf den Bodenwert oder 50.000 RM Bodenwert ungeachtet der landwirtschaftlich nutzbaren Hektarfläche fest. Diese Herabsetzung traf den ostholsteinischen Großgrundbesitz aufgrund seiner hochwertigen Böden stärker. Insgesamt wurde jedoch die erfasste Landmenge verringert, da die Großbauern an der Westküste des Landes unbelastet blieben. Die Vorlage wurde von der SPD-Mehrheit im Landtag angenommen, das Gesetz im Mai 1948 von der britischen Militärregierung ohne Vorbehalte genehmigt. Damit war eine für Siedlungszwecke bereitstehende Landmenge von 130.000 ha zu erwarten.

Allerdings traten in der Folge erhebliche Schwierigkeiten mit der Fixierung der Entschädigungen für enteigneten Grundbesitz auf. Als im Juli 1948 der Entwurf eines „Gesetzes über die Enteignung des der Agrarreform

Nach dem Krieg waren besonders die Flüchtlinge darauf angewiesen, sich durch Kleintierhaltung selbst zu versorgen.

unterliegenden Grundbesitzes im Lande Schleswig-Holstein" eingebracht wurde, das die Fragen der Enteignung, Entschädigung und Finanzierung regeln sollte, gab es schwere Auseinandersetzungen, insbesondere über die Frage der Entschädigung. Die Debatte wurde selbstverständlich von der im Juni 1948 durchgeführten Währungsreform in den Westzonen überschattet, denn nun fehlten im Haushalt des Landes Schleswig-Holstein die Finanzmittel, um eine Entschädigung für Landenteignungen in absehbarer Zeit zu leisten. Dennoch wurde das Gesetz mit den Stimmen der SPD-Abgeordneten im August 1948 durchgesetzt. „Insgesamt wären von einer Durchführung dieses Gesetzes 275 größere Betriebe mit einer Fläche von 85.444 ha betroffen gewesen. 47 bisher selbst bewirtschaftete und 142 verpachtete Betriebe mit zusammen 44.400 ha sollten als erste Stufe in den Besitz der ‚Landstelle Schleswig-Holstein' übergehen und 250 Zeitpachtstellen mit rund 5.000 ha in Eigentum umgewandelt werden."[16] Das Gesetz traf auf Bedenken der Militärregierung, die einer entschädigungslosen Landabgabe entgegentrat. Das daraufhin im Januar 1949 erneut in den Landtag eingebrachte Gesetz, das eine Entschädigung von 100 % des Einheitswertes vorsah, gleichzeitig die zwingenden Vorschriften zum Verbot des Mehrfachbesitzes in Kann-Bestimmungen umwandelte und die Beanspruchung von Grundbesitz nur im Bedarfsfalle möglich machte, wurde mehrheitlich angenommen. Es stellt die Beerdigung

Der Lanz-Bulldog, der den Treckwagen aus Pommern nach Schleswig-Holstein zog, kam nach der Flucht hier zum Einsatz.

INTEGRATION

aller durchgreifenden Bodenreformpläne im Lande dar. Unter dem nachhaltigen Sperrfeuer der Gegner einer Reform war es zwischen 1945 und Juni 1949 nur zur Bildung von 308 neuen Ansiedlungen auf 3.661 ha und zur Erweiterung von 319 Kleinbetrieben gekommen – ein äußerst enttäuschendes Ergebnis angesichts der hohen Erwartungen der Landlosen (Einheimische wie Flüchtlinge/Vertriebene).

Die Gesetzgebung zur Bodenreform in Schleswig-Holstein war damit abgeschlossen, und man wird sagen dürfen, dass sich – mit der Stützung der britischen Militärregierung – die Interessen der Mittelbauern und Großgrundbesitzer durchgesetzt hatten. Da konnte es sich die „Arbeitsgemeinschaft des Grundbesitzes" leisten, mit einem besonderen Angebot an die Landesregierung heranzutreten: Sie bot im März 1949 insgesamt 30.000 ha Land aus Mehrfachbesitz freiwillig und ohne langwieriges Enteignungsverfahren für die ländliche Siedlung an. Dieses Angebot wurde von der SPD-Regierung angenommen und bis 1957 – vorwiegend unter der seit 1950 regierenden CDU – voll in die ländliche Siedlung eingebracht.[17]

Eine Bewertung der Bodenreformpolitik der Jahre 1945 bis 1949/50 ist nicht ganz einfach. Die weitreichenden Pläne des Landwirtschaftsministers Erich Arp, die zunächst von der SPD mitgetragen wurden und auf

Tab. 3: Ländliche bäuerliche Neusiedlung 1946-1965[21]

Jahr	Fläche in ha	Bäuerliche Neusiedlerstellen		
		unter 5 ha	5-15 ha	15 ha und mehr
1946	480	1	1	3
1947	1 129	8	19	35
1948	1 320	1	14	38
1949	645	1	13	37
1950	6 446	19	80	209
1951	8 633	32	79	261
1952	4 111	18	40	93
1953	5 760	25	101	200
1954	2 445	27	32	70
1955	2 712	27	42	73
1956	3 571	14	25	125
1957	1 782	3	11	63
1958	2 500	3	6	95
1959	2 630	2	7	97
1960	1 382	–	5	43
1961	1 832	2	3	67
1962	798	–	1	24
1963	1 189	–	7	41
1964	1 421	–	2	55
1965	1 821	–	–	67

den erbitterten Widerstand von CDU und Großgrundbesitz, aber auch des größten Teils der Groß- und Mittelbauern stießen, konnten nicht durchgesetzt werden. Dazu trug auch bei, dass die britische Besatzungsmacht sich immer stärker an ihrem Bündnispartner USA orientierte und die einst von der Labour-Mehrheit im Unterhaus getragenen Reformvorstellungen zurückdrängte. Durch die Entspannung auf dem Lebensmittelsektor konnte Arps Nachfolger, der SPD-Minister Diekmann, von Eingriffen in das Privateigentum abrücken und sich schließlich – mit Deckung der SPD – ganz von einer umfassenden Bodenreform verabschieden. Es war unter anderem diese Haltung, welche der SPD die schwere Wahlniederlage von 1950 bescherte, die sie für mehr als 30 Jahre aus der Regierungsverantwortung entlassen sollte. Denn die enttäuschten Flüchtlinge und Vertriebenen hatten sich nun von der SPD abgewandt und setzten mehrheitlich auf den „Bund der Heimatvertriebenen und Entrechteten" (BHE), der gemeinsam mit der „Deutschen Partei" (DP) die „Gesamtdeutsche Partei" (GDP) bildete. Dieser Zusammenschluss errang 1950 mit 33 % der Stimmen seinen größten Erfolg, ging aber in der Folge mit der CDU zusammen und befürwortete die „sanfte Lösung" der traditionellen ländlichen Siedlung.[18] Bis 1954 wurden 10.500 Flüchtlinge als Landwirte neu angesiedelt.[19] Dazu trug auch die Gesetzgebung des Bundes bei, die nach dem Flüchtlingssiedlungsgesetz und dem Flüchtlingshilfegesetz 1952 mit dem Lastenausgleichsgesetz die Finanzierungsmöglichkeiten für die ländliche Ansiedlung von geflüchteten Bauern schuf. Die in Artikel 8 der Landessatzung (Verfassung) verankerte Zielvorstellung der Bodenreform wurde von der neuen Landtagsmajorität aus CDU, FDP, GDP und Südschleswigschem Wählerverband schnellstmöglich getilgt. Damit war die Bodenreform in ihrer radikalen Ausprägung, so wie sie der marxistische Flügel der SPD im Lande versucht hatte durchzusetzen, gescheitert – oder, wie ihre Kritiker sagen: ein „Versuch" geblieben.[20]

Gleichwohl gelang es trotz des Scheiterns einer weitreichenden Bodenreform, die Flüchtlingsfrage im ländlichen Bereich langfristig zu lösen. Eine weitgehende Aufsiedlung mit Bauern- und Kleinbauernstellen hätte in der langfristigen Folge zu einer Verschärfung der Probleme geführt, mit denen sich heute die bäuerliche Landwirtschaft in steigendem Maße konfrontiert sieht: Der mangelnden Rentabilität der Betriebe, die für die jüngere Generation sehr oft keine Zukunftsperspektive mehr bildet. Heute sind die Flüchtlingsprobleme von einst fast vergessen – und angesichts der Bedrohung des gesamten Berufsstandes der Landwirte durch die europäischen und weltweiten Entwicklungen stellen sich die sozialen und ökonomischen Frontlinien völlig anders dar, als in den 1940er und 1950er Jahren.

POMMERSCHER KAVIAR UND HOLSTEINISCHE ANANAS
NACHKRIEGSERNÄHRUNG UND DIE AKZEPTANZ FREMDER SPEISEN

ULRIKE LOOFT-GAUDE

„… der Gedanke an frisch gebackenes Brot machte mich ganz dumm im Kopf, und ich streifte oft abends stundenlang durch die Stadt und dachte nichts anderes als: Brot. Meine Augen brannten, meine Knie waren schwach, und ich spürte, daß etwas Wölfisches in mir war. Brot. Ich war brotsüchtig, wie man morphiumsüchtig ist …" So lässt Heinrich Böll seinen Protagonisten in „Das Brot der frühen Jahre"[1] das Hungergefühl der Nachkriegsjahre beschreiben. Das Brot kann hier als stellvertretend für sättigende Nahrung schlechthin verstanden werden.

In den ersten Jahren nach der Ankunft in Schleswig-Holstein stand für die Vertriebenen und Flüchtlinge[2] die Frage im Vordergrund, ob es genügend zu essen geben und nicht, was das sein würde.

Soldatenhelme wurden nach dem Krieg nicht mehr gebraucht. Dieser ist zu einem Durchschlag umgearbeitet worden.

DIE ALLGEMEINE ERNÄHRUNGSSITUATION

Eine reparierte Milchkanne mit einem erneuerten Bügelgriff aus Aluminium und einem Deckel aus einer aufgeschnittenen Blechdose.

Die Bedingungen und Daten der Versorgung mit Lebensmitteln in der Nachkriegszeit sind hinlänglich in zahlreichen Veröffentlichungen behandelt worden. Deshalb sollen sie in diesem Beitrag nur relativ kurz angesprochen werden. Die schleswig-holsteinische Bevölkerung betrug zu Beginn des Krieges 1939 1.589.000 Einwohner[3]. Im Oktober 1946 waren hier insgesamt 2.575.204 Personen gemeldet[4], also annähernd doppelt so viele. Eine Eigenversorgung mit Lebensmitteln hatte Deutschland auch unter den Nationalsozialisten nicht erreicht. Jetzt war sie vollkommen unmöglich geworden, weil die ehemaligen deutschen Ostgebiete nicht mehr als „Kornkammern" zur Verfügung standen. Statt des ursprünglichen Verhältnisses von 52 ha Nutzfläche pro 100 Einwohner standen nach 1945 für ebenso viele Menschen in Deutschland nur noch 31 ha zur Verfügung, in Schleswig-Holstein waren es mit 26,2 ha[5] sogar noch weniger. Hinzu kamen Ertragsrückgänge durch das bereits mehrjährige Fehlen von Düngemitteln.

Verteilung von Lebensmitteln, Kiel ca. 1946.

Der Mangel an Nahrung wurde zusätzlich durch Transportprobleme verstärkt. Weder waren genügend Fahrzeuge noch Benzin oder Reifen vorhanden.[6] So gab es im Sommer 1945 zwar genügend Milch und Butter in Schleswig-Holstein, aber keine Möglichkeit, ausreichende Mengen in die Hamburger Kühlhäuser zu bringen, um Vorräte anzulegen. Und die Flensburger mussten zeitweise auf Kartoffeln verzichten, weil es nicht möglich war, welche dorthin zu bringen, obgleich die Ernten im Land dafür ausgereicht hätten.[7]

Die Ernährungssituation war für die meisten Bewohner Schleswig-Holsteins folglich extrem schwierig. Nur etwa 14 % gehörten zu bäuerlichen Haushalten und konnten als Selbstversorger, trotz der Verpflichtung zur Abgabe erzeugter Lebensmittel, bis zu einem gewissen Maß auf eigene Produkte zurückgreifen. Wer in der Stadt lebte, hatte dagegen die größten Schwierigkeiten, sich mit Nahrungsmitteln zu versorgen, was sowohl für die Vertriebenen und Flüchtlinge wie auch für Einheimische zutraf.

Glücklich konnte sich schätzen, wer einen Garten besaß. Es gab kaum noch Ziergärten, denn jeder baute, wo immer es ging, Kartoffeln und Gemüse an. Bei der Anlage von Vertriebenen- und Flüchtlingslagern wurden, wenn möglich Gartenbereiche eingeplant. Und auch dort, wo sie eigentlich nicht vorgesehen waren, funktionierten die Bewohner jedes nicht genutzte Stückchen Boden um. Hans Christian Sacht, nach dem Krieg in einer Baracke in Gettorf untergebracht, schreibt: „Jede freie Fläche zwischen und hinter den Baracken wurde als Gartenland benutzt. Der Lagerrat, bestehend aus einigen Männern, sorgte immer dafür, dass die Benutzer ihre Gärten sinnvoll bestellten und pflegten. Sonst wurde ihnen der Garten abgesprochen und jemand anderem zugewiesen."[8]

Für die Versorgung mit Nahrung existierten zwei grundsätzlich verschiedene Systeme nebeneinander, einerseits das offizielle über die Ausgabe von Marken, andererseits das inoffizielle auf dem Schwarzen Markt, das zwar verboten war und verfolgt wurde, sich aber als sehr erfolgreich erwies. Geld spielte in keinem der beiden eine große Rolle, einmal waren die Marken das Entscheidende und im anderen Fall der Tausch Ware gegen Ware.

Die Organisation der Bewirtschaftung überließ die britische Militärregierung dem bestehenden Verwaltungsapparat. Die im Reichsnährstand zusammengefassten Orts-, Kreis- und Landesbauernschaften übten die alte Aufgabe also weiter aus, wenn auch unter anderer Oberhoheit. Sie arbeiteten nach 1945 allerdings weniger effektiv als zuvor.

Im Kreis Pinneberg schilderte der damalige Landrat Walter Damm die katastrophale Versorgung Anfang 1947: „Für die letzte Woche der jetzigen Zuteilungsperiode werden zugeteilt: 2.000 Gramm Brot und ein Ei, nichts anderes! ... Diese Mengen stehen aber vorläufig nur auf dem Papier. 1.142 Kalorien soll die Verpflegung pro Tag betragen; tatsächlich beträgt [sie] bei der heutigen Zuteilung ... aber nur 825 ..."[9]

Da die offiziellen Lebensmittelzuteilungen bei Weitem nicht ausreichten, satt zu werden, versuchte jeder, durch Hamsterfahrten aufs Land und durch Tauschgeschäfte auf dem Schwarzen Markt seine Lage zu verbessern. Im April 1947 kostete zum Beispiel ein Brot von 1.500 g dort 25 bis 100 RM. Ein Pfund Butter war für 230 bis 250 RM zu haben, was dem Monatslohn eines Facharbeiters entsprach.[10] Was man über Lebensmittelkarten erwarb, war zwar günstiger, aber es gab an Butter vielleicht „... ein halbes achtel Pfund ..."[11]

Lebensmittelkartenausgabe in Kiel 1946.

Schlangen vor der Ausgabestelle für Lebensmittelkarten, wohl an einer Schule in Kiel.

POMMERSCHER KAVIAR

Auch andere Fette waren knapp. Deshalb sammelte man Bucheckern und presste sie aus. Die Pressen stellten Schmiede für diesen Zweck zur Verfügung.

Lebensmittelhilfen aus dem Ausland linderten die Not teilweise. Die britische Militärregierung führte seit Februar 1946 zunächst in den Städten, später auch in einigen Kreisen die Schulspeisung ein, durch die jedes Kind einmal am Tag eine warme Mahlzeit erhalten sollte. Die amerikanischen CARE-Pakete, von denen heute noch jeder ältere Schleswig-Holsteiner weiß, auch wenn er sie nicht mehr selbst gesehen hat, halfen zwar nur punktuell, bedeuteten aber in jedem Einzelfall große Freude. Der Inhalt dieser Pakete, die seit Juni 1946 ankamen, bestand hauptsächlich aus Fleischkonserven, Fett, Mehl, Zucker, Trockenobst, -ei und -milch sowie Kaffee und Seife.[12] Die darin enthaltene Kalorienzahl betrug 40.000. Auch aus Dänemark, Schweden und der Schweiz kam ähnliche Hilfe.

Lange im Gedächtnis blieben die „Steckrübenwinter". Die „Holsteinische Ananas", wie sie auch genannt wurde, war sehr oft das Einzige, was zur Verfügung stand. Sie wurde, um zumindest eine gewisse Abwechslung zu erzeugen, auf verschiedene Weise zubereitet. Morgens gab es sie anstelle von Brot, mittags und abends als Suppe, in Mehl gewendet und gebraten[13], wenn nichts anderes da war, nahm man zum Braten auch schwarzen Kaffee[14]. Zunächst schmeckte die Rübe den Menschen wohl noch ganz gut, aber der dauernde Verzehr hatte zur Folge, dass viele Alt- und Neu-Schleswig-Holsteiner später jahre- oder jahrzehntelang keine mehr anrührten.

Brot gab es in den Bäckereien längst nicht immer, Weiß- und Schwarzbrot sogar nur selten. Wenn die Bäcker gebacken hatten, bildeten sich vor ihren Geschäften schnell lange Schlangen. Häufig war dann aber nur das

Ausgabe von CARE-Paketen im Kieler Rathaus, 1946.

Dose mit Pflanzenfett aus einem CARE-Paket.

Aluschüssel für die Schulspeisung. Mit dieser aus einem Helm hergestellten Schüssel holte sich Wolfgang R. täglich seine warme Mahlzeit.

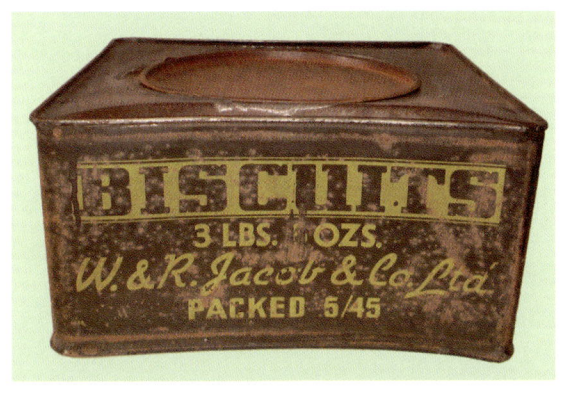

Biskuitdose aus einem CARE-Paket.

aus amerikanischem Maismehl hergestellte zu erhalten. Brigitte Schmidt aus Ostpreußen schreibt dazu: „Das Maisbrot war eins der schlimmsten Lebensmittel der Hungerjahre."[15]

Kartoffeln zu erhalten war oft schwierig, sofern man sie nicht im eigenen Garten anbauen konnte. Irene Schleidt erinnerte sich, sie „waren nicht zu bekommen, schon gar nicht für eine Mutter mit zwei Kindern ohne Tauschartikel."[16] Auf dem Land gab es nach der Ernte die Möglichkeit des „Kartoffelstoppelns", d. h. auf dem Feld nach übrig gebliebenen Knollen zu suchen, jedoch erst nachdem der Bauer selbst es gründlich abgeerntet und freigegeben hatte. Auf der gesamten Fläche ist der Boden dann nochmals durchgearbeitet worden, bis auch die kleinste Kartoffel gefunden war. Martha Rodehau berichtet, dass sie im Herbst in der Kartoffelernte helfen konnte und am Ende einen Beutel Kartoffeln erhielt: „Sie können sich vorstellen, wie groß meine Freude war, … Genauso groß war die Freude bei meiner Ankunft in der Familie. Wir kamen uns ganz reich vor."[17]

Fleisch gab es nur selten und über die Bewirtschaftung ausschließlich in geringen Mengen. Großer Beliebtheit erfreuten sich darum die Wurstbrühen, die die Schlachter gelegentlich herstellten und verkauften. Hans-Christian Sacht schreibt dazu: „Zweimal wöchentlich" hätte es sie gegeben und weiter: „Wurstbrühe. Dies war Wasser, in dem sie vorher die Wurst gekocht hatten. Dann standen die Leute, ausgerüstet mit Eimern, Kannen und anderen Gefäßen, in langen Schlangen vor den Schlachterläden. Aber die Suppe aus dieser Wurstbrühe mit Gemüseeinlage schmeckte ganz gut."[18]

Menschen vor der Freibank, der Verkaufsstelle von Fleisch, Kiel 1950.

Wer Platz für einen Stall hatte, hielt Kaninchen, um sich mit Fleisch zu versorgen.

Für die Kinder waren die Kaninchen auch Spielgefährten.

Wer einen Hof oder einen kleinen Garten besaß, hielt sich gern Kaninchen in Ställen hinter dem Haus, um den Fleischbedarf zu decken. „Massenhaft wurden Kaninchen gehalten. Ganze Batterien von Kaninchenställen standen auf Höfen und in Ställen. Kaninchenkraut von Straßenrändern oder aus dem Park reichte oft nicht mehr als Futter für die Tiere aus. Bei Nacht und Nebel wurde so manche Rübe vom Feld geklaut."[19] Wer offiziell Schweine besaß, musste beim Schlachten den größten Teil des Fleisches abliefern. Auf dem Land versuchten deshalb viele, die über entsprechenden Stallraum verfügten, heimlich ein Tier zu mästen, um es später schwarz schlachten zu können.

DIE KOCHGELEGENHEITEN IN DEN BEHELFSWOHNUNGEN

Die Kochstellen der meisten Flüchtlinge befanden sich in ihren Wohnräumen. Mit einer Brennhexe, die bei einigem Glück über die Warenzuteilung zu erhalten war, oder einem selbst gebauten Herd konnte gleichzeitig gekocht und geheizt werden. Nur bei den Flüchtlingsfamilien mit sechs oder mehr Personen stand etwa der Hälfte eine eigene Küche zur Verfügung, die sie auch allein benutzen durften.[20] Nicht einmal der Besitz eines Kochtopfes war in der ersten Zeit selbstverständlich. Martha Rodehau fand mit ihrem Mann in Neumünster ein Zimmer, in dem „ein Kochherd, welcher Brennhexe genannt wurde"[21] stand. Für den Topf dazu erhielt ihr Mann im Ausbesserungswerk, wo er Arbeit gefunden hatte, einen Bezugsschein.

Für die, die insbesondere auf Bauernhöfen im Haushalt mitversorgt wurden, mag das Nahrungsangebot oft größer gewesen sein als bei Selbstversorgern. Allerdings mussten sie sich oftmals mit unbekannten Gerichten anfreunden. So berichtet Ilse Pochardt aus Stettin über Grützwurst mit Rosinen: „[Die] … kannten wir zwar nicht, sie schmeckte uns aber trotzdem gut."[22] Margit Garrn aus Ostpreußen fand weniger Geschmack an dem, was ihr vorgesetzt wurde. „Vor der von den Einheimischen so geliebten Buttermilchspeise grauste es uns Flüchtlingen, und was der Mensch an Buchweizengrütze finden konnte, blieb uns auch verborgen."[23] Wer über einen eigenen Herd verfügte, konnte zumindest aus den vorhandenen Lebensmitteln nach eigenem Geschmack kochen.

Elfriede T. erzählte zum Beispiel, dass auf ihrem elterlichen Hof bei Hohenwestedt nur der Hofbesitzer seine Mahlzeiten allein und in der Stube einnahm, die untergebrachten Flüchtlinge aßen mit der Familie am großen Tisch in der Küche. Einmal in der Woche durften sie für sich nach eigenem Geschmack auf dem Küchenherd kochen.

Das Innere einer Nissenhütte, hinten links steht ein Tisch, an dem sich alle ihre Brote schmieren, Kiel 1948.

Frau am Herd in einer Kieler Behelfsunterkunft, ca. 1947.

Eine Lagerleben-Küche in einer Baracke, Kiel 1946.

NAHRUNGSGEWOHNHEITEN DER FLÜCHTLINGE IN SCHLESWIG-HOLSTEIN

Geruch und Geschmack sind Sinnesempfindungen, die oft erstaunlich lange im menschlichen Gedächtnis bleiben. In großem Maß können sie ein Wohlgefühl mit verursachen, oder zumindest Unangenehmes lindern helfen. Die meisten Menschen verbinden mit speziellen Getränken oder Gerichten aus ihrer Kindheit angenehme Gefühle, weil sie in der Erinnerung mit Zuwendung, Trost oder Ähnlichem verbunden sind. Aus diesem Grund war es bisher auch ohne wissenschaftlichen Nachweis[24] eine allgemein anerkannte Theorie, dass Menschen ihre Nahrungsgewohnheiten umso eher beizubehalten versuchten, je abrupter und ausschließlicher der Weg aus einer alten Heimat in eine neue war. Max Frisch (1911-91) hat auf seine Schweizer Heimat bezogen in diesem Zusammenhang formuliert, dass „… heimatliche Speisen … das gute Gefühl verschaffen, man kenne sich aus in der Welt, wenigstens hier …"[25]

Auch Verhaltenspsychologen haben sich mit diesem Thema auseinandergesetzt und kamen zu ähnlichen Ergebnissen. Hans Glatzel schreibt beispielsweise: „Essensbräuche und Geschmacksrichtungen, die in den Kinderjahren die Kost bestimmt haben, werden zeitlebens mit erstaunlicher Zähigkeit beibehalten."[26] Allerdings schränkt er ein: „Ob sie immer ganz unverändert beibehalten werden, ob das Geruchs- und Geschmacksgedächtnis auf Jahrzehnte hinaus so sicher arbeitet, ist freilich fraglich."

Von den 1950 insgesamt 1.056.335 Flüchtlingen[27] in Schleswig-Holstein kam mit ca. 640.000 der überwiegende Teil aus Ostpreußen und Pommern. Gut 75.000 stammten aus dem Freistaat Danzig und bildete damit die drittgrößte Gruppe. Die Küchen der anderen Ostseeanrainerstaaten unterschieden sich von der schleswig-holsteinischen nicht grundsätzlich. Das ähnliche Klima bot weitgehend identische Anbaumöglichkeiten und ein ständiger Handelsaustausch über die Ostsee hatte zu annähernd gleichen Vorlieben geführt. So gab es nicht nur überall relativ viel Fisch, auch der Anteil von Gemüse, Getreide und Fleisch in der Nahrung war vergleichbar, wie Teuteberg und Wiegelmann in ihren umfangreichen Untersuchungen festgestellt haben.[28]

Typisch für die ostpreußische Küche gegenüber der hiesigen war insbesondere die intensive Haltung von Gänsen und anderem Geflügel. Ihre Zubereitung erfolgte auf verschiedene Weise. Als Spezialitäten schätzte man die geräucherte Gänsebrust. Ein großer Teil wurde zur Konservierung sauer eingelegt, was in weiten Teilen Schleswig-Holsteins zwar unüblich, an der Westküste, auf den Inseln und Halligen für das Wildgeflügel aber ebenfalls gebräuchlich war.

Ungewöhnlich für die Ostpreußen war der Verzehr von Fliederbeeren. „[Die] … lernten wir erst hier schätzen. In Ostpreußen wurde ich ermahnt, ja nicht davon zu essen, sie wären schädlich."[29]

Auf der Internationalen Koch-Kunstausstellung in Frankfurt am Main 1937 stellte der ostpreußische Stand sich mit einem typischen regionalen Gericht vor, das nach dem Krieg bei uns einen Siegeszug antrat, dem Bauernfrühstück.[30] Tatsächlich ist es in hiesigen Kochbüchern aus der ersten Hälfte des 20. Jahrhunderts nicht zu finden.

Die pommersche Küche ist, der räumlichen Nähe entsprechend, der schleswig-holsteinischen vielleicht noch etwas näher. In der ländlichen Kost dominierten noch um 1930 Milchsuppen, weiße Bohnen, Kartoffeln und Schweinefleisch.[31]

POMMERSCHER KAVIAR

Unbekannt war in Schleswig-Holstein der „Pommersche Kaviar". Dabei handelt es sich um kaltes, rohes Gänsefett, das mit speziellen Geräten, den Cuttern (engl. cut = schneiden), mehrfach durchgearbeitet wurde, bis es sehr fein zerkleinert war. Zu den Gewürzen gehörte viel Majoran. – Er spielte überhaupt in der ostpreußischen und pommerschen Küche eine große Rolle, nicht nur in Verbindung mit Geflügel. – Unter die Fettmasse gemischt, bewirkte er eine optische Ähnlichkeit mit Kaviar. Dieses extrem gehaltvolle Gericht war zweifellos schwer verdaulich und konnte deshalb auch nur in geringen Portionen gegessen werden. In kalten Wintern brachte es arbeitenden Menschen jedoch schnell die nötigen Kalorien.

Die baltische Küche war in erheblichem Maß durch die benachbarte russische geprägt. Hannelore H., die als kleines Kind mit Mutter und Bruder aus Riga nach Geesthacht kam, erinnert sich noch gut an die damalige Zeit und die elterliche Küche. Geesthacht war geprägt von den Flüchtlingen, die überwiegend aus dem Baltikum und Ostpreußen stammten, sowie durch ausgebombte Hamburger, die hier vorübergehend Unterkunft gefunden hatten. Zunächst wohnte Hannelores Familie bei Verwandten, dann erhielt sie in einer Flüchtlingssiedlung ein kleines Einraumhaus mit dahinter liegendem Garten zum Anbau von Kartoffeln, Gemüse und Obst.

Zu den Rezepten aus ihrer Heimat gehört z. B. Milch-Gemüse-Suppe, die man in Schleswig-Holstein zwar nicht aß, die aber dem Gemüse in Milchtunke/Milchsoße[32] ähnelt. Weiter zählen „Kurländische Speckpiroggen" dazu. Das sind Taschen aus süßem Hefeteig mit salziger Speckfüllung – in den Zutaten aus Hefeteig, salzigem Speck und Süßem durchaus mit hiesigen traditionellen Gerichten wie Ofenkater oder Birnenkloß vergleichbar.

Garten in einer Behelfssiedlung im Winter, Geesthacht 1946.

Während es sich hier aber immer um geschichtete Ein-Topf-Gerichte handelte und gefüllte Teigtaschen keine Rolle spielten, bestanden bzw. bestehen Piroggen aus einzelnen handlichen Portionen, die sehr viel zeitaufwändiger herzustellen sind.

„Komm morgen wieder" sind mit Fleischmasse gefüllte Pfannkuchen und bei der ursprünglich russischen Osterspeise Pas´cha handelt es sich um eine Quarkmasse. Außerdem gab es sonst, wie in Schleswig-Holstein auch, viel Fisch und Süßsaures. Eher als die genannten Speisen mutet auf den ersten Blick die Kombination von Fisch und Fleisch im Rossobolje, einem Heringssalat mit Fleisch und roter Beete, fremd an, wenngleich beides im norddeutschen Labskaus auch zusammen enthalten ist.

Unter den Süßigkeiten hatten selbst hergestellte „Bonbons" aus Haferflocken eine große Bedeutung, andere waren in den Nachkriegsjahren allerdings kaum zu bekommen. Beliebt war außerdem „Kissell", eine eingedickte Masse aus Kompott oder Saft, ähnlich dem heute auch hier bekannten Quittenbrot, das sich in den schleswig-holsteinischen Kochbüchern noch nicht findet. „Kümmelkuchel", ein Gebäck mit Kümmel, ähnelt den schleswig-holsteinischen Kümmelkeksen[33] und „Manna" oder „Himmelsspeise", einem mit Fruchtsaft aufgeschlagenen gekochten Gries, entspricht der hiesigen „Schaum-Griesspeise"[34]. Zuckerei hieß „Goggelmoggel", Spiegelei „Ochsenauge" und zu Sahne sagte man „Schmant", egal ob sie süß oder sauer war.

Die Schlesier machten unter den Vertriebenen in Schleswig-Holstein eine vergleichsweise kleine Gruppe aus. Ihre Nahrungsgewohnheiten unterschieden sich stärker von den hiesigen als die der Pommern, Ostpreußen und Balten. Ihre Küche war der böhmisch-österreichischen ähnlicher. Sie war stärker durch Mehlspeisen bestimmt, es gab weniger Fisch, und wenn, dann handelte es sich um Süßwasserfische. Zu Weihnachten aß man in Schlesien traditionellerweise Karpfen und dazu Lebkuchensoße. Diesen Teichfisch konnte man hier im Winter ebenfalls überall kaufen, aber die Soße mit Kuchen erschien den Einheimischen schon recht ungewöhnlich.

Nicht nur die schleswig-holsteinischen Neubürger mussten sich mit unbekannten Gerichten auseinandersetzen, umgekehrt riefen auch Mahlzeiten der Vertriebenen bei den Einheimischen gelegentlich Verständnislosigkeit oder zumindest Verwunderung hervor. Wenn auf einem Hof in Poyenberg in Holstein Gänse geschlachtet wurden, haben die dort untergekommenen Ostpreußen das Blut aufgefangen, stocken lassen, dann geschnitten und gebraten. Auch die gereinigten Därme sind zubereitet worden. Nachdem sie um die Gänsefüße gewickelt worden waren, kamen sie in die Pfanne.

Die Schwierigkeit eines Ostpreußen, beim Schlachter Pansen und Dickdarm zum Zubereiten von Königsberger Fleck – zerkleinertem und mit Wurzeln gekochtem Magen, der mit Majoran im Suppenteller serviert wird – zu bekommen, greift Tolksdorf wiederholt auf.[35] Er schreibt auf seinen Untersuchungsraum, das Rheinland, bezogen, dass Kaldaunengerichte bei Einheimischen „… Distanz oder gar Misstrauen und Abscheu hervorgerufen hätten. Die Verwendung von Kaldaunen als Nahrungsmittel bedeutete also eine gewisse Barriere."[36] Dass sie, wie er weiter ausführt „… das Verhältnis von Einheimischen und Neubürgern belastete"[37], scheint für die hiesigen Verhältnisse so pauschal nicht haltbar.

Zwischen Alt- und Neubürgern beruhten manche Missverständnisse auch nur auf Verständnisschwierigkeiten durch die unterschiedlichen regionalen Bezeichnungen. So erinnert sich Ingrid S., bei Kriegsende noch ein Kind, an ihre Freude, als die damalige Vermieterin zu ihr sagt: „Ingrid, heute mache ich Pfannkuchen und du kriegst einen ab." „Und ich zur Mutter, ich war ja noch klein, das war in der ersten Zeit.

‚Mutti, Mutti, die Frau K. macht Pfannkuchen. Und ich krieg einen ab.' ‚Ja, das ist ja schön.' Also, sie wurschtelt und wurschtelt, nach einer Zeit kommt sie, hat einen Teller in der Hand, hat so einen Mehlpfannkuchen und gibt mir den. Und ich so ein langes Gesicht, Tränen in den Augen. ‚Das ist ja nur ein Flinsen.' Wir nannten so was Flinsen. Und Pfannkuchen war für uns der Berliner."[38]

VERÄNDERUNGEN IN SCHLESWIG-HOLSTEIN

Am Beispiel der Kochbücher von Ella Orth[39] lässt sich ein guter Überblick über die schleswig-holsteinische Küche in der ersten Hälfte des 20. Jahrhunderts gewinnen. Laut Vorwort legte Orth besonderen Wert auf die Verwendung einheimischer Erzeugnisse und darauf, die landestypischen Küchengewohnheiten zu bewahren. Orth war lange Zeit Vorsteherin der Landwirtschaftlichen Haushaltungsschule in Hademarschen. 1919 gab sie ein „Praktisches Kochbuch für die Schleswig-Holsteinische Küche" heraus. 1929 erschien bereits die fünfte bis siebte Auflage, die in großer Zahl noch heute in ländlichen Haushalten vorhanden ist. Im Vorwort wird deutlich, dass es als Lehrbuch gedacht war und tatsächlich scheint es in den hauswirtschaftlichen Schulen Schleswig-Holsteins in Gebrauch gewesen zu sein. Die zehnte Ausgabe erschien 1939, nun unter Mitarbeit von Margarete Claußen in Neumünster. Unverändert legten die Autorinnen Wert auf die Verwendung einheimischer Erzeugnisse und darauf, die „landesübliche Art in der Herstellung der Speisen zu wahren".[40] Nach dem Krieg erschien 1949 die, wiederum überarbeitete, 15. Auflage mit demselben Anspruch.
Mehr als andere Kochbücher ist diese Kochbuchfolge geeignet, einen Überblick über schleswig-holsteinische Gerichte und mögliche Entwicklungen zumindest im ländlichen Raum zu geben. Wenn auch nicht alles, was darin aufgenommen wurde, zum späteren ständigen Repertoire der Landfrauen gehörte, so dürfte doch eine weitgehende Übereinstimmung bestanden haben. Beweis dafür sind auch die erhaltenen handschriftlichen Kochbücher von Landfrauen[41], die Vieles wiederholen und für einige Rezepte Variationen enthalten.
Die Berechtigung, regionale Kochbücher als Quelle zu verwenden, bestätigen auch Teuteberg und Wiegelmann, indem sie einen engen Zusammenhang zwischen Rezepten und Konsum hinsichtlich der Quantität einzelner Gerichte oder Zutaten innerhalb der Gesamtheit der Speisen konstatieren.[42] Kochbücher spiegeln also die Realität der Mahlzeiten wider, sofern es sich sicher um regional erarbeitete handelt, bieten dabei allerdings mehr an Rezepten als in den Küchen tatsächlich umgesetzt werden.[43]

EINZELNE GERICHTE UND LEBENSMITTEL

KÖNIGSBERGER KLOPSE

Zu den Gerichten, die Flüchtlinge und Vertriebene als typisch für ihre Heimat ansahen, gehören z. B. Königsberger Klopse. Auf die Frage nach landestypischen Gerichten der Westpreußen, die beibehalten worden seien, antwortete beispielsweise Frau S.: „Ja, sicher. Königsberger Klopse müssen gemacht werden, das ist Ehrensache."[44] Wie andere vermeintlich regionaltypische Gerichte, Gebäcke oder Süßigkeiten – Dresdner Christstollen, Königsberger Marzipan usw. – waren sie seit langer Zeit im gesamten deutschen Raum verbreitet. Auch im Provinzial-Kochbuch, das von Anna Maria Henninsen um 1910 in Kiel herausgegeben wurde, tauchen sie auf, allerdings sollen die Fleischbällchen dort ungewöhnlicherweise vor dem Garen in Brühe angebraten werden. In den Kochbüchern Orths von 1929 und 1939[45] finden sie sich ebenfalls, wenn auch nur als Abwandlung von Zitronenklößen und ohne Kapern. Mit dem Verlust der Heimat boten sie sich wie vergleichbare Speisen den Landsleuten verstärkt zur Identifikation an. Tolksdorf schreibt, sie wurden zu „typischen ‚eigenkulturellen' Gebäcken, zum Symbol der heimatlichen Region".[46] Seit den 50er Jahren entsprechen die empfohlenen Zubereitungsarten nun auch eher den überlieferten Königsberger Originalrezepten, die zwar ebenfalls Unterschiede aufweisen, bei denen die Klöße aber nie angebraten und die immer mit Kapern serviert werden.

PILZE

Anfang des 20. Jahrhunderts spielten Pilze im Nahrungsplan der Schleswig-Holsteiner noch keine große Rolle. Um Aufklärung über die Möglichkeiten, die Pilze für den Speiseplan bieten, bemühte sich z. B. der Bauschul-Oberlehrer Wünsche in Eckernförde. Im September 1908 organisierte er eine Informationsausstellung für die Bürger, über die anschließend in einer Eckernförder Zeitung stand, dass für Pilze immer noch „eine erstaunliche Interesselosigkeit" herrsche. „Dass ein großer Teil der hier vorkommenden Pilze ein billiges, schmack- und nahrhaftes Volksnahrungsmittel bilden, weiß man zum Teil gar nicht, anderseits aber trägt die Unsicherheit in der Bestimmung der einzelnen Arten und die Furcht vor den giftigen Sorten dazu bei, dass man der Angelegenheit ziemlich gleichgültig gegenüber steht."[47]

„Durch das aktive Sammeln [von Pilzen] gehörte man zu einer Gruppe, ist ‚Pilzsammler' gleich Flüchtling", heißt es bei Tolksdorf.[48] In der Tat stellen Pilze auf dem Speiseplan von Vertriebenen eine wichtige Ergänzung dar, vor allem sofern sie in der Nähe von Wäldern wohnten. Zum Sammeln brauchte man offizielle Genehmigungsscheine, dann aber konnte man kostenlos zu schmackhaften Mahlzeiten kommen.

Auch die Familie von Hannelore H. aus Riga (s. o.) kannte Pilze aus der Heimat. In Geesthacht suchten sie nach Steinpilzen und Maronen. Beide Sorten waren sehr beliebt und wurden geschmort, in Suppe gekocht, gern als Zugabe in die Kartoffelsuppe gegeben, oder zu Soße verarbeitet, die mit Kartoffelplinsen (Kartoffelpfannkuchen) gegessen wurde. Der Rest ist getrocknet worden. Birkenpilze, Rotkappen und Hallimasch waren weniger begehrt. Wenn es sonst nicht

Hannelore H. mit Vater, Bruder und Onkel beim Pilze sammeln.

Hannelores Onkel prüft einen Pilz.

genug gab, wichen sie jedoch auch auf den Kahlen Krempling, den man heute nicht mehr isst, und gelbe Täublinge aus. Stockschwämmchen, sogenannte Essigpilze, wurden eingelegt.

Die Gleichung Tolksdorfs „Pilzsammler gleich Flüchtling" kann allerdings nicht so pauschal übernommen werden. Denn Pilze waren auf dem Speiseplan der Schleswig-Holsteiner nicht völlig unbekannt. Es gab jedoch offensichtlich Wahrnehmungsunterschiede zwischen Wiesen- und Waldpilzen. Letztere wurden überwiegend tatsächlich von den meisten befragten Schleswig-Holsteinern gemieden, während mindestens seit den 1930er Jahren auf den Wiesen gesammelte Champignons von vielen gegessen wurden. Vor allem auf Pferdekoppeln wuchsen sie reichlich. Obgleich gerade der Champignon leicht mit dem besonders giftigen Knollenblätterpilz zu verwechseln ist, sammelten ihn die Frauen, um zu Hause beispielsweise geschmorte Pilze mit Rührei auf den Tisch zu stellen.

Sucht man in den Kochbuchausgaben von Ella Orth nach Angaben zu Pilzen, so stellt man eine Entwicklung fest. In der Ausgabe von 1929 hat sie den Pilzen noch keine eigene Rubrik eingeräumt. Als Rezepte führt sie „Pilzsuppe"[49] auf und schlägt dafür Champignons, Pfifferlinge oder Steinpilze vor, unter den Soßen hat sie eine „Champignontunke"[50] aufgenommen, als Kartoffelgericht eine „Pilzkartoffel"-Pfanne mit Pfifferlingen[51] und schließlich als eingelegtes Gemüse „Champignons in Essig"[52].

In der Auflage von 1939 gibt es dann neben den vorher schon bekannten Einzelrezepten eine eigene Rubrik „Pilze", auch wenn sie insgesamt nur knapp drei Seiten umfasst.[53] Wie bei allen anderen Abteilungen stehen am Anfang allgemeine Bemerkungen, hier zum Sammeln, Aufbewahren und Reinigen. Interessant ist die Feststellung: „Die bei uns am meisten gegessenen Pilze sind der Champignon und der Pfifferling."[54] Dementsprechend gibt es je ein Rezept zu den beiden Sorten sowie vier allgemeine für „Pilzfrikadellen", „Pilzauflauf", „Pilzkartoffeln" und „Pilzgulasch". In der überarbeiteten und erweiterten Nachkriegsausgabe von 1949, die Orths Mitautorin Margarete Claussen herausgegeben hat und die 1954 unverändert erneut aufgelegt wurde, sind die Angaben von 1939 ohne Abweichungen übernommen worden.

Tolksdorf hat für Ost- und Westpreußen eine Untersuchung zur Wertigkeit der Pilze im Nahrungsangebot bis zum 20. Jahrhundert angestellt, d. h. wann sie für verschiedene gesellschaftliche Gruppen als Gemüse, also als Beilage, und wann als Fleischersatz, also als sättigend, galten.[55] Dem lässt sich hinzufügen, dass das mangelnde Nahrungsangebot nach 1945 die Pilze für alle zum Sättigungsmittel werden ließ, dass sie also eher die Aufgabe von Fleisch übernahmen.

ESSIG UND ZITRONE

Das Säuern von Salaten, Gemüse wie Linsen oder Soßen erfolgte in Schleswig-Holstein traditionell eher mit Zitronensaft als mit Essig, während in anderen Regionen ausschließlich Essig diese Aufgabe erfüllte. 1929 führt Orth als Grundbestandteile von Salatsoße lediglich saure Sahne, Öl und Zitronensaft an.[56] Auch der nicht mit Mayonnaise, sondern Brühe, Öl und Säure hergestellte Kartoffelsalat sollte Zitronensaft erhalten.[57] Die Tatsache, dass nach dem Krieg überwiegend Essig empfohlen wurde, könnte die Vermutung nahelegen, dass hier der Einfluss der neuen Bürger zum Ausdruck kommt. Das lässt sich jedoch nicht bestätigen, denn 1939, im ersten Kriegsjahr, erweitert Orth bereits das Zutatenspektrum um den Essig.[58] Die Kriegsbeschränkungen machten die Einfuhr von Zitrusfrüchten zunehmend schwieriger, während Essig problemlos auch im Haushalt herzustellen war.

Die Annahme, dass die Veränderung im Säuern von Speisen auf den Einfluss der Vertriebenen zurückging, lag auch deshalb nahe, weil sich die ostpreußische Küche grundsätzlich durch wesentlich mehr säuerliche Elemente auszeichnet. Vergleicht man zum Beispiel die Zubereitung von Gänsen, so finden sich als Zugaben in Schleswig-Holstein Äpfel und Rosinen, in Ostpreußen dagegen saure Äpfel und Majoran.

KARTOFFELN

Kartoffeln wurden in Schleswig-Holstein bis 1945 in der Regel gekocht, zu Püree oder „Kartoffelschnee" verarbeitet, gebraten oder gerieben und als Kartoffelpuffer zubereitet. Klöße aus Kartoffeln kamen kaum auf den Tisch. In Ostpreußen dagegen gehörten Kartoffelkeilchen, kleine Klöße, je zur Hälfte aus gekochten und ungekochten Kartoffeln, zum üblichen Küchenrepertoire. Nach dem Krieg eroberten Klöße aus gekochten Kartoffeln, aus ungekochten oder „halb und halb" die hiesigen Küchen.

BROT

Nach Ende des allgemeinen Mangels, als Brot wieder zum täglich verfügbaren Lebensmittel geworden war, nahm die Vielfalt der angebotenen Sorten zu. Dahinter stand aber wohl primär nicht die Nachfrage der Einheimischen, denn in Norddeutschland war Brot in der Vergangenheit, abgesehen von gelegentlichen Kümmelzugaben, in der Regel ungewürzt gewesen.[59] Man hatte die Scheiben mit gesalzener Butter bestrichen und

Kartoffelernte im eigenen Garten in Geesthacht.

deshalb keinen Bedarf an zusätzlichen Gewürzen. Sowohl in den südlichen wie östlichen Teilen des ehemaligen Deutschen Reichs hatte neben Kümmel Anis, Dill, Mohn und Zimt als Brotwürze gedient.

ROTE BEETE

Andreas Kossert erweckte jüngst in seinem viel beachteten Buch „Kalte Heimat"[60] den Eindruck, als sei Rote Beete erst mit den Vertriebenen nach Westdeutschland gekommen. Das Rote-Rüben-Gemüse zählt zu den typisch schlesischen Gerichten und in der Rote-Rüben-Suppe ostpreußischer Art wurden die Rüben gerieben und in Brühe gekocht, gebunden, mit Sahne verfeinert und durch Rindfleischeinlage angereichert.[61] Hier gab es drei allgemein bekannte Arten, sie zu verarbeiten, entweder in Essig eingekocht[62], als notwendige Zutat im roten Heringssalat[63] oder im Labskaus, zu dem sie laut Orth nicht notwendig sei, aber „wenn vorhanden" als Ergänzung zugefügt werden könnte[64]. Rote Beete war also kein neues, aber ein wenig genutztes Gemüse.

GRÜNKOHL

Grünkohl war in der ostpreußischen Küche weitgehend unbekannt, auch wenn es ihn in Königsberg sogar 1944 noch gab. Zumindest schreibt die Lehrerin Marianne Peyinghaus in ihren unter dem Titel „Stille Jahre in Gertlauken" veröffentlichten Briefen in die Heimat, dass sie ihn dort im Januar aß.[65] Die meisten Ostpreußen, die für diesen Beitrag befragt wurden, bestätigten, dass ihnen Grünkohl schmeckte und sie ihn in ihren Mahlzeitenkanon aufnahmen. Tolksdorf führt das zurecht darauf zurück, dass er in das traditionelle ost- und westpreußische Repertoire der Fleisch-Gemüse-Eintöpfe passte.[66]

MOHN

Mohn hatte im traditionellen schleswig-holsteinischen Backwerk bis 1945 keine Bedeutung. In Schlesien dagegen waren Mohnklöße und Mohnkuchen sehr beliebt und auch in Ostpreußen verwendete man ihn gern als Gewürz. Anders als beispielsweise bei Paprika oder Melonen war der Import von Mohn auch ohne Kühllaster unproblematisch, so dass er schon bald nach Kriegsende hier verfügbar war, zunächst ausschließlich und in erheblichen Mengen von den Flüchtlingen gekauft, aber zunehmend auch vom übrigen Bevölkerungsteil angenommen.

Andreas Kossert schreibt unter anderem auch: „Im Fluchtgepäck der Vertriebenen befanden sich Kochrezepte, für die man Knoblauch, Paprika, Mais, Tomaten, Auberginen …, Meerrettich (Kren), Melonen, Aprikosen, Pfirsiche und scharfe Gewürze benötigte."[67] So grundsätzlich kann man diese Gemüse- und Obstsorten jedoch, zumindest für Schleswig-Holstein nicht über einen Kamm scheren. Meerrettich wuchs auch in den norddeutschen Gärten und gehörte unbedingt zu „Karpfen blau" als geriebene Zutat. Die Anderen waren aus klimatischen Gründen nicht anzubauen und konnten deshalb erst mit der Intensivierung des Handels flächendeckend in alle Regionen gelangen. Tomaten waren allerdings bekannter, besaßen jedoch einen anderen Stellenwert als später. Orth führt neben einem Rezept für Püree zwei für eingelegte Tomaten an, von denen sich eins bezeichnenderweise ausdrücklich auf grüne unreife Früchte bezieht – gedacht wohl für missglückte norddeutsche Zuchtversuche.[68] Aprikosen konnte man kaufen, allerdings in getrockneter Form. Daraus machten die schleswig-holsteinischen Hausfrauen Fruchtsoßen zu Puddings und Aufläufen oder eine Obstsuppe[69].

Die Bereitschaft, sich auf unbekannte Gerichte oder Zutaten des jeweils fremden Anderen einzulassen, war bei den Neubürgern trotz aller Sehnsucht nach heimatlichen Geschmackserinnerungen deutlich größer. Es blieb ihnen auch oft genug nichts anderes übrig, wenn sie satt werden wollten. Für die Einheimischen bestand diese Notwendigkeit nicht. Für sie gab es zunächst nicht nur keinen Grund, sich auf Neues einzulassen, die Umstände der Nachkriegszeit waren für keinen von ihnen einfach, so dass sie sich lieber am Vertrauten orientierten. Erst als die Welt wieder sicherer wurde und der Alltag geregelt war, begannen sie mit neuen Lebensmitteln zu experimentieren. Der Welthandel nahm zu und brachte Neues und Exotisches, wie Ananas, in die Geschäfte. Gleichzeitig entdeckten die Menschen das Reisen in ferne Länder und lernten dabei ihnen bis dato unbekannte Geschmacksrichtungen kennen. Knoblauch verlor jetzt den Geruch des Unkultivierten und entwickelte sich wie Paprika und die anderen Gewürz-, Obst- und Gemüsearten und zu gemeinsamen Lebensmitteln aller Schleswig-Holsteiner.

Aus dem Gartenobst wurde auch Wein gemacht, Geesthacht.

POMMERSCHER KAVIAR

„WIR WAREN FLÜCHTLINGE, ABER DIE MEHRHEIT"
ZUM STRUKTURWANDEL IN DER OSTSEEFISCHEREI NACH DEM ZWEITEN WELTKRIEG
STEFANIE JANSSEN

Für die Fischerei in Schleswig-Holstein brachten die Flüchtlingsbewegungen nach dem Zweiten Weltkrieg enorme Strukturveränderungen mit sich. Die Zahl der schleswig-holsteinischen Ostseefischer hatte sich im Jahr 1953 aufgrund des Zustroms der Flüchtlingsfischer gegenüber 1938 nahezu verdoppelt.[1] Der Anteil der Zuwanderer in Schleswig-Holstein, die zumeist aus dem Baltikum, Ost- und Westpreußen sowie Pommern kamen, betrug am 13.9.1950 33 % und am 1.10.1957 immer noch 28,2 %.[2]

In Heikendorf an der Kieler Förde gab es im Jahr 1951 82 Fischereibetriebe, davon waren lediglich zehn in den Händen einheimischer Fischer. In Heiligenhafen hatte die Fischerei ursprünglich nur sehr geringe Bedeutung. Im Jahr 1871 gab es sechs Fischerfamilien, 1891 waren es 40; 1903 waren lediglich zwei Fischerboote mit Motor ausgerüstet, 1910 waren es acht von 70. Nach dem Zweiten Weltkrieg zerstörte die englische Besatzungsmacht die kleine Fischerflotte. Heiligenhafen hatte besonders viele Flüchtlinge aufzunehmen. Die Einwohnerzahl stieg von 2.982 Personen im Jahr 1937 auf 10.705 1948, darunter waren auch zahlreiche Fischer.[3] Erst durch Zuzug dieser hohen Anzahl von Flüchtlingsfischern mit ihren Hochseekuttern veränderte sich die Struktur der Fischerei in Heiligenhafen vom kleinen Fischereihafen bis hin zum größten Fischanlandeplatz der westlichen Ostsee in den 1950er Jahren.

Schnell übertraf an der Ostseeküste die Anzahl der zugezogenen Fischer, die der einheimischen: „Damit trat hier die – wohl einmalige – bevölkerungsmäßige und berufsbezogene Situation ein, daß die ostdeutschen Fischer ihre einheimischen Kollegen in einem Verhältnis von etwa 75 zu 25 majorisierten."[4]

Die „Fremden" waren hier nicht allein in der Fremde und diese Tatsache stärkte ihr Selbstbewusstsein: „Na, joa, et war etwas, aber et war ja so, hier kann man das ja nich so sehn, weil die vom Osten waren ja als Fischer in der Überzahl. Also die waren ja nich in der Offensive, sondern in der Defensive, nich wahr ... Also wir waren tatsächlich nun Flüchtlinge, aber die Mehrheit, so gesehen nich."[5]

Die Flüchtlingsgruppe bildete nicht nur eine Mehrheit in der sozialen Gruppe der Fischer, sie unterschied sich von anderen Flüchtlingsgruppen auch dadurch, dass etliche Fischer ihre Kutter und zum Teil auch das Fanggerät in den Westen hatten retten können und somit eine Existenzgrundlage besaßen.

Der damit einhergehende Wandel der maritimen Kultur war an der Ostküste weitaus bedeutender als an der Westküste. An der Ostsee fanden die ankommenden Fischer vergleichbare geographische Bedingungen wie in ihrer Heimat und die Fangmethoden wiesen eine große Ähnlichkeit auf. Zudem konnten sie von hier aus sogar die heimischen Fanggründe weiterhin erreichen und befischen. Daher bevorzugten sie dieses Gebiet. Ostdeutsche Fischer, die sich an der Nordsee niederließen, hatten meist ihre Boote und Geräte nicht retten können.[6] Die traditionelle Küstenfischerei Deutschlands, insbesondere die der schleswig-holsteinischen Ostseeküste, hatte zu keiner Zeit eine herausragende volkswirtschaftliche Bedeutung gehabt. Sie war zumeist im Nebenerwerb betrieben worden. Der geringe ökonomische Stellenwert lässt sich bis zum Beginn des 20. Jahrhunderts im Wesentlichen darauf zurückführen, dass die Anzahl der Fischer gering war und die von ihnen angelandeten Fangmengen entsprechend niedrig ausfielen. Zudem ist das Nahrungsmittel Fisch ein extrem empfindliches Erzeugnis: Nicht konservierter Fisch verdirbt innerhalb kurzer Zeit, so dass sein Vertrieb auf die Küstenregionen beschränkt blieb. Auch erschien der Ostseefisch damals nur eingeschränkt industriell nutzbar zu sein. Zugleich war – und das gilt zum Teil noch für die Gegenwart – Seefisch als Nahrungsmittel vielfach negativ konnotiert, etwa als Opposition zu Fleisch in der Fastenspeise oder als sogenanntes Arme-Leute-Essen.

Im Zuge der allgemeinen Industrialisierung hatte sich die Fischerei bereits auf verschiedenen Ebenen verändert. Die Weiterentwicklung von Fischkonservierungstechniken führte zur Etablierung industrieller Fischverarbeitungsunternehmen, auch an der Ostseeküste, sowie zu einer entsprechenden Infrastruktur. Zeitgleich beschleunigte eine staatliche finanzielle Förderung die Einführung technischer Verbesserungen der Fanggeräte. Die Nachfrage nach Fisch und Fischereierzeugnissen stieg in den Zeiten großer Nahrungsmittelknappheit. Insbesondere während des Ersten Weltkrieges hatte der Staat die Verbreitung des Nahrungsmittels Seefisch im Binnenland stark gefördert, um Hungersnöte zu bekämpfen bzw. abzuwenden. Ähnliche Anstrengungen wurden nach dem Zweiten Weltkrieg erneut unternommen.

So fanden die ostdeutschen Fischer von staatlicher Seite her eine durchaus positive Aufnahme. Die größeren Fangmengen an Fisch kamen der desolaten Lebensmittelversorgung der Bevölkerung zugute. Einige Städte mit ehemaligen Kriegshäfen, vor allem an der Kieler Förde und der Lübecker Bucht, hofften durch die Zunahme der Fischerei ihre Hafenanlagen vor einer drohenden Sprengung durch die Besatzungsmächte zu retten. Und schließlich rekrutierten die Alliierten Fischer zur Munitionsfischerei, um die kurz vor Kriegsende versenkten Munitionsbestände in den Küstengewässern zu bergen.

Die Ostseefischerei veränderte sich durch die größeren Fahrzeuge, die die Fischer aus dem Osten mitbrachten. Sie ermöglichten die Ausweitung des Fanggebietes und eine Lösung von der küstennahen Fischerei mit Stellnetzen, Reusen und Ringwaden hin zur Kleinen Hochseefischerei. Die Küstenfischerei wurde mit kleineren Kuttern von 8 bis 15 m Länge oder auch mit offenen Booten betrieben. Eine Fangfahrt dauerte in der Regel weniger als einen Tag. Die Fischer der Kleinen Hochseefischerei dagegen waren 10 bis 15 Tage auf See, erreichten in dieser Zeit weiter entfernt liegende Gewässer und benötigten dafür Kutter von über 20 m Länge mit einer entsprechenden technischen Ausrüstung. Diese Fahrten brachten in der Regel ergiebigere Anlandungen. Das erhöhte die wirtschaftliche Bedeutung der Fischerei in einer Zeit der Nahrungsmittelknappheit, was wiederum – zumindest kurzzeitig – eine Stärkung des Selbstbewusstseins, der kulturellen Identität und des Sozialprestiges der Fischer und ihrer Familien zur Folge hatte. Die „Ostfischer" stellten in den ersten zwei Jahrzehnten nach dem Krieg eine durchaus bedeutende wirtschaftliche und damit auch gesellschaftliche Kraft dar. Anfangs kam es, wie fast überall, zu Konflikten und Konkurrenzsituationen: „Wie die binnenländischen Bewohner Ostpreußens, Pommerns und Mecklenburgs ist der weitaus größte Teil der Küstenbevölkerung dieser Provinzen und Länder westwärts geflüchtet und hat im englischen Sektor Zuflucht gesucht. Sie haben ihre ertragreichen und ergiebigen Fangplätze verlassen müssen und drängen sich in einem Küstengebiet der Ostsee zusammen, das schon vor dem Krieg bis an die Grenze des Tragbaren besiedelt war und bei weitem nicht derartig ertragreiche Fanggründe besitzt wie die östlich gelegenen Küstengebiete. Haben schon diese

Ringwadenfischerei in der Lübecker Bucht Anfang des 20. Jahrhunderts, Aquarell von Fritz Witt.

FISCHEREI

strukturellen Veränderungen innerhalb der Fischerbevölkerung ungünstige Voraussetzungen für den Fischfang geschaffen, so tat die Aufteilung der deutschen Ostseeküste in vier Besatzungszonen noch ein übriges … Man mache sich einmal klar, was es heißt, wenn heute in einem relativ eng begrenzten Gebiet, wie es die schleswig-holsteinische Küste ist, über 200 motorisierte Fahrzeuge mehr vorhanden sind als vor dem Kriege. Nach den neuesten Erhebungen arbeiten zur Zeit in dem Küstengebiet der englischen Zone nicht weniger als 437 motorisierte Kutterbetriebe, nämlich 182 einheimische und 205 aus dem Osten geflüchtete, dazu kommen noch 50 Kriegsfischkutter [KFK-Kutter], die über 18 m lang sind, wodurch sich die Flotte der über 18 m langen Fahrzeuge auf insgesamt 56 Kutter erhöhte [gegenüber einem Kutter über 18 m vor dem Krieg] … Den Fahrzeugen entsprechend ist natürlich auch die Zahl der Fischer wie auch die der Angehörigen gestiegen."[7] Eine Verteilung der zugezogenen Fischer nach Standorten, wohnungspolitischen Kriterien oder nach der Leistungsfähigkeit der Häfen gab es nicht. Auch hatte sich die – kriegsbedingt – ungünstige Altersstruktur der Fischer mit der Zunahme durch die Ostfischer nicht wesentlich verändert.

Die „Kriegsfischkutter", die nun für die Ostseefischerei zum Einsatz kamen, waren vor dem Krieg als „Reichsfischkutter" für die Fischerei entwickelt und 1942 von der Kriegsmarine in Auftrag gegeben worden. Diese robusten Boote waren von Anfang an als „Hilfskriegsschiffe" vorgesehen. Von den über 1.000 geplanten Kuttern wurden 612 fertig und in Dienst gestellt. Rumpf, Kiel und Steven wurden in der Regel aus Eichenholz, die Spanten aus Schiffsbaustahl gebaut. Zum Teil musste aufgrund des Materialmangels Nadelholz verwendet werden. Angetrieben wurden sie durch Dieselmotoren. Sie waren über 24 m lang, mit Flaks und Wasserbomben ausgerüstet und hatten 14 bis 16 Mann Besatzung. Während des Krieges dienten sie u. a. als Vorposten- und Minenräumboote, Wachfahrzeuge für den Hafenschutz und zur U-Boot-Jagd. 554 Boote kamen zum Kriegseinsatz, von denen mindestens 135 sanken. Nach dem Krieg wurden sie von den Alliierten beschlagnahmt und umgebaut. Viele gingen als Reparationsleistung an die alliierten Siegermächte.

Ab März 1946 wurden die verbliebenen Kutter für Fischereizwecke abgegeben. Die britischen Besatzer verlangten dafür eine nicht geringe Miete, die amerikanischen 10 % vom Fanganteil. Die sogenannten ostdeutschen „Verlustfischer", die infolge des Krieges ihre Fahrzeuge verloren hatten, erhielten ein Sonderkontingent an Kriegsfischkuttern. Im Möltenorter Hafen betrug ihr Anteil nach dem Krieg die Hälfte der 100 dort beheimateten Fischkutter. Allerdings mussten die Fischer, die einen KFK übernahmen, entweder ihre nautischen Kenntnisse mit dem sogenannten B3-Patent nachweisen, d. h. in vielen Fällen erst noch machen, oder aber einen Kapitän zur Führung des Bootes in Dienst stellen. Die ostdeutschen Fischer, die die Kleine Hochseefischerei bereits kannten, erwiesen sich als weit innovationsfreudiger als die einheimischen. Während die meisten der eingesessenen Küstenfischer weiterhin auf ihrer traditionellen Fischerei in bekannten Fanggründen mit den althergebrachten Geräten und Methoden beharrten, waren die ostdeutschen eher bereit, einen der großen Kutter zu übernehmen.

Die mitgebrachten Fischereifahrzeuge und die Kriegsfischkutter hatten die Fangflotte erheblich vergrößert, sowohl was Anzahl der Boote als auch deren Größe und Leistungsstärke anging. 1938 gab es in den schleswig-holsteinischen Ostseehäfen 87 Kutter über 12 m Länge, 1946 war die Zahl auf 201 Fahrzeuge gestiegen, davon waren 115 „Flüchtlingskutter". Ähnliches gilt für die Fischerei-Tonnage, insbesondere durch die Zunahme der „Ostfischer"-Hochseekutter.[8] Die Anlandungen an Fisch waren von gut 9.000 t im Jahr 1938 auf über 25.000 t 1946 und knapp 54.000 t 1948 gestiegen. Von den 2.240 Fischereibetrieben Schleswig-Holsteins waren 642 an der Nordsee und 1598 an der Ostsee angesiedelt.[9]

Die Kleine Hochseefischerei auf der Ostsee lag nun nahezu ausschließlich in den Händen der ostdeutschen Fischer. Sie fischten dort Lachs, eine Innovation für Schleswig-Holstein. Obwohl sie nun ihre alten Fanggründe vor Bornholm, Hela, der Samlandküste und Memel befischten, mussten sie dennoch ihre Fangmethode von der traditionellen landgestützten Fischerei mit Stellangeln und Treibnetzen auf Langleinen und Treibangeln umstellen. Mit zwei bis vier Mann Besatzung blieben die Boote fünf bis zehn Tage auf See, z. T. auch bis zu drei Wochen. Die Lachsfangreviere vor den Mündungen der Memel, der Weichsel bis Brüsterort und zum Seegebiet vor der Samlandküste und den Nehrungen liegen ca. 700 Seemeilen von der schleswig-holsteinischen Küste entfernt. Unterwegs gab es nur wenige Nothäfen, die auf polnischem Gebiet lagen. Diese anzulaufen war nicht immer ganz ungefährlich, denn in den polnischen Häfen konnte es zu längeren ungewollten Aufenthalten kommen oder sogar zu tätlichen Angriffen auf die Fischer und ihre Boote. Es wird berichtet, dass Fischer von polnischen und sowjetischen Patrouillenbooten manchmal mehrere Tage lang festgehalten, der Fang beschlagnahmt und Geldstrafen verhängt wurden.[10] Dies bedeutete für die Fischer erhebliche finanzielle Einbußen. Dennoch hieß es noch 1955, dass sich mehr als 100 ostpreußische Kutter in diesem Winter am Lachsfang „in heimischen Gewässern" beteiligt hatten.[11] Bis 1960er Jahre befuhren die Fischer die östlichen Fanggebiete.

Das erzwungene Miteinander von Einheimischen und Flüchtlingen auf engem Raum führte auch hier, wie überall, zu Verunsicherungen und Fremdheitsgefühl auf beiden Seiten. Einerseits hatten die Menschen ihre Heimat, d. h. Wohnraum, Arbeit und soziale Kontakte, verloren und damit ihre Verhaltenssicherheit in der Bewältigung des Alltages. Andererseits standen ihnen die anderen mit ihren Ängsten gegenüber, das, was sie noch hatten retten können, ebenfalls zu verlieren. Die Angst vor der Konkurrenz auf dem Wasser und bei der Verteilung des Wohnraums ließ viele Einheimische misstrauisch und ablehnend reagieren. Dieses Phänomen war überall dort, wo Flüchtlinge ankamen, zu beobachten. Hier aber tat sich eine außergewöhnliche Situation dadurch auf, dass etliche Fischer das Glück gehabt hatten, auf ihrer Flucht Kutter und Fanggeräte zu retten, so dass sie gleich wieder in ihrem Beruf arbeiten konnten. Wenn auch der Neuanfang in den fremden Gewässern Fänge nur in eingeschränktem Umfang und unter erschwerten Bedingungen brachten, waren sie dennoch in einer besseren Position als beispielsweise die Landwirte aus dem Osten, die ja nicht nur ihr Gerät, sondern mit dem Land ihre gesamte Existenzgrundlage verloren hatten.

Durch diese besondere Konstellation verkürzte sich die erste Phase des Neuanfangs und des ‚Kulturschocks' der Ostseefischer: „Während die erste Phase von der zeitgenössischen Literatur noch als ‚Zeit der Betäubung', als ‚autistischer Schockzustand', als Zeit des ‚Abseitsstehend und Zuwartens' oder des ‚Sitzens auf gepackten Koffern' beschrieben wird, setzt die ‚Bewältigung der neuen Nachbarschaft' erst seit den 50er Jahren ein, als von den meisten Menschen jegliche Rückkehrhoffnung endgültig aufgegeben worden war."[12] Die Fischer an der Ostsee warteten nicht ab, saßen auch nicht auf gepackten Koffern, sondern sie fuhren hinaus zum Fischfang. Die Möglichkeit, nahezu nahtlos wieder im alten Beruf arbeiten zu können, machte Kontakte zu dem einheimischen Kollegen unabdingbar, denn nur sie verfügten über das Fachwissen bezüglich der Fischereigründe und spezieller regionaler Fangtechniken, das den Fremden fehlte.

Nicht alle einheimischen Fischer begrüßten die vielen neuen Kollegen, mit denen sie sich nun zunächst ihr Fang- und Absatzgebiet teilen sollten. Kenntnisse über Fangmethoden und -gebiete galten bei den Fischern traditionell als Familiengeheimnisse, die man keinesfalls an andere weitergab, nicht an den Nachbarn im Ort und schon gar nicht an Fremde.

Den ostdeutschen Fischern brachte die Unkenntnis der Gewässer und Fanggründe anfangs enorme Nachteile. Ein Fischer berichtete von den vielen Steinen in der westlichen Ostsee, die es bei ihnen in den tieferen Gewässern kaum gegeben hatte. Er wolle nicht sagen, dass sie nicht gerne gesehen seien, aber sie waren doch Fremde hier und so führen sie „oppe blinde Donst".[13] Daher trafen die Fischer in dem flacheren Gewässer unvermutet auf steinigen Untergrund, der ihnen die Netze zerriss. Das führte zu Fangausfall und Materialverlust, was erhebliche finanzielle Aufwendungen bedeutete. Zugleich waren in den fremden Gewässern neue Fangmethoden nötig: „Hier nun, im Westen, erwies sich manches Althergebrachte als nicht von Vorteil; veränderte Verhältnisse zwangen dazu, die Augen aufzumachen und Neues zu erproben."[14] Die Fischer mussten sich in den ersten Jahren zunächst von Lachs- auf Dorsch- und Heringsfischerei umstellen, was bedeutete, dass sie neue Netze und Geräte benötigten, die wiederum zu finanzieren waren.

Die potentielle Konkurrenzsituation zu den einheimischen Fischern wurde im Laufe der Zeit durch die getrennten Fanggebiete entschärft. Die Einheimischen betrieben weiterhin die traditionelle Küstenfischerei in unmittelbarer Nähe, wie etwa die Ringwaden- oder Bundgarnfischerei, während viele der Zugewanderten mit ihren hochseetüchtigen Kuttern in ihre alten angestammten Fanggründe im Osten, in der südöstlichen und südlichen Ostsee, fuhren. Schon im Winter 1948/49 gingen die ersten Fischer auf Fangreise bis in die Danziger Bucht und auf die Höhe von Memel. In den ersten Jahren besaßen die Fischer z. B. Interzonen-Pässe.[15] So waren sie die ersten Besucher in der „alten Heimat".

Bereits in den 1940er Jahren gründeten die Ostfischer eigene Genossenschaften zur Vermarktung ihrer Fänge neben den bestehenden der Einheimischen. In Kiel entstand so 1947 die Genossenschaft „Fischverwertung Kieler Förde" in der Nachfolge der 1927 gegründeten Fischverwertungsgenossenschaft Pillau. Sie bestand neben der im Jahr 1917 gegründeten Kieler Fischergenossenschaft der einheimischen Fischer. Erst 1973 kam es zu einem Zusammenschluss der beiden Kieler Genossenschaften, vor allem, um Bundeszuschüsse zu erhalten. Auf Fehmarn wurde 1949 die Fischerei-Genossenschaft Burgstaaken gegründet, in Heiligenhafen im gleichen Jahr eine separate Genossenschaft durch den Danziger Arthur Steingräber.

Die Liege- und Anlandeplätze für die Küstenfischer und die Fischer der Kleinen Hochseefischerei waren an verschiedenen Kaianlagen untergebracht, so dass es auch hier kaum zu Kontakten zwischen den beiden Gruppen kam.[16] Diese Strukturen förderten das Nebeneinander der einheimischen und zugewanderten Fischer und verhinderten neben direkter Konkurrenz aber auch ein Miteinander: „Es darf auch darauf hingewiesen werden, daß sonderbarerweise die einheimischen Fischereikreise von den offensichtlichen Erfolgen der Vertriebenenfischer wohl mit gemischten Gefühlen Notiz nehmen, im übrigen aber wenig oder gar keine Anstalten machen, von diesen Erfolgen zu profitieren."[17]

Sowohl im Arbeits- als auch im Wohnbereich bleiben Küsten- (Einheimische) und Hochseefischer (Zugezogene) weitgehend getrennt. Anfangs kamen die Flüchtlinge mit ihren Familien in Notunterkünften oder Barackenlagern an der Küste unter. Einige wohnten auch auf ihren Kuttern in den Häfen. Dort blieben sie weitgehend unter sich, sprachen ihre vertraute Mundart, kochten die bekannten Gerichte und feierten die Feste, die sie immer gefeiert hatten. In einem Bericht aus dem Jahr 1950 heißt es: „Im Laufe der Zeit haben sie es verstanden, ihrer Siedlung das Aussehen einer gepflegten Miniaturstadt zu geben. Auf Sandboden mühsam geschaffene Gärten umgeben die sauberen Häuschen, die mit drei kleinen Räumen, Küche und Schuppen den oft vielköpfigen Familien nur beschränkten Wohnraum gewähren. Die gemütlichen Stuben täuschen leicht über die Härte des Lebens darin: weither muß in Eimern das Wasser geholt werden, im Winter leisten die dünnen Wände der Kälte nur ungenügend Widerstand, und im Frühjahr wird das undrainierte Land regelmäßig so überschwemmt, daß einzelne Häuser nur in hohen Stiefeln zu erreichen sind."[18]

In den 1950er Jahren wurden mehrere neue, geschlossene, überwiegend von Flüchtlingen bewohnte Fischersiedlungen vor allem an der Ostseeküste gebaut. Bereits 1945/46 entstand die sogenannte „Alte Fischersiedlung Travemünde" an der Siechenbucht auf einem ehemaligen Wehrmachtsgelände mit 60 Einfamilien-Baracken. Die Fischer erwarben die Häuser, die Grundstücke blieben im Besitz der Stadt Lübeck. Diese Siedlung bestand allerdings nur zehn Jahre, dann musste sie dem Fährhafen „Skandinavienkai" weichen. Die Bewohner zogen in die „Neue Fischersiedlung". Hier gab es nun 115 Siedlerstellen für 449 Personen, davon erhielten nur zwei einheimische Familien ein Grundstück, alle anderen wurden an Familien aus dem Osten vergeben. Ähnlich sah die Verteilung der in der Mitte der 1950er Jahre entstandenen Barackensiedlungen in Niendorf, Neustadt und Burgstaaken auf Fehmarn aus. In Heiligenhafen baute man ab 1952 größere Siedlungen. Die größte Fischersiedlung entstand in Heikendorf an der Kieler Förde zwischen 1950 und 1957. Hinzu kamen in der näheren Umgebung Kiels Wohngebiete in Laboe, Wellingdorf, Pries und Strande. Weitere in Eckernförde, Kappeln, Maasholm, Flensburg, Glücksburg und Langballigholz. An der Westküste, an die es weit weniger Personen zog, entstanden kleinere Ansiedlungen in Büsum, Wöhrden, Friedrichskoog, Husum, Tönning und Pellworm, die in einem weit größerem Umfang auch an einheimische Fischer vergeben wurden.[19]

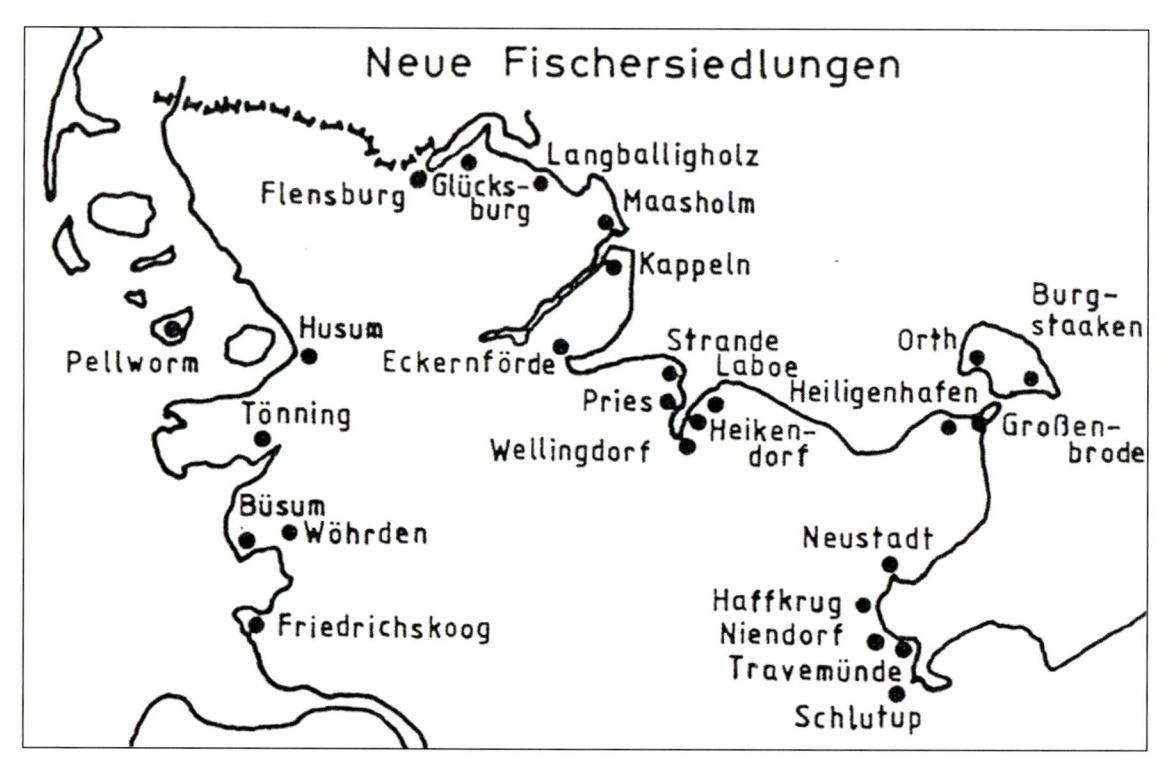

Nach 1945 entstandene Fischersiedlungen in Schleswig-Holstein. Karte: Ulrich Tolksdorf.

Von 1949 bis 1967 entstanden so 750 Siedlerstellen für ca. 3.000 Personen mit Unterstützung durch öffentliche Mittel.[20] Dies kann als Hinweis auf die damalige Bedeutung der Fischwirtschaft für Kommunen und Staat gewertet werden.

Die geschlossenen Siedlungen und die wirtschaftliche Bedeutung der Ostfischer führten zu einem gestärkten Selbstbewusstsein und einer Festigung der kulturellen Identität, die auch auf die Umgebung ausstrahlte. Bereits in den ersten Nachkriegsjahren konnte beobachtet werden, dass die Nachbarn seltener von „Flüchtlingssiedlungen" als vielmehr positiv anerkennend von „Fischersiedlungen" sprachen.

Trotz aller öffentlichen Unterstützung und der Ähnlichkeit der Fangbedingungen war die Neuansiedlung weder für die fremden noch für die einheimischen Fischer konfliktfrei. Die Anwesenheit der fremden Fischer und ihrer Familien führte zu einem Zusammentreffen unterschiedlicher kultureller Phänomene, was zunächst Fremdheit und vielfach Ablehnung erzeugte. So blieb das Verhältnis der einheimischen Fischer zu den neuen Kollegen lange Zeit ambivalent. Einerseits gaben einige Tipps zu guten Fanggründen, viele andere aber behielten solche Informationen lieber für sich. Vieles mussten die „Neuen" selbst herausfinden. Und manchmal gaben sie auch freimütig zu, umgekehrt wohl ähnlich gehandelt zu haben. Sie stellten aber auch fest, dass die anfängliche Titulierung „Flüchtlinge" irgendwann einem „unsere Kameraden aus dem Osten"[21] gewichen war.

Die Andersartigkeit fand Ausdruck in Spitz- und Spottnamen wie etwa „Flichtlings-Vertilger" für jemanden, der, „wenn he ‚Flichtlinge' heere deed, denn sachh he emmer rot" oder das verächtliche „Buttjegrieper" für die einheimischen Küstenfischer. Neidgefühle kamen auf beiden Seiten auf. Die Flüchtlinge „de hadden goar nuscht on de Hiesige hadden alles: de hadden ehre Hieser, de hadden ehre Fescherie, de hadden alles hier." Während die Einheimischen den Eindruck gewannen: „De Flichtlinge tjriegen alles!", etwa bei der Verteilung der Kriegsfischkutter.

Die Kollegen sprachen beispielsweise auch nicht die gleiche Sprache. Der niederdeutsche Dialekt, den die Zugezogenen kannten, unterschied sich deutlich vom schleswig-holsteinischen Plattdeutsch, was nicht selten zu Verständigungsproblemen führte: „Se reden wohl ehr ‚Snack', opp ehre Oart ehr Platt, wenn wi uck nich alles verstoahne, oaber wi weeten, wat se welle."[22] Noch in den 1980er Jahren konnte beobachtet werden, dass der Sprechfunkverkehr auf der Ostsee in einer „ostdeutschen Umgangssprache"[23] geführt wurde. Tolksdorf stellte fest, dass die weitgehende Beibehaltung der heimatlichen Mundart ein kulturelles Phänomen (Beharrung) des geschlossenen Berufsstandes und der geschlossenen Siedlung mit begrenztem Kontakt zu anderen gesellschaftlichen Gruppen ist. Die Mundart fungierte hier als Familien-, nicht aber als Öffentlichkeitssprache. Die Verständigung nach außen erfolgt über das Hochdeutsche.[24] „… aber met dem Hochdeutsch kommen wir immer fertig, wären wi emmer besser wech … ‚Mensch', sag ich, ‚sprich doch richtig Deutsch.' Denn haben sie die hochdeutsche Sprache benutzt – wir haben uns jedes Wörtlein können verstehen."[25]

Die Gruppe der Fischer besaß eine Sonderstellung in der Gruppe der Flüchtlinge, sowohl ökonomisch und in Bezug auf die Wohnsituation in geschlossenen Siedlungen als auch kulturell. Im Gegensatz zu den Bauern, die nur selten wieder Landbesitz bekamen, konnten viele Fischer schnell wieder in ihrem alten Beruf arbeiten. Daher hatten die ostdeutschen Fischer einen großen Anteil im gesamten Erscheinungsbild der maritimen

Das Schild an der Hauswand in Heikendorf, Am Heidberg, weist auf die alte Fischersiedlung aus den 1950er Jahren hin.

FISCHEREI

Die „Maria I" wurde 1948/49 gebaut und fährt noch immer zum Fischfang hinaus. Heute liegt sie in Möltenort bei Kiel und steht zum Verkauf.

Verkauf von fangfrischem Lachs oder Räucherfisch vom Kutter „Maria I" in Möltenort.

Kultur nach 1945 an der schleswig-holsteinischen Ostseeküste. „Denn geschlossene Siedlung, wirtschaftliche Kraft und öffentliche Repräsentanz sind sicherlich wesentliche Faktoren für die Stärkung landsmannschaftlichen Selbstbewußtseins und kultureller Identität."[26] Die Ostdeutschen bevorzugten fremde Gerichte und Gewürze, sie kannten andere Verhaltensformen und Werte. Und sie brachten Rituale, z. B. des Feierns, mit in ihre neue Heimat, die für die Einheimischen unbekannt waren.

Zugezogene und Einheimische traf der seit Mitte der 1960er Jahre einsetzende allgemeine Rückgang der Fischerei gleichermaßen. Jeder zweite Fischer musste seinen Beruf aufgeben, inzwischen sind es nur noch wenige, die zum Fischfang hinausfahren. Der Rückgang der Fischerei geht einher mit einer Abnahme der Repräsentanz in der Öffentlichkeit, z. B. durch Konzentration der Anlandungen in wenigen Zentren.

Von dem Strukturwandel in der Ostseefischerei nach dem Zweiten Weltkrieg sind die Straßen und Häuser der Fischersiedlungen geblieben sowie einzelne, z. T. liebevoll und aufwändig restaurierte KFK-Kutter wie die „Gotland" oder die „Forelle", die inzwischen zum Ausflugsschiff umgebaut wurde, und Fischer, die noch heute in Möltenort fangfrischen Lachs oder Räucherfisch vom Kutter verkaufen. Verschwunden ist die ökonomische Bedeutung während des kurzen Aufschwungs der Ostseefischerei, der durch die größeren Fangfahrzeuge, den ausgedehnten Fangradius und neue Methoden, die zu größeren Anlandungen geführt hatten, möglich war. Das damit einhergehende Sozialprestige der Fischer und ihrer Familien sowie ihre kulturelle Identität finden sich inzwischen nur noch in Versatzstücken. Heute erinnern einige Familien- und Straßennamen sowie Hausfassaden der alten-neuen Fischersiedlungen an diese Zeit. Gerichte wie Königsberger Klopse haben Eingang in den Speiseplan der Alltagsküche gefunden und in einem Probsteier Anzeigenblatt stellt auch noch im Juli 2008 eine ältere Dame ein Rezept für „Dorschsuppe vom Frischen Haff" vor.

Der Rückgang der Fischerei insgesamt wird seitdem vielfach durch maritime Symbole sowohl an und in Privathäusern als auch an öffentlichen Gebäuden kompensiert. Die Fischer werden zu stilisierten exotischen Helden der maritimen Tourismus- und Freizeitindustrie.

Die Giebelbilder des „Henriettenheims" in der Bergstraße und eines Hauses im Wilhelm-Ivens-Weg in Heikendorf zeugen von der Bedeutung der Fischerei an der Kieler Förde.

Der Bildhauer Adolf Brütt schuf in den 1880er Jahren die Plastik „Gerettet" nach dem Vorbild eines Heikendorfer Fischers, der eine Frau vor dem Ertrinken rettet. Das Original steht in Flensburg auf dem Museumsberg, eine Kopie in Möltenort am Fördewanderweg, in der Nähe des kleinen Hafens, wo sie Einheimische und Touristen an die Bedeutung der Fischer und der Fischerei für den Ort erinnert.

BRANDENBURG UND DIE RÜGENWALDER TEEWURST
ULRIKE LOOFT-GAUDE

Der Name der ehemaligen pommerschen Familie Brandenburg und der der Rügenwalder Teewurst waren in den 1950er Jahren in Schleswig-Holstein eng miteinander verbunden. Einen kurzen Überblick über die Neugründung der Firma Brandenburg in Timmendorfer Strand nach dem Krieg gab Otto Rönnpag bereits 1971 im Jahrbuch des Kreises Eutin[1]. Für die meisten Informationen über die Familie und die zahlreichen Fotos aber ist Hartmut Brandenburg, einem Urenkel des Firmengründers zu danken.[2] Außerdem enthält das Firmenarchiv in Timmendorfer Strand viele interessante Dokumente, Briefe und Zeitungsartikel, die für diesen Beitrag ebenfalls zur Verfügung standen. Hinsichtlich der Fluchtvorbereitung und des Ziels in Holstein konnten Gespräche mit ehemaligen Bewohnern von Meezen/Holstein Aufschluss geben.

DIE ENTSTEHUNG DER TEEWURST IN RÜGENWALDE

Im heutigen Polen, einst Hinterpommern, liegt jener Ort, der heute Darlowo heißt und früher den Namen Rügenwalde trug. Er lag am Zufluss der Wipper in die Ostsee und war zur Zeit der Hanse ein bedeutender Handelsplatz, woran noch die historischen Bauwerke in Backsteingotik erinnern. Im Krieg hat er keine Bombardierungen erfahren und blieb auch beim Einzug der Russen unzerstört.

Rügenwalde war wirtschaftlich bestimmt durch seine Lage an der Ostsee und den Hafen, der Handelsverbindungen in entlegene Gegenden des Deutschen Reichs ermöglichte.

Das sehr ertragreiche Hinterland eignete sich hervorragend zur Viehzucht. Hauptsächlich wurden Schweine und Geflügel, insbesondere Gänse, gehalten. Rügenwalde entwickelte sich im Laufe des 19. Jahrhunderts zu einem Zentrum der Fleischverarbeitung und Wurstherstellung. Die ansässigen Fleischereien hatten ein umfangreiches Angebot, zu dessen Spezialitäten Schinken, Wurstwaren und geräucherte Gänsebrust zählten. Geschlachtet wurde damals allerdings nur in der kalten Jahreszeit, damit das Fleisch in Ermangelung von Kühlmöglichkeiten nicht verdarb.

In den 70er Jahren des 19. Jahrhunderts sind der Rügenwalder Hafen und die Hafenmole mit Hilfe vieler auswärtiger Arbeitskräfte ausgebaut worden. Die vorübergehend beschäftigten Ingenieure, Techniker und Arbeiter nahmen Würste von hier mit nach Hause und ließen sich auch welche nachschicken. Dass es sich dabei schon um Teewürste handelte, wird zwar behauptet, ist aber nicht zu belegen. Auswanderer sollen sich Teewürste sogar mit nach Amerika genommen haben. Auf jeden Fall entwickelte sie sich bis zum Anfang des 20. Jahrhunderts zur Rügenwalder Spezialität und wurde zunehmend auch in verschiedene deutsche Großstädte verschickt.

Wilhelm Brandenburg, der Firmengründer, und seine Familie in Rügenwalde, 1890er Jahre.

Der Ausbau des Hafens kann als Zeichen des steigenden Wirtschaftsvolumens der Stadt gewertet werden, die im Zusammenhang mit dem Aufschwung in Deutschland seit der Reichsgründung 1871 stand. Wie vielerorts im Deutschen Reich erfolgten auch in Rügenwalde um die Jahrhundertwende zahlreiche Betriebsgründungen, und hier waren verhältnismäßig viele Fleischereien darunter.

Seit Anfang des 20. Jahrhunderts stellten sieben Betriebe Rügenwalder Teewurst her. Es handelte sich von Anfang an um eine streichfähige, über Buchenholz geräucherte Wurst, die zur Hauptsache aus Schweinefleisch und Speck, gelegentlich aber auch aus Rindfleisch, Rum und verschiedenen Gewürzen bestand. Im Gegensatz zu anderen Würsten, die zwei bis drei Tage für diesen Prozess brauchen, reift sie mindestens zehn Tage.

„Erfunden" wurde die Teewurst um 1900 in Rügenwalde. Es existieren allerdings unterschiedliche Berichte über ihre Entstehung. Hartmut Brandenburg erzählt, dass die Rügenwalder Wurstfabrikanten sich regelmäßig zu einem Stammtisch trafen und dort Tee tranken. Dabei wurden auch fachliche Themen besprochen und neue Wurstkreationen verkostet. Eines Abends sei einer der Beteiligten mit einer Cervelatwurst zum Treffen erschienen, die nicht fest geworden war. Die Wurst wurde probiert, vom Geschmack für gut befunden und man diskutierte darüber, wie es zu diesem Missgeschick gekommen sein könnte. Schließlich entstand dann jedoch die Überzeugung, mit dieser streichfähigen Wurst eine Marktlücke entdeckt zu haben. Man beschloss also, gezielt nach einem Herstellungsverfahren zu suchen und der neuen Wurst den Namen „Rügenwalder Teewurst" zu geben.

Ein Aufsatz im Heimatblatt für Kreis und Stadt Schlawe aus dem Jahr 1952 erzählt, der ehemalige Seifensieder Georg Schmidthals (1837-1927), der sich auf die Herstellung von Wurst umstellte, und seine Frau hätten sie als erste im Jahr 1874 für den Verkauf hergestellt.[3] Möglicherweise war er ja derjenige, dem die Cerellawurst nicht gelungen war. Die Firma Rügenwalder Mühle von Müller, heute Rauffus und seit 1954 in Bad Zwischenahn im Ammerland ansässig, erweckt auf ihrer Homepage dagegen den Eindruck, sie hätte die Teewurst als Erste hergestellt, was Andreas Kossert in der Veröffentlichung „Kalte Heimat" unkritisch übernimmt[4]. 1927 ließ der Bundesgerichtshof jedenfalls auf gemeinsames Betreiben der Rügenwalder Wursthersteller die Bezeichnung „Rügenwalder Teewurst" als geografische Herkunftsbezeichnung schützen.

DER FAMILIENBETRIEB BRANDENBURG IN POMMERN

Das Brandenburg'sche Unternehmen entstand 1885 mit der Gründung durch Wilhelm Brandenburg in Rügenwalde in der Lange-Straße. Wilhelm betrieb dort ein kleines Geschäft, in dem Wurstwaren und Gänsespezialitäten hergestellt und verkauft wurden. Großen Wert legte er offensichtlich auf die Qualität seiner Produkte. Wenn die Bauern im Winter mit geschlachteten Gänsen zur Stadt kamen, um sie auf dem Markt zu verkaufen, soll er ihnen in seinem schweren Pelzmantel entgegengegangen sein, um die besten Exemplare für sich zu sichern.

1906 brannte der gesamte obere Teil der Lange-Straße ab und zerstörte auch das Brandenburg'sche Haus. Mehrere Tonnen gepökelten Gänsefleisches, das verschifft werden sollte, sind dabei vernichtet worden. Brandenburg zog danach aus dem Stadtkern heraus und errichtete in der Stolpmünder Straße vor dem Steintor ein neues repräsentatives Haus mit dahinter liegenden Fabrikationsgebäuden.

Das erste Haus Brandenburgs in Rügenwalde, 1890er Jahre.

Wilhelms Sohn Max stieg 1902 in den elterlichen Betrieb mit ein und übernahm ihn 1909 ganz. Er führte in den folgenden Jahren grundlegende Modernisierungen durch und machte so aus dem zuvor klassischen Handwerksbetrieb eine für damalige Verhältnisse moderne Produktionsstätte. Ein Gasmotor betrieb fortan die Verarbeitungsgeräte und eine Kühlanlage, was für damalige Zeit sehr fortschrittlich war. Sie ermöglichte die Ausweitung der Arbeiten auf das ganze Jahr.

Da Max Brandenburg kinderlos blieb, übergab er den Fleischereibetrieb seinem Neffen Wilhelm. „Wilhelm II." ist 1906 in Rügenwalde geboren, hat dort 1921-24 seine Lehre bei dem Fleischermeister Paul Plath absolviert, anschließend ein Jahr bei seinem Onkel Max als Geselle gearbeitet und ging anschließend auf Wanderschaft. Dabei lernte er in Magdeburg seine spätere Frau Käthe Fritsche kennen. Mit knapp 23 Jahren bestand er in Berlin die Meisterprüfung mit „gut". 1935 ging er als kaufmännischer Volontär wieder nach Rügenwalde zu seinem Onkel, im folgenden Jahr heiratete er in Magdeburg und übernahm wenig später den Familienbetrieb.[5]

Wilhelm war offensichtlich mit Leib und Seele Unternehmer und bewies bei der Erweiterung und Modernisierung viel Geschick. Die Firma Brandenburg arbeitete mit Agenten in Berlin und anderen Großstädten zusammen, die vor Ort für die Vermarktung sorgten. Gehandelt wurde mit Schinken, verschiedenen Wurstwaren, vor allem aber mit Teewurst und der als „Spiekgans" bekannten geräucherten Gänsebrust. Viel Zeit blieb Wilhelm jedoch nicht. Drei Jahre nach seinem Beginn als Firmenleiter brach der Krieg aus und 1942 erfolgte wie für alle anderen „nicht kriegswichtigen" Betriebe die zwangsweise Stilllegung. Insgesamt wurden in Deutschland ca. 300 mittelgroße Wurstfabriken geschlossen.[6]

Wilhelm Brandenburg wurde nun allerdings nicht zum Kriegsdienst eingezogen. Er erhielt noch im selben Jahr in Danzig die Leitung der Fleischwarenfabrik Schweder, die Proviant für die Wehrmacht und Lazarette herstellte. Möglicherweise hatte er diese Aufgabe durch die Vermittlung von Wilhelm Mandt, einem Freund, der in Danzig eine weiterhin arbeitende Meierei besaß, erhalten. Brandenburg weitete die Produktion auf private Kunden aus Danzig und Umgebung aus. Im Rahmen der Arbeit für die Lazarette entwickelte Brandenburg kochsalzarme Diät-Teewurst und Diät-Leberwurst, die er später nach dem Krieg auch wieder mit in sein Sortiment aufnahm. Bis zuletzt hat Brandenburg in Danzig gearbeitet, schließlich jedoch nur noch für Lazarette. Als die Rote Armee die Stadt Ende März 1945 zunächst eingeschlossen und wenig später erobert hatte, erlebte er ihren Brand noch mit, wovon er öfter seiner Familie erzählte. Dann wurde er von Russen gefangengenommen.

Die Gewürzkammer in Rügenwalde.

RÜGENWALDER TEEWURST

Banderole der Firma Brandenburg für Wurstwaren in Rügenwalde, 1940er Jahre.

Wilhelm Brandenburg II, der Enkel des Firmengründers, mit seiner Familie, ca. 1942.

DIE FLUCHT DER FAMILIE UND DIE ERSTEN NACHKRIEGSJAHRE

Als sich das Ende des Krieges und die Notwendigkeit, Pommern zu verlassen und Richtung Westen zu flüchten, abzeichneten, organisierte der bereits erwähnte Danziger Wilhelm Mandt, nicht nur für seine eigene Familie, sondern auch für Freunde oder Bekannte eine Unterkunft im Westen. Zu einigen von ihnen war der Kontakt über den Segelverein in Zoppot bei Danzig entstanden. Woher der Kontakt zu Brandenburgs stammte, ist unbekannt. Mandt hatte persönliche Beziehungen zu dem Meezener Bauern Otto Timm in Holstein. Timm konnte auf seinem eigenen Hof vier Räume zur Verfügung stellen und organisierte weiteren Platz bei einer befreundeten Familie und im Haus des Lehrers Landt. Frau Brandenburg und ihre Kinder sollten bei Landts unterkommen und wussten so im Gegensatz zu den weitaus meisten Flüchtlingen bereits beim Aufbruch, wo ihr Ziel war und dass sie dort erwartet würden.

Mitte Januar 1945 setzte die offizielle Evakuierung Rügenwaldes durch die Marine ein. Bis zum 10. Mai wurden so 5.556 Einwohner in den Westen gebracht. Käthe Brandenburg hat als eine der ersten mit ihren drei

Söhnen, dem zehnjährigen Wilhelm, dem siebenjährigen Michael und dem vierjährigen Hartmut die Heimat verlassen. Sie konnte dabei natürlich nur wenig Handgepäck mitnehmen, schließlich waren zumindest die beiden jüngeren Kinder noch recht klein. Aber Mandt hatte bereits auf geheimen Wegen für die aufbrechenden Familien einige, ihnen wichtige Dinge nach Meezen schaffen lassen. So hatte Käthe Brandenburg ihm Federbetten und Silberbesteck, auf die sie später nach Auskunft der Schwiegertochter sehr stolz gewesen sei, übergeben. Vermutlich sind auf diesem Weg auch die Familienfotos und ein Album mit historischen Aufnahmen der Firma gerettet worden.

Mit einem Fischereischiff oder -dampfer gelangten die Vier Ende Januar nach Rostock, wo sie zunächst bei Verwandten unterkamen. Sie blieben dort 45 Tage. Danach ging es mit dem Zug über Hamburg nach Schleswig-Holstein weiter. Während ihres Aufenthalts im Hamburger Hauptbahnhof erlebten sie einen Bombenalarm und mussten in dem großen Schutzkeller unterhalb des Bahnhofs Zuflucht suchen. Hinterher fuhren sie mit dem Zug weiter nach Hohenwestedt und von dort gelangten sie nach Meezen.

Sie erhielten ihre Unterkunft im Haus des Dorflehrers Landt, der allerdings selbst zum Kriegsdienst eingezogen und noch nicht zurückgekehrt war. Sie wohnten deshalb in der kleinen Lehrerkate nur mit dessen Frau zusammen.

Bis zum Herbst 1945 blieben sie in Meezen. Dann fuhr Käthe Brandenburg mit den Söhnen zu ihrer Schwester, die in Braunschweig lebte. Dort verbrachten sie das erste Weihnachtsfest nach der Flucht. Wegen der sehr beengten Wohnverhältnisse zogen sie Anfang 1946 weiter nach Magdeburg zur Mutter bzw. Großmutter. Diese besaß ebenfalls eine Fleischerei, in der Käthe Brandenburg während des dreijährigen Aufenthalts ausgeholfen hat.

Käthe Brandenburg mit ihren Söhnen in Magdeburg, ca. 1947.

Wilhelm Brandenburg kam als Kriegsgefangener in die aus dem 18. Jahrhundert stammende Festung im 100 km südlich gelegenen Graudenz, die seit dem 19. Jahrhundert als Gefängnis diente und welche die Russen nun für Kriegsgefangene nutzten. Seiner Erinnerung nach starben dort von den 9.000 untergebrachten Männern 6.000. Auch Brandenburg wurde sehr krank und musste während der Gefangenschaft operiert werden. Im Oktober 1945, als das Lager aufgelöst und die Gefangenen nach Russland transportiert wurden, hat man ihn aus Gesundheitsgründen nach nur zwölf Wochen frühzeitig aus der Gefangenschaft entlassen. In Meezen, wohin er nun wollte, um seine Familie wieder zu sehen, erzählte man, dass er sich im Lager blind gestellt hätte, um als arbeitsuntauglich anerkannt zu werden, und dass die behandelnde russische Ärztin mitgespielt und ihm das auch bescheinigt hätte. Diese Version seiner Entlassung ist seinen Söhnen allerdings nicht bekannt.

Als erstes zog es ihn nach Rügenwalde, um dort nach dem Haus und dem Firmengebäude zu sehen. Teilweise ging er die Strecke zu Fuß, teilweise fuhr er auf offenen Kohlewagen mit. Ein russischer Posten, der das Gebäude bewachte, ließ ihn hineingehen. Er fand noch seinen Meisterbrief an der Wand und nahm ihn an sich. Wenig später wurde er von polnischen Soldaten festgenommen und zusammen mit anderen Deutschen drei Tage lang in einen Keller gesperrt. Dort hat man sie jede Nacht verprügelt. Seit dieser Zeit litt er unter offenen Beinen.

Der Meisterbrief war das einzige, was Wilhelm Brandenburg aus der Heimat an Gegenständen retten konnte. Später sagte er seinen Söhnen in diesem Zusammenhang wiederholt: „Wissen ist Macht" und erläuterte, alle Güter habe man ihm damals nehmen können, aber das Wissen, d. h. das in seinem Beruf Erlernte, nicht und damit sei er in der Lage gewesen, eine neue Existenz aufzubauen.

Brandenburg konnte bei seiner Entlassung noch nicht wissen, dass seine Familie nicht mehr in Meezen war. Jedenfalls kam er zu einem heute nicht mehr bekannten Zeitpunkt dort an. Für eine der pommerschen Familien, die ebenfalls durch Mandt dorthin gekommen waren, brachte er die traurige Nachricht mit, dass der Familienvater umgekommen war.

Hartmut Brandenburg, der damals fünf Jahre alt war, erzählt vom Eintreffen des Vaters 1946 in Magdeburg: „Wir waren gerade beim Sirupkochen. Ich erkannte ihn nicht, weil er so dünn geworden war."

Wilhelms Bruder kam für eine Zeit ebenfalls nach Magdeburg und die Brüder bauten im Winter 1946/47 einen Schlitten, mit dem Wilhelm sich dann in Richtung Westen aufmachen wollte. Er war entschlossen, wieder eine Firma für Fleischwaren zu gründen, allerdings nicht in der sowjetisch besetzten Zone. Die Familie seiner Frau sammelte für ihn und sein Vorhaben insgesamt 4.000 RM, die er an seinem Körper versteckt mitnahm. Seiner Frau Käthe versprach er, sie mit den Kindern nachzuholen, sobald es ginge.

DER NEUANFANG IN TIMMENDORFER STRAND

Zunächst zog Brandenburg nach Braunschweig, um von dort aus nach Arbeit zu suchen. Er selbst beschreibt sein Ziel in einem als „Urkunde" betitelten Schriftstück mit zusammengefassten Erinnerungen[7], das mit Geldstücken und anderen Dokumenten in einer Plombe verpackt im Fundament seines ersten Neubaus eingebaut wurde: „… baldmöglichst wieder einen eigenen Betrieb aufzumachen. Dieses Vorhaben war in der damaligen

Die Genossenschaftsmeierei von Groß- und Klein-Timmendorf in Betrieb, um 1900.

Zeit, als das Geld keinen Wert hatte, sehr schwer. Auf offenen Kohlezügen, notdürftig bekleidet, eilte ich von Stadt zu Stadt, um meine Dienste als Meister oder Betriebsleiter anzubieten. Nichts gelang."[8]

Bei einer Tour durch Schleswig-Holstein kam er von Flensburg aus nach Niendorf an der Ostsee, wo er Station bei Bekannten aus Rügenwalde machte. Sie berichteten ihm von der stillgelegten Meierei in Klein-Timmendorf. Brandenburg sagte der Ort wegen der Lage an der Ostsee, ähnlich wie in Rügenwalde, sehr zu und das Gebäude erschien ihm geeignet für einen neuen Betrieb. So beschloss er, die Arbeitssuche aufzugeben und gleich mit der eigenen Firmenneugründung zu beginnen. In der Poststraße 1 fand er sogar ein Zimmer, um von dort das weitere Vorgehen planen und umsetzen zu können.

Die Timmendorfer Meierei war 1888 von einer Genossenschaft für Groß- und Klein-Timmendorf gegründet worden, allerdings lieferten dort auch Bauern benachbarter Orte ihre Milch an. 1892/93 erhielt das Gebäude einen Anbau und 1906 einen Eiskeller.[9] Im Obergeschoss gab es einen Sitzungsraum und eine kleine Wohnung für den Meiereiverwalter. 1939 hatten die Mitglieder unter ökonomischem Zwang entschieden, ihren Betrieb an die Lübecker Hansa-Meierei zu verkaufen. Die Maschinen wurden ebenfalls veräußert. Ab 1940 waren in den Räumen dann etwa 20 Kriegsgefangene aus Frankreich und Jugoslawien untergebracht, die auf den Bauernhöfen des Ortes arbeiten mussten. Gegen Ende des Krieges kamen hier Vertriebene und Flüchtlinge in allen Räumen mit Ausnahme des Betriebsraums unter. Dort wurde nach Kriegsende ein Textilfärbebetrieb eingerichtet, der die alten Uniformen umfärbte, damit sie in geändertem Zustand wieder getragen werden konnten.

Nach eigener Aussage kaufte Brandenburg die Meierei am 16. Februar 1946 „von dem Drogisten Eugen Busch, Lübeck".[10] Dass er dazu überhaupt in der Lage war, verdankte er auch einem Freund in Erfurt, der ihm Geld lieh. Der Freund besaß eine Gärtnerei und verschickte es versteckt in unzähligen kleinen Samentüten, die er nach Klein-Timmendorf schickte.[11]

Vom Kauf der Meierei war es allerdings noch ein weiter Weg bis zu ihrer vollen Nutzung. Nach einiger Zeit gelang es Brandenburg, einen ersten Raum in der alten Meierei zu „erobern". Unter der Treppe teilte er einen kleinen Bereich für sich ab, der zwar fensterlos und nicht heizbar war, ihm aber am Tag als Büro und nachts zum Schlafen dienen konnte. Um etwas gegen den desolaten Zustand des Gebäudes zu unternehmen, fuhr er regelmäßig auf einem Rad nach Lübeck. Dort grub er Trümmersteine aus, brachte sie mit zurück und verbaute sie. Außerdem machte er mit dem Fahrrad Fahrten über Land, um nach gebrauchten Maschinen zu suchen, die für seinen Betrieb geeignet waren und die er eintauschen konnte.

Die offizielle Genehmigung, in der alten Meierei einen Fleisch verarbeitenden Betrieb einzurichten, „Rebuilding Drairy into Butchery"[12], und das Gebäude entsprechend umzubauen, erhielt er von der englischen Militärverwaltung erst im April 1947. An Gesamtkosten wurden 4.300 RM genehmigt.

Weil die Bewirtschaftung von Fleisch noch anhielt und kein freier Handel möglich war, stellte er zahlreiche Gesuche, Salate aus unbewirtschaftetem Gemüse herstellen und verkaufen zu können. Nach fast einem Jahr erhielt er endlich die Genehmigung hierfür und wenig später handelte er zusätzlich mit marinierten Heringen in Dosen. Dazu fuhr er frühmorgens mit seinem Rad nach Niendorf zum Hafen, um die Fische zu kaufen, und verarbeitete sie anschließend zu Konserven.

Da das Meiereigebäude zu diesem Zeitpunkt noch voll mit Menschen belegt war, stellte Brandenburg im Juni 1948 den Antrag, dahinter eine Nissenhütte aufstellen zu dürfen. Die Lieferung so einer Hütte hatte er offensichtlich bereits organisiert, wie aus seinem Antrag zu ersehen ist. Er gibt an, darin Sägespäne, Holzfässer, Verpackungsmaterial und anderes lagern zu wollen. Die Baufreigabe wurde am 1. Oktober erteilt und eine Woche später der Bauschein ausgestellt. Als Bauwert sind 2.000 DM – die Währungsreform hat am 21. Juni 1948 stattgefunden – angegeben, die Gebühren beliefen sich auf zwölf DM.

Einen weiteren wirtschaftlichen Schritt brachte ein Ölkontingent, das Brandenburg bewilligt wurde. Damit konnte er Mayonnaise herstellen, die für die Salatherstellung neue Möglichkeiten bot.

Ein Vertreter für Brandenburgs Waren in Berlin, ca. 1948.

Außerdem erhielt er schon vor der Währungsreform ein kleines Fleischkontingent, das er zu Fleischsalat verarbeitete. Mit den Lebensmittelkarten für Fleisch ließ sich hiervon die vierfache Menge kaufen. Die notwendigen Maschinen hatte er, wohl über Kontakte zu ehemaligen Landsleuten, von einer Hamburger Firma erhalten, die während des Krieges nach Rügenwalde ausgelagert worden war.

Große Geschäfte ließen sich mit den Gemüsesalaten nicht machen, aber Brandenburg arbeitete bereits auch wieder an der Erschließung des Berliner Marktes. Dort hatte jener Vertreter den Dienst wieder aufgenommen, mit dem er von Rügenwalde aus zusammengearbeitet hatte. Trotz der Kontrollen an der Grenzübergangsstation lieferte er nach Berlin. Dabei fuhr er häufig selber mit und brachte das verdiente Geld, eingenäht in seine Unterwäsche, wieder mit zurück.

NACH DER WÄHRUNGSREFORM

Nach der Währungsreform stellte die Textilfärberei im ehemaligen Maschinenraum der Meierei die Arbeit ein, so dass der Platz nun Brandenburg zur Verfügung stand. Ab Herbst 1948 gab es dann auch Fleisch ohne Bezugsscheine und Brandenburg begann sofort, wieder Wurst, Teewurst und Fleischsalat herzustellen. Außerdem gab es bei ihm regelmäßig die in den Erzählungen von Flüchtlingen vielfach erwähnte Wurstbrühe. Sie entstand beim Kochen von Wurst und war als verhältnismäßig preisgünstige und trotzdem wohlschmeckende Suppengrundlage sehr beliebt. Die Menschen standen überall, wo es die Brühe gab, mit Kannen, Marmeladeneimern oder anderen Behältern an, um sie zu kaufen. Auch bei Brandenburg vor der alten Meierei bildeten sich dann lange Schlangen.

Die Fleischabteilung in der alten Meierei, ca. 1950.

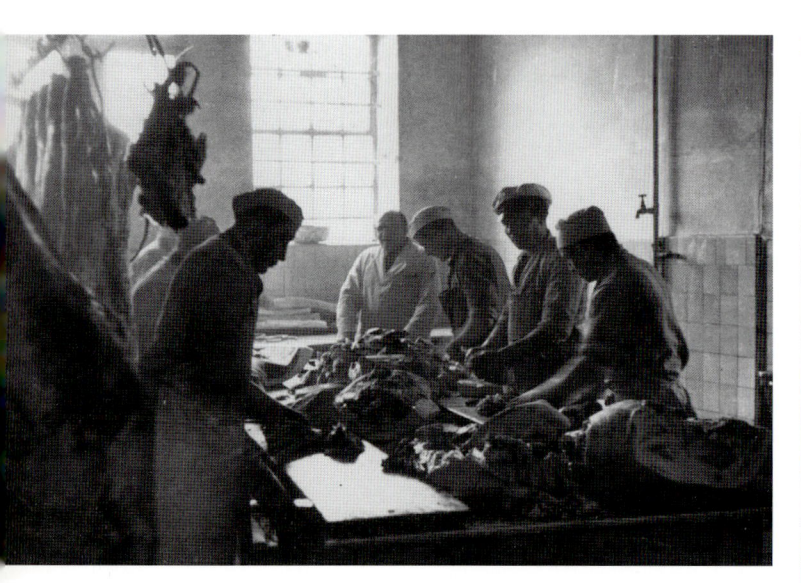

Das Abfüllen der Teewürste, ca. 1950.

Die Zahl der Evakuierten, Vertriebenen und Flüchtlinge in Timmendorfer Strand war ungewöhnlich hoch, denn in allen Pensions- und Hotelzimmern des Ortes waren Menschen untergebracht worden. Anfang 1948 lag die Zahl der gemeldeten Personen sogar bei 11.345, während es vor dem Krieg nur 3.000 Einwohner gegeben hatte. Die Gastronomen des Ortes, die ihre Häuser wieder selber nutzen und an Feriengäste vermieten wollten, um Geld zu verdienen, nahmen in Eigenregie den Aufbau einer Siedlung in Angriff. In Klein-Timmendorf nahe der Meierei entstand so die „Gastrosiedlung" für die bei ihnen einquartierten Vertriebenen und Flüchtlinge.

Wilhelm Brandenburg holt seine Familie an der Zonengrenze in Marienborn ab, Herbst 1949.

Im Herbst 1949 war es endlich soweit, dass Wilhelm seine Familie nachholen konnte. In einem kleinen alten Lieferwagen von Citroen, den er erworben hatte, ließ er sich von seinem damaligen Fahrer Rudi Flesche zur Zonengrenze nach Marienborn fahren, um sie dort in Empfang zu nehmen. Seine Frau und die Kinder hatten die Fahrt von Magdeburg mit dem Bus gemacht und mussten das letzte Stück, auch am Grenzübergang, zu Fuß gehen. Für eine Familienzusammenführung durften sie offiziell aus der damaligen sowjetisch besetzten Zone ausreisen. In Timmendorf zog die Familie erst einmal in das eine Zimmer in der Poststraße. Danach wohnten sie im oberen Stockwerk der Meierei, jedoch noch immer auf sehr beengtem Raum. So war im Kinderzimmer neben den drei Betten kaum noch Platz. Hartmut, der jüngste, wurde nun auch eingeschult. Sein Vater Wilhelm war in dieser Zeit, wie er sagt, „von großem Tatendrang erfüllt". Für Brandenburg bedeutete die Übersiedlung seiner Familie sehr viel. In seiner „Urkunde" schreibt er: „Mit dem Einzug der Familie war mir das Glück auch wieder hold."[13]
Zur Firmenentwicklung der Zeit heißt es dort: „Langsam aber sicher, bei Tag- und Nachtarbeit gelang es mir, einen Kunden nach dem anderen zu erwerben … Von Monat zu Monat stieg der Umsatz, so daß im Dezember 1950 … über 90 Flüchtlinge beschäftigt werden konnten."[14] – Ende 1949 waren es immerhin bereits schon etwa zehn Mitarbeiter gewesen.
Brandenburg stellte tatsächlich in seinem Betrieb hauptsächlich Vertriebene oder Flüchtlinge ein. Für viele, die es nach Timmendorf verschlagen hatte, war dadurch und durch ein Haus in der Gastrosiedlung zumindest die materielle Zukunft gesichert.
Für einen eigenen Laden zum Direktverkauf reichte 1949 der Platz in der Meierei noch nicht. Also fand der Verkauf im Hausflur statt. 1950 jedoch richtete Brandenburg im nördlichen Teil des Hauses einen kleinen Verkaufsraum ein, als dort die letzten Flüchtlinge ausgezogen waren. An der Außenwand darüber prangten sein Namenszug und jeweils seitlich das Firmenemblem mit Schwein und Gans und den Buchstaben „W" und „B", das schon in Rügenwalde die Firma symbolisiert hatte.
Außer dem Berliner Vertreter nahmen auch die aus Hamburg, Frankfurt am Main und München, die bereits vor dem Krieg mit der Firma Brandenburg zusammengearbeitet hatten, bald ihre Tätigkeit wieder auf und verhalfen dem Betrieb so zu weiterem Wachstum.

Die Belegschaft 1950. Vorn in der Mitte sitzen Wilhelm und Käthe Brandenburg.

Im Jahr der Ladeneröffnung plante Brandenburg bereits eine Erweiterung als Flügelbau im Norden. In den fertigen Neubau sollte dann die Fabrikation aus dem Meiereigebäude umgelagert werden. Bei der Grundsteinlegung ließ er hier die erwähnte Plombe mit Erinnerungen und anderen Zeitdokumenten einbauen. Auch diesmal war er wieder über Land gefahren, um gebrauchte Maschinen zu kaufen. In den Keller kam die Salzerei, ins Erdgeschoss die Ausschneidehalle, in die erste Etage die Koch- und Brühwurstabteilung und ins Obergeschoss ein großer „Gefolgschaftsraum" – die Bezeichnung stammt noch aus der Vorkriegszeit. An der Rückwand stand der Schriftzug „Ehret die Arbeit".

DIE 1950ER JAHRE

1951 gab Brandenburg den ersten „Thermoslaster" in Auftrag. Ein neues Mercedesfahrzeug wurde in Stuttgart bestellt und in Travemünde auf dem Priwall zu einem isolierten, kühlbaren Transporter umgebaut, oben weiß, unten Teewurstrot, mit Firmenaufschrift und -emblem, dem Bild einer Teewurst und dem Schriftzug „Stets etwas Besonderes". Das Fahrzeug war, nach Auskunft des Sohns, damals eine Sensation. Erstmals eingesetzt wurde es für die Fahrt zur deutschen Lebensmittelausstellung in Köln, der ANUGA. Der Wagen diente Brandenburg, stets mit seinem Fahrer am Steuer, fortan auch für notwendige private Fahrten, sogar für den Familienurlaub über die Alpen. Er selbst hatte zwar vor dem Krieg einen PKW besessen, der dann eingezogen worden war, aber nachher hat er sich immer fahren lassen.

In einem Beitrag unter dem Titel „Einer von vielen, die es geschafft haben" wird Brandenburg in dieser Zeit folgendermaßen beschrieben: „Von morgens bis abends steckte seine grobschrötige Gestalt in einem weißen Kittel. Derbe Schuhe, ein unauffälliger, farbloser Anzug, ein massiver Kopf, ein paar sorgfältig gepflegte Haare und eine Hornbrille, hinter der seine kleinen Augen häufig zwinkern. Wilhelm könnte einen schweren Privatwagen fahren. Er hat nur Lieferwagen. Er könnte sich eine luxuriöse, zumindest eine komfortable Wohnung einrichten. Seine Wohnung ist einfach, sehr einfach. Er könnte so manches, wovon andere nur träumen können. Aber dieses ‚manches' ist ihm unwichtig. ‚Ich lebe, um zu arbeiten', sagte er. Alles für die Firma. Persönlicher Luxus wäre für ihn eine Gotteslästerung … Heute ‚kann man sich das nicht leisten'."[15]

Inzwischen hatte Brandenburgs Firma einen jährlichen Umsatz von 2.000.000 DM erreicht und nun erhielt er seinen ersten Flüchtlingskredit über 8.000 DM. Eine Auflistung der Jahresproduktion führt am 24.12.1951 insgesamt 5.200 verarbeitete Schweine und 1.500 Rinder auf. 961.170 Meter Därme wurden verarbeitet, was als Strecke Königsberg-Aachen verdeutlicht wird, und sechs Millionen Würste hergestellt, von denen 100.000 in den Versand gingen.[16] 6.500 Feinkost- und Lebensmittelgeschäfte im gesamten Bundesgebiet wurden beliefert und dabei in Stoßzeiten bis zu 1.000 Pakete täglich gepackt. In der Weihnachtszeit war jede Hand nötig, so dass auch die Söhne oft bis elf Uhr abends mit anpacken mussten.

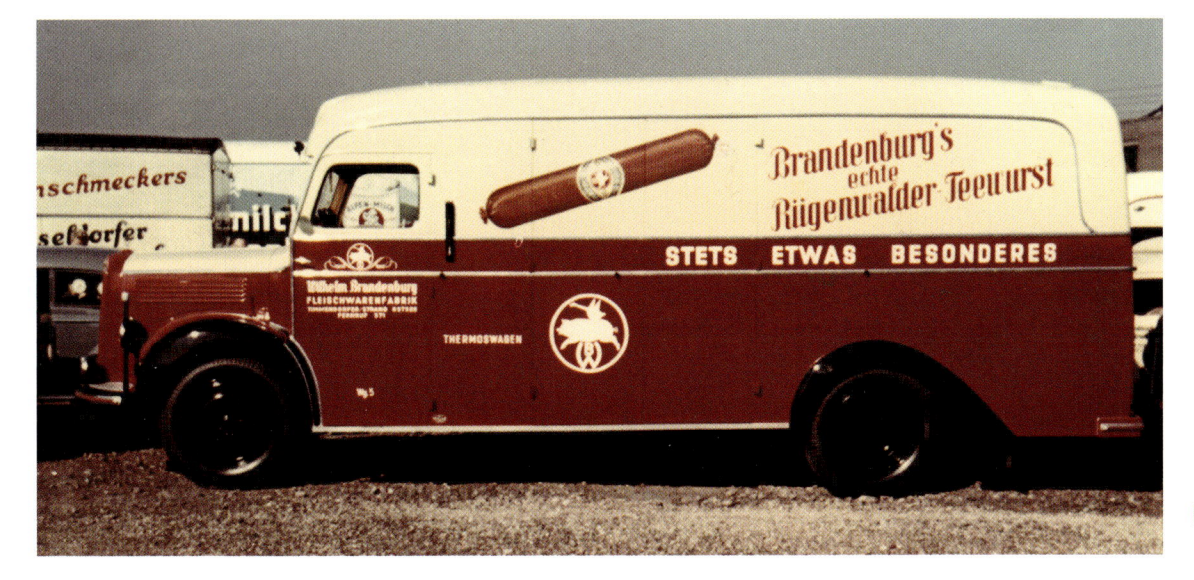

Der erste Laden in der Meierei, 1950.

Der „Thermoswagen" von 1951, damals eine Sensation.

Der Stand auf der Rhein-Ruhr-Messe, 1953.

Unten die Wurstbanderole von Brandenburg aus Timmendorfer Strand, oben eine nachgemachte, 1951.

In den 50er Jahren wurde ihm die Wurst quasi „aus der Hand gerissen". Der Schwerpunkt der Herstellung lag dabei zwar auf der Teewurst, hergestellt wurden aber auch Schinken, Leberwurst, Kochwurst, geräucherte Gänsebrust und Gänsekeulen. In den ersten Jahren hatte Brandenburg nebenbei noch den traditionellen „Pommerschen Kaviar" verkauft. Dazu wird das kalte rohe Gänsefett mit einem speziellen Schneidegerät mehrfach „gecuttert"[17], so dass es sehr fein geschnitten ist, und anschließend u. a. mit reichlich Majoran gewürzt.[18]

Die offiziellen Preise, die er 1950/51 errang – sechs internationale erste und zwei zweite – bedeuteten für ihn eine große Bestätigung seiner Arbeit. Später kamen noch viele weitere hinzu, aber die ersten blieben für ihn die wichtigsten.[19]

Im Firmenarchiv finden sich verschiedene persönliche Briefe und Karten, in denen sich Konsumenten bedanken. Aus heutiger Sicht amüsant ist das Schreiben eines Herrn Z. aus Bochum vom 26.7.1951, in dem er zunächst seine Anerkennung ausdrückt. Weiter heißt es: „Ich übersende Ihnen beiliegend die geleerte Wursthaut mit der Bitte um Neufüllung, da es mir tatsächlich zu leid tut, die Hülle nach gehabtem Genuß achtlos wegzuwerfen."[20] Wie Brandenburg auf diesen Wunsch reagierte, ist leider nicht belegt, immerhin aber hat er den Brief sorgfältig verwahrt. Man muss sich hier vergegenwärtigen, dass Lebensmittel immer noch einen immens hohen Stellenwert hatten und es mit Ausnahme von Papier bis dahin kaum Einmalverpackungen gegeben hatte. Es wird sich im Übrigen um eine neuartige Cellophanhülle und nicht um Darm gehandelt haben.

Auch auf politischer und gesellschaftlicher Ebene fand der Brandenburg'sche Betrieb viel Anerkennung, denn er gehörte bald zu den größten im Kreis Eutin. So schrieb der Kreispräsident Siegfried Krüger 1954 in das Firmengästebuch: „... insbesondere für den Kreis Eutin ist die Firma ein nicht mehr fortzudenkender Faktor".[21] Zuvor hatte der schleswig-holsteinische Minister für Arbeit, Soziales und Vertriebene Hans-Adolf Asbarch dem Betrieb attestiert: „... ein leuchtendes Beispiel im Land Schleswig-Holstein"[22] zu sein. Vor allem von Seiten der Vertriebenen und Flüchtlinge wurde häufig auf die Verdienste Brandenburgs hingewiesen, der vielen von ihnen Arbeit und anderweitige Unterstützung gegeben hatte.

Den Erfolg und das Ansehen, das die Brandenburg'schen Produkte genossen, kann man auch daran ermessen, dass andere Firmen das optische Erscheinungsbild der Banderole, welche die Würste zierte, nachahmten.

Mit der Herstellung der Gänsespezialitäten fiel zwangsläufig sehr viel Gänseklein an, das jedoch nur in kleinen Portionen im Laden verkauft werden konnte. Aber selbst Großabnehmer wie die Bundeswehr waren nicht an solchen Mengen zur Herstellung von Mahlzeiten interessiert.

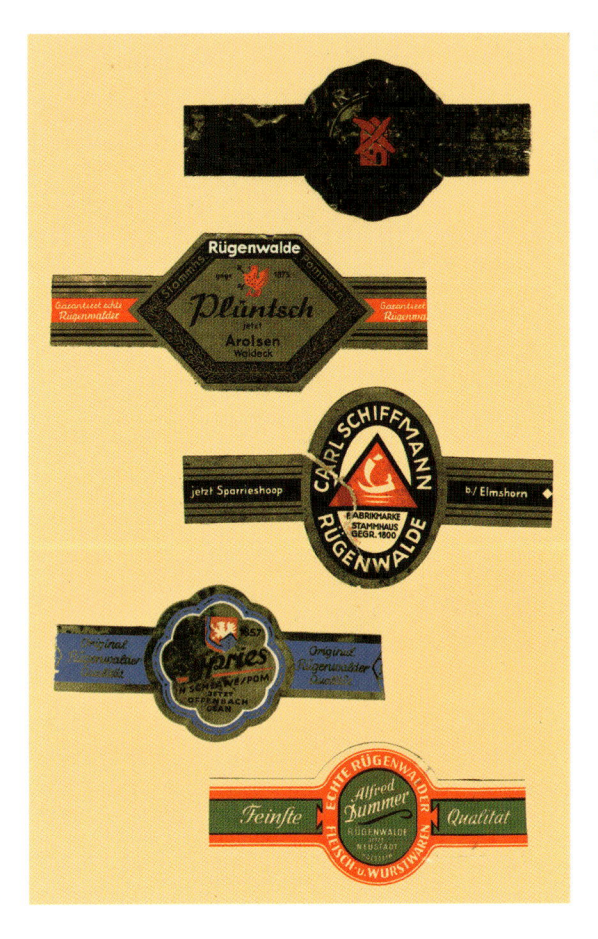

Banderolen der anderen Teewursthersteller aus Rügenwalde, die nach dem Krieg in Westdeutschland wieder Fuß fassten, 1950er Jahre.

Außer Brandenburg hatten vier oder fünf andere Rügenwalder Fleischfabrikanten nach dem Krieg in Westdeutschland versucht, wieder mit der Herstellung von Wurst Fuß zu fassen. Außer Brandenburg gehörten dazu: Rauffus, zunächst in Westerstede, später Bad Zwischenahn, als Vertreter des ehemaligen Familienbetriebs Müller, Plünsch in Bad Arolsen und Schiffmann in Neumünster. Als einziger hatte Brandenburg seinen Standort wieder an der Ostsee gesucht. Er war auch davon überzeugt, dass die gute ozonhaltige Luft zur Qualität seiner Würste beitrug. Die genauen Bedingungen der Teewurstherstellung, insbesondere die Gewürzzutaten sind ein Familiengeheimnis. Wilhelm Brandenburg teilte es nur mit seinen Söhnen und seiner Frau, die das Würzen übernahm, wenn er keine Zeit hatte.

In dem Zusammenhang kann der Brief des Berliner Großhändlers für Fleisch- und Wurstwaren Kurt Sarwasch erwähnt werden, der 1952 bei Brandenburg anfragte, ob er an ihm als Kunden interessiert wäre.[23] Er lobte die „saubere Ware" und meinte, dass die Teewurst „... in ihrer Geschmacksrichtung der Vorkriegs-Rügenwalder von allen zur Zeit auf dem Markt befindlichen Teewurstarten am meisten entspricht." Am Rand teilte er noch mit, dass er 1939 als Koch der Küstenbatterie vor Rügenwalde oftmals im damaligen Betrieb war, um „... die Zutaten für unseren Labskaus bei Ihnen durch den Wolf zu jagen."[24]

Die Teewurstabteilung im Neubau. Rechts wird die Fleischmasse in die Hüllen gefüllt, links werden die Würste verschlossen, 1950er Jahre.

Die Fleischabteilung im Neubau, 1950er Jahre.

Unabhängig von möglichen Qualitätsunterschieden gründeten die ehemaligen Rügenwalder einen Verband, um ihre Interessen bündeln und nach außen besser vertreten zu können, denn der Erlass von 1927 zum Schutz des Namens „Rügenwalder Teewurst" als geografische Bezeichnung war nach dem Krieg hinfällig. 1955 erließ die Bundesregierung als Zugeständnis an diese Vertriebenengruppe ein neues Gesetz zum Namensschutz. Es besagt, dass der Name „Rügenwalder Teewurst" nur von ehemaligen Rügenwaldern hergestellt werden durfte. Im Jahr 1958 erweiterte Brandenburg seine Fabrik im Süden des Meiereigebäudes, spiegelbildlich zum ersten entstand ein weiterer Neubau. Die Familie bezog nun eine neue Wohnung im Obergeschoss des neuen Traktes, darüber entstand das Büro. Seit dieser Zeit etwa versandte die Firma ihre Waren bereits mit der Bahn innerhalb ganz Westdeutschlands. In Kiel wurde beispielsweise das Feinkostgeschäft Howü, in Hamburg Michelsen beliefert.

Die alte Meierei war bis dahin als zentraler Bauteil erhalten geblieben. 1957/58 entstanden nun im Erdgeschoss ein großer neuer Laden und darüber ein geräumiges Büro. Das Ladengeschäft, das von Käthe Brandenburg, der „Seele des Ladens", geführt wurde, lief in den ersten Jahren sehr gut. Aus einem weiten Einzugsgebiet von Neustadt über Eutin und das östliche Lübeck bis Travemünde kamen die Kunden.

Kaum war der Laden vergrößert, begann Brandenburg auch schon sein nächstes Projekt: die Einrichtung von Filialen. Die erste eröffnete noch 1958 in Travemünde, die nächste 1960 in Sereetz, die dritte 1962 in Lübeck. Gleichzeitig weitete sich auch der Export nach England, Schweden, Teneriffa, Nigeria und Hongkong aus. Die Verpackungseinheiten betrugen in den 50er Jahren ein Vielfaches der heute üblichen. Seit den 70er Jahren ist der weitaus größte Anteil als SB-Ware erhältlich. Der Kunde nimmt sich selbst aus dem Angebotstresen, was er braucht. Damals ging die Wurst noch fast ausschließlich als Bedienungsware über den Verkaufstisch. Der Fleischer bzw. Verkäufer schnitt dazu ein Stück von einer Wurststange und wog sie ab. Die Stangen enthielten jeweils 500 g und waren in Kartons zu 10 kg verpackt. Es gab zwar auch kleinere Würste für den Direktverkauf, aber sie nahmen einen vergleichsweise geringen Teil der Lieferungen ein.

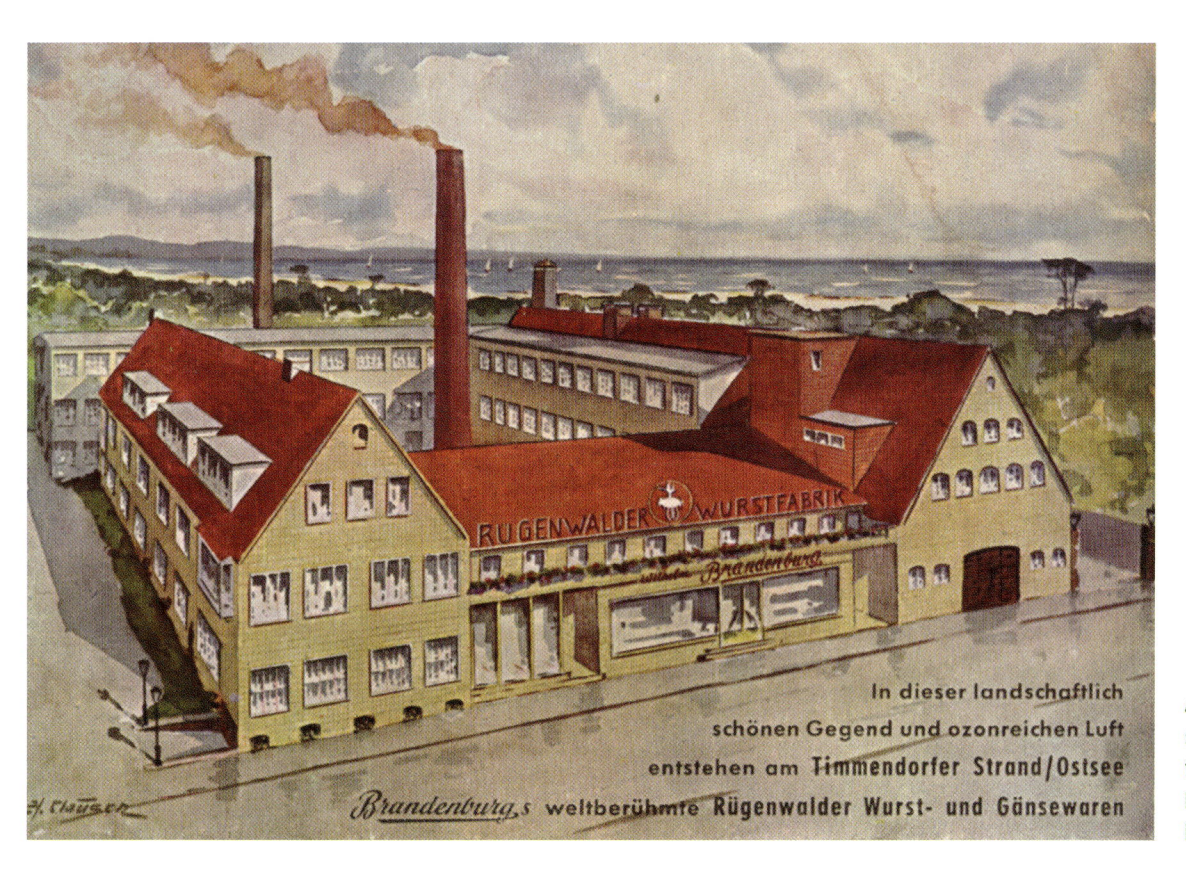

An die alte Meierei wurden seitlich große Bauten angefügt und zur Straße ein Laden davor gesetzt, Postkarte, ca. 1957/58.

Die beiden älteren Söhne Wilhelm und Michael erlernten ebenfalls das Metzgereihandwerk, Wilhelm machte wie sein Vater den Meister, Michael absolvierte dagegen anschließend eine Banklehre. Hartmut hat als Jüngster erst 1961 das Abitur abgelegt und studierte Betriebswirtschaft.

Als der Vater 1963 mit nur 57 Jahren an einer Krebskrankheit starb, hieß es in einem Nachruf in der Eutiner Zeitung: „Nie verschloß Wilhelm Brandenburg Herz und Tür, wenn es galt, Not zu lindern … Reichlich floß der Strom der Liebesgabenpakete aus seiner Fabrik in die Ostzone. Wilhelm Brandenburg hatte ein gutes Herz …"[25] Seine Frau Käthe übernahm nun den Betrieb und führte ihn mehr als zwei Jahrzehnte weiter. Wilhelm arbeitete zu diesem Zeitpunkt bereits in der Firma, Michael trat nach Ende der Ausbildung ein und Hartmut fand nach seinem Abschluss 1967 auch seine Aufgabe im Familienbetrieb.

DIE ENTWICKLUNG DES BETRIEBS SEIT 1963

Im Jahr 1970 hatte die Firma 230 bis 250 Mitarbeiter und 70 Vertreter vermittelten Aufträge. Die Rügenwalder Teewurst machte 75 % des Sortiments aus, 10 % entfielen auf die nur in der Herbst- und Wintersaison hergestellten Gänsespezialitäten.

Wilhelm Brandenburg steht in seinem neuen Laden, 1957/58.

Im Laufe der 70er Jahre nahm Käthe Brandenburg verschiedene Erweiterungen und Automatisierungen im Betrieb vor, aber es gab für die hohen Investitionskosten keine entsprechenden Umsätze mehr. Auch die Einrichtung von inzwischen zehn Filialen im Umkreis hatte viel Geld verschlungen.

Der größte Konkurrent, die Rügenwalder Mühle Carl Müller GmbH & Co. KG, hatte auf die neuen Entwicklungen der Zeit schneller reagiert und war mit ihren Waren in den Discounthandel eingestiegen, indem sie höhere Rabatte gewährte. Auf diese Weise gelang es ihr, auf heute 39 % Anteil im gesamten Teewurstsegment in Deutschland zu kommen.[26]

Brandenburg hätte allein schließlich kaum überleben können, so dass die Firma von Rewe, damals noch Rewe-Leibbrandt, übernommen wurde. Sie wird als eigener Produktionsbetrieb innerhalb der Rewe Gruppe weitergeführt. Auf diese Weise konnte in Timmendorf nicht nur weiter gearbeitet, sondern auch modernisiert und expandiert werden. Die Produktpalette erfuhr eine Reduzierung von 125 Artikeln auf 25. Aber statt der damals 110 Angestellten arbeiten heute hier sogar 350 feste und zusätzlich 100 Leiharbeitskräfte. Und demnächst werden 3.500 Quadratmeter zusätzliche Produktionsfläche zur Verfügung stehen.

Die geräucherte Gänsebrust produziert Brandenburg seit sieben Jahren nicht mehr, weil es sich nicht mehr lohnt. Die etwa 25 % Substanzverlust, die auf das Abschneiden des Fetts und das Räuchern zurückzuführen sind, konnten im Verkaufspreis nicht mehr ausgeglichen werden.

Die Rügenwalder Teewurst stellt nicht nur weiterhin das Zugpferd im Angebot dar. Sie trägt künftig auch das seit 1885 von Brandenburg in Rügenwalde verwendete Zeichen, Schwan und Gans, und darunter den Schriftzug „hergestellt im Traditionsbetrieb Brandenburg".

Der Name Wilhelm Brandenburgs wird so auch in Zukunft an den pommerschen Ursprung der Wurstprodukte und die erfolgreiche Vertriebenengeschichte dieses Mannes erinnern.

Die heute noch existierenden drei Rügenwalder Wursthersteller, zu denen neben Brandenburg Rauffus und Plünsch gehören, sind weiterhin im Verband zusammengeschlossen und halten einmal jährlich Treffen ab. Die Firma Schiffmann aus Neumünster ist an Rauffus verkauft worden, Plünsch war eine Zeit lang namentlich vom Markt verschwunden, heute gibt es sie aber wieder. Die Marke „Rügenwalder" wird auch zukünftig noch unter Schutz stehen. Nur Firmen, in denen ein Nachfahre einer Rügenwalder Fleischerfamilie beteiligt ist, dürfen ihre Produkte so benennen.

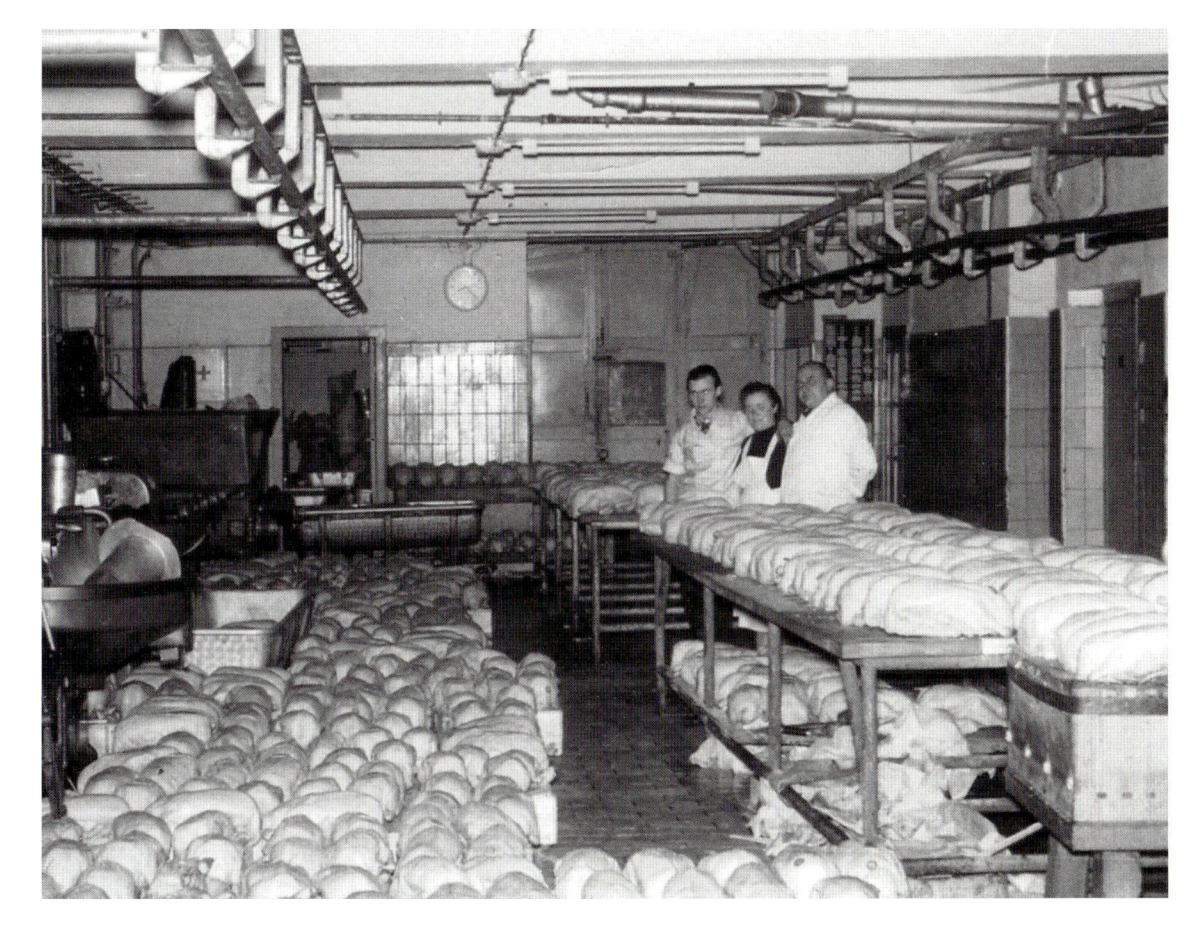

Die Gänse wurden gefroren geliefert, 1950er Jahre.

Zum 75-jährigen Jubiläum der Firma ließ sich das Ehepaar Brandenburg mit seinen „Supervertretern" vor dem neuen Laden fotografieren, 1960.

In Paris wurde Brandenburg zum Ritter der Feinschmecker geschlagen, Ende der 1950er Jahre.

Geschmacklich gibt es zwischen den Produkten der Hersteller leichte Unterschiede, die allerdings dem normalen Konsumenten meist nicht auffallen. Die Rezepturen blieben über die Jahre im Prinzip gleich. Allerdings wird seit den 60er/70er Jahren zur besseren Haltbarkeit Ascorbinsäure zugesetzt. Die Streichfähigkeit erreicht man durch die Zugabe von Öl. Brandenburg bietet heute feine und grobe Teewurst sowie grobe mit grünem Pfeffer an. Plünsch hat auch eine Truthahn-Teewurst und ein Lightprodukt im Angebot.

Wilhelm Brandenburg hat in einem Zeitraum von zehn Jahren, von 1948 bis 1958 aus dem Nichts einen modernen, leistungsfähigen Betrieb geschaffen. Und nach 15 Jahren war die Firma, wie sein Sohn sagt, „fertig". Diese Leistung hatte ihm allerdings auch einen immensen Einsatz abverlangt. Er selbst sagte, er hätte seinen Söhnen einen Ersatz für den verlorenen Familienbetrieb hinterlassen wollen.[27] Seine Einstellung zur Arbeit, die er von seinem Meister übernommen hatte, hielt er in der Urkunde für die Nachwelt fest: „Schaffen und Streben ist Gottes Gebot. Arbeit ist Leben. Nichtstun ist Tod."[28]

In der Ratesendung von Robert Lembke trat eine Mitarbeiterin der Firma als Gänsebrust-Näherin auf, ca. 1960.

FLÜCHTLINGSBETRIEBE
EIN ERFOLGREICHER NEUBEGINN AM BEISPIEL DES PHARMAUNTERNEHMENS POHL-BOSKAMP IN HOHENLOCKSTEDT

ANDREA GROTZKE

Wie alle anderen Heimatvertriebenen auch, hatten die ehemals selbstständigen Unternehmer mit einer Reihe von Schwierigkeiten zu kämpfen, als sie nach überstandener Flucht in einer fremden Umgebung an einen Neuanfang dachten. Durch den Verlust des einheimischen Umfeldes mussten neue Verbindungen und Handelsbeziehungen geknüpft werden. Fast immer fehlte die finanzielle Basis und der neue Unternehmensstandort konnte nicht nach wirtschaftlichen Gesichtspunkten ausgesucht werden, sondern war der Ort der ersten, meist rein zufälligen Unterbringung. Dennoch gab es 1951 insgesamt 5.021 Flüchtlingsbetriebe in der Bundesrepublik mit insgesamt 181.636 Beschäftigten.[1] Dabei entfielen auf Schleswig-Holstein 700 Betriebe mit insgesamt 19.482 Beschäftigten.[2] Die Aufgliederung der Flüchtlingsbetriebe nach Branchen zeigt, dass mit 1.512 Betrieben und 57.510 Beschäftigten die Textil- und Bekleidungsindustrie am stärksten vertreten war. Das Baugewerbe war an zweiter Stelle nur noch mit 499 Betrieben und 23.034 Beschäftigten vertreten, gefolgt von der Feinkeramik- und Glasindustrie mit 461 Betrieben und 11.459 Beschäftigten. Erst an vierter Stelle rangierte die Nahrungsmittelindustrie mit 257 Betrieben und 6.442 Beschäftigten. Die chemische Industrie, zu denen auch das Pharmaunternehmen Pohl-Boskamp gerechnet wird, lag 1951 an neunter Stelle mit 196 Betrieben und 4.815 Beschäftigten.[3]

Die soziale Gliederung von Heimatvertriebenen zur übrigen Bevölkerung Westdeutschlands zeigt im Vergleich von 1939 zu 1950, dass 1939 noch ein ausgewogenes Verhältnis von jeweils 15 % Selbstständigen im Verhältnis zur gesamten arbeitenden Bevölkerung herrschte. 1950 hatte sich das Verhältnis durch die Schwierigkeiten eines Neuanfangs nach der Flucht zuungunsten der Heimatvertriebenen verschoben. Der prozentuale Anteil der Selbstständigen lag nur noch bei 5 %, während der der übrigen Bevölkerung leicht von 15 auf 16 % gestiegen war.[4] Diese doch erschreckend anmutende Zahl begründet sich aber auch durch die Tatsache, dass ein Großteil der früher selbstständigen Heimatvertriebenen Bauern und Landwirte waren, die es aufgrund der begrenzten landwirtschaftlichen Nutzfläche nicht mehr zu einem eigenen Hof gebracht hatten.[5]

Einen tiefgreifenden Einschnitt, besonders für die noch jungen Flüchtlingsbetriebe, stellte die Währungsreform vom 20./21. Juni 1948 dar, als die DM allgemeingültiges Zahlungsmittel wurde. Die ersten Nachkriegsjahre waren von Not und Hunger bestimmt. Lebensmittel und Waren des täglichen Lebens waren streng rationiert und nur gegen Bezugsscheine erhältlich. So gediehen der Schwarzmarkt und die Tauschwirtschaft. Die Reichsmark war als Zahlungsmittel nahezu nutzlos geworden. Dagegen gab es für Zigaretten fast alles, was ansonsten knapp und rationiert war. Um die Wirtschaft langfristig zu stabilisieren, war eine Währungsreform unumgänglich. Der erste Schritt war im März 1948 die Zusammenlegung der drei Westzonen zu einem einheitlichen Wirtschaftsgebiet. Am 19. Juni 1948 gaben die Westalliierten dann das neue Währungsgesetz bekannt und bereits am folgenden Tag wurde an jeden Bürger ein Kopfgeld von 40 DM ausgegeben.

Zwar kam es bald zu einer schnell zunehmenden Belebung der Wirtschaft, die auch zu einer Verbesserung des Sozialproduktes führte und somit die Staatseinnahmen erhöhte,[6] doch stürzte es die meisten der ja noch jungen Flüchtlingsbetriebe in eine schwere Krise. Zunächst traf es jene Betriebe, die verstärkt auf die Mangelwirtschaft der Nachkriegsjahre gesetzt hatten. Aber es drohte auch solchen Unternehmen der Zusammenbruch, die ihrer Branchenzugehörigkeit nach lebensfähig gewesen wären.[7] Gründe waren zum einen die Reduzierung des Barvermögens durch die Währungsreform auf ein Zehntel und zum anderen die steigenden Qualitätsanforderungen der Kunden, die aus dem steigenden Warenangebot resultierten. Um diesen nachzukommen, mussten die Betriebe u. a. über eine solide technische Ausstattung verfügen. Fehlten jedoch entsprechende Maschinen, Werkzeuge, Vorräte, aber auch passende Betriebsräume, war es schwer, den wachsenden Anforderungen nachzukommen, zumal die kapitalschwachen Flüchtlingsbetriebe kaum Kredite erhielten.[8]

Von der Währungsreform bis zum Inkrafttreten des Lastenausgleichsgesetzes am 18. August 1952 sollten noch mehr als vier Jahre vergehen und noch einmal drei Jahre, bis einem Teil der Lastenausgleichsberechtigten wirklich Eigenkapital zufließen konnte. Die Auszahlung der übrigen Entschädigungen erfolgte erst in den Jahren 1958 bis 1979.[9] Zwar gab es bis zum Inkrafttreten des Lastenausgleichsgesetzes das Soforthilfegesetz, das seit 1949 mit ungefähr 6,5 Mrd. DM auf unterschiedliche Art den Vertriebenen und Kriegssachgeschädigten geholfen hatte,[10] dennoch mussten viele Flüchtlingsbetriebe schließen.[11]

Zu den Flüchtlingsbetrieben, die nicht nur die Währungsreform überlebt haben, sondern noch heute erfolgreich existieren, zählt das Pharmaunternehmen Pohl-Boskamp in Hohenlockstedt. Es ist den vielen Talenten des ehemaligen Inhabers Arthur Boskamp (1919-2000) zu verdanken, dass der Betrieb nach überstandener Flucht einen Neuanfang im Lockstedter Lager (seit 1956 Hohenlockstedt) schaffte. Als er Anfang 1945, nach dem unerwarteten Tod seines Vaters Kurt Boskamp, die Leitung der pharmazeutischen Fabrik in Danzig-Langfuhr übernahm, war die Front schon so weit vorgerückt, dass ihm nur noch die schnelle Organisation der Flucht übrigblieb. Zu diesem Zeitpunkt hatte die Firma bereits ihre Fabrik in Marienburg verloren. Arthur Boskamp schreibt dazu in seinen Erinnerungen:

„Die militärische Lage entwickelte sich nun so, daß Marienburg zuerst akut bedroht wurde. Der Betrieb wurde Mitte Januar, als die Russen in der Gegend von Deutsch Eylau waren, von einer Wehrmachtdienststelle geschlossen. Damit war die Partei aber nicht einverstanden und eröffnete den Betrieb wieder. Auch das Landeswirtschaftsamt Danzig erteilte den Befehl weiterzuarbeiten. Es würde schon rechtzeitig den Räumungsbefehl geben. In Wirklichkeit sah es dann nachher so aus, daß wenige Tage später die Russen vor Marienburg standen und wir keine Waggons zum Abtransport unseres Betriebes und unserer Waren bekommen konnten. Mit der größten Mühe erhielten wir im letzen Augenblick dann noch zwei Waggons, die wir aber nicht einmal richtig beladen konnten, da keine Fahrzeuge zum Abtransport zu bekommen waren. So kommt es, daß wir von den Fabrikationseinrichtungen sowie den dort lagernden Vorräten und Fertigwaren der Firma Pohl nur sehr wenig bergen konnten. Mein Vater hat nun die Absicht, mit den wenigen geborgenen Sachen einen behelfsmäßigen Nitrolingualbetrieb weiter westlich aufzumachen, und zwar wurde ihm vom Landeswirtschaftsamt jetzt Hinterpommern angegeben, wo er sich für Greifenberg entschloss ... Am 22. und 23. Januar besorgte sich mein Vater für diese Reise noch die entsprechenden Papiere. Die Waggons wurden also nach Greifenberg deklariert, und mein Vater fuhr mit dem Auto dorthin voraus, um schon vor der Ankunft

der Arbeiter und des Materials Unterkunft und Fabrikationsräume zu besorgen. Dies gelang ihm auch in Greifenberg. Leider kamen die beiden Waggons … nicht mehr nach Pommern durch, so daß er dort mit großer Ungeduld vergeblich darauf wartete. Da die in Greifenberg ursprünglich besorgten Räume für militärische Zwecke in Anspruch genommen wurden und der Raum von Greifenberg sich bereits mit Flüchtlingen zu füllen begann, ließ mein Vater sich bescheinigen, daß die Verlagerung nach Greifenberg nicht mehr möglich sei und ließ sich eine Reise nach Holzminden befürworten, um dort eine Auffangorganisation einzurichten … Die allgemeine Verschlechterung der militärischen Lage – der Russe war im Süden mittlerweile so weit vorgestoßen, daß die Oder schon erreicht war – bewegte meinen Vater zur beschleunigten Rückkehr nach Danzig … Da sein Holzgas-Personenwagen nicht fahrbereit war, ließ er sich von Militärwagen mitnehmen und erreichte Danzig auf diesem Wege. An den Folgen der Anstrengungen dieser Reise ist er am 6.2.45 gestorben."[12]
Aufgrund dieser Erfahrungen sorgte Arthur Boskamp dafür, dass sich der Betrieb für eine Verlagerung vorbereitete, obwohl Mitte Februar vom Landeswirtschaftsamt noch immer die Parole ausgegeben wurde, mit aller Kraft weiterzuarbeiten und möglichst viele Vorräte anzulegen.[13] Anfang März kam aus Danzig die Anordnung für den Verlagerungsort Schwerin. Arthur Boskamp fuhr daraufhin nach Berlin und organisierte beim Leiter des Produktionsausschusses für die Pharmazeutische Industrie eine Befürwortung, die allgemeiner für Mecklenburg und Hannover ausgestellt war.[14] Am 6. März reiste er dann weiter nach Schwerin: „Ich … wurde überall mit großer Zurückhaltung aufgenommen, da sämtliche Partei-, Wehrmachts- und staatlichen Dienststellen sich einig waren, daß Mecklenburg schon so überfüllt sei, dass es für einen Betrieb wie den unsrigen nicht mehr möglich wäre, die erforderlichen Fabrikationsräume zu finden. Inzwischen wurde die Lage in Danzig ganz bedrohlich, wie es aus den Radiomeldungen zu ersehen war … Ich hatte damit gerechnet, daß Danzig und die ganze Weichselmündung sich längere Zeit halten würden. Deswegen hatte ich Herrn Hampel und Herrn Dr. Schütz gesagt, dass die Fabrikationseinrichtung auf jeden Fall in zwei Teilen auf zwei Dampfern verladen werden sollte, um das Risiko zu verkleinern und in jedem Falle eine Einrichtung zu haben, mit der ich arbeiten könne. Angesichts der so bedrohlich gewordenen Lage wollte ich das aber nicht aufrecht erhalten und schickte am 10.3. aus Schwerin ein Telegramm nach Danzig, in welchem ich anordnete, ohne diese Vorsichtsmaßnahmen recht schnell zu verladen. Da die Raumfrage in Schwerin sowieso nicht geregelt werden konnte, und ich es für das Wichtigste hielt, daß in Danzig alles richtig verladen wurde, fuhr ich von Schwerin aus zurück nach Berlin, um von dort nach Danzig zu fliegen … Auf der Rückreise war es bedeutend leichter, einen Platz zu bekommen als auf der Hinreise. Außer einiger Munition reisten nur noch zwei Soldaten mit mir. Da ganz Pommern mittlerweile fest in der Hand der Russen war, ging der Flug über die hohe See zurück nach Danzig. Inzwischen war in Danzig der erste Teil der Maschinen … bereits auf den … Dampfer ‚Cremon' verladen worden. Der zweite Dampfer [‚Wilhelm Traber'], sollte noch beladen werden. Es war also die ursprünglich von mir verlangte Trennung in zwei Einheiten durchgeführt … Ohne meine Rückkehr wäre es jedoch nicht möglich gewesen, die Facharbeiter, die ich als Begleiter für die Maschinen mitnehmen wollte, mitzunehmen. Zu diesem Zweck musste ich noch zu verschiedenen Behörden und vor allem gegenüber dem S. D. [‚Sicherheitsdienst'], der die Abfahrt aus Danzig überwachte, die Ausreise meiner Leute durchfechten. Zu guter Letzt hätte man mich beinahe noch selber behalten, obgleich ich ausgemustert und vom Volkssturmdienst befreit war.[15] Ich musste mich auf Grund einer neuen Verordnung noch einmal beim Volkssturm an- und abmelden, was … mir auch glückte. Ich musste mir vom

Reichsverteidigungskommissar eine neue Ausreisegenehmigung besorgen. Am 15. März verließ dann mein Dampfer ‚Cremon' im Geleitzug Danzig. Von unserer Firma waren außer Dr. Schütz noch Herr Puckowski, Kormella, Utkin und Voortmann mit … Die Reise ging von Danzig nach Hamburg und dauerte fast 10 Tage.[16] Wir hatten ruhiges Wetter. Der einzige militärische Zwischenfall war eine kleine Beschießung in der Höhe von Kolberg. Als wir in Hamburg an Land gingen, war mit einem Zusammenbruch schon ziemlich sicher zu rechnen. Ich musste zunächst darauf bedacht sein, daß mir meine Leute nicht weggenommen und eingezogen wurden … Unser Dampfer ‚Cremon' wurde in Hamburg am Schuppen 48 entladen … Die Maschinen und Rohstoffe wurden auf den Kahn ‚Antonie' verladen und sollten damit nach Lauenburg gebracht werden, um sie aus dem durch Bombenangriffen stark gefährdeten Hamburger Hafen herauszunehmen … In Lauenburg hätte ich Räume zum Einlagern kriegen können. Auf einer Reise nach Lauenburg wurde es mir aber klar, dass dort noch Kämpfe stattfinden würden, da auf dem Steilufer der Elbe große Flakstellungen gebaut wurden. Deswegen ließ ich den Kahn ‚Antonie' in Lauenburg nicht entladen, sondern zurück nach Hamburg gehen und von dort dann weiter nach Itzehoe. Diese Maßnahmen haben sich als richtig erwiesen, denn von der Ladung des Kahns ‚Antonie' ist nichts geplündert und nichts zerstört worden, was in Lauenburg mit Sicherheit eingetreten wäre. Am 1. April war auch der Dampfer ‚Wilhelm Traber' … glücklich in Hamburg angekommen. Er konnte aber nicht entladen werden, weil kein Strom und keine Kohle dafür zur Verfügung standen. Ich wandte mich deswegen an den Apothekendirektor Hörmann vom St. Georga Krankenhaus in Hamburg, der damals für die Hamburger Arzneiversorgung verantwortlich war, mit der Bitte, die Entladung als dringend zu bezeichnen, da Arzneimittel auf dem Kahn seien. Dr. Hörmann wollte mir aber nur helfen, wenn ich ihm ein genaues Verzeichnis der mit dem ‚Traber' verschifften Arzneimittel gebe. Das konnte ich mit gutem Gewissen nicht tun, da der ‚Wilhelm Traber' ganz zuletzt, als Danzig schon dicht eingeschlossen war, in Bausch und Bogen mit dem zweiten Teil der Maschineneinrichtung und einem Rest der abgepackten Fertigware beladen wurde. Da von unseren Leuten niemand mehr dabei sein konnte (Volkssturm) wusste ich nicht, was nun wirklich dabei war. Daran zerschlug sich die Sache. Der ‚Wilhelm Traber' ging mit der Ladung in den Kieler Kanal, als die Engländer sich Hamburg näherten. Erst nach der Besetzung durch die Engländer glückte es mir, die Entladung dieses Dampfers mit Hilfe einer Bescheinigung des Landratsamtes Itzehoe zu bewerkstelligen, das nicht so genaue Angaben über die Ladung haben wollte wie der Herr Direktor Hörmann … Die Ladung der ‚Traber' wurde im Kanal in die ‚Irene', einem Motorkahn übernommen. Für diese besorgte ich in Hamburg eine Fahrerlaubnis und sie ist auch glücklich am 17. Juli in Itzehoe entladen worden."[17]
Die Erinnerungen Arthur Boskamps an die Flucht aus Danzig zeigen, wie viel Energie, Organisationstalent, Verhandlungsgeschick, aber auch Glück dazu gehörten, die wichtigsten Teile für einen Neubeginn der Produktion an einem anderen Ort zu retten. Aus dem nahezu vollständigen Verlust des Firmenhauptwerkes in Marienburg hatte er soviel gelernt, dass er nicht mehr auf die rechtzeitige Evakuierung durch den Staat wartete, sondern selbst die Initiative ergriff und infolgedessen wichtige Teile des Betriebes in Danzig-Langfuhr retten konnte, was sich für den Neuanfang des Betriebes als ausgesprochen wichtig herausstellen sollte. Zu den „Wirtschaftsgütern aus Danzig"[18] gehörten laut Auszug einer Inventarliste vom 31.8.1946 unter anderem drei Ampullenfüllmaschinen, fünf Elektromotoren, 4.265 Nitrolingual-Formen, drei analytische Waagen, ein Polarisationsapparat, zwei Tischdezimalwaagen mit Gewichten, drei Ampullendruckmaschinen, drei kupferne Kipp-Kessel, eine Tischwaage mit Gewichten, 400 Aufstellleisten, acht Tauchpfannen für Gelatine,

ein elektrisches Wasserbad, drei Schreibmaschinen, eine Brunswig Rechenmaschine, eine Thales Rechenmaschine, ein Schreibmaschinentisch, ein PKW sowie ein elektrischer Trockenschrank.

Schnell begann Arthur Boskamp mit der Suche nach geeigneten Räumen für eine Wiederaufnahme der Produktion. Er fand sie in einer ehemaligen Kaserne, dem Gebäude M3 in der Lagerstraße des Lockstedter Lagers (heute Hohenlockstedt) in der Nähe von Itzehoe. Das Lager war bereits vor dem Ersten Weltkrieg ein großer Truppenübungsplatz gewesen und hatte im Zweiten Weltkrieg als Munitionsanstalt gedient. Wie aus dem Gesuch um Betriebnahme hervorgeht,[19] wohnte nur eine Familie im Dachgeschoss.[20] Der Rest des Gebäudes war völlig unbenutzt und herstellungsbedürftig. Das Gesuch wurde am 30. August 1945 an das „Military Government Det. 216" und am 1. September 1945 an den Landrat des Kreises Steinburg in Itzehoe gestellt.[21] In dem Gesuch findet sich der Hinweis, dass der Bürgermeister von Lockstedter Lager die Niederlassung des Unternehmens besonders befürworte, da in der ersten Zeit 30 bis 50 Arbeiterinnen und Arbeiter mit der Aussicht auf weitere Einstellungen beschäftigt werden könnten. Am 19. September folgte das umfangreiche Gesuch um Arbeitserlaubnis an die Industrie- und Handelskammer in Kiel.[22] Die Betriebsgenehmigung für die chemisch-pharmazeutische Fabrik G. Pohl ließ aber noch fast sechs Monate auf sich warten und wurde erst am 29. März 1946 durch das „Military Government of Germany" zunächst befristet erteilt.[23]

Neben den bürokratischen Hürden gab es bis zum Beginn der Produktion im August 1946 noch sehr viel Arbeit. Zwar hatte die Gemeinde ihre Zustimmung zur Anmietung der ehemaligen Kaserne M3 von der kommissarischen Verwaltung für 100 RM pro Monat schon am 1. Januar 1946 gegeben,[24] doch war das Gebäude in einem desolaten Zustand. Die Fensterflügel sowie ein Teil der Fußböden waren verheizt worden und das

Die Massiv-Baracke M3 in Lockstedter Lager, nach 1934.

Produktionserlaubnis der Militärregierung vom 29. März 1946 für die Chemisch-Pharmazeutische Fabrik G. Pohl.

Province Schleswig-Holstein

MILITARY GOVERNMENT OF GERMANY
PRODUCTION/OPERATING PERMIT – Small Firms

To:— Firm's Name G. Pohl Chem.-Pharm. Fabrik

Address Lockstedter Lager

M.G. Econ Serial No. 08X013   Kreis Steinberg

1. This is a Permit to a) START PRODUCING/~~OPERATING~~
   b) ~~CONTINUE PRODUCING/OPERATING~~ | Delete that not applicable

2. You are authorised to carry out the following work in your factory or workshop at above address

NATURE OF WORK	MAXIMUM OUTPUT
Gelatine capsules	In accordance with supply of raw material

3. You are authorized to consume electricity for the work specified in paragraph 2 above. Your consumption will be limited to such amount and during such times as may be decided by LANDESWIRTSCHAFTSAMT and shown on the reverse of this Production/Operating Permit.

4. This Permit is valid until 30th Sept 46

5. You will not engage in works other than those approved in paragraph 2 of this Permit, nor in any other activities without the permission of Military Government.

6. Any breach or contravention of the conditions of this Permit will be liable to prosecution before a Military Government Court, and will lead to the withdrawal of this Permit.

7. The Authorisation No of this Permit is **SH/Econ** 8 / 114
   Official Stamp and Date

   29 Mar 46

   Signed _____ Colonel.
   Senior Economic Controller,
   for Brigadier, Commanding,
   Headquarters Military Government
   Schleswig-Holstein Region.

Distribution:
  2 to P Det. (1 for Int Sec., 1 for sec concerned)
  1 to K Det.
  2 to L.W.A. (1 for forwarding to Firm)

FLÜCHTLINGSBETRIEBE

Dach war von der einzigen Bombe, die auf Lockstedter Lager fiel, zerstört.²⁵ Außerdem bestand das Gebäude seit 1914 und war ohne fließend Wasser, Kanalisation oder Heizung.²⁶ Die dort noch lebende Familie²⁷ wurde umgesiedelt und die Wiederherstellung des Hauses konnte beginnen. Hierfür wurden Handwerker und Baumaterial benötigt. Es wird erzählt, dass Arthur Boskamp mit seinen Leuten zunächst das Baumaterial auch aus den anderen leerstehenden Kasernen und Gebäuden besorgt haben soll.²⁸ Neben der Instandsetzung des Gebäudes mussten gleichzeitig auch sämtliche Möbel für die Fabrik sowie die Geräte für die Produktion hergestellt werden, da für einen Kauf nicht nur das Geld, sondern auch das Angebot fehlte. So wurde vom einfachen Hocker bis zum großen Schrank mit Rolltür alles in der betriebseigenen Tischlerei und Schlosserei hergestellt. In der Schlosserei waren vier und in der Tischlerei drei Handwerker tätig.²⁹ Für die Produktion wurden u. a. Kapseltauchbretter, -formen und -steckleisten (Aufstellleisten), Kapselzählbretter, eine Knoblauchpresse, mehrere Trockenregale sowie ein Ausguss-Apparat für große Glasballons hergestellt.³⁰ Um alles finanzieren zu können,

Die betriebseigene Tischlerei der Firma Pohl-Boskamp, 1946/47.

Die Schlosserei der Firma, 1946/47.

Ein Abzählbrett zum Abfüllen von Weichgelatinekapseln, 1946/47.

Der Ballon-Ausguss-Apparat, 1946/47.

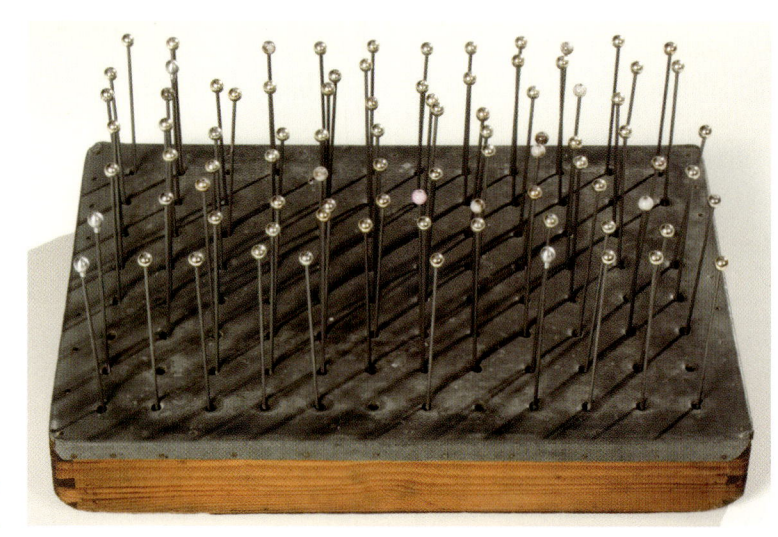

Ein Tauchbrett mit Formen zur Herstellung von Weichgelatinekapseln, 1946/47.

versuchte Arthur Boskamp, offene Beträge aus der Zeit vor der Flucht einzutreiben. Dabei stieß er jedoch häufig auf Probleme, denn viele Kunden hatten – genau wie er selbst – ihre Betriebe kriegsbedingt aufgeben müssen. So konnten Rechnungen nicht mehr zugestellt werden oder aber die Unterlagen über offene Beträge waren im Krieg zerstört worden und daher die Vorgänge nicht mehr nachvollziehbar. Ebenso gab es von Seiten der Banken Schwierigkeiten, weil auch dort häufig die Unterlagen fehlten oder sie ihre Arbeit noch nicht wieder aufgenommen hatten. Aufgrund dieser Umstände versuchte Arthur Boskamp, selbst kleine Beträge einzufordern.[31]

Im Sommer 1946 begann die Produktion. Zunächst wurden nur Nitrolingual-Kapseln hergestellt.[32] Bis zum 31. August waren bereits 18.850 kg der runden roten Kapseln gefertigt.[33] Ohne die erfahrenen Mitarbeiter

Dr. v. d. Linde & Rave

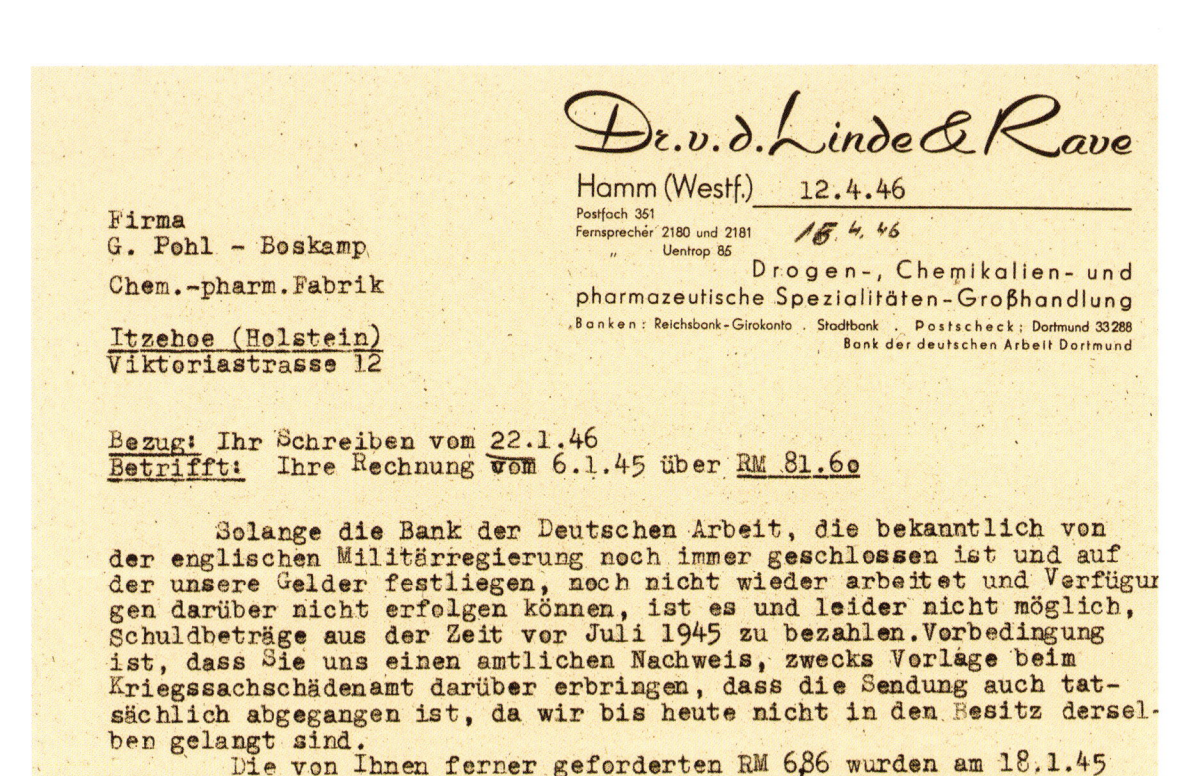

Hamm (Westf.) 12.4.46

Postfach 351
Fernsprecher: 2180 und 2181
„   Uentrop 85

Drogen-, Chemikalien- und
pharmazeutische Spezialitäten-Großhandlung

Banken: Reichsbank-Girokonto . Stadtbank . Postscheck: Dortmund 33288
Bank der deutschen Arbeit Dortmund

Firma
G. Pohl - Boskamp
Chem.-pharm. Fabrik

Itzehoe (Holstein)
Viktoriastrasse 12

Bezug: Ihr Schreiben vom 22.1.46
Betrifft: Ihre Rechnung vom 6.1.45 über RM 81.60

Solange die Bank der Deutschen Arbeit, die bekanntlich von der englischen Militärregierung noch immer geschlossen ist und auf der unsere Gelder festliegen, noch nicht wieder arbeitet und Verfügungen darüber nicht erfolgen können, ist es und leider nicht möglich, Schuldbeträge aus der Zeit vor Juli 1945 zu bezahlen. Vorbedingung ist, dass Sie uns einen amtlichen Nachweis, zwecks Vorlage beim Kriegssachschädenamt darüber erbringen, dass die Sendung auch tatsächlich abgegangen ist, da wir bis heute nicht in den Besitz derselben gelangt sind.
Die von Ihnen ferner geforderten RM 6,86 wurden am 18.1.45 durch Postscheck überwiesen und am 23.1.45 unserem Konto belastet.

Hochachtungsvoll
Dr. v. d. Linde & Rave

Ein Antwortschreiben auf eine Anfrage Pohl-Boskamps bezüglich der Außenstände aus der Zeit vor der Flucht.

und vor allem Mitarbeiterinnen – in der Produktion arbeiteten überwiegend Frauen – wäre so ein erfolgreicher Start nicht geglückt. Zwar war wahrscheinlich keine der ersten Arbeiterinnen auf einem der Schiffe mitgeflohen, doch nahmen bald nach Kriegsende viele der ebenfalls heimatvertriebenen, ehemaligen Mitarbeiterinnen und auch einige Mitarbeiter den Kontakt zu ihrem früheren Arbeitgeber wieder auf und bildeten den Grundstock des neuen Betriebes. Besonders wichtig war der Chemiker Dr. Schütz, der zusammen mit Arthur Boskamp aus Danzig geflohen war und der beinahe alle Rezepturen im Gedächtnis hatte.[34] Die Prognose von 30 bis 50 Mitarbeitern erfüllte sich und auf dem ersten Betriebsfoto von 1946/47 sitzt Arthur Boskamp umgeben von seinen 45 Mitarbeitern. Ende 1947 arbeiteten für die Firma bereits 59 Arbeiter und Handwerker, 14 Angestellte sowie ein Reisender, Vertreter oder sonstiger kaufmännischer Angestellter, der bei seiner Tätigkeit ein Kraftfahrzeug bediente.[35] Es ist wahrscheinlich den gemeinsamen Erfahrungen der Flucht und des Krieges zuzuschreiben, dass es einen beinahe familiären Zusammenhalt in der Firma gab. So wurden an heißen Sommertagen manchmal spontan Betriebsausflüge an den nahen Badesee organisiert. Ab und zu fanden auch gemeinsame Weinfeste statt. Den Wein dazu hatte man von Messen in Weinanbaugebieten mitgebracht.[36] Dieser ausgeprägte Gemeinschaftssinn dürfte mit Sicherheit erheblich zum Erfolg des Unternehmens beigetragen sowie die Schwierigkeiten der Anfangszeit aufgefangen haben.

Arthur Boskamp mit Arbeiterinnen, von denen einige bereits in den Danziger und Marienburger Betrieben gearbeitet hatten, 1946.

Dr. Schütz vor dem ersten Labortisch nach der Flucht, 1946.

Die Produktion steigerte sich langsam, aber stetig. Im Februar 1947 kam die Gelatinekapsel „Blaudarsin" gegen Blutarmut hinzu. Nur zwei Monate später wurde auch die Tablettenproduktion mit dem Schmerzmittel „Dentalon" wieder aufgenommen. Doch nach wie vor war das Hauptprodukt „Nitrolingual". 1948 wurden acht weitere Arzneimittel in die Produktpalette aufgenommen. Darunter waren auch Mittel gegen Wurmbefall und ein erstes Nahrungsergänzungsmittel, „Gelovital", das Lebertran und Knoblauch enthielt. Gerade mit diesen Produkten, die in den folgenden Jahren noch erweitert wurden, orientierte sich Pohl-Boskamp an den Bedürfnissen der Nachkriegszeit, da aufgrund der schlechten hygienischen Verhältnisse und der ungenügenden Ernährungssituation sehr viele Menschen von Würmern befallen waren und unter Mangelerscheinungen litten.

Ein Weinfest in der Firma, 1952.

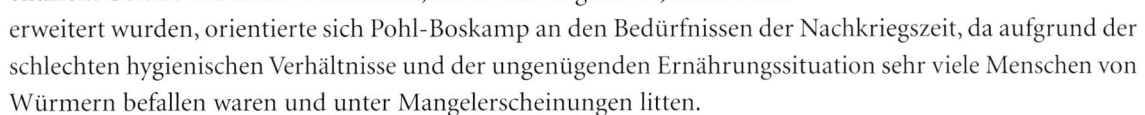

Die Währungsreform von 1948 brachte auch Pohl-Boskamp in finanzielle Schwierigkeiten. Doch wie schon früher, hatte Arthur Boskamp auch hier eine Lösung – Gelatine. Er hatte herausgefunden, dass ein Gewürzgroßhändler aus Hamburg eine stattliche Summe für Gelatinepulver bezahlen würde. Da für die Kapselproduktion sowieso Gelatine benötigt wurde, besorgte man sich einfach viel mehr davon. Das Problem war nur, dass es Blattgelatine war. Daher fuhren Arthur Boskamp und sein Mitarbeiter Karl-Heinz Pohlmann mit dem alten Betriebsfahrzeug, einem Opel Olympia, Jahrgang 1938, und einem ausrangierten Munitionsanhänger der Wehrmacht nach Quickborn. In der dortigen Mühle wurde die Blattgelatine gemahlen. Mit dem Pulver ging es dann weiter nach Hamburg zu dem besagten Gewürzgroßhändler. Bei der Aktion kam ein Mehrfaches

Erstes Mitarbeiterfoto bei Pohl-Boskamp, 1946. Arthur Boskamp sitzt als dritter von links in der ersten Reihe.

Der Firmenwagen, ein Opel Olympia mit Anhänger, 1949.

Die Massiv-Baracken M1 (vorne) und M4 in Lockstedter Lager, um 1950.

des Einkaufspreises heraus. Daher wurden diese Fahrten wiederholt und retteten die Firma über die erste schwere Zeit nach der Währungsreform.[37]

Durch den wirtschaftlichen Aufschwung, den die Währungsreform schon bald ausgelöst hatte, lebte auch das Messewesen wieder auf. Die erste Arzneimittelmesse, an der Pohl-Boskamp wieder teilnahm, war 1949 in Flensburg. Noch im selben Jahr wurde die „Therapiewoche" in Karlsruhe besucht. Auch hierfür ist das gesamte Mobiliar in den betriebseigenen Werkstätten gebaut worden. Das schleimlösende Mittel „Gelodurat Myrtol"[38], welches schon vor 1945 ein bekanntes Arzneimittel bei Bronchitis und Sinusitis (Nasennebenhöhlenentzündung) darstellte, wurde wieder in die Produktpalette aufgenommen. Der Besuch der Fachmessen brachte neue Kundenkontakte und vergrößerte den Absatzmarkt. Daher wurde das Betriebsgebäude langsam zu klein und 1950 mussten zwei benachbarte Häuser, die ehemaligen Kasernen M1 – heute Arthur Boskamp-Stiftung M1 – und M4 für 6.264 DM pro Jahr angemietet und wieder instandgesetzt werden.[39] Im selben Jahr wurde die „Desmoid-Pille"[40], ebenfalls ein altbewährtes Produkt der Firma, wieder ins Arzneimittelprogramm aufgenommen. Man setzte aber nicht nur auf die Arzneimittel der Danziger Zeit, sondern entwickelte neue Medikamente. So wurde 1951 das erste oral zu verabreichende Penicillin-Präparat auf den Markt gebracht. Zuvor konnte das lebenswichtige Antibiotikum nur mittels Spitze verabreicht werden. „Gelacillin", so der Name, sorgte dafür, dass der Export in europäische und überseeische Länder wieder anlief.

Der Messestand auf der Therapiewoche in Karlsruhe, 1949.

So gelangte Pohl-Boskamp wieder zu internationaler Bedeutung. Heute hat das Unternehmen 430 Mitarbeiter und exportiert 50 verschiedene pharmazeutische Produkte in mehr als 50 Länder. Der erwartete Jahresumsatz 2009 liegt bei 70 Mio. Euro. Es darf also mit Recht von einer erfolgreichen Neugründung nach der Flucht 1945 gesprochen werden.

Karl-Heinz Pohlmann auf dem Weg zur Therapiewoche nach Karlsruhe 1950.

Mein besonderer Dank gilt Herrn Karl-Heinz Pohlmann für seine wunderbaren Erzählungen aus der Anfangszeit der Firma in Lockstedter Lager, selbst bei ausgefallener Heizung.

DIE OSTPREUßISCHE TRAKEHNER PFERDEZUCHT IN SCHLESWIG-HOLSTEIN
EIN ZEITZEUGENBERICHT
HELLMUT JUCKNAT

Die Trakehner Pferdezucht wurde von Friedrich Wilhelm I. 1732 mit einem staatlichen Gestüt in Trakehnen in Ostpreußen begründet. Ihr Zeichen – auch als Brandzeichen verwendet – ist die Elchschaufel. Friedrich Wilhelm ließ damals einheimische Tiere mit englischen Vollblütern kreuzen. Die Trakehner, wie die Pferde genannt wurden, erreichten sowohl als Reit- und Turnier- wie als Kavalleriepferde eine hohe Qualität. Ende des Zweiten Weltkrieges brach die Zucht in Ostpreußen zusammen. Lediglich ein kleiner Teil des ostpreußischen Pferdebestandes gelangte nach langer Flucht in den Westen. Die Zucht wurde hier fortgesetzt, konnte aber erst spät ihre ursprüngliche Qualität wieder erreichen. Die Gestütsbeamten, die mit in den Westen kamen, fanden hier in den vorhandenen preußischen Gestüten wieder Arbeit. In Schleswig-Holstein nahm das Preußische Landgestüt Traventhal die Trakehner Pferdezucht 1945 auf.

ERINNERUNGEN

Befragt man heute, 64 Jahre nach Ende des Zweiten Weltkrieges, einen Zeitzeugen, so ist möglicherweise das Erinnerungsvermögen von vielen danach eingetretenen Ereignissen überlagert und daher nicht mehr objektiv. Mein Großvater, 1882 in Ostpreußen geboren, stand bei der Vertreibung kurz vor Beendigung seiner Laufbahn. Mein Vater, 1907 auf einem Gut in Ostpreußen geboren, war zu diesem Zeitpunkt noch Soldat und erreichte die Lebensmitte nach der Entlassung aus russischer Kriegsgefangenschaft und Wiedereinstellung in den Gestütsdienst. Wir Kinder, geboren in den Jahren 1929, 1933 und 1934, wurden in unseren schulischen Ausbildungen für lange Zeit zwangsweise unterbrochen. Ich, Hellmut Jucknat, 1934 im preußischen Landgestüt Georgenburg in Ostpreußen geboren, habe einige Erinnerungen und Erlebnisse aufgeschrieben.

Meine Großeltern mütterlicherseits waren im Ersten Weltkrieg dreimal aus dem Hauptgestüt Trakehnen in Ostpreußen vor dem Einmarsch der Russen geflüchtet. Sie wurden wegen der dort an den Gebäuden aufgetretenen Kriegsschäden 1917 in Georgenburg aufgenommen. Hingegen lebten die Ur-Ur-Urgroßeltern meines Vaters mindestens seit Ende des 18. Jahrhunderts in der Nachbarschaft von Georgenburg.

Elchschaufel als Glasbild im Ostdeutschen Heimatmuseum, Schleswig. Die doppelte Elchschaufel ist das Brandzeichen der Trakehner Pferdezucht.

Ein historisches Foto der Georgenburg in Ostpreußen.

Das Landgestüt Georgenburg hatte für das Haushaltsjahr 1944/45 einen Landbeschälerbestand[1] von 310 Warmbluthengsten mit Trakehner Abstammung und 130 rheinisch-deutschen Kaltbluthengsten, denen in der Deckperiode 1944 insgesamt 28.446 Stuten zugeführt wurden. Dem Landstallmeister von Georgenburg unterstand ferner die Hengstprüfungsanstalt Zwion, in der die zweieinhalbjährigen Remontehengste ein Jahr lang ausgebildet und vor ihrer endgültigen Einrangierung in die ostpreußischen Landgestüte einer Leistungsprüfung unterzogen wurden.

Als die russische Armee im Januar 1945 weiter vorrückte, war in erster Linie der in Braunsberg untergebrachte Gestütsteil gefährdet. Zwar wurde den Erinnerungen der Landstallmeister von Georgenburg und Braunsberg zufolge am 20. Januar in Königsberg von der Amtsstelle des Reichsverteidigungskommissars ein Sondereisenbahntransport in das Reich zugesagt, doch dieser kam nicht mehr zustande, weil die Bahnstrecke Braunsberg-Elbing bei Schlobitten bereits am 21. Januar von alliierten Panzern blockiert war.

So wurden dann eiligst alle Vorbereitungen zum Fußmarsch getroffen. Am 27. Januar marschierten das Landgestüt Braunsberg und der Georgenburger Gestütsteil mit zusammen rund 100 Hengsten unter Führung von Landstallmeister v. Warburg-Braunsberg bei eisigem Schneesturm über das Eis des Frischen Haffs, nachdem dessen Fahrrinne in der Höhe zwischen Passarge und Narmeln (auf der Nehrung) durch eine Holzbrücke passierbar gemacht worden war. Es ging in Richtung Danzig, Marschziel war das Landgestüt Redefin in Mecklenburg. Die Russen standen damals nur fünf Kilometer vor Braunsberg.

Die Hengste beider Gestüte wurden, weil nicht genügend Personal zur Verfügung stand, in Braunsberg der Heeresgruppe Mitte übergeben, die sie unter Leitung eines Veterinär-Offiziers gleichfalls nach Redefin in Marsch setzte. Eingetroffen sind mit diesen beiden Trecks in Redefin bis zum 6. April 1945 trotz der außerordentlichen Schwierigkeiten des Wintermarsches und der völlig unzureichenden Unterbringungs- und Verpflegungsmöglichkeiten unterwegs mit immerhin noch 161 Hengsten erstaunlich viele, darunter 56 Georgenburger. Die Ursachen für die zu dünne Personaldecke lagen auf der Hand. Während im Herbst 1944 wehrtüchtige Gestütsbedienstete zur Wehrmacht – hierzu gehörte auch mein Vater Hermann Jucknat – eingezogen wurden, erfolgte eine Teilevakuierung der Mitarbeiterfamilien – hierzu gehörten u. a. meine Mutter, Schwester Ursula, Bruder Heinz und ich – mit der Reichsbahn in den Landkreis Mohrungen. Als die Front immer näher rückte, befanden wir uns innerhalb weniger Stunden im Rahmen einer weiteren Evakuierung auf dem Zug, der uns in der Zeit von Ende Dezember 1944 bis Anfang Januar 1945 in den Landkreis Stolp brachte.

Großvater Max führte den Georgenburger Gutstreck bis nach Celle in Niedersachsen. Von dort erfolgte die Verlegung nach Hunnesrück am Solling, wo er wenige Jahre danach in den Ruhestand versetzt wurde. Ex post erfuhr er durch die Gestütsleitung für eine von ihm für selbstverständlich gehaltene Tat – er hatte sich an der Norkitter Pregelbrücke „dem Zugriff der russischen Soldaten am Staatseigentum widersetzt" – eine besondere Ehrung. Im Jahr 1965 sprach der Ministerpräsident des Landes Schleswig-Holstein zum 40-jährigen Dienstjubiläum Herrn Hermann Jucknat für die dem Deutschen Volke geleisteten treuen Dienste Dank und Anerkennung aus.

WIE GING ES NACH DER VERTREIBUNG AUS OSTPREUẞEN IN SCHLESWIG-HOLSTEIN WEITER?

Unser Vater, Hermann Jucknat, hatte uns spät abends in Altengörs – dies war eine kleine Haltestelle an der Bahnstrecke von Bad Oldesloe nach Bad Segeberg – mit dem Pferdefuhrwerk abgeholt. Unsere wenigen Gepäckstücke waren schnell aufgeladen, so dass wir kurz darauf durch die winterliche Landschaft zuckelten und nach einer halbstündigen Fahrt offensichtlich einen Ort erreichten. Vor uns tauchte hinter einer durchfahrenen Allee ein schlossähnliches, mehrstöckiges Gebäude auf. Vor einem langen Stallgebäude brachte mein Vater den leicht dampfenden Hengst nebst Wagen zum Stehen. „So, meine Lieben, absteigen, wir sind angekommen." Meine ältere Schwester hatte die Stalltür geöffnet, irritiert drehte sie sich um, denn sie blickte in eine Sattelkammer. „Geh man ruhig rein", sagte unser Vater, „dahinter liegen unsere hochherrschaftlichen Zimmer, wo wir in den nächsten Tagen wohnen und schlafen werden." „Oh, Hermann" rief daraufhin unsere Mutter, „dass ist ja wie im Stall zu Bethlehem!", als sie 1946 die leer geräumten Sattelkammern im so genannten Stall 1 des Landgestüts Traventhal in Schleswig-Holstein betrat. „Hier ist nun zunächst unsere Bleibe", war die Erwiderung meines Vaters. „Ich habe hier meine Anstellung, ein paar unserer ostpreußischen Pferde sind auch von den älteren Kollegen mit dem Georgenburger Treck gerettet worden, alles andere wird sich finden.

Ich bin froh, dass ich meine Familie wieder gefunden habe." Das war unser Einzug in Traventhal!
Wer das Landgestüt Traventhal besuchte, betrat historisch weltberühmten Boden. Schon 1738 ist auf dem Gelände ein Lustschloss mit einem prächtigen Rokokogarten errichtet worden. Von der ehemaligen Parkanlage sind heute noch Restbestände zu erkennen. Sogar von einer alten Grotte waren zu unserer Zeit noch Reste vorhanden. Wir nannten sie „Schlangengrotte". 1874 wurde in Traventhal ein preußisches Landgestüt eingerichtet. Die Stallneubauten stammen aus dieser Zeit. 1888 wurde das baufällige Schloss abgerissen. Auf dem Grundstück entstand ein schlichteres Herrenhaus, wo nun Landstallmeister Dr. Grote seinen Wohnsitz hatte, ebenso die Gestütsverwaltung mit dem Rentamt. Die Gesamtanlage des in sich geschlossenen Komplexes bestand aus dem eigentlichen Gestüt, in dem die Vatertiere für die Landespferdezucht gehalten wurden und dem sich anschließenden Teil des Dorfes mit den Dienstwohnungen für die Gestütswärter mit ihren Familien.

Das Wappen von Traventhal im Kreis Bad Segeberg in Schleswig-Holstein.

Der Jahresrhythmus des Landgestüts war dadurch bestimmt, dass die Beschäler zum Jahresende für ca. sechs Monate auf die Deckstellen im Bereich des Landes Schleswig-Holstein verteilt wurden. Dann war es in den Ställen und im Gestütsteil des Dorfes still, bis im Frühsommer die Hengste mit den Deckstellenvorstehern in das Landgestüt zurückkehrten. Hof und Stallungen waren wieder vom Schnauben der Pferde erfüllt, aus den Ställen drang der Geruch nach Pferden und Heu und morgens gingen auf dem Gestütshof die Reitabteilungen zum Bewegen der Hengste auf die unmittelbar angrenzende Reitkoppel. Die halbjährige Abwesenheit ihrer Männer verlangte von den Frauen der Gestütsbeamten Selbstständigkeit bei der Haushaltsführung und Kindererziehung.
Das Landgestüt im engeren Sinne trug noch immer die Züge einer preußischen Institution mit militärischem Organisationszuschnitt. So wurde beispielsweise der Landstallmeister, wenn er einen Stall oder die Reitbahn betrat, vom diensthabenden Oberwärter oder Sattelmeister nicht mit „Morjen, Herr Landstallmeister" begrüßt, sondern mit dem Ruf „Achtung" und dem damals vorgeschriebenen „deutschen Gruß", in strammer Haltung und der Meldung „Keine besonderen Vorkommnisse".
Die militärischen Formen als Ausdruck von Hierarchie und Disziplin mögen in den einzelnen Landgestüten unterschiedlich stark von den jeweiligen Gestütsleitern geprägt worden sein. Diese waren in den Jahren vor und nach 1918 teilweise als verabschiedete Kavallerieoffiziere zur Gestütsverwaltung gekommen. In späterer Zeit wurde der Gestütsleiternachwuchs aus diplomierten Landwirten mit Tierzuchtleiterausbildung ausgewählt. Die militärisch-straffen Formen waren den meisten der Gestütsbeamtenwärter, Oberwärter, Sattelmeister oder Veterinärräte von ihrer mehrjährigen Militärdienstzeit her geläufig und sie wurden daher in den Gestütsdienst als selbstverständlich übernommen.

PFERDEZUCHT

Die Schulspeisung wurde ab 1946 an Kinder verteilt.

Nach Ende des Zweiten Weltkrieges kamen viele der zur Wehrmacht gezogenen jüngeren Gestütswärter aus Traventhal, deren Eltern, Frauen und Kinder in der Heimat verblieben waren, nicht zurück. Die hierdurch „frei" gewordenen Stellen – so makaber es klingen mag – wurden nach einer kurzen Übergangszeit neu von dem von Celle aus agierenden Oberlandstallmeister Dr. Heling mit den aus dem Osten eintreffenden Gestütsbeamten besetzt. Hierzu gehörte auch mein Vater Hermann Jucknat, der im Landgestüt Traventhal wieder in Dienst gestellt wurde.

In unserem Dorf Traventhal ist nicht immer jedes geschlachtete Schwein durch behördliche Genehmigung abgesegnet gewesen. Unser Vater beherrschte die „Kunst" des Schweineschlachtens in der Stille. Es mögen in Traventhal ein paar Dutzend dieser gut gemästeten „Dreizentnerwesen" durch die Hand meines Vaters den „Weg in die Wurst" gegangen sein. Der „Lohn" war ein gutes Stück vom Schwein und unsere Rettung in der Zeit der Not, da sonst der Kochtopf bei uns leer geblieben wäre.

Schulspeisung war auch in Traventhal eingeführt und so reihten wir neu aus dem Osten Hinzugekommenen uns in die Schlange ein, um einen Schlag Schokoladensuppe abzubekommen. Wir lebten bei einer Familie in einem Zimmer und mussten mit dem zufrieden sein, was unsere Mutter auf Lebensmittelmarken im Konsum und beim Bäcker ergattert hatte. Im Normalfall gab es täglich „Ergänzungssuppen" aus Brennnesseln und getrockneten Äpfeln. Es gab kein Fleisch, keinen Fisch, keine Milch und kein Fett. Es gab auch in den Gemüseläden kein Gemüse. Der Zustand beinahe vollständiger Hoffnungslosigkeit hatte in diesen Wochen ihren Höhepunkt erreicht.

Die anhaltenden Versorgungsengpässe mögen in anderen Dörfern sehr viel schlimmer verlaufen sein. Im Landgestüt Traventhal erfuhren wir alle, was sich durch die staatliche Pferdezucht im Laufe von Jahrzehnten an „Vernetzung" entwickelt hatte. Jetzt in der Not zahlten viele schleswig-holsteinische Landwirte diese „Leistung" in Form eines Sackes Gersten- und/oder Roggenschrot zurück. Ich weiß nicht, wie ich es sonst ausdrücken soll. Es war eben ein besonderes Dorf, auch wenn es einen Größenvergleich mit dem Hauptgestüt Trakehnen oder dem Landgestüt Georgenburg nicht hätte bestehen können.

Die Integration hat sich durch den Beruf meines Vaters im Dorf des Landgestüts mit seinem Schloss, dem gemütlichen Dorfgasthof „Zum Landgestüt" und den vielen von Kriegsschäden unversehrten Dienstwohnungen, von denen auch wir im Jahr 1955 eine leer gewordene Wohnung beziehen konnten, sehr viel schneller und reibungsloser vollzogen als anderswo. Mein Vater wurde von Anbeginn mit der Leitung der Deckstelle Mölln betraut. Wesentliche Elemente der Trakehner Pferde haben hier durch die Arbeit der aus Ostpreußen stammenden Gestütswärter ihren Niederschlag gefunden. Mein Vater verstarb im Jahr 1968 im Alter von 61 Jahren in Kiel. Meine Tochter Beatrice führt heute in Kiel die Tradition der Trakehner mit ihren Pferden fort, was meinen Vater – da bin ich ganz sicher – mit großem Stolz erfüllt hätte.

Bereits 1960 erfolgte die Umsetzung des Beschlusses des Schleswig-Holsteinischen Landtags, das Traventhaler Landgestüt aufzulösen. Bei der Versteigerung der Hengste waren für die älteren Hengste knapp 1200 Mark, also etwas über dem „Schlachtpreis", angesetzt. Selbst Fritz Tiedemann, der sich mit seinen Pferden auf dem Weg zu den Olympischen Spielen nach Rom befand, diktierte dem Reporter Folgendes in die Feder: „Sagen Sie ruhig Ihren Lesern, daß ich diesen Tag für den traurigsten in der Geschichte der holsteinischen Pferdezucht halte."

Wir Kinder haben die Vertreibung aus Ostpreußen sehr viel besser verkraftet als unsere Eltern und Großeltern. Die neuen Herausforderungen mussten bewältigt werden, was uns auch in der Schule und später im Beruf gelungen ist. Der Krieg und die Vertreibung hatten auch die Jugend geprägt. Mit Beendigung der Schule in Traventhal verlagerte sich meine kaufmännische Ausbildung nach Bad Segeberg, die ich 1952 vor der Industrie- und Handelskammer zu Lübeck mit der Kaufmannsgehilfenprüfung erfolgreich abschloss. Die Zentrale meiner Ausbildungsfirma befand sich in Kiel. Ein glücklicher Umstand trug dazu bei, dass ich mit Wirkung vom 1. Januar 1954 aus Kiel angefordert wurde. Dort war ich bis zu meinem Eintritt in den Ruhestand als

Nur mit Bezugsmarken konnten Lebensmittel in bestimmter Menge erworben werden.

Trakehner sind auch heute noch eine beliebte Reitpferderasse.

Getreidekaufmann tätig. Durch einen Zufall lernte ich meine spätere Frau in Bad Segeberg kennen. Wir heirateten und zogen kurze Zeit später endgültig nach Kiel, wo meine persönliche Integration durch meine Schleswig-Holsteinerin fortgeführt wurde. So ist aus mir ein ostpreußischer Schleswig-Holsteiner geworden.
Heute führe ich als Leiter die Ortsgruppe Kiel ehemaliger Insterburger, was auch dazu beigetragen hat, die Erinnerungen über die Vertreibung und die erfolgreiche Integration schriftlich festzuhalten.
Wir haben allen Menschen in diesem Land für die freundliche Aufnahme in den Jahren 1945/46 von Herzen Dank zu sagen.

DIE INTEGRATION DER FLÜCHTLINGE IN DIE EVANGELISCHEN GEMEINDEN NACH 1945

MARION WETZEL

Es kamen, wesentlich von 1945 bis 1949, etwa eine Million Flüchtlinge und Vertriebene aus den ehemaligen Ostgebieten des Deutschen Reiches und den ost- und südosteuropäischen Siedlungsgebieten nach Schleswig-Holstein.[1] Der größte Teil von ihnen (ca. 800.000 Personen) kam aus Ostpreußen, Westpreußen, Ostpommern, Ostbrandenburg und Schlesien.[2] Der nicht abreißende Zustrom von Flüchtlingen und Vertriebenen führte in den einzelnen Gemeinden des Landes Schleswig-Holstein zu einem enormen Bevölkerungszuwachs und stellte für die einheimische Bevölkerung in erster Linie eine kaum zu bewältigende Belastung dar. Die eigene materielle und auch seelische Not wurde durch den neuen Bevölkerungsteil unverkennbar noch größer und eine Reaktion darauf war ein gesteigertes ablehnendes Verhalten den Vertriebenen gegenüber.[3] Es ließen sich in vielen alltäglichen Lebensbereichen Differenzen zwischen einheimischen Bewohnern und Flüchtlingen feststellen. So vor allen Dingen auch im in den 1940er und 50er Jahren in Deutschland gesellschaftlich noch sehr relevanten Sektor Kirche.

Da die meisten Flüchtlinge in ländlichen Gegenden unterkamen[4], sind die vorliegenden Betrachtungen hauptsächlich auf die Eingliederung der Neubürger in ländliche Kirchengemeinden beschränkt. Es herrschte in den schleswig-holsteinischen Dörfern noch bis in die 1960er Jahre ein festes soziales Ordnungsgefüge, welches eine klare gesellschaftliche und soziale Hierarchie vorgab. Diese durchdrang auch das kirchliche Leben. Die landbesitzende Mittel- und Oberschicht bildete die Kirchenvorstände und war an wichtigen Entscheidungen im kirchlichen Bereich wesentlich beteiligt.[5]

In den vorliegenden Ausführungen geht es um den Eingliederungsvorgang der Vertriebenen in die schleswig-holsteinischen Aufnahmegemeinden. Die Integration von Neubürgern in eine landwirtschaftlich geprägte Gemeinde vollzog sich in den 40er und 50er Jahren über das kirchliche Leben und dürfte so gesehen konform mit dem Einleben in die Kirchengemeinde verlaufen sein. Es lassen sich in den unterschiedlichen, das Kirchenleben umfassenden Bereichen, so bei den ersten Begegnungen im Gottesdienst, diverse Reibungspunkte zwischen Einheimischen und Vertriebenen feststellen. Beide Gruppen wurden infolge von Flucht und Vertreibung sowie der Aufnahme in die westdeutschen Gemeinden in ihrem Leben sowie ihrem Denken und Handeln geprägt und verändert. Es ist eine Vielfalt von Verhaltens- und Denkmustern zu Tage getreten, die das Integrationsgeschehen der Vertriebenen wesentlich umreißen und anhand von Integrationsmodellen aus den 50er und 60er Jahren nicht zu erfassen sind, sondern erweiterter Erklärungsmodelle bedürfen.

Die vorliegenden Untersuchungen basieren überwiegend auf Aktenmaterial aus den Beständen des Nordelbischen Kirchenarchivs in Kiel und des Kirchenkreisarchivs in Lübeck.

Ein junges Hochzeitspaar vor der Kirche, Kiel 1956.

Die Dokumentenanalyse wurde durch Interviewaussagen von Zeitzeugen aus unterschiedlichen Regionen ergänzt. So konnten diverse Gespräche mit heimatvertriebenen und einheimischen Zeitzeugen geführt werden, die sich zu den von ihnen in der Nachkriegszeit vorgefundenen Verhältnissen, Geschehnissen und Wandlungen im Bereich der evangelischen Kirchengemeinden geäußert haben. Hiervon wurden vertriebene Personen aus den Gebieten Ost- und Westpreußen, Pommern und Schlesien sowie einheimische Zeitzeugen, u. a. aus dem südwestholsteinischen ländlichen Raum interviewt.

INTEGRATIONSKONZEPTE

In den Integrationskonzepten der 50er bis 80er Jahre wurde unter Eingliederung noch ein rigoroses „sich Einfügen" des Migranten in die aufnehmende Gesellschaft unter ganzheitlicher Zurückdrängung seiner eigenen ihm angestammten und heimatlichen soziokulturellen Gegebenheiten verstanden.[6] In den letzten Jahren wird der Diskussion um die Integration das Konzept der Hybridisierung zugrunde gelegt. Hybridisierung meint hier „die Zusammenführung zweier verschiedener durch die Epoche oder die soziale Differenzierung geschiedener kultureller Phänomene". Die Hybridisierung bedeutet dabei nicht etwa das völlige Verschwinden der Differenzen zweier zusammengeführter sozialer Gruppen, sondern dass die Grenzen durchlässiger werden und ein heterogener sozialer, kultureller Raum entsteht.[7]

Menschen mit „vermischten" Lebensgeschichten, seien es Migranten oder Angehörige von Minderheiten, bewegen sich zwischen der Kultur der Aufnahmegesellschaft und derjenigen des Herkunftslandes. Es ist „das Zwischen der Kultur", was neuerdings in den Mittelpunkt des Forschungsinteresses gelangt ist. Und dabei

Zeichnung eines Vertriebenen. Es wird deutlich, wie er seine Kriegserlebnisse verarbeitet.

geht es nicht nur um die Analyse von Biographien von Migranten und Minderheiten, deren Kultur und soziales Gepräge sich aufgrund ihrer zumeist augenfälligen Andersartigkeit von der der anderen abhebt. Es geht um alle, auch um diejenigen, die immer zu Hause in ihrer angestammten Lebenswelt gelebt haben und nie gewandert sind, in ihrem Dasein aber immer auch mit anderen Kulturen konfrontiert werden.[8] In diesem Sinne ist die jüngere Vertriebenenforschung nicht nur bestrebt, die Situation der Flüchtlinge, sondern gleichzeitig auch die der einheimischen Bevölkerung mit zu berücksichtigen.

Die Präsenz des Einen im Anderen, die Hybridität, kann sich etwa in der Doppelung von Identifikationsmöglichkeiten ausdrücken. Je nach Situation wird bewusst oder auch unbewusst eine Zuordnung zu einer anderen Gruppe (Wir-Gruppe) beziehungsweise eine Abgrenzung von dieser vorgenommen. Individuen in einer bikulturellen Lebenssituation zeigen nicht selten die Tendenzen, eine „Sowohl-als-auch-Position" einzunehmen, oder aber eine Abwehrhaltung dagegen und in einer „Entweder-oder-Position" zu verharren. Hybridität zeichnet sich so als eine Gratwanderung zwischen Eigenem und Fremdem ab.[9]

FLÜCHTLINGE IN DEN HOLSTEINISCHEN KIRCHEN – ERSTE BEGEGNUNGEN, EINDRÜCKE UND REAKTIONEN

In den einzelnen schleswig-holsteinischen Kirchengemeinden lebten aufgrund des Zustroms der Flüchtlinge und Vertriebenen nach 1945 durchschnittlich 50 bis 100 Prozent mehr Menschen als zuvor, und die Gottesdienste wurden dadurch sehr viel stärker besucht.[10] Die Jahre nach dem Krieg waren kirchlich aber auch in einer ganz besonderen Weise lebendig, weil sich die kirchliche Sitte vieler Flüchtlinge positiv auf das gottesdienstliche Leben der einheimischen Gemeinden auswirkte.[11] Die Heimatvertriebenen, die in die hiesigen Gotteshäuser kamen, bereicherten das Gemeindeleben.[12] Zwar erwachte durch sie eine neue Gläubigkeit,

Eine große Hochzeitsgesellschaft vor der Baracke 17 im Kieler Scheerlager, Mitte der 1950er Jahre.

Das Konfirmationsbild in der Kirche, Anfang der 1950er Jahre.

andererseits wurden die Heimatvertriebenen anfangs im Ort und in den heimischen Kirchen nicht gern gesehen.[13] Dies hat zum Beispiel der aus Schlesien stammende vertriebene Pfarrer G. in seiner neuen Gemeinde St. Georg in Lübeck-G., wo jeder zweite Kirchgänger ein Vertriebener war, beobachten können. „Die Einheimischen waren nicht überschwänglich erfreut, als wir kamen … Die meisten stöhnten doch leise oder laut. Das Haus wimmelte von Fremden und auf die karge Nahrung warteten zu viele Hungrige."[14]
Viele Einheimische fürchteten durch das Hinzukommen des neuen Bevölkerungsteils künftig selbst nicht mehr genügend zum Leben zur Verfügung zu haben. Und diese Angst vor den sich nunmehr verändernden sozialen und wirtschaftlichen Verhältnissen führte bei vielen von ihnen zur Entstehung von Vorurteilen und ablehnenden Verhaltensweisen.[15] Diese weiteten sich unweigerlich auf alle Lebensbereiche aus, so auch auf das kirchliche Leben, und waren zum Teil eine Strategie, die örtlichen Strukturen zu erhalten. Dabei ging das Interesse an dem eigentlich Positiven, welches vielen Gemeinden durch die Heimatvertriebenen zuteil wurde, nämlich die Belebung ihres Kirchenlebens, unter.
Angehörige der landbesitzenden Ober- und Mittelschicht etwa waren bestrebt, ihre seit jeher privilegierte Position im Dorfverband und so auch in der Kirche zu sichern. Dies zeigte sich im kirchlichen Bereich anfänglich durch die verstärkte Präsenz von Einheimischen in ihrer Kirche, die dort zuvor seltener anzutreffen waren. So bemerkte die nicht der landbesitzenden Schicht angehörende Einheimische Frau M. aus dem südwestholsteinischen Dorf H.: „Mit den Flüchtlingen wurde unsere Kirche auch deswegen so voll, weil nun

Leute aus dem Dorf in die Kirche kamen, die man da vorher nie angetroffen hat. Und darunter waren vor allem die Bauern ... das fiel sehr auf damals. Sie nahmen die vorderen Reihen in Anspruch, so als gehörten sie zu den Kirchgängern im Dorf ..."[16] Viele Einheimische fühlten sich in ihrer Kirche, seitdem diese auch von den vertriebenen Glaubensgenossen aufgesucht wurde, unbehaglich, da sie unter anderem fürchteten, ihnen könnte etwas weggenommen werden. Hinzu kam die unterschiedliche Mentalität der Schleswig-Holsteiner und der aus den deutschen Ostprovinzen stammenden Menschen zum Tragen.[17]

Die beiden Gruppen unterschieden sich auch in ihren kirchlichen Sitten und ihrer Kirchlichkeit voneinander. Die Ost- und Westpreußen, Schlesier und Pommern waren es aus ihrer Heimat gewohnt, den Gottesdienst regelmäßig zu besuchen und zu dieser Gelegenheit die gesamte Familie zu vereinen. Der lebendige Gottesdienst war den meisten Schleswig-Holsteinern aber offensichtlich fremd. Tatsächlich waren es nicht etwa die Mentalität oder kirchlichen Sitten der Vertriebenen, welche die einheimischen Dorfbewohner störten. Vielmehr war es die Angst um die Veränderung des altbewährten sozialen Ordnungsschemas im Dorfgefüge. Und unter diesem Vorzeichen kann das Betonen von Andersartigkeiten der Neubürger als eine Strategie der Dorfelite gewertet werden, um die Heimatvertriebenen von vornherein als eine Fremdgruppe aus der dörflichen Gesellschaft auszugrenzen.

Bei den ersten Begegnungen zwischen Einheimischen und Vertriebenen in den Ortskirchen wurden von Dorfbewohnern Vorurteile laut, was durch diverse Aussagen Einheimischer sowie Vertriebener belegt werden kann. So äußerte die Bauersfrau Frau B. aus dem südwestholsteinischen Dorf B. zu dem Umstand, dass auch ihre Kirche in der Nachkriegszeit ausgiebig von Flüchtlingen besucht wurde, folgendes: „Im Ort, in der Kirche, überall waren so viele fremde Leute ... Vor allem unsere schöne Kirche war jetzt immer so voll ... und es war so ein Lärm in der Kirche. Die Flüchtlinge brachten ja alle ihre Kinder mit in den Gottesdienst ... So viele Kinder in der Kirche, das war doch bei uns nicht Sitte."[18]

Auch Vertriebene können sich noch heute an Reaktionen und Äußerungen von einheimischen Dorfbewohnern bei ihren ersten Kirchgängen erinnern. So berichtete der aus Schlesien in das Dorf B. gekommene Heimatvertriebene Herr N.: „Da gab es doch einige Dorfbewohner, die zum Ausdruck brachten, dass die Flüchtlinge sich wegen ihrer fremden Sitten ... in B. wohl nie zurecht finden würden. Die Flüchtlinge brächten ihr alltägliches Leben völlig durcheinander, hieß es da vielfach ... Aber wir verhielten uns doch nicht viel anders als die Bewohner hier."[19]

Eine Diskriminierung der heimatvertriebenen Bevölkerung fand auf der Ebene ihres sozialen Verhaltens in der Kirche statt, welches sie auf ihre von der einheimischen angeblich stark unterschiedliche Mentalität zurückführten. Dabei wurden die Vertriebenen nicht nach dem jeweiligen Herkunftsgebiet unterschieden, sondern ihnen wurden ganz pauschal Wesenszüge und Charaktereigenschaften zugeschrieben, die mit dem „Volkscharakter" ihres jeweiligen Herkunftsgebietes keinesfalls in Einklang zu bringen waren. Es waren Zuschreibungen, die als Strategie der Ausgrenzung der Vertriebenen aus dem gesellschaftlichen Leben im Ort gezielt gewählt und verbreitet wurden.

Daraus resultierte, dass Heimatvertriebene, zumindest in den ersten Jahren nach ihrer Ankunft in Schleswig-Holstein, dem örtlichen Gottesdienst fernblieben, weil sie auf ablehnende

Die junge Konfirmandin, ca. 1950.

INTEGRATION

Verhaltensweisen von Seiten einheimischer Kirchgänger trafen. So berichtete eine Vertriebene aus Danzig in Westpreußen über ihre ersten Begegnungen mit Einheimischen aus Lübeck-G.: „In der Zeit, als wir aus dem Lager ins Dorf kamen, waren … Beschimpfungen gang und gäbe … Wir spürten ganz deutlich, dass man uns hier wohl nicht so gern wollte."[20] Das Fernbleiben Heimatvertriebener aus den Ortskirchen war eine deutliche Folgereaktion auf diskriminierende Verhaltensweisen. Mit ihrer Abwesenheit in der Kirche war für die Einheimischen eine Situation entstanden, die keiner weiteren Anstrengung ihrerseits mehr bedurfte, den Ort Kirche gegen die Fremden zu verteidigen. Dass es bestimmten einheimischen Dorfbewohnern bei ihrem Kirchgang weniger um das kirchlich-geistliche Leben und die Teilhabe am Gottesdienst ging, als vielmehr um den Erhalt ihrer Positionen im Ort, wird hier deutlich. Das Fernbleiben Heimatvertriebener von ihrer Kirche wurde mit ihren andersartigen Wesenszügen, Charaktereigenschaften und kirchlichen Sitten begründet. So bemerkte ein einheimischer Bewohner aus dem südwestholsteinischen Bauerndorf H., der als Landwirt damals auch einer der Kirchenältesten in der Kirchengemeinde war: „Die Vertriebenen fanden bei uns in H. ganz andere Sitten vor. Wir Schleswig-Holsteiner waren im Kirchenleben ja eher ruhig und bedächtig. Da mussten sie sich einfach fremd fühlen und das auch schon deswegen, weil sie von Natur aus sehr agile Menschen waren. Sie passten einfach nicht zu uns Holsteinern."[21]

Allerdings darf das Fernbleiben Heimatvertriebener vom Kirchenleben nicht ausschließlich auf diskriminierendes Verhalten einheimischer Bewohner zurückgeführt werden. Vielmehr fühlten sich viele Vertriebene wegen der Andersartigkeiten des Gottesdienstes nicht wohl. So beklagte sich ein Mann aus der Nähe von Kolberg in Ostpreußen, dass er und seine Ehefrau es als besonders schmerzlich empfunden hätten, den einzigen gemeinsamen Zufluchtsort, die christliche Kirche, in ihrer neuen Heimatstadt Marne „gänzlich erstorben" vorgefunden zu haben.[22] Eine Ostpreußin aus dem im Kreis Samland gelegenen Ort Pillau beschreibt ihren ersten Eindruck vom schleswig-holsteinischen evangelischen Kirchenleben wie folgt: „… wir spürten, dass es bei den Holsteinern keine innere Nähe zu Gott gab … Es war kalt dort, solch eine Leere, das fühlte ich schon vor der Kirche auf dem Kirchplatz, der in unserer … Kreuzkirche doch immer so belebt war, gerade sonntags."[23]

Aus Sicht vieler Vertriebener war Schleswig-Holstein ein unchristliches Land. Die Heimatvertriebenen waren hin und her gerissen zwischen dem eigenen, ihnen gewohnten Kirchenleben und der Atmosphäre in den schleswig-holsteinischen Gotteshäusern. Einige Vertriebene distanzierten sich anfangs von der örtlichen Kirche, weil sie dort das ihnen vertraute Kirchenleben nicht vorfanden, was sich dann immer wieder in der Sehnsucht nach ihrer Heimatkirche ausdrückte.

Die beiden Mädchen haben auf einer Hochzeit die Blumen gestreut oder den Schleier der Braut getragen, ca. 1955.

DAS GOTTESDIENSTLICHE LEBEN DER HEIMATVERTRIEBENEN

Weit mehr als die Hälfte der Zugewanderten war Mitglied der Altpreußischen Kirchenunion, ein Umstand, der zu einigen Diskrepanzen im gottesdienstlichen Leben der evangelischen Kirchen Schleswig-Holsteins in der Nachkriegszeit führte.[24] Es gab in der Gestaltung und im Verlauf des Gottesdienstes zum Teil erhebliche Unterschiede zwischen dem unierten und dem lutherischen schleswig-holsteinischen Gottesdienst. Von vielen Heimatvertriebenen wurde das Aufstehen bei der Liturgie und beim Gebet vermisst. Andere sehnten sich nach den ihnen vertrauten Kirchenliedern und ihnen fehlte die Bereitschaft zum Singen und die Art ihres Singens überhaupt.[25] Eine Heimatvertriebene aus dem ostpreußischen Gumbinnen musste feststellen, dass der Empfang des Abendmahls in der für sie selbstverständlichen knienden Körperhaltung in schleswig-holsteinischen Kirchen unüblich ist und nur in solchen Gemeinden realisiert wurde, wo ein Ostpfarrer eingesetzt war; ansonsten wird das Abendmahl in der evangelisch-lutherischen Kirche in Schleswig-Holstein stehend empfangen.[26] Von vielen Heimatvertriebenen wurde es auch als ungewohnt empfunden, dass das Sakrament des Abendmahls in den meisten Kirchengemeinden im Anschluss an den Gottesdienst abgehalten wurde und nicht inmitten desselben. Ein Abendmahl gewissermaßen außerhalb des Gottesdienstes war in den Augen vieler Heimatvertriebener nicht als ein richtiges Abendmahl anzusehen.[27] Andere Heimatvertriebene beklagten sich darüber, dass in den betreffenden Gemeinden die Abendmahlszeremonie nur einmal im Monat, am Monatsende, abgehalten wurde, während sie aus ihren Heimatgemeinden in Ostpreußen, Westpreußen, Schlesien und Pommern eine wöchentliche Abendmahlsfeier gewohnt waren.[28]

Ein weiterer Grund für die zunächst ablehnende Haltung Heimatvertriebener schleswig-holsteinischen Gottesdiensten gegenüber ist in der hier gebräuchlichen Liturgie und dem Gesang, zentrale Elemente eines Gottesdienstes[29], zu suchen. Dies wird zum Beispiel durch Aussagen von ehemals Vertriebenen zum verwendeten Liedgut im Gottesdienst deutlich: „So manche Lieder von zu Hause vermissten wir," berichtete eine Vertriebene aus dem ostpreußischen Pillau. „So das Lied ‚Nun lob mein Seel den Herrn', was fast in jedem Gottesdienst gesungen wurde, und hier in Flensburg kannte man das gar nicht."[30] Die meisten der hierzu befragten Zeitzeugen der Altpreußischen Union haben sich an die neuen Lieder in der schleswig-holsteinischen Kirche erst noch gewöhnen müssen, zumal sie hier auch die „Freude am Singen" vermissten.[31] Und auch was die liturgischen Gesänge betraf, gab es aus Sicht von Heimatvertriebenen der Altpreußischen Union Unterschiede zwischen ihrem aus der Heimatkirche gewohnten Gottesdienst und demjenigen in der schleswig-holsteinischen Kirche. So wurde das Kyrieeleison in ihrer Heimat langsamer und gefühlvoller dargeboten. Andere Vertriebene vermissten die Darbietung des Kyrie als Kyrielied.[32]

Nach den Aussagen Heimatvertriebener war auch die Häufigkeit des Sicherhebens in ost- und westpreußischen evangelischen Gottesdiensten im Vergleich zu denjenigen in den holsteinischen Gottesdiensten verschieden.[33] „Bestimmt dreimal mehr standen wir im Laufe des Gottesdienstes von unseren Bänken auf und wir blieben während der Gebete und der ganzen Liturgie stehen,"[34] bemerkte eine Heimatvertriebene aus dem ostpreußischen Gumbinnen. Sie stellte fest, dass das den Ostpreußen gewohnte Aufstehen bei der Liturgie in den hiesigen Kirchen eher als störend empfunden wurde.[35] Eine weitere Vertriebene aus Ostpreußen bemerkte, dass die Liturgie an sich ja schon gleich gewesen wäre, sie wurde allerdings vom Geistlichen anders dargeboten. Was sie dabei besonders störte, war die Tatsache, dass dieser das Kyrie von der Gemeinde abgewandt

Christliche Darstellung aus dem Skizzenbuch eines Vertriebenen.

sprach und dieses nicht von der Gemeinde intoniert wurde und dass er das „Ehre sei Gott in der Höhe" nicht in seiner ganzen Länge darbrachte.[36]

Die Differenzen in der Handhabung liturgischer Formen in den schleswig-holsteinischen Gottesdiensten wurden mit der Gottesdienstordnung von 1954, das heißt mit der von der VELKD (Vereinigte Evangelisch-Lutherische Kirche Deutschland) eingeführten Lutherischen Agende für den Hauptgottesdienst, mittels einer einheitlichen Gestaltung des Gottesdienstes in der Landeskirche beseitigt; dies diente unter anderem dazu, den Wünschen der Flüchtlinge entgegenzukommen.[37] Es gab dann zum Beispiel in allen holsteinischen Gottesdiensten wieder eine regelmäßige Verbindung von Predigt und Abendmahl, bei der das Abendmahlsakrament wieder stärker in den Mittelpunkt des Gottesdienstes rückte. Auch die Wortverkündigung wurde häufiger von der Kanzel an den Altar verlagert. Insgesamt gesehen wollte man die Liturgie für den lutherischen Gottesdienst wiedererwecken und das Sakrale, die „heilige Handlung", wieder ins Zentrum des gottesdienstlichen Geschehens stellen.

Die Lübecker Landeskirche setzte bereits im Jahre 1948 neue Akzente im Gottesdienst, u. a. um den Heimatvertriebenen das Einleben in das lübeckische Kirchenleben zu erleichtern.[38] Den Lübecker Kirchengemeinden wurde bezüglich der Gottesdienstfeier vom Geistlichen Ministerium u. a. nahegelegt, dass das ganze „Ehre sei Gott in der Höhe" gesprochen und das Abendmahl in den Hauptgottesdienst eingebunden zelebriert werden sollte. Und die Gläubigen sollten künftig in allen Gemeinden zur ganzen Liturgie vor und nach der Predigt aufstehen.[39]

Mit den Veränderungen im evangelisch-lutherischen Gottesdienst seit 1954 wurde abermals in das gewohnte kirchliche Leben der einheimischen Gemeindemitglieder eingegriffen. Die gottesdienstlichen Erneuerungen wurden von vielen Einheimischen nicht gern gesehen und brachten angeblich eine enorme Umstellung in ihrem Gottesdienst mit sich. Große Teile der einheimischen Bevölkerung waren keinesfalls bereit, Einschnitte in ihrem gewohnten Kirchenleben zu dulden. So äußerte zum Beispiel ein Einheimischer aus einem südwestholsteinischen Dorf auf die Frage, wie er die gottesdienstlichen Veränderungen in Liturgie und Kirchenlied empfand: „Die Flüchtlinge brachten damals unseren gesamten Gottesdienst durcheinander. Mit einem Mal sollten ihre Lieder gesungen werden, die uns nicht geläufig waren, und das Abendmahl sollte nun an jedem Sonntag gefeiert werden. Das war hier nie so gewesen, und für uns Holsteiner war das Abendmahl eben deswegen etwas Besonderes, weil es nur einmal im Monat gehalten wurde."[40]

Obwohl die gottesdienstlichen Veränderungen von 1954 nicht einzig aufgrund des Zustroms der Flüchtlinge in die westdeutschen Gemeinden vorgenommen worden waren, ist dies von vielen einheimischen Gemeindemitgliedern so empfunden worden. Die Heimatvertriebenen wurden als die hauptsächlich Verantwortlichen für die Veränderungen in ihrem Gottesdienst und so abermals als unliebsame Eindringlinge gesehen.[41]

Und dieses Mal waren die Veränderungen tiefgreifender. Es ging nicht mehr nur darum, ob heimatvertriebene Neubürger ihre Kirche füllten wie nie zuvor, oder ob ein Ostgeistlicher ihnen in ihrer Kirche zeitweise eine ihnen fremde, altpreußische Liturgie darbot. Es ging mit der Aufnahme neuer, ungewohnter Kirchenlieder sowie mit der Einführung für sie neuer kirchlicher Sitten, wie u. a. das regelmäßige Feiern des Abendmahls nun auch inmitten des Gottesdienstes, um bleibende, sichtbare Veränderungen in ihrem kirchlich-religiösen Leben. Dabei waren die gottesdienstlichen Innovationen im Rahmen der liturgischen Erneuerung mit dem Ziel, in den deutschen evangelischen Kirchen einen einheitlichen Gottesdienst zu schaffen, alles andere als drastisch. Auch handelte es sich nicht immer um wirkliche Neuerungen. So hat es beispielsweise die Feier des Abendmahls in der Mitte des Gottesdienstes in schleswig-holsteinischen evangelischen Gottesdiensten in diversen Kirchengemeinden bereits gegeben. Sie ist keinesfalls als ein Spezifikum der Altpreußischen Unionskirche anzusehen.

Aus dem Verhalten großer Teile der einheimischen Bevölkerung ist zu entnehmen, dass es ihnen vermutlich nicht ausschließlich um die Veränderungen in ihrem Gottesdienst ging. Sie sahen dadurch eine weitere Schwächung ihrer Position im Ortsgefüge. Gut zwei Drittel der interviewten einheimischen Personen konnten sich nur schwer damit abfinden, dass man ihren Gottesdienst in Liturgie und Kirchenlied wegen der Flüchtlinge änderte. Die neue Gottesdienstordnung und das Einführen neuer Kirchenlieder war für viele Einheimische ein sichtbares Zeichen für die künftig dauerhafte Präsenz von Heimatvertriebenen in ihrer Ortskirche.

Ähnlich wie bei den ersten Begegnungen mit der Flüchtlingsbevölkerung in ihren Kirchen kam es auch bezogen auf inhaltlich-gottesdienstliche Gegebenheiten zur Formierung von Vorurteilen. Die Tatsache, dass die unierten Vertriebenen ihren Gottesdienst nach einer anderen Liturgie feierten, nahmen sie zum Anlass, nun auch auf innerkonfessioneller Ebene Unterschiede zwischen der Gruppe der Flüchtlinge und den Schleswig-Holsteinern herauszustellen. Auf diese Weise wurden die Vertriebenen als eine nicht in den evangelisch-lutherischen Gottesdienst hineinpassende Fremdgruppe aus dem sozialen und kirchlichen Leben der Gemeinde ausgegrenzt. Die Abwehrhaltung diverser einheimischer Bewohner gegen die sich wandelnden Gewohnheiten war gerade in ländlichen Gemeinden von einer Überfremdungsangst begleitet. Durch die Flüchtlinge sind auch die Einheimischen in eine bikulturelle Situation geraten. Sie mussten sich einerseits auf das Neue einstellen und andererseits wollten sie sich ihre eigene Identität bewahren.[42]

Es gab auch Einheimische, die in der Begegnung mit dem unierten Gottesdienst eine Bereicherung ihres eigenen gottesdienstlichen Lebens sahen. Hierbei handelte es sich vor allem um Angehörige der nicht landbesitzenden Bevölkerungsschicht. So war die Einheimische Frau L. aus Lübeck-G. sichtlich

Eine Taufe im Flüchtlingslager Kollhorst, ca. 1952/53.

davon angetan, dass ihr mit der Einführung einer neuen Gottesdienstordnung in die Lübecker Gottesdienste dauerhaft ein lebendigeres Kirchenleben zuteil wurde: „Und dann kam die neue Ordnung … so um '54 doch tatsächlich … Nun, das war natürlich kein unierter Gottesdienst, so wie der Flüchtlingspfarrer ihn feierte. Aber es war doch einiges davon enthalten wie zum Beispiel das Abendmahl im Gottesdienst, das verlängerte Kyrie, neue Lieder natürlich … Was mich betrifft, so kann ich nur sagen: Es war gut, dass sie kam … dass unser Gottesdienst nun viel lebendiger wurde."[43]

Einheimische wie die Zeitzeugin Frau L. setzten sich mit dem Neuen in lebendiger Weise auseinander und nahmen eine „Sowohl-als-auch-Position" an und akzeptierten beide Kulturen. Die Heimatvertriebenen hatten die eigenen kirchlichen Traditionen ihrer Heimatkirche mit in den Gottesdienst eingebracht. Auf die Frage, ob die neue Gottesdienstordnung und das 1953 neu eingeführte Einheitsgesangbuch ihnen denn tatsächlich kirchlich entgegenkam, äußerte sich die Mehrheit der vertriebenen Zeitzeugen in ähnlicher Weise wie Frau L. aus dem ostpreußischen Pillau: „Meine Familie und ich freuten uns sehr über die Neuerungen im holsteinischen Gottesdienst, obwohl wir uns in Flensburg und in der St. Marien-Gemeinde sehr schnell eingelebt hatten und die Leute hier von Anfang an gut zu uns waren. Wir waren überaus erfreut darüber, dass nun auch Lieder aus unserer westpreußischen Heimat viel öfter gesungen wurden."[44]

Eine andere Vertriebene aus dem ostpreußischen Dorf Rossitten war sichtlich erfreut darüber, dass die evangelisch-lutherischen Landeskirchen in Schleswig-Holstein kirchliche Sitten wie zum Beispiel das vermehrte Aufstehen bei der Liturgie im Gottesdienst oder auch das Aufstehen beim Sprechen des Glaubensbekenntnisses einführten.[45]

In der Flüchtlingsbaracke im Scheerlager, Kiel 1956.

Andere Heimatvertriebene wiederum empfanden das schleswig-holsteinische Kirchenleben im Großen und Ganzen auch nach der Einführung der neuen Gottesdienstordnung und des neuen Gesangbuches noch als befremdlich. Ungeachtet der Veränderungen konnte der Gottesdienst in den hiesigen Kirchen für die Vertriebenen natürlich nicht zu einem solchen Gottesdienst werden, wie sie ihn aus ihrer Heimat kannten. So äußerte eine Zeitzeugin aus dem ostpreußischen Insterburg zu der Situation in ihrer neuen Kirche in einem südwestholsteinischen Dorf nach der Einführung einiger gottesdienstlicher Neuerungen: „Unsere Kirche bekamen wir durch diese wenigen Veränderungen im Gottesdienst nicht wieder, da hätte man noch so Vieles in unserem Sinne verändern können. Hier, in der Holsteiner Kirche wäre soundso nie das Leben und die Atmosphäre unserer schönen ostpreußischen Kirche entstanden … Nein, unsere belebte, herzlich warme Kirche in Insterburg konnte das hier nimmer sein."[46]

Die Heimatvertriebenen tendierten dazu, ihr eigenes ostdeutsches Kirchenleben als das bessere und gehaltvollere zu sehen. Sie neigten aufgrund ihres Verlustes und der ihnen entgegengebrachten Vorurteile zu einer Art Verklärung ihrer eigenen Kultur und Religiosität. Die in diversen Schilderungen idealisierte Heimat hat es so nie gegeben und das zeigt vor allem, dass die Vertriebenen mit ihrer vorgefundenen Situation nicht zurecht kamen. Ein zentraler Grund für ihre ablehnende Haltung der einheimischen Kirche gegenüber war sicherlich die Befürchtung, ihre heimatliche, religiöse Identität zu verlieren. Nicht wenige Heimatvertriebene sträubten sich gegen die Einnahme einer „Sowohl-als-auch-Position" bezüglich des kirchlich-religiösen Lebens, das heißt gegen die bewusste Auseinandersetzung mit beiden Kirchen. Das deutet sich zum Beispiel in der Aussage der Vertriebenen Frau C. aus dem ostpreußischen Insterburg über die gottesdienstliche Situation der Heimatvertriebenen in den holsteinischen Kirchen in den späten 40er und den 50er Jahren an: „Wir Ostpreußen waren doch einzig mit unserer eigenen Kirche vertraut. Hier in B. kamen wir … in ein völlig fremdes Kirchenleben hinein. Unser Gottesdienst war ganz anders als in B … Wir mussten sehen, dass wir unsere ostpreußische Kirche erhielten, dass wir unseren Gottesdienst beibehielten."[47]

Hinzu kam die ablehnende Haltung der einheimischen Gemeinden gegen altpreußische Liturgie. Dies kränkte nicht wenige Vertriebene und war vermutlich auch eine Ursache für die Entstehung von negativen Einstellungen gegenüber der einheimischen Bevölkerung. Die Vertriebenen verarbeiteten die ihnen entgegengebrachte ablehnende Haltung ihrem kirchlich-religiösen Leben gegenüber scheinbar mit denselben Strategien, wie die einheimische Bevölkerung sie anwandte. So waren unter den Flüchtlingen diverse Stereotype über die Schleswig-Holsteiner verbreitet. Die Holsteiner galten in ihren Augen als unkirchlich, ungläubig, als generell unfreundlich und stur. Scheinbar richteten sich die Vorurteile neben der Konfession auch gegen ihre Charaktereigenschaften, ihre Mentalität und Verhaltensweisen.

Andere Heimatvertriebene wandten sich aber ganz bewusst dem neuen Kirchenleben in Schleswig-Holstein zu und drängten dabei die eigenen kirchlichen Gewohnheiten in den Hintergrund. Damit gaben sie dem von Teilen der einheimischen Bevölkerung auf sie ausgeübten Anpassungsdruck nach. Eine solche Haltung nahm u. a. der Vertriebene Herr A. aus Schlesien ein: „Wir Heimatvertriebenen aus Schlesien fanden in der Kirche hier zwar unser kirchliches Leben überhaupt nicht vor. Aber wir mussten doch sehen, dass wir uns rasch damit vertraut machten, allein schon, weil die Leute hier das von uns erwarteten."[48]

Ein Konfirmand vor der Flüchtlingskaserne in Schleswig.

ZUSAMMENFASSUNG

Die im Einzelnen erbrachten Ergebnisse, die Verhaltensweisen sowohl der Vertriebenen, als auch der Einheimischen, lassen klar erkennen, dass es verschiedene Reaktionen auf die Konfrontation mit dem Neuen und dem Fremden gab. Von beiden sozialen Gruppen wurde in ihrer unvermeidlich zwiespältigen Situation in der schleswig-holsteinischen Gemeinde eine „Sowohl-als-auch-Position" eingenommen oder aber eine „Entweder-oder-Position". Bei den Vertriebenen lassen sich insgesamt drei Verhaltensgruppen unterscheiden: Die Annahme der „Sowohl-als-auch-Position", das heißt die Auseinandersetzung mit beiden Kulturen gleichermaßen sowie zwei Möglichkeiten der „Entweder-oder-Position". Dies war einerseits die extreme Verhaltensweise der bedingungslosen Hinwendung zur ehemaligen Heimat oder aber die Distanzierung von dieser und die bewusste Hinwendung zur Aufnahmegemeinde.

Bei der einheimischen Bevölkerung lassen sich wesentlich zwei Verhaltensmuster differenzieren: Zum einen gab es diejenigen, die eine „Sowohl-als-auch-Position" einnahmen und für beide Kulturen offen waren. Und zum anderen ergab sich der rigorose Rückzug in ihre eigene Lebenswelt. Die Einheimischen, die eine „Entweder-

Das junge Paar ist von der Kirche zurückgekommen, Kiel 1956.

oder-Position" einnahmen, waren diejenigen, die von den Neubürgern die Annahme ihrer Kultur forderten. Bei nicht wenigen Vertriebenen hatte diese Anpassungsforderung eine „Entweder-oder-Position" zur Folge. Eine tendenzielle Befürwortung einer „Sowohl-als-auch-Position" durch die einheimische Bevölkerung hingegen, das heißt das Zulassen der für sie neuartigen, ostdeutschen Kultur, führte auch bei der heimatvertriebenen Bevölkerung in verstärkter Weise zur Einnahme einer „Sowohl-als-auch-Position". Die mehr oder weniger bewusste Auseinandersetzung einheimischer Bewohner mit den kirchlichen Gewohnheiten der Vertriebenen erleichterte ihnen sicherlich den Umgang mit der neuen Lebenssituation in Schleswig-Holstein. Die Ostvertriebenen haben sich mit der Zeit in die Gemeinden eingefügt sowie das Gemeindeleben befruchtet und wiederbelebt. Die neue Gottesdienstordnung sowie das Einheitsgesangbuch sind Ausdruck des Aufeinanderzugehens zweier Volksgruppen. In den evangelischen Kirchen Schleswig-Holsteins ist in der Nachkriegszeit eine veränderte geistige kirchlich-religiöse Kultur entstanden. Kirchliche Traditionen und Sitten des heimatvertriebenen Bevölkerungsteils haben Eingang in das alltägliche Leben der Einheimischen gefunden.

DIE ANSVERUSWALLFAHRT BEI RATZEBUG

KAREN HEIDE

Seit 1951 organisiert die katholische Kirchengemeinde Ratzeburg jährlich am zweiten Septembersonntag eine nach dem Heiligen Ansverus benannte Wallfahrt zu einem steinernen Radkreuz in das 3 km entfernte Einhaus. Sie wird in Veröffentlichungen als „Vertriebenenwallfahrt"[1] oder als „von Flüchtlingen gegründet"[2] bezeichnet und ist in Schleswig-Holstein die einzige nachreformatorische Wallfahrt mit dieser langen Tradition und damit in einem überwiegend protestantischen bzw. konfessionslosen Bundesland ein bemerkenswertes Phänomen.

Answer (lat. „Ansverus") wurde, laut historischer Berichte und einer lebhaften Legendenbildung, 1035 in einem christlichen Elternhaus in Haithabu geboren und am 15. Juli 1066 in seiner Funktion als eifrig missionierender Abt des Benediktinerklosters zusammen mit weiteren Ordensbrüdern von aufständischen Slawen gesteinigt. Auf den Resten der Klosterkirche steht heute die evangelische Kirche „St. Georg auf dem Berge" in Ratzeburg. 1154 wurde Answer heilig gesprochen und in der Region u. a. mit Wallfahrten zum Ratzeburger Dom verehrt, da dieser als Bestattungsort galt. Nachdem die Heiligenverehrung im 14. Jahrhundert abgeflaut war, unternahm das Ratzeburger Domkapitel einige Versuche, die finanziell einträgliche Wallfahrt zum St. Ansverus wiederzubeleben. Dazu gehörte um 1450 die Errichtung eines Gedenkkreuzes an der vermuteten Steinigungsstätte auf dem Rinsberg in Einhaus. Die eingekerbten Darstellungen des Gekreuzigten und einer knienden Figur auf dem ca. 2,80 m hohen Kreuz aus Korallenkalk sind inzwischen fast völlig verschwunden. Heute steht das Kreuz auf einem Granitsockel am Rand einer Wiese und wird durch ein Gitter geschützt. Zum Gedenken an den christlichen Missionar und Märtyrer St. Ansverus wurde nach der Reformation, als keine Wallfahrten mehr stattfanden, in der evangelischen Lauenburgischen Kirchenordnung von 1585 für den „Sonntag nach Ansveri" (15. Juli) das Singen des Te Deum vorgeschrieben.

Die Erinnerungen an den St. Ansverus und das Kreuz in Einhaus waren jedoch sehr verblasst, als man in den 1920er Jahren durch heimatkundliche Forschungen wieder verstärkt darauf aufmerksam machte.[3] Im August 1933 ergriff der Lübecker Pastor Bültel die Initiative, nach 400 Jahren die Wallfahrt wieder zu beleben, mit der Begründung: „Die Katholiken … entbehren es sehr, daß ihnen hier im Norden das fehlt, was in der katholischen Heimat hl. Stätten und Wallfahrtsorte dem christlichen Leben an traditioneller Gebundenheit und religiöser Anregung bieten." St. Ansverus und der Ort seiner Steinigung wurde als „für unsere Zwecke in Frage" kommend beurteilt, denn „die Erinnerung an die benediktinischen Blutzeugen ist im Volke nicht ganz erstorben." Die nationalsozialistische Politik schätzte Bültel optimitisch ein: „für diese Belebung ist die Gegenwart mit ihrer Aufgeschlossenheit für das kulturgeschichtliche Erbgut unseres Volkes ausserordentlich geeignet."[4] Im Laufe der Bemühung kam es noch zum Kauf der 3 ha großen Wiese mit dem Kreuz von einem Einhäuser Bauern, bevor der Aktionsradius der katholischen Kirche durch die nationalsozialistische Gewaltherrschaft immer mehr beschränkt wurde. Jedoch gibt es Hinweise darauf,

Das Ansveruskreuz in Ratzeburg 2008.

dass katholische Gläubige das Ansveruskreuz im Rahmen religiös motivierter Ausflüge auch während des Krieges aufsuchten. Für die Jahre um 1940 erinnert sich ein Mitglied der katholischen Jugendgruppe aus Lübeck an mehrere Fahrradausflüge einschließlich Andacht am Ansveruskreuz durch den Kaplan, die „in Räuberzivil" und in konspirativer Atmosphäre stattgefunden haben.[5]

1950 nahm Schwester Raphaela (1898-1988) von der Kongregation der Schwestern von der heiligen Elisabeth (Graue Schwestern) die Wallfahrts-Idee auf. Sie hatte seit 1919 in der katholischen Schule und, nach der Aufhebung der konfessionellen Schulen durch die Nazis, seit 1938 außerschulischen Religionsunterricht in Lübeck erteilt. Für die Religionspädagogin war eine Heiligenlegende mit einem Kultbild in erreichbarer Entfernung ein ideales Thema, Medium und Projekt, um für die katholische Jugend eine attraktive Freizeitgestaltung mit religiösen Inhalten anzubieten, über die sich eine vorbildhafte Haltung gegenüber Anfeindungen und Gewalt vermitteln ließ.

Frau M., 1945 als Elfjährige aus Danzig nach Lübeck geflüchtet, hat am 15. August 1950 („Maria Himmelfahrt") an der Wallfahrt teilgenommen und erinnert sich auch wegen der schmerzhaften Blasen an ihren Füßen gut an diesen Tag. Sie hatte damit eine Erwartung von Sr. Raphaela erfüllt, die meinte: „Wallfahrten müssen zu Fuß unternommen werden, damit auch Opfer dabei sind."[6] Damit griff Sr. Raphaela auf eine tradierte Vorstellung zurück, die „auch heute noch ein stets und für viele nachvollziehbarer Bestandteil des Ausdrucks- und Darstellungsgefüges [ist], das wir allgemein ... als ... Wallfahrt bezeichnen."[7] Auch die anderen Elemente der Unternehmung orientierten sich an den tradierten Mustern, die für „Wallfahrt" als konstitutiv gelten.[8] Es wurde ein „heiliger Ort" aufgesucht mit dem Anliegen, des Heiligen zu gedenken und die Stärkung der eigenen Opferbereitschaft im Glauben zu erreichen. Der eigens hergestellte Wallfahrtswimpel mit dem gestickten Ansveruskreuz wurde voran getragen, unterwegs wurde der schmerzhafte Rosenkranz gebetet und gesungen. Das Kreuz wurde mit Blumen und Kerzen geschmückt, Dechant und Kaplan hielten eine vorbereitete Märtyrer- und Kreuzandacht mit Ansprache. Man kann hier also durchaus von einer „richtigen" Wallfahrt sprechen. Der Ratzeburger Pfarrer Clemens Franke kam jedoch zu einer anderen Beurteilung. Erst als Franke 1981 die Chronik der Kirchengemeinde verfasste, wurden ihm die Aktivitäten Sr. Raphaelas bekannt: da wollte er die über dreißig Jahre hinweg tradierte Entstehungsgeschichte der Wallfahrt nicht mehr ändern. So gilt als erste Ansveruswallfahrt (AWF) die von Pastor Heinrich Tangen am 19. August 1951 organisierte Veranstaltung. Doch woher hatte der Ratzeburger Pastor die Idee?

Teilnehmerinnen der Mädchenwallfahrt 1950.

Die Ansveruswallfahrt 1963.

Tangen war der Beichtvater der Lübecker Ordensschwestern und nahm an einem Tag im Mai 1950 auf seiner Heimfahrt Sr. Raphaela in seinem Auto bis nach Einhaus mit, als diese zur Vorbereitung der von ihr geplanten Wallfahrt den Weg erkunden wollte.⁹ Der aus Ostfriesland stammende Pastor Tangen war seit 1935 in Ratzeburg tätig. Ob ihm die Wallfahrtspläne aus der Vorkriegszeit bereits bekannt waren oder ob Sr. Raphaelas Wallfahrtsinitiative für ihn ein völlig neuer Gedanke war, lässt sich nicht mehr eindeutig klären. Doch offensichtlich griff er die Idee auf. Es existieren lediglich zwei Zeitungsartikel der lokalen Presse als zeitgenössische Quellen, mit denen die Wallfahrt 1951 belegt ist. Flüchtlinge oder Vertriebene werden darin nicht erwähnt. Dies geschieht, erstmals und eine Rarität bleibend, bei der Vorbereitung der zweiten Wallfahrt. Um der Veranstaltung größere Bedeutung zu verleihen und die Teilnahme des Bischofs zu motivieren, formulierte Pastor Tangen in einem Brief: „Dem Wunsch vieler Katholiken besonders der katholischen Flüchtlinge aus dem Ermland und Schlesiens nachkommend haben wir im vorigen Jahre zum ersten Male ein Wallfahrt unternommen."¹⁰ Pastor Tangen arbeitete bis zu seiner Versetzung 1955 daran, „die Wallfahrten zu großen Glaubenskundgebungen" zu entwickeln – mit nur mäßigem Erfolg. Die AWF bekam von der Bistumsleitung kaum Aufmerksamkeit und Unterstützung. Angegeben werden in diesen Jahren 1.000 bis 2.000 Wallfahrtsbesucher. Es gibt keine Belege, doch mit Sicherheit waren viele Flüchtlinge unter den Teilnehmern. Frau M. erinnert sich: „Die Flüchtlinge waren sehr konzentriert dabei, wirklich mit einer gewissen Andacht …

Ja, und dann nachher zum Abschluss wurden Heimatlieder gebracht: ‚Land der dunklen Wälder' wurde gesungen und dann ‚Westpreußen, mein lieb' Heimatland' haben sie gesungen und dann das ‚Pommernlied' und, was sehr hübsch war und auch sehr kräftig gesungen war: das ‚Riesengebirgelied' – ich nehme an, es waren mehr dann aus Schlesien da."[11]

Die relative und fast paritätische Verteilung der Konfessionszugehörigkeit in der westdeutschen Gesellschaft hatte sich durch die ca. 12 Millionen Flüchtlinge kaum verändert.[12] Doch durch ihre asymmetrische Verteilung[13] verschwanden konfessionell homogene Gemeinden und es entstanden viele Diasporagebiete, definiert als Orte, in denen weniger als ein Drittel der Bevölkerung der gleichen Konfession angehört.[14] In Schleswig-Holstein leben die Katholiken seit der Reformation in extremer Diaspora. Von 1939 bis 1950 hatte sich ihre absolute Zahl von ca. 59.000 auf ca. 156.000 fast verdreifacht und ihr relativer Anteil hatte sich von vormals 3,7 % auf 6 % erhöht.[15] Das war immer noch eine kleine Minderheit und weil „in sehr vielen Fällen die Unzufriedenheit mit den in der neuen Umgebung obwaltenden ungewohnten kirchlichen und religiösen Verhältnissen den Entschluss zur Umsiedelung maßgeblich bestimmte", war der Anteil der katholischen Gläubigen an den weiterziehenden Vertriebenen mit 50 % überproportional groß.[16] In Ratzeburg hatte sich die Einwohnerzahl durch die Aufnahme der Vertriebenen innerhalb weniger Monate mehr als verdoppelt. In der Pfarrei, die die Stadt und 50 umliegende Dörfer umfasste, waren 1950 von ca. 31.300 Einwohnern etwa 2.100 Katholiken (6,7 %).[17] Die Zugehörigkeit zu einer Glaubensgemeinschaft war neben der Zugehörigkeit zu einer Landsmannschaft eine mögliche Kategorie für die Selbst- und Fremdwahrnehmung der Flüchtlinge sowie für institutionalisierte Orientierungs- und Identifizierungsangebote.[18] Auf der Ebene der alltäglichen Lebenswelt, mit ihren Herausforderungen und Konflikten, wird die Suche nach Beziehungen zwischen alter und neuer Heimat, nach dem, was in der neuen Umwelt „anheimelt", als eine der möglichen Bewältigungsstrategien beschrieben. „Man wallfahrtet gern nach Gnadenstätten, die eine Beziehung zur alten Heimat aufweisen: den gleichen Namen, den selben Heiligen, den gleichen Wallfahrtstermin, ein Gnadenbild, das verwandte Züge mit einem heimischen trägt."[19] Auch die geographische Lage eines Ortes in Grenz- oder Heimatnähe konnte die Entstehung einer Vertriebenenwallfahrt begünstigen. Vieles scheint dafür zu sprechen, auch die AWF als Vertriebenenwallfahrt und – damals nur 8 km von der Grenze zur DDR gelegen – gar als „Grenzwallfahrt" kategorisieren zu können.

In dem 1968 veröffentlichten Werk „Wallfahrt und Heimatverlust"[20] werden 264 in Westdeutschland ermittelte Vertriebenenwallfahrten beschrieben.[21] Die Extreme bilden 127 Angaben in Bayern und vier Nennungen in Schleswig-Holstein.[22] Zusammenfassend wurde festgestellt, dass mit dem Zuzug der Vertriebenen und durch Verbreitung religiöser Symbole wie Kirchen, Kapellen und Gedenkkreuze sowie durch Verbreitung bestimmter Ausdrucksformen des religiösen Daseins wie Wallfahrten eine neue Sakrallandschaft entstanden ist.[23] Anknüpfend an bestehende oder an mitgebrachte religiöse Bräuche wurden vielerorts von den Flüchtlingen, für die Flüchtlinge und mit den Flüchtlingen Wallfahrten organisiert.

Für die AWF ist anderes festzustellen. Hier ging die Motivation nicht von Vertriebenen aus, um mit einem heimatlich vertrauten religiösen Brauch ihre besonderen Probleme zu bewältigen. Es wurde ein nur regional bekannter Heiliger wiederbelebt, der Blick ging vom Ansveruskreuz über den Ratzeburger See und zur „Zonengrenze", nicht in die alte Heimat. Die Organisatoren haben nie explizit die Zielgruppe „Flüchtlinge und Vertriebene" beworben oder die Wallfahrt in den Zusammenhang mit der kirchlichen Heimatvertriebenen-

Wallfahrt in Ratzeburg 1963.

politik oder Sonderseelsorge gestellt. Im Fall der AWF nutzte der einheimische Pfarrer eine unversehens größer gewordenen Mitgliederzahl, die das Problem „katholisch sein in der Diaspora" einte, um eine schlummernde Idee aus der Vorkriegszeit endlich verwirklichen zu können. Frau K., 1947 als Vierzehnjährige aus dem Sudetenland nach Ratzeburg gekommen und aktives Gemeindemitglied, fasst nüchtern zusammen: „Weil eben mehr Katholiken hier waren, mit den wenigen vorher hätte man die Wallfahrt ja nicht umsetzen können …"[24] Pastor Tangen wollte, missionarisch motiviert, katholische Anwesenheit überregional demonstrieren und innerkirchlich die Anerkennung im Verbund mit anderen Wallfahrtsorten erlangen. Dieses ist ihm nicht gelungen.

Erst mit Paul Burger (1911-1992) kam 1956 ein Pfarrer, der als Befürworter der Heiligenverehrung ein großes Interesse an der „bewussten Wiederbelebung eines verblassten Traditionsstranges im Zeichen historisierender Erneuerung"[25] hatte. Pastor Burger stellte insbesondere das Martyrium des St. Ansverus in den Mittelpunkt aller Aktivitäten. Er baute verstärkt die traditionellen Elemente von Wallfahrt aus, z. B. durch Verlängerung der Prozessionsstrecke. 1966 veröffentlichte er eine Schrift zum 900. Todestag des Heiligen Ansverus. In jenem Jahr hatte die AWF mit ca. 10.000 Teilnehmenden ihre größte Besucherzahl. Burger hat der Geschichte des Heiligen und des Ortes zur weiten Verbreitung und zur Verfestigung im kulturellen Gedächtnis der Bewohner verholfen. Er hat der AWF, durch die konsequente theologisch-didaktische Hervorhebung des Märtyrertums des Heiligen, die kirchenadministrative Anerkennung und Unterstützung verschafft, sie etabliert und durch schwankende Besucherfrequenzen geführt.

Die Ansveruswallfahrt findet bis heute statt, 2008.

Pastor Burger folgten seit seiner Versetzung 1975 drei Pastoren, die die AWF durch zum Teil starke Veränderungsprozesse begleitet haben. Seit 1995 wird die Veranstaltung von der Bistumsverwaltung des Erzbistums Hamburg inhaltlich vorbereitet und finanziert, die logistischen und organisatorischen Arbeiten werden nach wie vor von den ehrenamtlich tätigen Kirchenmitgliedern vor Ort geleistet. Es ist für sie eines der größten Ereignisse im Jahr. Nach der 3 km langen Prozession von Ratzeburg zum Ansveruskreuz und dem Pontifikalamt mit Eucharistiefeier folgt das freizeitorientierte Rahmenprogramm. Die veröffentlichten Teilnehmerzahlen schwanken erheblich, sie nahmen stetig ab und 2008 konnte die Verfasserin lediglich 300 Menschen auf der Wiese zählen. Überdurchschnittlich viele Gläubige kamen zu besonderen Anlässen wie 1990 zur 40. Wallfahrt, als erstmals Katholiken aus Mecklenburg zu Gast waren (4.000 Teilnehmer). 2007 musste die Wallfahrt erstmals ausfallen, weil eine große Bistumswallfahrt nach Dreilützow/Mecklenburg unternommen wurde. Dieser Traditionsbruch ist nur eines der aktuellen Probleme der Organisatoren. Inzwischen haben die Bezugspunkte „Glaubenskundgebung" und „Heiligenverehrung" für die norddeutschen Katholiken an motivierender und ordnender Kraft verloren.

Doch noch lebt die nördlichste Wallfahrt Deutschlands. Gerade, weil sie nie explizit als „Vertriebenenwallfahrt" durchgeführt wurde, sondern die Menschen unabhängig von ihrer Herkunft in ihrem gemeinsamen Glauben vereinen und stärken wollte, hatte die Ansveruswallfahrt eine integrierende Wirkung und eine Überlebenschance. Mit großem Engagement und mit hohem Anpassungsvermögen wurde mit der katholischen Wallfahrt der Ratzeburger Kirchengemeinde die seit Jahrhunderten protestantisch geprägte Sakrallandschaft in Schleswig-Holstein verändert – eine Traditionsbildung, die ohne die Verstärkung durch katholische Neubewohner kaum gelungen wäre.

ZUR MUSEALEN ANEIGNUNG VERLORENER HEIMAT IN OSTDEUTSCHEN HEIMATSTUBEN

MANUELA SCHÜTZE

Das Schlagwort der Gegenwart ist Globalisierung. Globalisierung eröffnet dem Einzelnen ganz neue Möglichkeiten – sagen die Befürworter, Globalisierung ist eine Gefahr für den Menschen – sagen die Gegner. Die Vernetzung der Welt, ob auf der realen oder der virtuellen Ebene, gewinnt zunehmend Einfluss auf unseren Alltag. Und trotzdem – oder gerade – aufgrund der Anforderungen von Mobilität und Flexibilität hat Heimat weiterhin Konjunktur. Die folgenden Ausführungen beruhen auf meiner 1994 fertig gestellten Magisterarbeit mit dem Titel: „Elchkopf und Kurenwimpel' – Zur musealen Aneignung verlorener Heimat in ostdeutschen Heimatstuben nach dem Zweiten Weltkrieg in Schleswig-Holstein".

Da ostdeutsche Heimatstuben als kulturelles Muster der Verarbeitung von Verlustsituationen trotz aller Flüchtlingsforschung nur ansatzweise behandelt worden sind, war eine umfangreiche Materialaufnahme notwendig. Die ergiebigsten Quellen habe ich in den Unterlagen der Ostpreußischen Landsmannschaft gefunden, die man mir freundlicherweise zur Einsicht überließ. Der größte Teil meiner weiteren Ausführungen beruft sich auf diese Quellen. Zudem konnte ich private Unterlagen einzelner Heimatstubenbetreuer einsehen. Ich habe 13 Heimatstuben Schleswig-Holsteins besucht und mit verschiedenen Heimatstubenbetreuern und Museumsleitern, in deren Haus eine Heimatstube untergebracht ist, Interviews geführt. Neben den archivalischen Quellen ergänzten diese persönlichen Begegnungen das Bild.

Es sollen keine einzelnen schleswig-holsteinischen Heimatstuben vorgestellt (s. S. 220), sondern deren Entstehung und Entwicklung hier im Land aufgezeigt werden. Dabei wird nicht nur die Formenvielfalt dieser musealen Einrichtung darzustellen sein, sondern insbesondere die Unterstützung, die die Heimatstubenbetreuer von verschiedenen Stellen zur Verfügung hatten. Von besonderem Interesse ist hier, inwieweit dieser Einfluss zugelassen wurde. Es soll der Frage nachgegangen werden, wie sich die Institution Heimatstube angesichts des immer stärker werdenden Professionalisierungszwangs verhält.

ENTSTEHUNG

So groß die Formenvielfalt der Institution Heimatstube heute ist, so unterschiedlich sind im Einzelnen auch ihre Entstehungsgeschichten.

Am Anfang vieler Heimatsammlungen stand die „Heimatecke" oder der „Heimatwinkel" im privaten Haushalt. Diese Sammlungen waren keine musealen Präsentationen, aber sie erfüllten die ihnen zugedachten Funktionen. Sie kompensierten zu einem gewissen Teil den erlittenen Verlust und vermittelten das Gefühl „daheim" zu sein. Gründungsmotivation vieler Initiatoren einer Heimatstube war, neben der funktionalen Komponente, sich einen „heimatlichen" Versammlungsort zu schaffen, auch ein gewisses „Sendungsbewusstsein". Man wollte der Geschichte des deutschen Ostens einen Platz im kollektiven Geschichtsbewusstsein sichern.

Übersicht über die vorgefundenen Heimatstuben in Schleswig-Holstein (Stand 1994)

Ostdeutsche Heimatstuben:
Damp (Museumsschiff Albatros, Erinnerungsstätte Rettung über See),
Eckernförde (Heimatstuben Köslin-Bublitz/Pommern und Pillau/Ostpreußen in der Willers-Jessen-Schule),
Hanerau-Hademarschen (eine Zusammenstellung nach Vertreibungsgebieten im Heimatmuseum),
Molfsee (Tilsiter Heimatstuben, Stettiner Zimmer, Ostpreußen-Schausammlung, Pommern-Schausammlung im Schleswig-Holsteinischen Freilichtmuseum),
Neustadt (Ostpreußen-Raum und Pommern-Raum im Kreismuseum),
Raisdorf (hpts. Bibliothek der verschiedenen Vertreibungsgebiete im Gemeindehaus),
Reinfeld (neu 1990),
Schleswig (Brandenburg, Mecklenburg, Ostpreußen, Westpreußen, Danzig, Pommern, Schlesien mit Sonderausstellungsfläche im Präsidentenkloster).

Pommersche Heimatstuben:
Bad Bramstedt (Dramburg Zimmer im Schloß Bad Bramstedt),
Bad Oldesloe (Kolberg-Körliner Heimatstube im „Stormarnhaus"),
Bad Segeberg (Falkenburger Heimatstube auf dem Gelände des Rathauses),
Elmshorn (Stargard-Stube im Torhaus der Stadt Elmshorn),
Eutin (Neustettiner Museum sowie im Ostholstein-Museum eine Bilderwand),
Glückstadt (Stolpmünder Heimtstube im hist. Haus am Hafen),
Heide (Naugarder Heimatstube im Museum für Dithmarscher Vorgeschichte),
Kaltenkirchen (Kallieser Zimmer im Rathaus),
Lübeck (Kolberger Heimatstube im „Alten Rathaus"),
Meldorf (Greifenberger Heimatstube im Dithmarscher Landesmuseum),
Mölln (Massower und Gollnower Heimatstube im Stadtarchiv),
Niebüll (Plather Heimatstube in der Stadtbücherei),
Reinfeld (Körlin-Stube im Heimatmuseum),
Schwarzenbek (Pasewalk-Ueckermünder Heimatstube im Rathaus),
Stockelsdorf (Heimatstube der Gemeinde Lottin im Herrenhaus),
Timmendorfer Strand (Heimatstube für Misdroy und Ratzeburg im Rathaus).

Ostpreußische Heimatstuben:
Flensburg (Johannisburger Heimatstube im Kreishaus),
Itzehoe (Preußisch-Holland Stuben im Haus der Heimat),
Neumünster (Heimatstube Lötzen im Caspar-von-Saldern-Haus),
Pinneberg (Samland-Museum/Kreis Fischhausen im Fachwerkhaus im „Fahlskamp"),
Plön (Heimatstube des Kreises Tilsit-Ragnit im Kreismuseum),
Rendsburg (Heimatstube des Kreises Gerdauen i. d. Königinstraße, nahe Paradeplatz).

Westpreußische Heimatstube:
Wilster (Heimatstube der Stadt Neuteich/Krs. Großes Werder/Reg.bez. Danzig im Alten Rathaus).

Eine erste Gründungswelle öffentlicher Heimatstuben erfolgte in den 1950er Jahren. Die größte materielle Not war vorbei; jetzt war es an der Zeit, sich den Traditionen und Kulturgütern zuzuwenden. Eine genaue Einschätzung dieser Gründungswelle ist sehr schwierig, da sich die Anfänge vieler Stuben verlieren. Die Begründer sind oftmals verstorben und haben ihr Wissen über die konkreten Anfänge weder schriftlich fixiert noch mündlich tradiert. Es ist aber anzunehmen, dass dies, wie in anderen Bundesländern auch[1] nach der ersten Konsolidierung der wirtschaftlichen Verhältnisse nach dem Krieg der Fall war.

Großen Auftrieb erhielten die Bestrebungen um die Gründung einer Heimatstube mit der Einrichtung von Patenschaften westdeutscher Patenschaftsgeber zu ostdeutschen Patenschaftsnehmern. Wie andere Bundesländer auch, übernahm das Land Schleswig-Holstein Patenschaften zu ostdeutschen Regionen; beispielsweise 1954 für das Land Pommern und 1963 für Mecklenburg.[2]

Neben diese „alten" Einrichtungen traten mit dem Ende der 1970er und dem Beginn der 1980er Jahre neue. Hier ist auch für Schleswig-Holstein eine zweite Gründungsphase festzustellen.

Die bisher letzte Phase lässt sich mit dem Ende der 1980er und dem Beginn der 1990er Jahre festhalten. Gründe hierfür lassen sich sicherlich in der allgemeinen Hinwendung zum „Heimatlichen", „Regionalen" finden und dem damit verbundenen Bedürfnis, die eigene Lebens- und in diesem Falle besonders die Erinnerungswelt, einmal mehr erfahrbar zu machen und erfahrbar zu erhalten.

Eine Zusammenstellung unter dem Titel „Schleswig-Holstein als Patenland", herausgegeben vom Landesverband der Vertriebenen Deutschen Schleswig-Holstein und der Staatskanzlei des Landes, verzeichnet in seiner zweiten Auflage von 1983 70 Patenschafen verschiedener schleswig-holsteinischer Kreise, Städte und Gemeinden. Den größten Anteil haben Patenschaften zu pommerschen, gefolgt von denen zu ostpreußischen Patenkindern. Sehr viele Heimatstuben entstanden im Rahmen solcher Patenschaften. Um der Idee das notwendige Gerüst zu geben, wurden auf allen politischen Ebenen Richtlinien erlassen, wie eine solche Patenschaft zu füllen sei. Diese Richtlinien gleichen sich im Allgemeinen in ihrer Grundaussage. Hinsichtlich der Einrichtung von Heimatstuben bleibt es bei der allgemeinen Empfehlung, dies zu tun bzw. dingliches Kulturgut der Vertreibungsgebiete zu sammeln und zu bewahren. Die Funktion einer Heimatstube wird beispielsweise in den Richtlinien des Deutschen Städtetages von 1952 klar in ihrem integrativen Charakter gesehen. Der Deutsche Städtetag empfiehlt Heimatstuben einzurichten, „damit die Heimatvertriebenen in heimatlich ausgestatteten Räumen verweilen, in ihnen Bücher aus der Heimat lesen und gelegentlich mit anderen Heimatvertriebenen vereint sein können".[3] Nicht die museale, sondern die „heimatliche" Komponente steht im Vordergrund. Ausstellung und Aufbereitung dinglichen Kulturgutes werden deutlich dem dafür vorgesehenen wissenschaftlich-musealen Bereich zugesprochen, der abseits der Heimatstuben operiert.

„Nach einem Jahrzehnt der wirtschaftlichen und sozialen Eingliederung und gesetzlichen Ordnung der Rechtsstellung dieses Personen-

Trachtenfiguren, Kurenwimpel und Wappen finden sich in fast allen Heimatstuben, hier im Ostdeutschen Heimatmuseum, Schleswig.

HEIMATSTUBEN

kreises droht die Erinnerung an Trecks und Vertreibung und das Bild der Heimat bei den Vertriebenen zu verblassen und auch aus dem Bewußtsein der Altbewohner des Bundesgebietes zu schwinden. Diese Entwicklung aufzuhalten, den Heimatgedanken zu pflegen und an die heranwachsende Generation weiterzugeben, ist in erster Linie die Aufgabe der Vertriebenen und ihrer Gemeinschaften selbst, die sie aus gesamtdeutscher Verpflichtung tragen."[4]

In diesem Vorwort zu den Richtlinien des Landkreistages wird die Rollenverteilung klar festgelegt. Während die kommunale Seite für den notwendigen Rahmen sorgte, ist die Ausgestaltung den Vertriebenen selbst überlassen worden. Auch hier greift die komplizierte Frage der Vergangenheitsbewältigung deutscher Geschichte. Indem man die Pflege ostdeutschen Kulturgutes allein in die Verantwortung der Vertriebenen und Flüchtlinge legt, entledigt man sich ihrer. Darin hier spiegelt sich der gesellschaftliche Konsens der Nachkriegsgesellschaft wider, die Flüchtlinge und Vertriebenen mit dem Fortschreiten der Wirtschaftswunderjahre als integriert zu betrachten und die Vergangenheit unreflektiert ruhen zu lassen. Die heutigen Auseinandersetzungen um Inhalt und Präsentationsform nicht nur hinsichtlich der Übernahme moderner museumswissenschaftlicher Ansätze, sondern auch hinsichtlich einer weitestgehend politisch neutralen Geschichtsdarstellung in einer musealen Ausstellung finden auch in dieser festgeschriebenen Rollenverteilung einen Anfang.

Von diesen Anfängen ausgehend entwickelten sich viele Mischformen, deren eines Extrem heute die reine Versammlungsstube ist, in der sich Symbole und Exponate zu einem anheimelnden Ambiente vereinen, um einen typisch ostdeutschen Hintergrund für sonst allenthalben gleiche Vereins- oder Versammlungsstätten zu bilden, das andere die museal-geprägte Heimatstube, die über das Jahr hinweg ungenutzt und unbesucht ein stilles Dasein führt und nur anlässlich von Jahrestreffen Besucher anzieht.

FORMENVIELFALT

Um die unübersichtliche Formenvielfalt der Heimatstuben eingrenzen und kategorisieren zu können, wird diese Untersuchung der vom Direktor des Westpreußischen Landesmuseums vorgenommenen Einteilung folgen. Sie lässt trotz aller bestehenden Mischformen eine einigermaßen klare Grundeinteilung zu.

Zunächst lassen sich alle Heimatstuben in zwei Grundformen unterteilen, in a) die „Ostdeutsche Heimatstube" und b) die „regionale Heimatstube". Beide Formen unterscheiden sich in ihrer geographischen Zuordnung. Während die „Ostdeutsche Heimatstube" auf ganz Ostdeutschland bzw. alle Vertreibungsgebiete ausgerichtet ist, bezieht sich die „regionale Heimatstube" auf einen Ort, einen Kreis oder eine Region.

Zu beiden Grundformen lassen sich wiederum vier weitere Unterteilungen nach ihrer jeweiligen Funktion vornehmen: a) Versammlungsraum, b) Büro, c) Heimatsammlung und d) Heimatmuseum.

Zu a): Diese Einrichtung ist im Wesentlichen ein Versammlungsraum, ein Treffpunkt für Interessierte und Gleichgesinnte, der mit ostdeutschem Wandschmuck und einigen besonderen Exponaten in Vitrinen versehen ist. Wichtige Ausstattungsstücke sind ein großer Tisch und Sitzgelegenheiten in genügender Anzahl. Versorgungseinrichtungen wie Kaffeeküche mit Zubehör sind oftmals vorhanden.

Zu b): Hier steht der Schreibtisch an dem die organisatorischen und verwaltungstechnischen Aufgaben bearbeitet werden im Mittelpunkt. Dieser Raum ist oftmals ausgestattet mit einer Mitglieder- und Adressenkartei sowie einer kleinen Handbibliothek. Land- und Kreiskarten, Stadtpläne und Bilder/Fotos gehören zur Ausgestaltung solcher Heimatstuben mit Bürofunktion. Vorstellbar ist sie als Büro eines ostdeutschen Vereins oder als Raum einer Heimatgemeinschaft, in dem der „Heimatbrief"[5] zusammengestellt wird.

Zu c): Die Schausammlung steht hier im Vordergrund. Sie kann regional oder ostdeutsch bezogen sein; das Werk eines Einzelnen oder auch in Zusammenarbeit entstanden sein. In Vitrinen, Schränken und an den Wänden wird das präsentiert, was oft mühsam zusammengetragen worden ist. Die Räumlichkeiten sind ohne besondere Unterstützung von außen nach eigenem Empfinden arrangiert und präsentiert. Eine übergeordnete Konzeption ist meist nicht vorhanden.

Zu d): „Unübersehbar steht im Mittelpunkt die Geschichte oder ein kultureller Schwerpunkt."[6] Kennzeichen dieser Heimatstube sind mehrere Räume, auf die das Sammlungsgut, möglichst einer bestimmten Konzeption folgend, verteilt ist. Den Betreuern dieser Stuben erscheint der Anspruch, der mit dem Begriff Museum verbunden ist, noch zu hoch, um ihn erfüllen zu können, daher bleibt der altbekannte Name bestehen, auch wenn sich Motivation und Intention denen eines Museums annähern.

Die Unterbringungen einer Heimatstube sind gänzlich verschieden. Die Wahl der Örtlichkeiten erfolgte selten planmäßig. Im Rahmen einer Patenschaft mussten die Betreuer die Räumlichkeiten nehmen, die ihnen die Patenstadt zur Verfügung stellen konnte oder wollte, wie beispielsweise im örtlichen Heimatmuseum, im Rathaus, einer Schule oder anderen öffentlichen Gebäuden. Diese Plätze sind nicht unbedingt zentral gelegen und daher dem Bekanntheitsgrad einer Heimatstube nicht gerade förderlich. Auch frei entstandene Stuben mussten sich Sachzwängen beugen und haben selten eine exponierte Lage mit genügend Platz.

Keine Statistik gibt über Besucherzahlen einer Heimatstube Auskunft. Manche Heimatstuben führen zwar ein Besucherbuch, doch bietet dies meist nur sehr unzuverlässige Zahlen. Dabei wäre die Kenntnis über die Besucherfrequenz sehr aussagekräftig für die Nutzung einer Heimatstube. Gleichzeitig würden diese Statistiken die Notlage einzelner Stuben noch expliziter machen.

Die aufgezeigte Formenvielfalt der Einrichtung Heimatstube lässt sich nur schwer in Kategorien fassen. Auch die vorgelegte Einteilung greift nur bedingt, da alle Formen gleichzeitig in unterschiedlichsten Mischungsverhältnissen vorkommen. Bei manchen Stuben erscheint es sehr schwierig, ihre Hauptfunktion zu erschließen, um sie in die eine oder andere Kategorie einordnen zu können. Die Funktion einer Heimatstube wird wesentlich von der Intention des Betreuers und ihrem Inhalt, d. h. von Art und Anzahl der Objekte selbst bestimmt. Dieser Inhalt wiederum ist zufällig, da er von den Sammelinteressen und -möglichkeiten der Betreuer abhängt.

Ganze Gebäudekomplexe werden im Kleinformat nachgebaut, hier das Kranentor aus Danzig im Haus Danzig, Lübeck.

EXPONATE

Wenn ein allgemein zugänglicher, also öffentlicher Raum als Heimatstube eingerichtet werden sollte, wurden zunächst oftmals Aufrufe in den jeweiligen Heimatbriefen veröffentlicht und um Exponate gebeten. Einen kleinen Sammlungsbestand hatten die meisten Initiatoren vorher schon zusammengetragen. Der sollte nun auf diesem Wege erweitert werden. Es fanden sich in vielen Fällen mehrere Geber bereit, ihre Sammlung oder auch Teile davon als Schenkung in die Heimatstube zu geben; Leihgaben sind selten zu verzeichnen. So führen die meisten Heimatstuben eine bunte Exponat-Mischung aus den verschiedensten Sachbereichen, dennoch ähneln sie sich in ihrem Bestand. Viele von ihnen gleichen der folgenden Beschreibung: „Die Wände sind geschmückt mit Wappen und Emblemen, mit Heimatbildern usw. Sie zeigen Heimatschrifttum über sich, ihre Sitten und Gebräuche, zahlreiche Bilder, Kartenmaterial, Urkunden aller Art (Ausweispapiere, Taufscheine, Zeugnisse usw.), die allerdings meist in Form von Reproduktionen vorliegen. Das dreidimensionale Ausstellungsgut ist in vielen Stuben unterrepräsentiert, aus Mangel an Originalstücken werden oft Modelle und Nachbildungen gezeigt. Im Mittelpunkt der Ausstellungen stehen fast immer Trachten und -teile, Handarbeiten, Hausratsgegenstände, Kücheneinrichtungen, Bauernstuben und landwirtschaftliche Geräte."[7] Diese Beschreibung entstammt einer Untersuchung über die Heimatstuben Baden-Württembergs; sie könnte genauso für die Einrichtungen Schleswig-Holsteins stehen.

Die Institution Heimatstube korrespondiert in ihrem Aufbau und ihrer Gestaltung mit der Institution Heimatmuseum zu Beginn des letzten Jahrhunderts. Martin Roth stellt für die Heimatmuseen jener Zeit fest: „Sie waren gekennzeichnet von einer unbegrenzten Vielfalt des Sammelns bei meist fehlender Systematik ... Es war ein Museum, das von Non-Professionals ... gemacht wurde."[8] Auch die Heimatstuben sammeln alles, was mit der Heimat zu tun hat, unabhängig von seiner musealen Aussagekraft; auch sie sind von „Non-Professionals" aufgebaut worden.

Die Mehrzahl der Heimatstuben ist ungeordnet oder nach gängigen, respektive geographischen, Gesichtspunkten aufgebaut. Eine Konzeption liegt in der Regel keiner Heimatstube zugrunde. In einer regionalen Stube folgen die Betreuer der wiederkehrenden Einteilungen nach Landschaft/Tierbestand, herausragenden Profan- und Sakralbauten, Landwirtschaft, Tracht und Brauchtum und Persönlichkeiten aus Kultur, Wissenschaft und Politik.

Ostdeutsche Heimatstuben folgen vorzugsweise der geographischen Einteilung, der sich alle Exponate beugen müssen. Dabei böte sich gerade bei diesen Stuben die Einteilung in Sachgruppen an, die beispielsweise Ackergerät der verschiedenen Vertreibungsgebiete nebeneinander stellt und vergleicht.

In einer ostdeutschen – d. h. von verschiedenen Landsmannschaften geführten – Heimatstube stehen den normativen äußeren Einflüssen nicht nur die Widerstände eines Einzelnen gegenüber, sondern es zeigt sich insbesondere hier der landsmannschaftliche Egoismus, der eine klare Abgrenzung zu den anderen landsmannschaftlichen Gebieten fordert. Es werden Ecken oder „Stübchen" der verschiedenen Regionen eingerichtet, die sich zusammengefunden haben. In seiner Ecke ist jeder allein verantwortlich, d. h. er gestaltet sie nach eigenem Gusto, unabhängig davon, wie die Nachbarstube gestaltet ist. Für die potentiellen Besucher hat dies zur Folge, dass ein Mitglied einer Landsmannschaft in „seine" Ecke geht und das andere unbeachtet lässt. Ein nichtvertriebener Besucher sieht sich demgegenüber in der Regel in allen Stübchen denselben Kategorien

Besonders die Trachten werden gerne zur Schau gestellt, Ostdeutsches Heimatmuseum, Schleswig.

Sparkassenbuch, auf der Flucht aus Schlesien mitgenommen.

von Exponaten gegenüber. Für die meisten Besucher, die keine persönliche Beziehung zu den Vertreibungsgebieten haben und insbesondere auch für die nachfolgenden Generationen ist dies unattraktiv und lädt weder zum Verweilen noch gar zum Wiederkommen ein. Hinter der Beharrung auf Eigenständigkeit seitens der einzelnen landsmannschaftlichen Gruppierungen steht die Angst unter einen Oberbegriff subsumiert zu werden und nicht mehr als individuelle Landschaft, Region oder Stadt erkennbar zu sein. Diese Befürchtungen um den scheinbaren Verlust der Identität sind auch nahezu 50 Jahre nach Kriegsende noch vorhanden. Wenn dies für die Anfangsjahre einer Heimatstube – insbesondere wenn sie relativ kurz nach dem Krieg eröffnet worden ist – menschlich verständlich ist, so wäre anzunehmen, dass es sich mit zunehmendem zeitlichen Abstand verliert. Das ist jedoch nicht der Fall. Aber nicht nur seitens der Betreiber einer Heimatstube trifft man auf das beharrliche Festhalten an einer nostalgischen Retrospektive. Der Hauptanteil der Besucherklientel einer Heimatstube – unabhängig davon, ob es eine ostdeutsche oder regional bezogene Heimatstube ist – will exakt dieses Heimatgefühl evoziert sehen. Sie suchen die Erinnerungssymbole, die Flurkarten der alten Gemeinde, die Fotos der alten Schule. Einen anderen Anspruch bringen nur die nächste Generation und die nichtvertriebenen Besucher mit, für die sich diese Sammlungsbestände nicht mehr ohne weiteres erschließen. Sie benötigen einen anderen Zugang, der ihnen im Rahmen der jetzigen gängigen Ausstellungspraxis nicht ermöglicht wird. Die verschiedentlich auftretenden Klagen zur geringen Besucherzahl haben auch in dieser Aufbereitungspraxis der Exponate ihren Grund.

In Schleswig wird jede Region in einem eigenen Raum vorgestellt.

Es setzt sich zwar langsam die Erkenntnis durch, dass mit dem Wegsterben der Vertriebenen- und Flüchtlingsgeneration eine Veränderung notwendig wird, aber die entscheidenden Umstrukturierungen vorzunehmen ist ein schwieriger Entwicklungsschritt, der sich in den von mir untersuchten Heimatstuben noch nicht vollzogen hatte.

Eine entscheidende Rolle für diese Verhaltensweise spielt das Heimatempfinden der Betreuer und der Besucher. Heimat wird sehr häufig als eine zeitliche Dimension beschrieben. Sie wird an Geburt und Kindheit festgemacht, die man in der alten Heimat erlebt hat. Es wird das ideale Konstrukt einer „guten alten Zeit" mit dem vergangenen, scheinbar viel glücklicheren Lebensabschnitt der Kindheit verwoben. Hinzu addieren sich die sogenannten klassischen Erinnerungssymbole, an denen Heimat festgemacht wird. Diese finden sich in jeder Heimatstube in verschiedenster Form und Ausführung mehrfach wieder.

UNTERSTÜTZUNG

Allgemeiner Konsens unter den Betreibern und Unterstützern einer Heimatstube ist vielfach die Auffassung, dass eine museale Heimatstube von jedem Engagierten eingerichtet werden kann. Jeder, der sich mit Enthusiasmus und Engagement für die Heimatstube einsetzt, wird als kompetent betrachtet, eine museale Sammlung zu konzeptionieren und zu präsentieren. Es wird „mit dem Herzen" eingerichtet. Auf diesen Terminus stieß ich immer wieder bei meinen Recherchen. Nur vereinzelt wurden die Defizite, die eine solche Ausstellungspraxis mit sich bringt, erkannt.

Wenn ein Heimatstubenbetreuer sich dennoch informieren möchte und Rat sucht, gibt es für ihn verschiedene Möglichkeiten. Eine erste Möglichkeit ist das allgemein zugängliche Schriftgut. Darunter ist nicht so sehr die einschlägige Literatur aus dem museumswissenschaftlichen Bereich zu verstehen, sondern eher praxisorientierte Anleitungen. Nach den verschiedenen Recherchen und Befragungen einzelner Heimatstubenbetreuer ist man nicht so sehr an einer wissenschaftlichen Ausrichtung und durchkonzeptionierten Einrichtung der Stube interessiert, sondern vielmehr an der Erweckung von „Heimatempfinden". Der normative Einfluss von Seiten wissenschaftlicher Publikationen wird eher gemieden und gefürchtet, denn geschätzt. Ähnliches gilt auch für das Verhältnis von Heimatstuben zu den wissenschaftlichen Zentralmuseen, wie sie beispielsweise in Form des Ostpreußischen Landesmuseums oder des Westpreußischen Landesmuseums existieren. Die Berührungsängste sind hoch.

Gleiches lässt sich auch für das angespannte Verhältnis von Heimatstubenbetreuung und Museumsleitung erkennen. Hier ist ein potentieller Konflikt angesprochen, der in verschiedener Schärfe in vielen Einrichtungen anzutreffen ist. Heimatstubenbetreuer und Museumsleiter haben vielfach gänzlich gegensätzliche Vorstellungen von Präsentation und didaktischer Aufbereitung von Objekten sowie ebenso von der grundsätzlichen Frage nach der Austellbarkeit eines Objektes. Die Heimatstuben sind den Museumsleitern manches Mal ohne eine Interventionsmöglichkeit von kommunaler Seite, die gegebenenfalls Pate ist, ins Haus gesetzt worden. Andererseits hatten auch die Patennehmer keine Einspruchsmöglichkeit und mussten die angebotenen Räumlichkeiten akzeptieren.

Der Heimatstubenbetreuer fürchtet den Einfluss auf Darstellung und Auswahl der Exponate zu verlieren, und der Museumsfachmann kommt schwer mit dem Bedürfnis nach einer emotionalisierten Überrepräsentanz von Heimat zurecht. Besonders in den frühen Jahren verweigerten sich viele Heimatstubenbetreuer den Regeln musealer Konzeption. Ihnen reichte eine präsentable Ausstellung, da ihr Bedürfnis nach „Heimatlichkeit" ganz andere Ansprüche stellte, als es die Museumswissenschaft tat. Ein weiterer schwieriger Punkt in der Auseinandersetzung zwischen Museumsfachleuten und Heimatstubenbetreuern ist die politische Intention in vielen Heimatstuben. Hier ist nur sehr schwer ein Konsens zwischen historisch-objektiver und tendenziell-politischer Darstellung zu finden.

Daher ist es eher selten, dass sich ein Heimatstubenbetreuer hilfesuchend an die eigene Museumsleitung wendet. Eher werden Möglichkeiten über landsmannschaftliche Verbindungen bzw. den Bund der Vertriebenen (BdV) in Form von Arbeitstreffen und Handreichung angenommen.

Zunächst möchte ich auf zwei Handreichungen des BdV eingehen. Sie sind von 1963 und von 1989, liegen also 25 Jahre auseinander. Bei ihrer Analyse wird der gewandelte pragmatische und normative Einfluss moderner

Auf den Karten und Bildern versuchen die Menschen, ihren Heimatort zu finden, Ostdeutsches Heimatmuseum, Schleswig.

musealer Ausstellungspraxis deutlich. Beide „Arbeitsbriefe" sind nachweislich im Gebrauch verschiedener Heimatstuben gewesen. Es ist also davon auszugehen, dass sie rezipiert worden sind.

Die erste der hier zu untersuchenden Handreichungen stammt aus der Frühzeit des BdV. Der „Arbeitsbrief Nr. 12" in DIN A4 Format ist betitelt „Sammeln. Sichten. Verwerten. Patenschaftsebene – Heimatstuben – Patenschaften – Heimatauskunftsstellen – Gedenktage – Mundartforschung". Herausgegeben wurde er vom Kulturreferat des Bundes der Vertriebenen in Bonn im Mai 1963. Diese 17-seitige Informations- und Anleitungsbroschüre gliedert sich in die Kapitel: „Sammeln, Sichten, Verwerten", „Patenschaftsebene", ein Muster einer „Grundbesitzkarte", „Heimatstuben", „Praktische Beispiele aus der Patenschaftsarbeit", „Patenschaften", „Zehn Jahre Heimatauskunftsstellen", „Mundartforschung" und „Das Heimatlied. Empfehlungsliste".[9] Zwei Fotoaufnahmen von Bilderwänden zweier Heimatstuben, die als besonders augenfällig charakterisiert werden, drei Gedichte[10] und ein durch ein unterschiedliches Format und Druckbild herausgehobener, halbseitiger Hinweis „Zeittafel für Gedenktage", in dem dazu aufgerufen wird, auch weiterhin Gedenktage von Persönlichkeiten und historischen Daten (Herrscherkrönungen, Städtegründungen) abzuhalten, vervollständigen das Heft.

Wie schon an den einzelnen Kapitelüberschriften zu erkennen ist, beschränkt sich das Heft nicht auf Heimatstuben bzw. auf die Bewahrung ostdeutschen Kulturgutes, sondern behandelt ebenso andere Fragen.

Der Stil des Textes mit seiner emphatischen Wortwahl, der Verknüpfung von Kultur und Politik und die durch das ganze Heft hindurch immer wieder beschworene „Diaspora" sind Beleg für die Stimmung jener Jahre, in denen die Hoffnung auf eine Revision der Ergebnisse des Zweiten Weltkrieges auf Seiten der Vertriebenen vielfach noch ungebrochen war.

Jede Vitrine ist mit vielen Exponaten bestückt, Heimatstube Hanerau-Hademarschen.

Erstaunlicherweise finden sich hier auch Ansätze einer ganzheitlichen Darstellung, wie sie in heutigen kulturhistorischen Museen angestrebt wird. „Das Einzelstück besagt wenig, wenn es nicht in seine Umgebung gestellt wird."[11] Der Zweck, der damit verfolgt wird, ist allerdings ein vollständig anderer. Hier soll „ein lebendiges Konzentrat der Heimat entstehen und darüber hinaus heimatliches Leben seine Fortsetzung finden."[12] Diese Anweisung reduziert museale Ausstellungen zum nostalgischen Hintergrund für Versammlungs- und Vereinsleben. Hier wird jedoch nochmals die Nähe zu traditionellen Heimatmuseen sehr deutlich.

„Alle Gegenstände, die einen lokalen Erinnerungswert hatten, fanden hier ihren Platz und dienten der Vermittlung der ‚eigentlichen' Bedeutung des Ortes, wobei im Gegensatz zur zeitgenössischen Realität von den Heimatmuseen vor allem das Vergangene, das Verschüttete als das Eigentliche hervorgehoben wurde."[13]

Puppe mit pommerscher Tracht aus dem Heimatmuseum Hanerau-Hademarschen.

Es steht dieselbe Disposition dahinter. Auch das traditionelle Heimatmuseum versuchte eine emotionale Befindlichkeit in komprimiert-gegenständlicher Form zu präsentieren und letztlich – wie auch die Heimatstube – zu konservieren. Die Vergangenheit wurde oftmals in Form des Klischees der „guten, alten Zeit" dargestellt. Diese Art Beschwörungsdenken findet sich in den ostdeutschen Heimatstuben in weitaus deutlicherer Form wieder.

Nur das vierte Kapitel behandelt die Heimatstuben. Von den drei dafür vorgesehenen Seiten zeigt eine lediglich die oben erwähnte unkommentierte Fotoillustration der Bilderwände zweier Heimatstuben.

Schon der Untertitel „Fortlebende Heimat – nicht Konserve"[14] deutet die inhaltliche Ausrichtung an. Der erste Satz bestätigt diese Vermutung. Es wird bemängelt, dass „in den meisten Fällen der museale Charakter überbetont wird. Heimatstuben sind keine Heimatmuseen; sie sollen ein Stück lebendige Heimat sein."[15]

Es wird ein Gegensatzpaar von „Museum" und „Stube" konstruiert, in dem ein Museum Zeugnisse der Vergangenheit birgt und die Stube zwar mit Elementen der Vergangenheit geschmückt, aber sonst Hort des täglichen, des gegenwärtigen Lebens ist. Heimatstuben müssten auch das Heute festhalten. Heimatstadt und -provinz sollten in ihrem heutigen Zustand dokumentiert werden, in „Vorbereitung auf die Rückkehr in die Heimat, das Wachhalten des Heimatgedankens in der Diaspora – all das soll seinen Niederschlag in der Heimatstube finden."[16]

Bedenkt man die heutige Diskussion um Heimat und ihre angemessene Darstellung, ist es nicht verwunderlich, in diesem Arbeitsheft von 1963 eine Überbetonung von Heimat auch in ihrem territorialen Sinn zu finden. Flucht und Vertreibung liegen noch nicht einmal 20 Jahre zurück; in diesem Zeitraum hat sich, wenn man die Faustregel „eine Generation entspricht 25-30 Jahren" anwendet, noch nicht einmal der erste Generationswechsel vollzogen. Die Ereignisse sind noch zu nahe, um eine sachliche Betrachtungsweise, die auch heute noch zentraler Konfliktpunkt ist, zu ermöglichen. Der gesellschaftliche Hintergrund war geprägt von

Einige Heimatreisende nehmen Dachziegel und Backsteine von ihren nun zerfallenen Elternhäusern mit zurück, Heimatmuseum Hanerau-Hademarschen.

Wiederaufbau, Integration in die Bundesrepublik und dem Kalten Krieg; wider jede Vernunft hielten damals viele an dem Glauben fest, in ihre ehemaligen Wohnorte und Städte zurückkehren zu können.

Zur Gestaltung einer Heimatstube wird dem Leser empfohlen, geschichtliche, kunstgeschichtliche und künstlerische Gesichtspunkte mit einzubeziehen. Das Idealbeispiel einer Heimatstube führt das Goldene Buch der Heimatstadt, das Buch „Gedenkwerk der Toten", welches die Gefallenen des Krieges und der Vertreibung verzeichnet, die Patenschaftsurkunde, sowie wichtige historische Stadt- oder Gemeindeurkunden. Das Goldene Buch, wichtige Dokumente, Wappen und Fahnen gehören demnach in eine „Blickfangnische"[17], wie man generell die Heimatstube aus gegebenen Gründen in Nischen und Ecken unterteilen sollte. Dokumente gehörten je nach Wichtigkeit ins Blickfeld gerückt und die einzelnen Ecken müssten „stilvoll"[18] aufgebaut werden. Eine Nummerierung und ein Katalog, so wurde vorgeschlagen, seien nur für eine größere Stube notwendig. In einer kleinen Stube könne man sich mit der Beschriftung durch einen Graphiker zufrieden geben. Beleuchtung, Pflege, Unterhalt der Stube und Öffnungszeiten seien ebenfalls wichtig. Zum inhaltlichen Aufbau empfiehlt der Autor, größere Themenbereiche, wie die Landschaft der Stadt und der Provinz in der sie lag, die sogenannten „Persönlichkeiten" aus Kultur, Wissenschaft und Politik, die Geschichte der Heimatstadt, das Vereinsleben, die Schulen.

Abschließend betont er, dass die Heimatstube „ein Stück unserer aller gemeinsamer Heimat" widerspiegele, „das uns widerrechtlich vorenthalten wird" und dass „jeder Besuch in einer Heimatstube ein Bekenntnis zum gesamten Deutschland"[19] sei.

Das Heft schlägt vor, politische Aussagen ausdrücklich mit einer kulturellen Ausstellung zu verknüpfen. Damit wird in die Ausgestaltung einer Heimatstube eine eindeutig politische Intention hinein projiziert, die viele abschreckt und die mit ihrer Aufrechterhaltung trotz fortschreitender Veränderungen und zunehmendem zeitlichen Abstand nur eingefahrene Klischees zementiert und neue Einschätzungen nicht zulässt.

Außerdem wird deutlich, dass eine Heimatstube nur bedingt museale Ausstellung sein soll. Vielmehr spricht ihr der Autor die Funktion einer gemeinschaftsstiftenden Versammlungsstätte zu, deren Auskleidung mit Objekten aus der alten Heimat stimmungsfördernde Wirkung hat. Hier beginnt die Reduktion von Heimat zur Kulisse, wie Bausinger sie beschreibt.[20] Heimat wird auf verschiedene Symbole oder bloße Versatzstücke reduziert, deren Aussagewert weniger in ihrer objektiven Qualität liegt, als vielmehr in ihrem Vermögen, heimatliche Gefühle zu evozieren.

Die 1989 vom BdV herausgegebene „Handreichung für Heimatstubenleiter" ist ein 14-seitiges DIN A5 Heft, das sich konzentriert mit den Problemen der Arbeit in den Heimatstuben beschäftigt. Das Heft ist in zwei Hälften unterteilt, jede von einem anderen Autor geschrieben. Es ist eine pragmatische, konkret auf die Sache bezogene Anleitung zum Umgang mit der Einrichtung von Heimatstuben und ihren Objekten.

Der erste Autor stellt eine Art Bestandsaufnahme der Institution Heimatstube an den Anfang seiner Überlegungen. Er trifft die Einteilung in „Ostdeutsche Heimatstube" und „Regionale Heimatstube"[21], der diese Untersuchung gefolgt ist. Die ausgesprochenen Empfehlungen gehen dahin, sich zu beschränken: entweder Versammlungsstätte oder museale Ausstellung zu sein. Er verweist darauf, dass der Wille zur Sache allein nicht mehr ausreichend sei. Fragen der Rechtsnachfolge, des Eigentums, der Räumlichkeiten u. v. a. m. müssten schriftlich fixiert werden. Eine Realisierung dieser Forderungen würde eine grundlegende Erneuerung jeder Heimatstube bedeuten. Die Einrichtung muss ihren Charakter grundlegend ändern, um Bestand zu haben und das negative Image abzuschütteln, das ihr anhaftet. In aller Eindringlichkeit wird hier den Betreuern dargelegt, dass nur eine grundlegende Erneuerung den Fortbestand der Heimatstuben sichert. Indem der Autor konkrete Fragen aufwirft, fordert er zum Nachdenken heraus, denn wer die Fragen ehrlich beantwortet, wird zwangsläufig zu denselben Schlüssen kommen, die der Autor zieht. Das bedeutet in letzter Konsequenz sicherlich auch die Auflösung einiger Heimatstuben.

Der zweite Teil der „Handreichung" handelt vom praktischen Umgang mit den Exponaten. Es werden u. a. Fragen der Inventarisation, der Magazinierung, der Auswahl von Objekten behandelt. Die Autorin weist beispielsweise darauf hin, wie wichtig es sei, von den Gebern möglichst viel zur Geschichte des einzelnen Stücks zu erfahren. Sie stellt hier eine Verbindung zu den Besuchern her; besonders für Jüngere sei es interessant

Wertvolle restaurierte Stücke im Haus Danzig in Lübeck im Jahr 2009.

Jedes Stück erzählt seine Geschichte von der Flucht, Heimatmuseum Hanerau-Hademarschen.

zu erfahren, dass jedes Exponat seine eigene Geschichte habe. Damit eröffnet sich den Betreuern auch ein Weg, wie die Heimatstube über einen anderen Anknüpfungspunkt für fremde Besucher erschließbar wird. Beide Autoren raten die enge Zusammenarbeit mit den zuständigen Landesmuseen an.

Angefügt findet der Leser einen Musterleihvertrag und eine Musterempfangsbestätigung für ein neues Exponat. Abschließend wird festgehalten, dass die Heimatstuben sich stark nach außen öffnen müssen, wenn sie einen Platz im öffentlichen Bewusstsein einnehmen wollen. Hierzu sind sie gezwungen, die für andere Institutionen dieser Art selbstverständlichen Rahmenbedingungen auch auf die Heimatstuben anzuwenden.

Wenn man die Anweisungen des Heftes von 1963 betrachtet und mit den Einrichtungen vieler Heimatstuben vergleicht, so muss konstatiert werden, dass sie diese in verschiedener Hinsicht verwirklicht haben und ihnen trotz aller Professionalisierungsbestrebungen, die an sie durch neuere Handreichungen und Seminare herangetragen worden sind, treu geblieben sind. Die im Heft vorgeschlagene Systematik findet sich in vielen Heimatstuben wieder, ebenso die fragwürdige Übernahme politisch gefärbter Darstellungsformen. Der Forderung nach Heimatlichkeit wird in allen untersuchten Heimatstuben noch Rechnung getragen und gleichzeitig die Abgrenzung gegen das wissenschaftliche Museum gesucht. Keine Heimatstubensammlung erhebt musealen Anspruch, gleichzeitig wird aber der Besuchermangel allseits beklagt. Wenn die Heimatstube nun aber doch – wenn auch in bescheidenem Rahmen – als museale Ausstellung für Besucher und nicht nur für die eigenen landsmannschaftlichen Verbindungen interessant sein soll, muss sich die Einrichtung den normativen Forderungen einer veränderten Museumswissenschaft und eines veränderten Besucheranspruches stellen.

Das neue Arbeitsheft unterscheidet sich wesentlich von der Ausgabe von 1963. Inhaltlich hat hier die allenthalben geforderte Professionalisierung Einzug gehalten. Betreuer, die sich ernsthaft mit ihrer Stube als Ort musealer Präsentation und geschichtlicher Bewahrung auseinandersetzen, dürfen sich dem Innovationsprozess nicht länger entziehen.

Rein strukturell betrachtet wird hier primär die Heimatstube behandelt und nicht – wie im erstgenannten Heft – als ein Thema unter vielen angesehen. Diese Einrichtung hat so zwar augenscheinlich an Gewicht gewonnen, wenn man aber das öffentliche Desinteresse und die Bewertung – auch durch die Vertriebenenorganisationen selbst – mit bedenkt, kann von einer Aufwertung nicht ausgegangen werden. Sie führen letztlich immer noch ein Schattendasein.

Neben diesen Arbeitsheften gab es für die Heimatstubenbetreuer auch die Möglichkeit, sich durch die Teilnahme an Seminaren zu informieren. Sowohl von Seiten des BdV als auch der Ostpreußischen Landsmannschaft wurden solche Kurztagungen zu verschiedenen Zeiten und in verschiedenem Rahmen angeboten. Die Ostpreußische Landsmannschaft hat 1976, 1977 und 1984 jeweils ein Seminar für Heimatstubenbetreuer ihrer Landsmannschaft durchgeführt. Beim BdV werden in loser Folge Arbeitsseminare für Heimatstubenbetreuer angeboten. Belegbar waren hier Seminare von 1988 und 1989.

Analysiert man diese Tagungen, so ergibt sich dasselbe Bild wie beim Vergleich der zwei Handreichungen. Ausgehend von einer eher an nostalgischen Erinnerungen und schöner Ästhetik orientierten Wahrnehmung veränderten sich Form und Inhalt der Seminare beider Organisationen hin zu einem professionellen, eher wissenschaftlich-orientierten Umgang mit der Materie. Waren es zunächst kurze Treffen mit vielen Besichtigungen und „Klönschnacks" so wandelten sie sich zu Tagungseinheiten mit festen inhaltlichen Abläufen. Vorträge zu verschiedenen Themen wechselten mit Zeiten allgemeiner Aussprache. Es wurden beispielsweise Fachreferenten aus der Museumswissenschaft und aus dem kommunalen Bereich eingeladen, um den Teilnehmern fundierte Informationen anbieten zu können.

Bei der Analyse der verschiedenen Tagungen von Landsmannschaft und BdV wie auch der Arbeitsbriefe kristallisieren sich einige Punkte heraus, die von Beginn an, rechnet man den ersten Arbeitsbrief und die letzte Tagung mit ein, dann trifft das auf einen Zeitraum von 26 Jahren zu, thematisiert worden sind: Unterhalt, Öffnungszeiten, Einbeziehung der Jugend (namentlich der Schulen).

Aus allen Tagungen der 1980er Jahre, denen der Landsmannschaft Ostpreußen und denen des BdV, lässt sich ablesen, dass von Seiten der größeren Organisationen innovative Impulse an die Heimatstubenbetreuer ergangen sind. Die Vorträge und auch die Broschüre von 1989 ermuntern die Betreuer, über ihre Einrichtung nachzudenken und sie grundlegend zu reformieren. Dabei werden z. T. einschneidende Vorschläge und Anregungen gegeben wie z. B. keine eigene Heimatstube zu führen, sondern sich an eines der Landesmuseen anzugliedern und eine Dependenz dieses Museums zu bilden. Wenn auch nicht alle Anregungen diese Radikalität erreichen, so versuchen sie doch deutlich von einer notwendigen Neuorientierung zu überzeugen. Übereinstimmend stellen verschiedene Referenten fest, dass die Stuben ihre jeweilige Funktion präzisieren müssen. Entweder sind sie hauptsächlich Versammlungsstätte, deren musealer Anspruch weit in den Hintergrund gerückt ist, oder museale Ausstellungseinheit, die sich dann den Anforderungen moderner Museumskritik stellen muss. Auch wenn die Einrichtung Heimatstube nicht den hohen Ansprüchen eines großen Museums genügen kann, darf sie nicht länger rudimentärste Ansprüche vernachlässigen. Doch noch ist exakt dies der Fall: es fehlen regelmäßige Öffnungszeiten, ein Inventarverzeichnis, schriftliche Verträge, ein Magazin oder auch nur grundlegende Aufzeichnungen über die Objekte u. a. m.

Die Betreuer werden an eine Entscheidung herangeführt, die nicht viel länger aufzuschieben ist oder aber „das Leben bestraft sie". Der sich langsam vollziehende Generationenwechsel, gekoppelt mit den oft ungesicherten Nachfolgeregelungen bedroht den Bestand des ostdeutschen Kulturgutes der Heimatstuben. Das kann nicht im Interesse derjenigen sein, die mit viel Engagement und Aufwand diese Sammlungen zusammengetragen haben.

SCHLUSS

Die Heimatstubenbetreuer sind sich der prekären Lage ihrer Stuben zunehmend bewusst. Der Zwang zu einer Professionalisierung wird größer, je mehr die Existenz der ostdeutschen Heimatstube herkömmlicher Art bedroht ist. Rein pragmatische Überlegungen erleichtern unter Umständen die Einsicht, dass ostdeutsches Kulturgut nur erhalten werden kann, wenn es sach- und fachgerechter konservatorischer und didaktischer Behandlung zugeführt wird. Dies bedeutet aber auch eine Veränderung der gängigen Praxis musealer Umsetzung und eine neue Konzeptionierung. An diesem Punkt, so haben die Berichte der Seminare ergeben, treten immer wieder Differenzen auf. Man ist sich allgemein einig, dass eine Novellierung notwendig ist, nur besteht kaum Konsens darüber, mit welchen Mitteln und unter Aufgabe welcher bestehender Ansichten dies erreicht werden soll.

Da die Objektauswahl beschränkt ist und die jeweiligen Geber meist eine persönliche Beziehung zu dem abgegebenen Objekt haben und es demzufolge gerne präsentiert sehen wollen, findet nur selten eine Magazinierung einzelner Ausstellungsgegenstände statt. Meist wird alles, was eine Sammlung umfasst, auch präsentiert. Eine Auswahl der Exponate erfolgt demzufolge kaum. Hierbei ist allerdings auch zu berücksichtigen, dass viele Heimatstuben unter akuter Platznot leiden und Magazinraum nur in seltenen Fällen zur Verfügung steht.

Eine Unterteilung in verschiedene Ausstellungseinheiten folgt in der Regel gleichen Mustern. Besonders Bereiche, die, nach gängigem Empfinden, Heimat per se symbolisieren, finden sich in allen Heimatstuben. Hierzu gehören Landwirtschaft, Trachten und Textilien. Verschiedenes Kartenmaterial nimmt dabei einen ebenfalls sehr hohen Stellenwert ein. An den Exponaten der Heimatstuben macht ein Großteil der vertriebenen Besucher „Heimat" fest. Sie identifizieren sich und ihre persönliche Geschichte mit diesen Symbolen von „Heimat". Die personalisierte Form musealer Umsetzung befriedigt individuelle Bedürfnisse nach Selbstvergewisserung. Dieses steht der postulierten Veränderung bestehender Ausstellungen entgegen. So stehen die Heimatstuben zwischen den einerseits notwendigen Professionalisierungstendenzen und andererseits den Ansprüchen vertriebener Besucher nach Heimatlichkeit.

Seit den Besuchen in den Heimatstuben sind gut zehn Jahre vergangen. Es wäre interessant zu schauen, was sich verändert hat: welche Stuben existieren noch, welche sind verschwunden. Besonders die Auswirkungen der veränderten Reisemöglichkeiten des letzten Jahrzehnts müssen auf die Existenz der Heimatstuben einen Einfluss gehabt haben. Immer wieder finden sich Zeitungsartikel darüber, dass museale Objekte aus ostdeutschen Heimatstuben in die jeweiligen Stadtarchive, Stadtbüchereien oder örtlichen Heimatmuseen gegeben werden, in dem Wunsch, ihre Geschichte nicht in Vergessenheit geraten zu lassen. Wie die Gegenwart aussieht und wie die Zukunft der ostdeutschen Heimatstube aussehen kann, müsste eine eigene, neue Untersuchung beleuchten.

Ehemalige Ausstellung der pommerschen Landsmannschaft im Freilichtmuseum Molfsee, ca. 1995, im Haus aus Bergenhusen, in dem auch die Ausstellung „Fremdes Zuhause" präsentiert wird.

ENDNOTEN

„MEINE GOLDENE JUGENDZEIT ENDETE MIT NEUN JAHREN"

1. Interview Frau Si. vom 09.04.2008.
2. Im Folgenden werden die Begriffe „Flüchtling" und „Vertriebene" synonym verwendet. Eine Unterscheidung zwischen Flucht und Vertreibung findet in diesem Kontext nicht statt.
3. Ackermann (2000), 145.
4. Ebd., 150.
5. Henning (1951).
6. Ebd., 4.
7. Pfeil (1968), 350 ff.
8. „Wie Flüchtlinge heimisch wurden …", Kieler Nachrichten vom 8. März 2008.
9. An dieser Stelle sei allen Vertriebenen, mit denen die Verfasserin ein Gespräch führte, herzlich für ihre Mitarbeit gedankt.
10. Gietzelt (2007⁴), 11 f.
11. Petzold (1996), 46 f.
12. Ackermann (2000), 151.
13. Pfeil (1968), 360.
14. Ebd., 359.
15. Pfeil (1951), 97.
16. Carstens (1994), 74 f.
17. Ebd., 65.
18. Plakat der AWO (Kieler Stadt- und Schifffahrtsmuseum).
19. CARE (Cooperative for American Remittances to Europe) wurde 1945 von 22 US-amerikanischen Wohlfahrtsverbänden in Washington gegründet (www.care.de).
20. Interview Frau B. am 29.07.2008.
21. Kieler Nachrichten, Nr. 39 vom 3.4.1948. S. auch den Beitrag von Uwe Carstens in diesem Band.
22. Lehmann (1991), 63.
23. Ebd., 59 f.
24. Carstens (1994), 33.
25. Kossert (2008), 47.
26. Lüdemann (1949), 3.
27. Pohl (1997), 82.
28. Wulf (1995), 97 f.
29. „Reise durch das Flüchtlingselend Schleswig-Holsteins, Menschen, die im Wasser wohnen – ‚Klein-Moskau', ein Lager bitterster Not.", in: Kieler Nachrichten, Nr. 39 vom 3.4.1948.
30. Lehmann (1991), 49.
31. Ebd., 71.
32. Goltz (2007), 8.
33. Wulf (1995), 101.
34. Rehders (1950), 40.
35. Goltz (2007), 7. S. dazu auch den Beitrag von Reinhard Goltz in diesem Band.
36. Kossert (2008), 46.
37. Kip, DOD 12/2008, 7.
38. Wulf (1995), 102.

DIE SCHLECHTE ZEIT UND DIE GUTEN ERINNERUNGEN

1. Für großzügige Unterstützung bei diesem Aufsatz danke ich Herrn Martin Gietzelt, Meldorf, der mir die beiden Abbildungen auf S. 37 und 38 zur Verfügung gestellt hat.
2. Im Folgenden ist meistens einheitlich von Dithmarschen die Rede, auch wenn sich der heutige Kreis bis 1970 in Norder- und Süderdithmarschen aufteilte. Das Thema der Flüchtlingsproblematik ist dabei sehr unterschiedlich aufgearbeitet worden: Während es für Süderdithmarschen bisher nur bruchstückhaft behandelt wurde, liegt für Norderdithmarschen mit der Arbeit von Martin Gietzelt eine sehr detaillierte Untersuchung vor. S. Gietzelt (1991); s. auch die gekürzte Veröffentlichung Gietzelt (1993).
3. Dithmarschen betreffende Erinnerungen finden sich im Internetauftritt der Boyens Medien in der Reihe „Kriegsende 1945", in: Diercks (1997), 55-89 und bei Walther (1996), 76-84.
4. S. Gesetz (1947).
5. S. Gietzelt (2000), 365; s. auch Bechtold (1988).

[6] S. Statistisches Landesamt Schleswig-Holstein (Hg.) (1974), 10 u. 30 sowie Statistisches Landesamt Schleswig-Holstein (Hg.) (1967), 8 u. 13-15. S. auch Flüchtlinge (1950). Zum Vergleich: Heute hat Schleswig-Holstein rund 2.834.000 Einwohner, der Kreis Dithmarschen knapp 137.000.
[7] S. Carstens (1995), 190.
[8] S. Christiansen (Red.) (1991), 114 ff.; Gietzelt (2000), 363; Gietzelt/Pfeil (2000), 357; Habich u. a. (1980), 33; Hannemann (1964), 93; Schoof (1970), 197 f.
[9] S. Hannemann (1964), 93. Piening (2000), 140. Er schätzt die Zahl der in Dithmarschen internierten Soldaten sogar auf 237.800.
[10] S. Piening (2000), 167.
[11] S. Köster (1990), 43.
[12] S. Piening (2000), 161 u. 167.
[13] Ebd., 161.
[14] Im sog. Sperrgebiet G, das als Internierungszone Dithmarschen und Eiderstedt umfasste, befanden sich am 1.10.1945 noch insgesamt 90.000 nicht entlassene Soldaten. Die Hälfte davon dürfte auf Dithmarschen entfallen sein. S. Piening (2000), 167.
[15] S. Piening (2000), 153; s. auch Nissen (2000).
[16] S. Gietzelt (1991), 41.
[17] Ebd., 54.
[18] Ebd., 62.
[19] Ebd., 63.
[20] Im August 1946 wurde von amtlicher Seite darauf hingewiesen, dass allein in Norderdithmarschen 4.000 Flüchtlinge in Quartieren untergebracht waren, die als Wohnung für den Winter nicht geeignet waren. S. Gietzelt (1991), 55.
[21] S. Statistisches Landesamt Schleswig-Holstein (Hg.) (1974), 96; Buhse (2000), 379. Buhse spricht, allerdings ohne Quellennachweis, für 1959 sogar von 19 Lagern mit 779 Bewohnern.
[22] S. Buhse (2000), 379.
[23] S. Köster (1990), 49.
[24] S. Bolle (Bearb.) (2003), 235.
[25] Ebd., 234.
[26] Ebd., 237.
[27] S. Gietzelt (2000), 366.
[28] S. Bolle (Bearb.) (2003), 237.
[29] S. Köster (1990), 52.
[30] S. Gietzelt (2000), 367.
[31] S. Gietzelt (1991), 36.
[32] Ebd., 82.
[33] S. Habich u. a. (1980), 34.
[34] S. Gietzelt (1991), 39.
[35] Ebd., 39.
[36] S. Walther (1996), 79.
[37] Gietzelt (1991), 36, Anm. 79.
[38] S. Köster (1990), 45 und Gietzelt (1991), 37.
[39] S. Buhse (2000), 381.
[40] S. Gietzelt (1991), 31 ff.
[41] S. Schittko (1999), 112.
[42] S. Gietzelt (1991), 72 f.
[43] Am 31.12.1949 betrug der Anteil der Flüchtlinge an den Arbeitslosen in Schleswig-Holstein 58,5 %. Das war im Vergleich zu den anderen Bundesländern mit Abstand der höchste Prozentsatz. In Niedersachsen zum Beispiel lag er bei 43,4 %, in Bayern bei 39,9 %, in Nordrhein-Westfalen bei 13 %, in Hamburg bei 2 %. S. Connor (1989), 190.
[44] S. Gietzelt (1993) und Hannemann (1964), 93.
[45] S. Gietzelt (1991), 48 u. 55, Hannemann (1964), 95 sowie Kriewald/Franke (1985), 118.
[46] S. Gietzelt (1991), 78.
[47] Ebd., 80 f.
[48] Vgl. Feiber (2000), 197.
[49] S. Gietzelt (2000), 368.
[50] Ebd., 36.
[51] S. Schittko (1999), 117.
[52] Vgl. Feiber (2000), 200.
[53] S. Rehn (1991), 18.
[54] Zit. n. Gietzelt (1991), 80.
[55] S. Schittko (1999), 125.
[56] S. Gietzelt (1991), 98.
[57] S. Buhse (2000), 379.
[58] Vgl. Lehmann (1991).
[59] S. Kloß (1997), 65.

60 S. http://www.boyens-medien.de/dlz-bz/archiv/kriegsende1945/20051013.html, aufgerufen am 22.7.2008. Zum Thema Beschimpfungen s. auch Goltz (2007), 10.
61 Tabel (1997), 75.
62 S. Will (1997), 55.
63 Zit. n. Walther (1996), 77.
64 S. Uhlig (1997), 57.
65 S. Petter (1997), 86.
66 S. Kloß (1997), 65.
67 S. Petter (1997), 87.
68 http://www.boyens-medien.de/dlz-bz/archiv/kriegsende1945/20050127-1.html, aufgerufen am 22.7.2008.
69 Petter (1997), 88.
70 Ebd., 89.
71 S. Wohlenberg (1997), 82; s. auch Walther (1996), 77.
72 Ebd., 82.
73 S. http://www.boyens-medien.de/dlz-bz/archiv/kriegsende1945/20051112.html, aufgerufen am 22.7.2008.
74 http://www.boyens-medien.de/dlz-bz/archiv/kriegsende1945/20050127-1.html, aufgerufen am 22.7.2008.
75 http://www.boyens-medien.de/dlz-bz/archiv/kriegsende1945/20050127-1.html, aufgerufen am 22.7.2008.
76 S. Flechsig (1988), 151 ff.
77 Zit. n. Walther (1996), 83.
78 Ebd., 77.
79 Zit. n. Walther (1996), 78.
80 S. Walther (1996), 76 ff.
81 S. Lehmann (2007a).
82 Dörr (2007), Bd. 1, 13.
83 Schittko (1999), 117.
84 S. Frantzioch (1989), 171 f.
85 Walther (1996), 83.
86 S. Lehmann (2007), 284.
87 Dazu Kossert (2008), 13. Er vertritt die Meinung, dass im Deutschland der Nachkriegszeit „persönliche Betroffenheit, Trauer, Traumatisierung und Schmerz [der Flüchtlinge] nicht wahrgenommen wurden".

LEBEN IM LAGER

1 Der später, etwa ab 1947 aufkommende Begriff des „Vertriebenen" wird in diesem Beitrag synonym zum „Flüchtling" gebraucht, d. h. es wird damit nicht auf die darin an sich implizierte Unterscheidung zwischen dem Schicksal der Flucht und dem der Vertreibung eingegangen.
2 Karasek-Langer (1959), 645.
3 Vgl. dazu Carstens (1988).
4 Carstens (2002), 386.
5 Lütgenhorst, Manfred: Eine Reise durch Schleswig-Holstein – Menschen wohnen dort im Wasser, in: Münchener Merkur vom 30. 4. 1948.
6 Die Gebäude der 1926 gegründeten „Elektroacustic", die im Melde-, Signal- und Elektrobereich tätig gewesen war, wurden zunächst Flüchtlingen zur Verfügung gestellt, bis die Räume für die Kieler Universität freigemacht werden mussten.
7 Jahresarbeit der 10. Volksschulklasse von Frau Erika Kähler, geb. Stebner, in: Carstens (1992), 296 f.
8 Bericht von der Besichtigungsfahrt der Wohnungsamtermittler vom 21.8.1946. Aktenbestand des Wohnungsamtes ohne weitere Kennung.
9 Besichtigungsfahrt durch die Flüchtlingslager am 23.8.1946 von Dr. Wünsche und Dr. Just, in: Carstens (1992), 375-395.
10 Die höchste Belegungszahl des Nissenhüttenlagers Prof. Peters-Platz lag bei rd. 1.300 Personen.
11 Die These, dass die Eingliederung der Flüchtlinge reibungslos vonstatten gegangen ist, wird heute von den Historikern nicht ernsthaft mehr vertreten. In dem Buch „Kalte Heimat. Die Geschichte der deutschen Vertriebenen nach 1945" von Andreas Kossert (2008) z. B. bestreitet der Autor die geglückte Integration der Flüchtlinge. Die bitteren Verletzungen aus der Zeit der Flucht mit dem damit verbundenen allumfassenden Verlust der Heimat, vielleicht auch der Gesundheit, sowie der nagenden Angst um die eigene Existenz und die der Seinen, die anschließende Ausgrenzung, Diskriminierung und feindselige Ablehnung bleiben ein Leben lang und heilen nicht vollständig.

„EINE WOHNUNG, DIE MAN MIT GUTEM GEWISSEN WENIGSTENS EINE REIHE VON JAHREN JEDEM DEUTSCHEN ZUMUTEN KANN"

1 Vgl. Gietzelt (2007), 11, 13.
2 Ebd.
3 Vgl. Haake (1956), 8, in: Akte 1 E (Geschichte Kiels 1946-1949), Stadtarchiv Kiel.

4 Vgl. Hielmcrone (1974), 131.
5 Vgl. Hoffmann (1991), 10.
6 Vgl. Sörensen (2003), 230.
7 Vgl. Sörensen (1985), 151.
8 Vgl. Sörensen (2003), 229.
9 Vgl. Sörensen (1985), 152.
10 Ebd. 155.
11 Zit. nach Ebd.
12 Ebd., s. auch Hielmcrone (1974), 131.
13 Carstens (2006), 90.
14 S. dazu Carstens (1992) und Ders. (1994).
15 S. dazu den Beitrag von Uwe Carstens in diesem Ausstellungsband.
16 S. dazu Kleinfeld (2007), 80.
17 S. dazu Carstens (2006), 90-95.
18 Vgl. Kleinfeld (2007), 83 f.
19 Vgl. Carstens (1992) 446, 454.
20 Vgl. Kleinfeld (2007), 84.
21 Vgl. Jacobs (1998), 17, 64.
22 Vgl. Heimstätte (1949), 3 ff.
23 Akte C4/Nr. 46 (Bausachen Witzwort), Kreisarchiv Nordfriesland.
24 Vgl. Haake (1956), 15 und Metzner (1993), 38.
25 Akte C4/Nr. 46, a. a. O.
26 Vgl. Jacobs (1999), 17.
27 Akte C4/Nr. 46, a. a. O.
28 Ebd.
29 S. dazu das Archiv der Feinkostfabrik Wilhelm Brandenburg (Privatbesitz); vgl. hierzu auch den Beitrag über die Firma Brandenburg von Ulrike Looft-Gaude in diesem Band.
30 Vgl. Heitmann (1989), 86.
31 Vgl. Husumer Nachrichten (1994).
32 Vgl. die Bauakte 94/47 (Heimstätte Schleswig-Holstein), Bauamt Husum. An dieser Stelle bedanke ich mich herzlich bei Simone Timm für die Einsicht ins Archiv.
   Vgl. die Bauakte 32/49 (Willi Petersen), Bauamt Husum.
34 Vgl. Husumer Nachrichten (1976), Husumer Nachrichten (1994) und Husumer Nachrichten (2005). Die Zeitungsartikel wurden freundlicherweise vom Kreisarchiv Nordfriesland zur Verfügung gestellt.
35 Vgl. die Bauakte 32/49, a. a. O.

WOHNUNGSBAU IN DEN 1950ER JAHREN

1 Aussage eines Zeitzeugen, Schulz (1994), 165.
2 Genossenschaftlicher Bauverein.
3 Völckers (1932), 6.
4 Schumacher (1932), 35.

NOT DER NACHKRIEGSZEIT

1 Xylander (2009); Meyer-Rebentisch (2008). – An dieser Stelle sei Stefan Watzlawzik und Jutta Gaede vom Kreisarchiv Stormarn für ihre Unterstützung gedankt.
2 Die folgenden Darlegungen basieren teilweise auf Fischer (2000) und Fischer/Günther (1996).
3 Perrey (1993), 367.
4 Ebd.
5 Karte „Gemeindetypen", in: Planungsatlas (1960), 36 (Daten für 1949/50).
6 Karte „Beschäftigte in der Industrie nach Betriebsgrößenklassen", in: Ebd., 82.
7 Als Überblick: Pohl (Hg.) (1997); Herrmann u. a. (Hg.) (1999).
8 Siebenborn-Ramm (1996).
9 Arbeitsbericht des Kreisflüchtlingsbeauftragten für das Jahr 1949, in: Kreisarchiv Stormarn, Bestand B 1, Protokolle des Kreisflüchtlingsausschusses 1949 ff.
10 Karte „Bevölkerungsveränderung in den Gemeinden von 1939 bis 1950", in: Historischer Atlas Schleswig-Holstein, 42.
11 Karte „Bevölkerungsveränderung 1939-1958 im Hamburger Raum", in: Planungsatlas Schleswig-Holstein, 47.
12 Allgemein zur Ernährungslage in Schleswig-Holstein: Stüber (1984); Müller (1993).
13 Protokoll der Kreistagssitzung vom 6. Dezember 1946, 6-7, in: Kreisarchiv Stormarn, Bestand B 02: Kreistag.

[14] Protokoll der Kreistagssitzung vom 22. Mai 1947, 2, in: Ebd.
[15] Protokoll des Kreisflüchtlingsausschusses vom 23. September 1950, 1, in: Kreisarchiv Stormarn, Bestand B 1, Protokolle des Kreisflüchtlingsausschuss 1949 ff.
[16] Fischer/Günther (1996), 28 f.
[17] Protokoll der Kreiswirtschaftsausschusssitzung vom 16. April 1948, 4-10, in: Kreisarchiv Stormarn, Bestand B 02: Kreistag.
[18] Wagner (1995), 25.
[19] Ebd., 27.
[20] Protokoll der Stadtverordnetenversammlung vom 14. August 1967, 6 f., in: Stadtarchiv Bad Oldesloe, Stadtverordnetenprotokolle.
[21] Wie eine Untersuchung des Pendelverkehrs auf Basis der Personenstands- und Betriebsaufnahme zeigt, zog die Großstadt Hamburg im Jahr 1948 aus Schleswig-Holstein 27.107 Einpendler an; Specht 1953, 207-211.
[22] Hamburg in Zahlen (1958) (Verkehrszählung 1956), 113 sowie 114: Schaubild 4.
[23] Ebd., 111 und Schaubild Titelseite. – Listet man die Umlandgemeinden nach ihren Auspendlerzahlen nach Hamburg auf, so verzeichneten auch hier Pinneberg und Stormarn die meisten Gemeinden mit hohen Pendlerzahlen. Von den 17 Städten und Gemeinden im Hamburger Umland mit mehr als 1.000 Auspendlern – in denen zusammen übrigens rund 40 % aller Auspendler wohnen – lagen allein 13 in den Kreisen Pinneberg und Stormarn (in Stormarn allein fünf). Ebd., 112: Schaubild 3 sowie 111.
[24] Ebd., 114 f. (auch Schaubild 5).
[25] Selbst das nicht in der unmittelbaren Hamburgrandzone gelegene Gebiet um Trittau erreicht noch einen Anteil von 21-30 % Auspendler nach Hamburg. Hamburg in Zahlen (1958), 104. – Noch 1960 mussten 51,5 % aller Stormarner Erwerbstätigen auspendeln; Haarmann (1960), 12.
[26] Hamburg in Zahlen (1958), 126 f.
[27] Ebd., 125 f.
[28] Wagner (1999), 32.
[29] Zahlen laut Anlage 1 zum Protokoll der Stadtverordnetenversammlung vom 6. Juli 1954, in: Stadtarchiv Bad Oldesloe, Stadtverordnetenprotokolle.
[30] Protokoll der Stadtverordnetenversammlung vom 30. März 1953, 7: Bewohner einer Nebenerwerbssiedlung wünschten Straßennamen wie Königsberger Straße und Stettiner Straße, in: Stadtarchiv Bad Oldesloe, Stadtverordnetenprotokolle.
[31] Protokoll der Stadtverordnetenversammlung vom 4. April 1955, 13, in: Stadtarchiv Bad Oldesloe, Stadtverordnetenprotokolle.
[32] Protokoll der Stadtverordnetenversammlung vom 15. Juli 1952, in: Stadtarchiv Ahrensburg, Verwaltungsarchiv, Stadtverordnetenversammlung, Protokolle (1951-1954), 201.
[33] Haarmann (1960), 14.
[34] Die Kreistagssitzungen fanden bis 1952 im allgemeinen in der Aula der – damals sog. – Königin-Luisen-Schule in Bad Oldesloe statt, ab 27. Mai 1952 im Festsaal der Kreisberufsschule in Bad Oldesloe und ab 22. Juni 1967 im neuerrichteten Kreistagssitzungssaal des Stormarnhauses. Außer an den genannten Orten fanden in den 50er und 60er Jahren Kreistagssitzungen auch in der Landwirtschaftsschule statt sowie außerhalb von Bad Oldesloe.
[35] Wennemar Haarmann: Stormarn unter Besatzungsrecht – Verordnung Nr. 21 der Militärregierung – 1945-1950, Manuskript datiert 29.4.91, o. Pag. [22 f.], in: Kreisarchiv Stormarn, Bestand J 11: Haarmann-Nachlass, Aktenordner 6.
[36] Zur Parteiengeschichte in der Nachkriegszeit in Schleswig-Holstein s. Varain (1964); für Stormarn liegt ein Überblick zur Geschichte der SPD vor: Sauer (1997).
[37] Wennemar Haarmann: Militärregierung Deutschland – Britisches Kontrollgebiet: Verordnung Nr. 31. Die Wahl von Vertretern. Manuskript [o. Pag.], in: Kreisarchiv Stormarn, Bestand J 11: Haarmann-Nachlass, Aktenordner 2.
[38] Wennemar Haarmann: Stormarn unter Besatzungsrecht – Verordnung Nr. 21 der Militärregierung – 1945-1950. Manuskript datiert 16.7.1991, in: Kreisarchiv Stormarn, Bestand J 11: Haarmann-Nachlass, Aktenordner 6.
[39] Ebd., Manuskript datiert 19.8.1991, 6-9, in: Kreisarchiv Stormarn, Bestand J 11: Haarmann-Nachlass, Aktenordner 6.
[40] S. dazu zusammenfassend Günther (1999a).
[41] Zum Lebenslauf von Paasche s. die Personalakte, in: Kreisarchiv Stormarn/Personalamt, Bestand BA 04, Nr. P 67/1.
[42] Protokoll der Kreistagssitzung vom 7. Febr. 1946, in: Kreisarchiv Stormarn, Bestand B 2. – Als Fallstudie zur Entnazifizierung in Schleswig-Holstein s. Jürgens (2000).
[43] Beschluss des Personalausschusses für den Bereich der Niedersächsischen Landesverwaltung, Registerkarte 339, Sitzung vom 2. Januar 1951, in: Ebd.
[44] Als Beruf gibt er an, seit 1. Februar 1947 als Selbstständiger in Ahrensburg tätig zu sein sowie zuvor bei der Dienststelle Kreisverwaltung Stormarn vom 10. Mai 1945 bis 1. März 1946 – wobei er seine konkrete Leitungsfunktion verschweigt. Bezüglich seines sog. Wiederverwendungsantrags im öffentlichen Dienst führt er am 22. Juli 1948 zu seinem Lebenslauf aus, wobei die Stormarner Zeit völlig unterschlagen wird: „Seit meiner mit Erlass des damaligen Reichsministers des Innern P7 – 19.920/21/42 vom 30.9.1942 erfolgten Ueberweisung an das Ministerium des Innern in Braunschweig habe ich Ihrer Dienststelle als Regierungsassessor, später als Regierungsrat angehört. Dienst habe ich wegen des Wehrdienstes dort nicht geleistet. Im Mai 1945 bin ich dann wegen meiner Zugehörigkeit zur NSDAP dort schematisch entlassen worden. Nach Kenntnisnahme der jetzt genehmigten Entnazifizierungsbestimmungen für Niedersachsen nehme ich an, dass die Gründe hier für jetzt überholt sind. Ich gehöre dem Geburtsjahrgang 1913 an und habe auch sonst nichts getan, was nach den jetzt geltenden Richtlinien verurteilenswert wäre. Dieses vorausgesetzt bin ich bereit, mich wieder zur Dienstleistung zur Verfügung zu stellen. Ich bitte um Nachricht, ob und evtl. unter welchen Bedingungen Sie hiervon Gebrauch zu machen beabsichtigen." Brief Wilhelm Paasche vom 22. Juli 1948 an den Präsidenten des Niedersächsischen Verwaltungsbezirks Braunschweig, in: Kreisarchiv Stormarn/Personalamt, Bestand BA 04, Nr. P 67/1.
[45] Fischer (2000), 31-36; Wendland-Lexikon (2008), Bd. 2: L-Z, Jürries (Hg.), 215.

EIN EXPERIMENT MIT FOLGEN

[1] Denkschrift der Glas- und Schmuckwaren eGmbH Trappenkamp vom 13. November 1946. Unterlagen aus dem Nachlass des letzten Arsenalkommandanten Heinrich Fennel, Kopie im Besitz des Verfassers.

[2] Als „Sperrwaffen" wurden Seeminen, Wasserbomben, Netze, Balken- und Trossensperren sowie Minensuch- und -räumgeräte bezeichnet.

[3] Die Volkszählung vom Oktober 1946 ergab eine Gesamtbevölkerung von 2.590.210 Einwohnern, an der die Vertriebenen mit rd. 844.000, die Zugewanderten mit 127.143 partizipierten. Für die Trappenkamp am nächsten gelegenen Gemeinden wurde folgendes Verhältnis an Einheimischen und Flüchtlingen bzw. Vertriebenen ermittelt: Bornhöved: 1.275/1.667; Gönnebek: 230/400; Rickling: 1.973/2.538.

[4] Das Areal wurde von einem doppelten, zwei Meter hohen Stacheldrahtzaun umgeben und konnte nur über die sog. Nord- und Südwachen betreten werden. Auf dem Gelände selbst lebten über den Kapitulationstag hinaus vier Waffenwarte und ihre Familien, die zwei Doppelhäuser im Verwaltungsteil bewohnten.

[5] Die Gesamtbelegschaft des Arsenals, die sich aus Marineoffizieren, Waffenwarten und Soldaten des Wachpersonals sowie ca. 400 zivilen männlichen und weiblichen Arbeitskräften zusammensetzte, dürfte in Hochzeiten maximal 650 Personen betragen haben.

[6] Reisebericht von Alfred Haupt, den dieser nachträglich niedergeschrieben hat. Eine Kopie befindet sich im Besitz des Verfassers. Vgl. dazu auch Schwartz (2004), 593.

[7] Public Record Office, London, Adm. 228/1. Die Direktive ist mittlerweile auch als PDF-Datei im Internet unter der Adresse www.loc.gov/rr/frd/Military_Law/Enactments/law-index.pdf verfügbar.

[8] Public Record Office, London, Adm. 228/1. Die besagte Abänderung wurde als Direktive No. 48 am 27. März 1947 verabschiedet. Wesentlich daran sind die Einschränkung des Demontagezeitraums von vormals fünfeinhalb Jahren auf nunmehr drei Jahre und das Zugeständnis, dass all jene Baulichkeiten, die entmilitarisiert und für die zivile Nutzung durch die deutsche Bevölkerung umgewandelt seien, nicht zerstört werden sollten. Die Direktive ist mittlerweile auch als PDF-Datei im Internet unter www.loc.gov/rr/frd/Military_Law/Enactments/law-index.pdf verfügbar.

[9] Satzung der Genossenschaft, Gemeindearchiv Trappenkamp.

[10] Kommunalgebietsrechtlich gehörte der Großteil des Arsenalgeländes zu Rickling. Nur eine kleinere Fläche im Osten, auf der sich der Verwaltungs- und Versorgungskomplex befand, lag innerhalb der Bornhöveder Gemeindegrenzen. Da die Verbindungen zu Betriebszeiten des Arsenals primär in Richtung Bornhöved ausgeprägt waren, folgte man schließlich dem Antrag der Genossenschaft. S. dazu Abschnitt „Trotz alledem: das Gemeinwesen nimmt Formen an".

[11] Nach einem Zerwürfnis mit seinem britischen Kontrolloffizier, der ihm „Unfähigkeit" unterstellte, wurde Fennel im Juli 1947 als „Managing Director" abgesetzt und musste seine Dienstwohnung im Stabsgebäude räumen. Außerdem durfte er das Gelände nicht mehr betreten. Sein Versuch, nunmehr einen kleinen Betrieb nach Gablonzer Art in Trappenkamp zu führen, ist jedoch nicht über das Planungsstadium hinausgekommen.

[12] Alle statistischen Angaben hier und im Folgenden nach Wiebe (1968).

[13] Gemeindearchiv Trappenkamp.

[14] Die innerhalb der einheimischen Bevölkerung kursierende Verbalinjurie, die auf tatsächlichen oder vermeintlichen Essgewohnheiten einiger Sudetendeutscher beruhte, schlug noch in den 1970er Jahren innerhalb Trappenkamps so hohe Wellen, dass ein kleiner Passus in der Gemeindechronik, der diesen Sachverhalt thematisierte, die Publikation des (1976 letztlich doch veröffentlichten) Werkes ernsthaft in Frage stellte.

[15] Lübecker Nachrichten vom 7. Dezember 1951.

[16] Lassotta (o. J.); www.lwl.org/LWL/Kultur/Aufbau_West/wiederaufbau/glasindustrie/.

[17] In einem internen Papier des Wirtschaftsministeriums vom Dezember 1951 war die Reputation der Genossenschaft geprüft und „als nicht voll vertrauenswürdig" eingestuft worden. Deshalb befürwortete man eine Auflösung dieses Zusammenschlusses und empfahl, die Trappenkamper Interessen künftig durch die Gemeindevertretung und einen neu zu gründenden Industrieverein vertreten zu lassen. Tatsächlich wurde die Liquidation der Genossenschaft am 26. Juli 1952 beschlossen und es kam zu gleich zwei Nachfolgeorganisationen, die aber beide relativ bedeutungslos blieben. Die Vertretung Trappenkamper Interessen verlagerte sich dann zunehmend auf die kommunalpolitische Ebene.

[18] Zwei Monate nach der kommunalen Selbstständigkeit ließ das neu geschaffene Bundesministerium für Verteidigung prüfen, ob das ehemalige Arsenal für eine „Wiederverwendung als Munitionsanstalt oder Munitionsniederlage geeignet" wäre. Die Einschätzung des zuständigen Referenten fiel jedoch angesichts der fortgeschrittenen Siedlungsaktivitäten und Umbaumaßnahmen negativ aus, zumal auch die Landesregierung eine „solche Planung ganz entschieden" ablehnte. Vgl. dazu Wendt (1992), 162.

DIE SPRACHE WIRKT WIE EIN FINGERABDRUCK

[1] Schubert (1997), 264 f.
[2] Vgl. hierzu grundsätzlich Goltz (2007a) und (2007b).
[3] Langmaack (1997), 254.
[4] Bechert (1976), 51.
[5] Bausinger (1978), 204.
[6] Tolksdorf (1991a), 489.
[7] Möller (1997), 215 f.

8 Kränicke (1997), 38.
9 Garrn (1997), 279.
10 Schulte (1989), 156.
11 Zeitnah beschrieb Braak (1956) für das Niederdeutsche die recht kleinräumigen sprachgeographischen Verhältnisse; Paul Selk konzentrierte sich auf den deutsch-dänischen Grenzraum, seine entsprechenden Beiträge wurden in Selk (1986) zusammengefasst.
12 Habermann (1997), 232.
13 Pohl (1997), 235.
14 Das Pommersche Wörterbuch wird in Greifswald bearbeitet; Herausgeberin ist Renate Herrmann-Winter. Mit der Publikation wurde 1997 begonnen. Das Werk ist auf 3 Bände konzipiert.
15 Vgl. Ziesemer (1924); Preußisches Wörterbuch (1974-2005).
16 Neu (1997), 172.
17 Garrn (1997), 279.
18 Wehden (1997), 248.
19 Neu (1997), 172.
20 Vgl. Peuckert (1937); zum Wortschatz: Schlesisches Wörterbuch (1963-1965).
21 Lenz (1978), 259 f.
22 Sikora (1997), 82.
23 Hierher gehört auch die Beobachtung, dass in den zahlreichen Ortschroniken die Konflikte zwischen Einheimischen und Fremden weitgehend ausgespart bleiben. Dabei werden die Flüchtlinge als wichtiger Faktor eines Neuanfangs nach 1945 nur selten odere gar nicht thematisiert. Zur Charakterisierung ihres Lebenswegs dienen zumeist Fluchtberichte, die in ihrer Dramatik sicherlich auch mehr zu bieten haben als die Schilderungen mühsamer Anpassungs- und Abgrenzungsbestrebungen.
24 Schulte (1989), 157.
25 Goltz (2007a), 8 f.
26 Tolksdorf (1967), 306.
27 Braatz (1980), 28.
28 Lehmann (1991), 74.
29 Bechert (1976), 43.
30 Wendt (1992),101.
31 Ebd., 153 f.
32 In: Lübecker Nachrichten vom 1. 12. 1951, zit. n. Wendt (1992), 154.
33 Das Wort „Prüntjekram" ist bei Mensing (1927-35) nicht belegt; zu „Prüntjer" mit der Grundbedeutung ‚Stückchen Kautabak' gibt er die Nebenformen „Prüntje" und „Prünter" an und im weiteren Artikel heißt es zur semantischen Spezifizierung: „Häufig zur Bezeichnung von etwas Minderwertigem" (Bd. 3, Sp. 1127). Die Nähe zum Verb „prünen" in der Bedeutung ‚oberflächlich, flüchtig nähen; schlecht arbeiten' dürfte den negativen Gehalt in „Prüntjekram" stützen. Das Grundwort „-kram" schließlich verstärkt den abwertenden Charakter, analog zu Formen wie: Apenkram, Höhnerkram, Kasperkram, Kinnerkram, Klöterkram, Quackelkram oder Tüdelkram. – Das Hamburgische Wörterbuch (1956-2006) führt das Stichwort „Prüünkraam" mit der Nebenbedeutung ‚unordentliche/stümperhafte Näharbeit' (Bd. 3, Sp. 873).
34 Bechert (1976), 51.
35 Wendt (1992), 101.
36 Bechert (1976), 49.
37 Ebd.
38 Vgl. ebd., 108.
39 In: Kieler Nachrichten v. 25. 1. 1963, zit. n. Bechert (1976), 122.
40 Tolksdorf (1986), 145.
41 Vgl. Tolksdorf (1987).
42 Chronik von Heiligenhafen, zit. n. Schübeler (2005), 148.
43 Tolksdorf (1991b), 49.
44 Tolksdorf (1986), 148.
45 Rohkohl (1985), 335 f. – Zur Verständlichkeit der hier ausgewiesenen terminologischen Vielfalt sei erläutert: „Boje" ist das umgangssprachliche Wort, „Stöder" ist die überregionale fachsprachliche Form, zu der die ostdeutschen Fischer tendieren, „Waka" sagt man traditionell in Heiligenhafen, und „Baak" ist die aus Pommern mitgebrachte Benennung.
46 Rohkohl (1985), 333.
47 Ebd., 323 f.
48 Vgl. hierzu Goltz (2007c).
49 Schulchronik Schenefeld, zit. n. Buhmann (2001), 270.
50 Makoben (1997), 180.
51 Sikora (1997), 82.
52 Die Aufnahmen lagern im Deutschen Spracharchiv, einer Abteilung des Instituts für Deutsche Sprache, Mannheim.
53 Die Arbeitsstelle des „Preußischen Wörterbuchs" wurde 2005 aufgelöst. Alle Materialien sind seither beim „Deutschen Sprachatlas" in Marburg eingelagert.

DIE INTEGRATION DER FLÜCHTLINGE UND HEIMATVERTRIEBENEN IN DIE LANDWIRTSCHAFT

[1] Beiträge (1967), Tab. VII.1.
[2] Vgl. z. B.: Neubürger (1987), 33 f.; Keshavarz Khorasgani u. Merklinger (2007), 149-174.
[3] Vgl. Varain (1964), bes. 1-9, 106-115.
[4] Herlemann (1959), 58 f.
[5] Landestagung des Bauernverbandes, in: Schleswig-Holsteinische Landpost (1947).
[6] Flüchtlinge (1950), 29, 44 u. 46.
[7] Martens (1998).
[8] Stüber (1984).
[9] Zit. n. Rosenfeldt (1991). – Ganz aus der Sicht der traditionellen „Inneren Kolonisation" resümiert Volquardsen (1977/1978) die Resultate der Bodenreformversuche.
[10] Rosenfeld (1991), 66.
[11] Ebd., 76.
[12] Rosenfeld (1991), 87.
[13] Landtagsdebatte vom 26. November 1947 (Wortprotokolle [1950], III/6, 49).
[14] Thyssen (1958), 431.
[15] Rosenfeld (1991), 94. Vgl. dazu auch Martens (wie Anm. 2), Bd. 2, 399 ff.
[16] Rosenfeld (1991), 98.
[17] Volquardsen (1977/1978), 248-276.
[18] Der Wahlerfolg des BHE ist auf die starke Enttäuschung eines großen Teils der Flüchtlingsbevölkerung über die ihrer Meinung nach zu wenig entschiedene Politik von SPD und CDU in der Integrations- und Ansiedlungsfrage zurückzuführen. Der BHE orientierte stark auf bürgerlich-konservative Haltungen, was mit der politischen Ausrichtung der Flüchtlinge und Vertriebenen unter Bedingungen des Kalten Krieges zusammenhing. Vgl. Lubowitz (1986), insbes. 48 ff.
[19] Im Gegensatz zum Bundesgebiet, wo 1957 nur 2,4 % aller landwirtschaftlichen Betriebe in der Hand von Flüchtlingen und Vertriebenen waren (2,8 % der Nutzfläche), betrug deren Anteil in Schleswig-Holstein 6,4 % (5 % der Nutzfläche) – Herlemann (1959), 77 f.
[20] Volquardsen (1977/1978), 323.
[21] Beiträge (wie Anm. 1), Tab. VII, 9.

POMMERSCHER KAVIAR UND HOLSTEINISCHE ANANAS

[1] Böll (1953), 429.
[2] Im Folgenden wird nicht zwischen Vertriebenen und Flüchtlingen unterschieden und die Bezeichnungen werden synonym verwendet.
[3] Statistisches Landesamt Schleswig-Holstein 1974, 10.
[4] Wertz (1988), 28.
[5] A. a. O., 70.
[6] A. a. O., 65.
[7] a. a. O.
[8] Sacht (2007), 196.
[9] Wertz (1988), 73.
[10] A. a. O., 72.
[11] Sacht (2007), 198.
[12] Wertz (1988), 89.
[13] Schleidt (2007), 144.
[14] Sacht (2007), 197.
[15] Schmidt (2007), 202.
[16] Schleidt (2007), 144.
[17] Rodehau (2007), 52.
[18] Sacht (2007), 197 f.
[19] A. a. O., 198 f.
[20] Wertz (1988), 50.
[21] Rodehau (2007), 52.
[22] Pochadt (2007), 205.
[23] Garrn (2007), 279.
[24] S. hierzu auch Tolksdorf (1978), 341.
[25] Max Frisch: Die Schweiz als Heimat, in: Gesammelte Werke in zeitlicher Folge XII, FR./M. 1976, 513; zit. n. Tolksdorf (1978), 341.
[26] Glatzel (1973), 241.
[27] Wertz (1988), 30.
[28] Teuteberg/Wiegelman (1986), 85.
[29] Schmidt (2007), 203.
[30] Saul (2001), 43.

[31] Lesniak (2003), 336.
[32] Orth (1939), 65.
[33] A. a. O., 188.
[34] A. a. O., 263.
[35] Tolksdorf (1978), 349.
[36] A. a. O., 249 f.
[37] A. a. O., 359.
[38] Interview von Ilka E. Hillenstedt, s. auch Beitrag in diesem Band.
[39] Praktisches Kochbuch für die Schleswig-Holsteinische Küche. Hg. in Neumünster, erstmals erschienen 1919, 1929 große 5.-7. Aufl., 1939 erschien die 10. Auflage, 1949 die 15. und 1953 die 20. Auflage.
[40] Orth (1939), Vorwort.
[41] Archiv der Landfrau im Schleswig-Holsteinischen Freilichtmuseum.
[42] Teuteberg/Wiegelmann (1986), 90 f.
[43] Wiegelmann (2006), 95.
[44] Interview von Ilka E. Hillenstedt, s. auch Beitrag in diesem Band.
[45] Orth (1929), 61. Die Ausgabe von 1919 lag der Autorin nicht vor.
[46] Tolksdorf (1978), 355.
[47] Zit. n. Kieler Nachrichten 13.9.2008, Eckernförder Ausgabe, 37.
[48] Tolksdorf (1978), 352.
[49] Orth (1929), 16.
[50] A. a. O., 46.
[51] A. a. O., 125.
[52] A. a. O., 258.
[53] Orth (1939), 156-158.
[54] A. a. O., 156.
[55] Tolksdorf (1975), 89 ff.
[56] Orth (1939), 123.
[57] A. a. O., 123.
[58] Kartoffelsalat, 153, Salatsoße, 157.
[59] S. auch Teuteberg/Wiegelmann (1986), 204 ff.
[60] Kossert (2008).
[61] Saul (2001), 44.
[62] Orth (1929), 259.
[63] A. a. O., 129/30.
[64] A. a. O., 108.
[65] Peyinghaus (1985), 143.
[66] Tolksdorf (1978), 359.
[67] Kossert (2008), 317.
[68] Orth (1929), 259.
[69] A. a. O., 31.

„WIR WAREN FLÜCHTLINGE, ABER DIE MEHRHEIT"

[1] Vgl. Hillmer (1953) 79.
[2] Vgl. Tolksdorf (1986), 143.
[3] Vgl. Tolksdorf (1987), 70.
[4] Tolksdorf (1986) 145; auch Tolksdorf (1987), 60.
[5] Tonarchiv Preußisches Wörterbuch TATO 372.
[6] Vgl. Tolksdorf (1987), 60.
[7] Die Fischwoche 2 (1947), 38.
[8] Vgl. Hillmer (1953), 80.
[9] Vgl. Thiede (1949), 245.
[10] Vgl. Braun (1991), 346f.
[11] OPrBl 6 (1955), Folge 18, 9.
[12] Tolksdorf (1990), 113.
[13] Übersetzung aus dem Tonarchiv Preußisches Wörterbuch TATO 182.
[14] OPrBl 2 (1951), Folge 11, 8.
[15] Vgl. Tolksdorf (1987), 64, 70.
[16] Tolksdorf 1(987), 70.
[17] OPrBl 2 (1951), Folge 11, 8.
[18] Katschinski (1950), 357 f.

[19] Vgl. Tolksdorf (1987), 76 ff.
[20] Vgl. Henck (1958), Tolksdorf (1989), 106.
[21] Tonarchiv Preußisches Wörterbuch TATO 182.
[22] Tonarchiv Preußisches Wörterbuch TATO 203.
[23] Vgl. Tolksdorf (1987), 84, Tolksdorf (1986), Tolksdorf (1989).
[24] Vgl. Tolksdorf (1986), 149.
[25] Tonarchiv Preußisches Wörterbuch TATO 203.
[26] Tolksdorf (1986), 146.

BRANDENBURG UND DIE RÜGENWALDER TEEWURST

[1] Rönnpag (1971).
[2] Interviews der Autorin mit Hartmut Brandenburg in Timmendorfer Strand, 14.1. und 16.2.2009.
[3] http://de.wikipedia.org/wiki/R%C3%BCgenwalder_Teewurst.
[4] Kossert (2008), 319.
[5] Wilhelm Brandenburg: Urkunde. Timmendorfer Strand (1952). Firmenarchiv Wilhelm Brandenburg, Timmendorfer Strand.
[6] A. a. O.
[7] Eine Kopie befindet sich im Firmenarchiv.
[8] Wilhelm Brandenburg: Urkunde, 2. Firmenarchiv Wilhelm Brandenburg.
[9] Rönnpag (1971), 157.
[10] Urkunde, 2.
[11] Ebd.
[12] Firmenarchiv.
[13] Urkunde, 3.
[14] A. a. O.
[15] Nikolaus Witten: Einer von vielen, die es geschafft haben. Firmenarchiv.
[16] Akte Firmenarchiv.
[17] Im Cutter oder Kutter wird Fleisch durch kleine Messer geschnitten.
[18] Zum Pommerschen Kaviar s. auch in diesem Band 144.
[19] Urkunde, 3.
[20] Akte Briefe. Firmenarchiv.
[21] Gästebuch, 1.10.1954. Firmenarchiv.
[22] A. a. O., 21.3.1953.
[23] Akte Referenzen, 16.2.1952. Firmenarchiv.
[24] A. a. O.
[25] Hans-Günther Holtfort, 12.5.1963.
[26] Unternehmermagazin (2007), 1-2.
[27] Urkunde, 4.
[28] Ebd.

FLÜCHTLINGSBETRIEBE – DAS BEISPIEL POHL-BOSKAMP

[1] Dittrich (1951), 332, Tab. 1.
[2] Ebd., 333, Tab. 2.
[3] Ebd., 334, Tab. 3.
[4] Lastenausgleichsbank (1955), 2; s. Abb. 1.
[5] Ebd., 2.
[6] Manke (1959), 13.
[7] Lastenausgleichsbank (1955), 6.
[8] Ebd., 6
[9] Ebd., 7.
[10] Vertriebene, Flüchtlinge (1953), 39.
[11] Leider fehlen Statistiken zu der Anzahl von Flüchtlingsbetrieben kurz vor und nach der Währungsreform.
[12] Boskamp (1945), 4 f.
[13] Ebd., 8.
[14] Ebd., 11.
[15] Arthur Boskamp war am 1. April 1944 aufgrund der Nachwirkungen einer schweren Krankheit von der Wehrmacht entlassen worden und in den elterlichen Betrieb zurückgekehrt. Vgl. dazu Boskamp (1945), 5.
[16] Wie Karl-Heinz Pohlmann (s. Endnote 28) berichtete, hatte Arthur Boskamp der Besatzung während der langen Fahrt der Mannschaft etwas von seinen mitgenommenen Alkoholvorräten ausgegeben. Daraufhin wäre er fast wegen versuchter Sabotage verhaftet worden.

[17] Boskamp (1945), 11-15.
[18] Firmenarchiv Pohl-Boskamp.
[19] Gesuch um Betriebsgenehmigung an den Landrat des Kreises Steinburg, Itzehoe, 1. September 1945 (Firmenarchiv Pohl-Boskamp).
[20] Pharmazeutische Industrie (1953), 7. – Hier wird von zehn Flüchtlingsfamilien berichtet, die in Zusammenarbeit mit der Gemeinde im Laufe des ersten halben Jahres mit „unendlicher Mühe und Geduld" umquartiert werden mussten.
[21] Firmenarchiv Pohl-Boskamp.
[22] Ebd.
[23] Die Produktionsgenehmigung für Kleinbetriebe zur Herstellung von Gelatinekapseln erteilte die Landesverwaltung Schleswig-Holstein am 25.09.1946, zunächst bis zum 31.03.1947. Die unbefristete Produktionsgenehmigung für Gelatinekapseln und Pharmazeutische Spezialitäten erfolgte am 21.04.1947. Vgl. dazu Schäfer (2002), 35.
[24] Ebd.
[25] Pharmazeutische Industrie (1953), 7.
[26] Ebd.
[27] S. Endnote 20.
[28] Karl-Heinz Pohlmann ist 1947 zu Pohl-Boskamp gekommen. Er berichtet mündlich, dass zu seiner Zeit das Holz bereits gekauft wurde, ebenso das Metall, wenn auch vom Schrottplatz. Er war bis zum Renteneintritt 1990 bei Pohl-Boskamp und besaß ab 1962 Prokura.
[29] Schäfer (2002), 36.
[30] Einige der selbstgefertigten Möbel und Produktionsgeräte sind heute noch im Firmenmuseum Pohl-Boskamp in Dägeling zu sehen.
[31] Briefwechsel, Firmenarchiv Pohl-Boskamp.
[32] Nitrolingual-Kapseln enthalten den Wirkstoff Nitroglycerin. Kurt Boskamp ließ sich 1924 seine Idee, Nitroglycerin in Weichgelatinekapseln zu füllen, patentieren. Es sind Notfall-Zerbeißkapseln gegen Angina pectoris-Anfälle. Angina pectoris ist das Hauptsymptom bei koronarer Herzerkrankung.
[33] Der erste Eintrag im Produktionsbuch (1946 bis 1952) ist vom 31. August 1946 (Firmenarchiv Pohl-Boskamp).
[34] Mündlicher Bericht von Karl-Heinz Pohlmann.
[35] Lohnnachweis für das Jahr 1947 für die Berufsgenossenschaft der chemischen Industrie vom 10. Februar 1948 (Firmenarchiv Pohl-Boskamp).
[36] Mündlicher Bericht von Karl-Heinz Pohlmann.
[37] Ebd.
[38] Seit 1957 läuft es unter der Bezeichnung „Gelomyrtol".
[39] Schäfer (2002), 36.
[40] Die Desmoid-Pille bestand aus einem handgefertigten Pillenkern mit dem Farbstoff Methylenblau, der ebenfalls von Hand in ein Gummibeutelchen gehüllt und von einem Naturdarmfaden verschlossen wurde. Sie diente dem sondenlosen Nachweis von Magensäure. Die Methode wurde 1905 von dem Schweizer Internisten Sahli entwickelt und industriell nur von Pohl-Boskamp hergestellt. Die Produktion blieb bis zum Schluss reine Handarbeit und wurde erst 1993 eingestellt.

DIE OSTPREUSSISCHE TRAKEHNER PFERDEZUCHT IN SCHLESWIG-HOLSTEIN

[1] Landbeschäler sind Deckhengste, die in einem Landgestüt aufgestellt sind und sich meist im Staatsbesitz befinden.

DIE INTEGRATION DER FLÜCHTLINGE IN DIE EVANGELISCHEN GEMEINDEN NACH 1945

ANHANG

Ungedruckte Quellen

Nordelbisches Kirchenarchiv in Kiel (NEK):
Bischof für Schleswig/Kirchenkanzleiakten (11.01/21.01): Akte Nr. 271: Bischof für Schleswig/Schriftwechsel mit Propsteien 1956-1959; Dokument von 1959: 25 Jahre Kirchengemeinde Preetz. Rückblick und Rechenschaftsbericht. Propst Kobold.

Landeskirchenamt in Kiel/Bischof D. Halfmann (20.01):
Akte Nr. 289: Vereinigte Evangelisch-Lutherische Kirche Deutschlands. Dokument vom 15.11.1950. Schreiben von Bischof D. Zänker, Minden in Westfalen, an das Landeskirchenamt in Kiel; Akte Nr. 697: Flüchtlingspfarrerangelegenheiten 1945-1947; Dokument vom 11.11.1945: Schreiben von Herrn W., Heimatvertriebener aus Ostpreußen, in Marne in Holstein, an den Vizepräsidenten des Rates der deutschen ev. Kirche in Berlin-Dahlem; Dokument vom 22.11.1946: Schreiben von der Vertriebenen Frau K. aus Ostpreußen, in Uetersen, an Bischof D. Halfmann in Flensburg.

Evangelisch-Lutherisches Kirchenamt in Kiel (22.02):
Akte Nr. 413: Liturgie. Ausgestaltung der Gottesdienste 1950-1951; Dokument vom 22.6.1950: Entwurf der Liturgischen Kammer der Ev.-Luth. Landeskirche Schleswig-Holstein zur liturgischen Erneuerung.

Kirchenrat/Kirchenleitung Lübeck (40.01):
 Akte Nr. 22: Liturgie; Dokument vom 5.3.1948: Auszug aus dem Protokoll des Kirchenrates Lübeck, Nr. 3, an alle Pfarrämter. Akte Nr. 330: Ostgeistliche; Dokument vom 6.2.1947: Schreiben des Beirates des Kirchendienstes Ost in Berlin-Dahlem an den Kirchenrat der Evang.-Luth. Kirche Lübeck; Akte Nr. 873: Tagungen der I. Synode 1948-1949; Dokument von 1954: Bericht der Kirchenleitung gemäß Art.73, Abs. 2 der Kirchenverfassung, von Okt. 1951 bis Okt. 1954.

Interviewgespräche

1. Flüchtlinge und Vertriebene

IG 1: Flensburg (KG St. Marien):
 1) Frau L. aus Pillau, Kr. Samland vom 4.8.2003; 2) Frau L. aus Köslin, Int. vom 4.8.2003; 3) Frau Z. aus Finckenstein, Kr. Rosenberg vom 30.8.2003; 4) Frau N. aus Leisuhmen, Kr. Heiligenbeil vom 30.8.2003; 5) Frau H. aus Birglau vom 31.8.2003.
IG 2: Lübeck-G.:
 1) Frau J. aus Danzig vom 20.10.2003; 2) Frau A. aus Konitz vom 20.10.2003; 3) Frau P. aus Dirschau vom 20.10. 2003; 4) Frau M. aus Pillau vom 17.12.2003; 5) Herr G. aus Grünberg vom 24.1.2004; 6) Herr U. aus Liegnitz vom 24.1.2004; 7) Frau M. aus Breslau vom 25.1.2004.
IG 3: südwestholsteinisches Dorf. B.:
 1) Frau L. aus Kolberg vom 21.6.2003; 2) Frau W. aus Demmin vom 21.6.2003; 3) Herr W. aus Waren vom 28.6.2003; 4) Herr N. aus Breslau vom 5.7.2003; 5) Frau C. aus Insterburg vom 6.7.2003; 6) Herr G. aus Schwetz vom 12.7.2003; 7) Herr Sch. aus Marienwalde vom 14.1.2004; 8) Frau B. aus Groß-Boschpol vom 16.1.2004.
IG 4: südwestholsteinisches Dorf H.:
 1) Frau A. aus Rehden vom 2.4.2003; 2) Frau M. aus Greiffenberg vom 5.4.2003; 3) Herr A. aus Jakobskirch vom 6.4. 2003; 4) Frau V. aus Tilsit vom 11.4.2003; 5) Frau Sch. aus Zempelburg vom 11.4.2003; 6) Herr L. aus Wenden vom 12.4.2003; 7) Frau S. aus Rossitten vom 15.8.2003; 8) Frau D. aus Pillau vom 17.8.2003; 9) Frau U. aus Stettin vom 23.8.2003; 10) Herr W. aus Arnswalde vom 23.8.2003.
IG 5: südwestholsteinisches Dorf L.:
 1) Herr M. aus Königsberg vom 2.6.2004; 2) Frau H. aus Neukirchen vom 8.6.2004.
2. Einheimische
IG 6: Flensburg (KG St. Marien):
 1) Frau A. vom 20.7.2004; 2) Herr H. vom 20.7.2004.
IG 7: Lübeck-G.:
 1) Frau T. vom 17.12.2003; 2) Herr F. vom 18.12.2003; 3) Frau L. vom 23.1.2004.
IG 8: südwestholsteinisches Dorf H.:
 1) Herr L. vom 24.11.2003; 2) Herr N. vom 4.3.2004; 3) Herr M. vom 7.3.2004; 4) Frau M. vom 9.3.2004; 5) Frau N. vom 30.11.2004.
IG 9: südwestholsteinisches Dorf B.:
 1) Frau N. vom 13.7.2003; 2) Frau B. vom 25.11.2003; 3) Frau D. vom 3.9.2004; 4) Frau E. vom 17.9.2004; 5) Frau G. vom 27.11.2004.

ENDNOTEN

[1] Statistisches Monatsheft Schleswig-Holstein (1950), 13 ff.
[2] Diercks (1997), 11 f.
[3] Wertz (1988), 32 ff.
[4] Statistisches Monatsheft Schleswig-Holstein (1950), 13.
[5] Schriftenreihe für ländliche Sozialfragen, 1988, 240-245.
[6] Vogelsanger (1981), 23-27; Esser (1980), 14-23.
[7] Tschernokoshewa (2005), 11-21.
[8] Ebd., 21 ff.
[9] Huxoll (2005), 121-127 u. 129-139.
[10] Jürgensen (1976), 131.
[11] NEK, 11.01/21.01, Nr. 271. Dok. von 1959.
[12] Völkel (1955), 53.
[13] Pfarrer D. Gottschewski, in: Die Kirche der Heimat, 1951, 27. Jg., Nr. 17, Artikel „Wo bleibt der Segen?".
[14] Pfarrer D. Gottschewski, in: Am Sehrohr der Zeit, 1947, 20. Jg., Nr. 1, Artikel „Flüchtlinge in Gottes Gnaden".
[15] Ergebnis der Auswertung von Interviews mit evangelischen Vertriebenen aus den Interviewgruppen IG 1 (Flensburg/St. Marien), IG 2 (Lübeck/KG Genin), IG 3 (Dorf B. in Südwestholstein) und IG 4 (Dorf H. in Südwestholstein).
[16] Frau M. aus Dorf H. (IG 8, Int. 4).
[17] Obst (1989), 224.
[18] Frau B. aus Dorf B.
[19] Herr N., Schlesien (IG 3, Int. 4).

20 Frau J. aus Danzig (IG 2, Int.1). Anzumerken ist bzgl. des Ortes Genin, dass es sich bei diesem um ein an Lübeck angegliedertes Bauerndorf handelt und dessen Bewohner derzeit nicht repräsentativ für die Lübecker Stadtbevölkerung waren.
21 Herr N. (IG 8, Int. 2).
22 NEK, 20.01. Nr. 697. Dok. vom 11.11.1945.
23 Frau L. aus Pillau (IG 1, Int. 1).
24 Die Kirche der Heimat (1954), Nr. 8, 30. Jg. Artikel „Neue Ordnung unseres Gottesdienstes" von Bischof i. R. D. Völkel. Zum Unionskirchentum s. u. a. Hauschild (1991), 134-139 u. 181-196.
25 Dies belegen insbesondere Dokumente aus dem Bestand 20.01 des NEK. So u. a. 20,01, Nr. 289. Dok. vom 15.11.1950 sowie 20,01, Nr. 697. Dok. vom 22.11.1946 sowie Interviews mit Heimatvertriebenen aus den Interviewgruppen IG 1 bis IG 5.
26 NEK, 20,01, Nr. 697. Dok. vom 22.11.1946.
27 Frau L., Pillau (IG 1, Int. 1).
28 Frau C., Insterburg (IG 3, Int. 5). Diese Aussage wird auch durch die Auswertung der Interviews der Interviewgruppen IG 1 bis IG 5 gestützt.
29 Zu Liturgie und Gesang im evangelischen Gottesdienst s. u. a. Bieritz (2004).
30 Frau L. aus Pillau (IG 1, Int. 1).
31 Dies ergibt die Auswertung der Interviews der Interviewgruppen IG 2 bis IG 5.
32 Dahingehend äußerten sich Heimatvertriebene der Interviewgruppen IG 1und IG 4.
33 Dies ergibt die Auswertung der Interviews mit Heimatvertriebenen aus Ost- und Westpreußen sowie aus Schlesien (IG 1 bis IG 5).
34 NEK, 20,01, Nr. 697. Dok. vom 22.11.1946.
35 Ebd.
36 Frau V. aus Tilsit (IG 4, Int .4).
37 NEK, 40.01, Nr. 873. Dok. von 1954 sowie Die Kirche der Heimat (1954), Jg. 30, Nr. 6, Art. „Neue Ordnung unseres Gottesdienstes! (II)" und Die Kirche der Heimat (1954), Jg. 30, 1954, Nr. 8, Art. „Neue Ordnung unseres Gottesdienstes".
38 NEK, 22.02, Nr. 413. Dok. vom 22.6.1950.
39 NEK, 40.01, Nr. 22. Dok. vom 5.3.1948 sowie Kirchliches Amtsblatt der Evang.-Luth. Kirche in Lübeck, 2/48.
40 Herr L. aus Dorf H. (IG 8, Int. 1).
41 Die Kirche der Heimat (1954), 30. Jg., 1954, Nr. 5, Art. „Was in der Kirche anders werden sollte", von C. Brummack.
42 Die belegen die mit einheimischen Zeitzeugen geführten Interviews der Gruppen IG 8 und IG 9.
43 Frau L. aus Lübeck-G. (IG 7, Int. 3).
44 Frau L. aus dem ostpreußischen Pillau (IG 1, Int. 1).
45 Frau S. aus dem ostpreußischen Dorf Rossitten (IG 4, Int. 7).
46 Frau C. aus dem ostpreußischen Insterburg (IG 3, Int. 5).
47 Ebd.
48 Herr A. aus Schlesien, Kr. Glogau (IG 4, Int. 3).

DIE ANSVERUSWALLFAHRT BEI RATZEBUG

ANHANG

a) Unveröffentlichte Archivquellen
Büro der Pfarrgemeinde St. Answer, Fischerstr. 1, 23909 Ratzeburg:
    Az. 00-Patronate und Geschichte der Kirchengemeinde – 32 St. Answer.
    Az. 00-60: Gemeindechronik 1907-1949, Verfasser: Pastor Windus und Pastor.
    Gemeinde-Chronik 1950-1975, Verfasser: Pfarrer Clemens Franke, 1981.
    Gemeindeberichte von 1976-1989.
    Az. 04-80: Wallfahrtsakte: AWF 1951-2008.
Pfarrarchiv der Katholischen Herz-Jesu Gemeinde, Parade 4, 23552 Lübeck:
    Karton 32.55.20 Ansverus u. Wallfahrten – Akte: Az. 5 Betr. Ansverus und Akte: Hlg. Ansverus.

ENDNOTEN

1 Vgl. Schroubek (1968).
2 Informationsschild an der Straße „Am Berg" in Einhaus, aufgestellt von der Gemeinde Einhaus 2006.
3 Vgl. Notz (1929).
4 Brief von Pastor Albert Bültel an Unbekannt vom 24.08.1933. Inhalt und Anrede lassen den Bischof oder einen Benediktinerabt vermuten, in: Karton 32.55.20/Hlg. Ansverus.
5 Telefonisches Gespräch mit G. Nürnberg, Lübeck, am 18.08.2008. Herr Nürnberg, Jg. 1929, hat seine Erinnerungen an Kaplan Eduard Müller in einem Interview zu Protokoll gegeben. Dort spricht er unspezifisch von Fahrradtouren nach Ratzeburg. Vgl. Nürnberg (2006), 127.
6 Bericht von Sr. Raphaela: „Die erste Wallfahrt", 20.11.1960, in: Karton 32.55.20/Hlg. Ansverus.

[7] Kriss-Rettenbeck/Illich (1984), 12.
[8] Vgl. Hartinger (1992).
[9] Bericht von Sr. Raphaela: „Die erste Wallfahrt", 20.11.1960, in: Karton 32.55.20/Hlg. Ansverus.
[10] Pastor Tangen an den Bischof von Osnabrück, W. Berning, vom 20.06.1952, in: Wallfahrtsakte (1952).
[11] Gespräch mit Frau M. (geb. 1934), Ratzeburg, am 24.07.2008.
[12] Menges (1959), 6.
[13] Lehmann (1991), 235: „In Bayern gab es 1950 keine konfessionell homogene Gemeinde mehr. 1939 waren es noch 1.424 gewesen."
[14] Menges (1959), 8, 19 f.
[15] Dagegen war der Anteil der Katholiken an der Bevölkerung Westdeutschlands um 1950 (45,2 %) in etwa gleich dem Vorkriegsstand (45,8 %). Vgl. Menges (1959), 6.
[16] Ebd., 19.
[17] Statistisches Landesamt (1950), 13 f.
[18] Vgl. Heidrich (1984), 522 f.
[19] Hanika (1957), 67 f.
[20] Schroubeck (1968).
[21] Für 1980 werden noch ca. 100 existente Vertriebenenwallfahrten geschätzt. Vgl. Pieschl (1989) 270.
[22] Schroubeck nennt neben der AWF die jeweils nur einmal stattgefundenen Wallfahrten 1949 in Neumünster und 1955 in Wedel sowie die Mitte der 1950er eingestellte Wallfahrt nach Bordesholm. Schroubek (1968), 153, 203.
[23] Frantzioch (1987), 225.
[24] Gespräch mit Frau K. (geb. 1933), Ratzeburg, am 18.07.2008.
[25] Korff (1970), 92.

ZUR MUSEALEN ANEIGNUNG VERLORENER HEIMAT IN OSTDEUTSCHEN HEIMATSTUBEN

[1] Vgl. dazu z. B.: Camman (1988); Röder (1991), 34.
[2] Im Zuge der politischen Veränderungen ist inzwischen die Patenschaft zu Mecklenburg aufgehoben worden, während die Klärung einer Patenschaft zu Hinterpommern noch aussteht.
[3] BdV-Handbuch (1952), 131.
[4] Richtlinien für die kulturelle Betreuung der Heimatvertriebenen in den Landkreisen und für die Pflege ihres Kulturgutes (1987²), 127.
[5] Die meisten Kreisgemeinschaften geben für ihre Mitglieder ein Mitgliederheft heraus. Die Häufigkeit des Erscheinens ist ganz unterschiedlich – monatlich, vierteljährlich, halbjährlich, jährlich. Die Mitgliederhefte führen häufig Namen wie „Heimatbrief ..."/ „Rundbrief ...".
[6] Schuch/Röder (1989), 2.
[7] Röder (1991), 426.
[8] Roth (1990), 30.
[9] Sammeln. Sichten. Verwerten. Arbeitsbrief (1963); Nr. 12. – Die einzelnen Kapitel folgen der Reihenfolge des Heftes; es gibt keine eigene Kapitelzählung.
[10] Die Gedichte sind von a. Josef Schneider, ein Achtzeiler ohne Titel, erste Zeile: „Heimat, Brunnen so tief"; b. Herbert Schmidt-Kaspar, ein Vierzeiler ohne Titel, erste Zeile „Was heute vergeht"; c. Max von Schenkendorf, Titel „Muttersprache".
[11] Arbeitsbrief (1963), III.
[12] Ebd., VI.
[13] Reif/Heinze/Ludwig (1990), 233.
[14] Arbeitsbrief (1963), VI.
[15] Ebd.
[16] Ebd.
[17] Ebd.
[18] Ebd.
[19] Ebd.
[20] Bausinger (1984), 19.
[21] Schuch/Röder (1989), 1.

LITERATUR

Ackermann, Volker (2000): Deutsche Flüchtlingskinder nach 1945, in: Dahlmann, Dittmar (Hg.): Kinder und Jugendliche in Krieg und Revolution. Vom Dreißigjährigen Krieg bis zu den Kindersoldaten Afrikas. Krieg in der Geschichte, Bd. 7, Paderborn/München/Wien/Zürich, 145-168.

Agrarsozialen Gesellschaft e. V. (Hg.) (1988): Ländliche Gesellschaft im Umbruch. Beiträge zur agrarsoziologischen Diskussion, in: Schriftenreihe für ländliche Sozialfragen, Heft 101, Göttingen.

Albers, Gerd (1997): Zur Entwicklung der Stadtplanung in Europa. Begegnungen/Einflüsse/Verflechtungen. Bauwelt-Fundamente 117, Braunschweig.

Bausinger, Hermann (1984): Auf dem Weg zu einem neuen, aktiven Heimatverständnis. Begriffsgeschichte als Problemgeschichte, in: Landeszentrale für politische Bildung Baden-Württemberg (Hg.): Heimat heute, Stuttgart/Berlin/Köln/Mainz.

Bausinger, Hermann (1987): Das Problem der Flüchtlinge und Vertriebenen in den Forschungen zur Kultur der unteren Schichten, in: Schulze, Rainer u. a. (Hg.): Flüchtlinge und Vertriebene in der westdeutschen Nachkriegsgeschichte. Bilanzierung der Forschung und Perspektiven für die künftige Forschungsarbeit, Hildesheim, 180-195.

Bechert, Claus Dietrich (1976): Chronik der Gemeinde Trappenkamp, Wankendorf.

Bechtold, Dieter (1988): Bomben-Flüchtling aus Kiel in Dithmarschen 1944/45, in: Dithmarschen, H. 3, 56-60.

Bieritz, Karl-Heinrich (2004): Liturgik, Berlin.

Böll, Heinrich (1953): Und sagte kein einziges Wort. Haus ohne Hüter. Das Brot der frühen Jahre. Köln/Berlin.

Bolle, Hermann (Bearb.) (2003): Osterrade. Aus dem Leben der Dörfer Jützbüttel, Osterrade, Süderrade und ihrer Außensiedlungen, Osterrade.

Boskamp, Arthur (1945): Bericht über die letzte Zeit des Betriebes und die Sicherstellung der Werte der Firma Apotheker Kurt Boskamp aus der Kampfzone nach Itzehoe, Hamburg, 4. August 1945, unveröffentlichtes Manuskript im Firmenarchiv Pohl-Boskamp.

Braak, Ivo (1956): Niederdeutsch in Schleswig-Holstein. Wegweiser für die Lehrerfortbildung, 2. Halbjahr 1956, hg. von Kultusministerium des Landes Schleswig-Holstein, Heft 12, Kiel. – Wiederabdruck in: Jahresgabe der Klaus-Groth-Gesellschaft 33 (1991), 141-164.

Braatz, Dieter (1980): Elmshorn, Elmshorn.

Braun, Thomas (1991): Ost- und westpreußische Fischer in Schleswig-Holstein – ein Neubeginn, in: Tolksdorf, Ulrich (Hg.): Jahrbuch für ostdeutsche Volkskunde 34, Marburg, 340-353.

Buhmann, Hans (2001): Schenefeld im 19. und 20. Jahrhundert. Vom dänischen Gesamtstaat bis zur deutschen Einheit. Geschichte und Geschichten aus der Zeit von 1800 bis 2000, hg. von der Gemeinde Schenefeld, Neumünster.

Buhse, Karl-Heinrich (2000): Die Entwicklung in Dithmarschen seit 1950, in: Gietzelt, Martin (Red.): Geschichte Dithmarschens, Heide, 377-418.

Bund der Vertriebenen (Hg.) (1952): BdV-Handbuch, Bonn.

Burger, Paul (1966): Ansverus 1066-1966, Ratzeburg.

Camman, Alfred (1988): Ostdeutsche Heimatstuben in Nordniedersachsen. Stand und Perspektiven, in: Tolksdorf, Ulrich (Hg.): Jahrbuch für ostdeutsche Volkskunde 31, Marburg.

Carstens, Uwe (1988): Das Flüchtlingslager St. Peter-Böhl, in: Tolksdorf, Ulrich (Hg.): Jahrbuch für Ostdeutsche Volkskunde 31, Marburg, 93-183.

Carstens, Uwe (1992): Die Flüchtlingslager der Stadt Kiel. Sammelunterkünfte als desintegrierender Faktor der Flüchtlingspolitik, Marburg.

Carstens, Uwe (1992): Zur Geschichte der Notunterkünfte nach dem 2. Weltkrieg am Beispiel eines Nissenhüttenlagers, in: Tolksdorf, Ulrich (Hg.): Jahrbuch für Ostdeutsche Volkskunde 35, Marburg, 375-395.

Carstens, Uwe (1994): Leben im Flüchtlingslager. Ein Kapitel deutscher Nachkriegsgeschichte, Husum.

Carstens, Uwe (1995): 50 Jahre nach Flucht und Vertreibung, in: Ende und Anfang im Mai 1945. Das Journal zur Ausstellung, Kiel, 187-193.

Carstens, Uwe (1997): Das Flüchtlingsproblem in Schleswig-Holstein, in: Die Anfänge des Landes Schleswig-Holstein, hg. vom Schleswig-Holsteinischen Heimatbund und Landesarchiv Schleswig-Holstein, Schleswig.

Carstens, Uwe (2002): Die Vertriebenen in Schleswig-Holstein, in: Witt, Jann Markus/Heiko Vosgerau (Hg.): Schleswig-Holstein von den Ursprüngen bis zur Gegenwart. Eine Landesgeschichte, Hamburg.

Carstens, Uwe (2006): Die Nissenhütte, in: Fleischhauer, Carsten/Guntram Turkowski (Hg.): Schleswig-Holsteinische Erinnerungsorte, Heide, 90-95.

Christiansen, Sievert (Red.) (1991): Chronik der Gemeinde Dellstedt, Husum.

Chuchra, Corinna (2008): Ausgebombte und Flüchtlinge im Landkreis Harburg. Bauen und Wohnen in der Kriegs- und Nachkriegszeit, in: Landkreis Harburg (Hg.): Kreiskalender – Jahrbuch für den Landkreis Harburg, 37-44.

Connor, Ian (1989): Die Integration der Flüchtlinge und Vertriebenen in den Arbeitsprozess nach 1945, in: Tolksdorf, Ulrich (Hg.): Jahrbuch für ostdeutsche Volkskunde 32, Marburg, 185-205.

Die Fischwoche 2, 38-40.

Die Pharmazeutische Industrie (1953): Chemisch-pharmazeutische Fabrik G. Pohl-Boskamp, Lockstedter Lager/Holst., früher Danzig und Marienburg, in: Bd. 15, 32-35.

Diercks, Willy (Hg.) (1997 u. 2007⁴): Flüchtlingsland Schleswig-Holstein. Erlebnisberichte vom Neuanfang, Heide.

Dittrich, Erich (1951): Der Aufbau der Flüchtlingsindustrien in der Bundesrepublik, in: Weltwirtschaftliches Archiv 67, 327-360.

Dörr, Margarete (2007): „Der Krieg hat uns geprägt". Wie Kinder den Zweiten Weltkrieg erlebten, 2 Bde., Frankfurt/New York.
Edding, Friedrich (1955): Die wirtschaftliche Eingliederung der Vertriebenen und Flüchtlinge in Schleswig-Holstein, Berlin.
Esser, Hartmut (1980): Aspekte der Wanderungssoziologie. Assimilation und Integration von Wanderern, ethnischen Gruppen und Minderheiten. Eine handlungstheoretische Analyse. Soziologische Texte, Bd. 119, Darmstadt/Neuwied.
Fachhochschule Kiel (o. J.): Neumünster – Hans-Böckler-Siedlung. Bestandserhebung und -bewertung einer Siedlung der 1950er Jahre. Studienarbeit im Fach Orts- und Objekterneuerung.
Fehl, Gerhard (1995): Kleinstadt, Steildach, Volksgemeinschaft. Zum reaktionären Modernismus in Bau- und Stadtbaukunst. Bauwelt Fundamente 102, Braunschweig.
Feiber, Albert A. (2000): „… ist uns die Fremde zur neuen Heimat geworden". Flüchtlinge und Heimatvertriebene als Fremde auf dem Dorf, in: Heidrich, Hermann u. a. (Hg.): Fremde auf dem Land, Schriften süddeutscher Freilichtmuseen 1, Bad Windsheim, 196-213.
Fischer, Norbert (2000): Die modellierte Region. Stormarn und das Hamburger Umland vom Zweiten Weltkrieg bis 1980, Neumünster.
Fischer, Norbert/Barbara Günther (1996): Überleben – Leben – Erleben. Die Nachkriegszeit und 50er Jahre in Stormarn, Neumünster.
Flechsig, Hans (1988): Erinnerungen eines Kieler Arztes, Kiel.
Flüchtlinge (1950): Die Flüchtlinge in Schleswig-Holstein. Die Ergebnisse der Flüchtlingssondererhebung des Landessozialministers Schleswig-Holstein.
Frantzioch, Marion (1987): Die Vertriebenen – Hemmnisse und Wege ihrer Integration in der Bundesrepublik Deutschland, mit einer kommentierten Bibliographie, Berlin.
Frantzioch, Marion (1989): Die Vertriebenen als Fremde. Eine soziologische Betrachtung der ersten Nachkriegsjahre, in: Tolksdorf, Ulrich (Hg.): Jahrbuch für ostdeutsche Volkskunde 32, Marburg, 171-184.
Garrn, Margit (1997): Schwere Jahre, in: Diercks, 277-283.
Gesetz- und Verordnungsblatt für Schleswig-Holstein (1947): Gesetz zur Behebung der Flüchtlingsnot vom 27.11.1947, 104.
Gemeindeblatt der Evangelisch-Lutherischen Landeskirche Schleswig-Holstein (Hg.) (1926-1949): Am Sehrohr der Zeit, Lauenburg/ Lübeck/Eutin/Rendsburg.
Gemeindeblatt der Evangelisch-Lutherischen Landeskirche Schleswig-Holstein (Hg.): Die Kirche der Heimat, Lauenburg/Eutin.
Gietzelt, Martin (1991): Flüchtlinge und Vertriebene in Norderdithmarschen 1945-1950, Magister-Hausarbeit der Philosophischen Fakultät Universität Hannover.
Gietzelt, Martin (1993): Flüchtlinge und Vertriebene in Norderdithmarschen 1945-1950, in: Dithmarschen, H. 1, 15-19; H. 2, 32-37; H. 3, 60-63.
Gietzelt, Martin (1997 u. 2007^4): Schleswig-Holstein – Flüchtlingsland Nr. 1, in: Diercks, 11-16.
Gietzelt, Martin/Ulrich Pfeil (2000): Dithmarschen im „Dritten Reich" 1933-1945, in: Gietzelt, Martin (Red.): Geschichte Dithmarschens, Heide, 327-360.
Gietzelt, Martin (2000): Neubeginn und Wiederaufbau, in: Giezelt, Martin (Red.): Geschichte Dithmarschens, Heide, 361-376.
Glatzel, Hans (1973): Verhaltenspsychologie der Ernährung. Beschaffung – Brauchtum – Hunger – Appetit, München/Berlin/Wien.
Glensk, Evelyn (1994): Die Aufnahme und Eingliederung der Flüchtlinge in Hamburg 1945-1953, Hamburg.
Glismann, H. A. (1962): Die Geschichte des Truppenübungsplatzes Lockstedter Lager und seine Entwicklung zum Industrieort Hohenlockstedt, Itzehoe.
Goltz, Reinhard (2007a): „Ach, Deutsch könnt ihr auch." Sprachliche und konfessionelle Fremdheitserfahrungen und Integration ostpreußischer Flüchtlinge in Norddeutschland nach dem Zweiten Weltkrieg, in: Zeitschrift für die Geschichte und Altertumskunde Ermlands. Beiträge zur Kirchen- und Kulturgeschichte des Preußenlandes 52, 209-226.
Goltz, Reinhard (2007b): Diskriminierung mit ‚Matten Has'. Berichte aus der Schule in der Nachkriegszeit, in: Klaus-Groth-Gesellschaft, Jahresgabe 49, 105-109.
Goltz, Reinhard (2007c): Ehr Flüchtlingspack! Ehr Lompepack! Ehr Pollacke! Plattdeutsch und Hochdeutsch bei der Integration von Flüchtlingen nach dem Zweiten Weltkrieg, in: TOP. Berichte der Gesellschaft für Volkskunde in Schleswig-Holstein 17, H. 34, 4-24.
Günther, Barbara (1999a): Aus Baracken zum modernen Verwaltungssitz. Vortrag anlässlich des 50-jährigen Jubiläums der Kreisstadtwerdung von Bad Oldesloe. Unveröffentlichtes Manuskript, Bad Oldesloe.
Günther, Barbara (1999b): Stormarn schwarz-weiß. Zeitgeschichte und kommunales Leben 1949-1989. Fotografien des Journalisten Raimund Marfels, Bad Oldesloe/Neumünster.
Haake, Ulrich (1956): Ein Rückblick auf 10 Jahre Wohnungsbau in Schleswig-Holstein, o. O.
Haarmann, Wennemar (1960): Der Kreis Stormarn, in: Der Kreis Stormarn. Geschichte – Landschaft – Wirtschaft, hg. in Gemeinschaftsarbeit mit der Kreisverwaltung, Oldenburg.
Habermann, Rudi (1997): Erfrorene Knie, in: Diercks, 231-234.
Habich, Johannes u. a. (1980): Heide. Geschichte und Gestalt einer Stadt, Heide.
Hach, Theodor (1887): Das sogenannte Ansveruskreuz bei Ratzeburg, in: Zeitschrift der Gesellschaft für Schleswig-Holstein-Lauenburgische Geschichte. 17 B., 323-363.
Hamburg in Zahlen (1958): Die Pendelwanderung zwischen Hamburg und seiner Umgebung, Heft 9.
Hamburgisches Wörterbuch (1956-2006): Auf Grund der Vorarbeiten von Christoph Walther und Agathe Lasch hg. von Beate Hennig und Jürgen Meier, Neumünster.
Hanika, Josef (1957): Volkskundliche Wandlungen durch Heimatverlust und Zwangswanderung. Methodische Forschungsanleitung am Beispiel der deutschen Gegenwart, Salzburg.
Hannemann, Carl H. (1964): Dithmarschen während der Besatzungszeit 1945 bis 1953, in: Dithmarschen, H. 4, 93-96.
Harlander, Tilmann (1995): Zwischen Heimstätte und Wohnmaschine. Wohnungsbau und Wohnungspolitik in der Zeit des Nationalsozialismus, Band 18 der Reihe Stadt – Planung – Geschichte, hg. von Gerhard Fehl/Juan Rodriguez-Lores/Volker Roscher, Basel/Berlin/Boston.

HARTINGER, WALTER (1992): Religion und Brauch, Darmstadt.
HAUSCHILD, WOLF-DIETER (1991): Das deutsche Luthertum und die Unionsproblematik im 19. Jahrhundert, Gütersloh.
HEIDE, KAREN (2008): Die Ansveruswallfahrt bei Ratzeburg – Traditionsbildung zwischen Heimatvertriebenenpolitik und Erlebnisgesellschaft, Magister-Hausarbeit an der Philosophischen Fakultät der Christian-Albrechts-Universität Kiel.
HEIDRICH, BEATE (1984): „Die Heimat nicht vergessen …" Zu Geschichte und Funktion der Vertriebenenwallfahrt nach Altötting, in: Kriss-Rettenbeck, Lenz/Gerda Möhler (Hg.): Wallfahrt kennt keine Grenzen. Themen zu einer Ausstellung des Bayerischen Nationalmuseums und des Adalbert Stifter Vereins München, München/Zürich, 513-526.
HEITMANN, CLAUS (1989): Das Wohnungsproblem, in: Aus der Ortsgeschichte Sankt Peter-Ording 1945-1950, in: Arbeitsgemeinschaft Ortschronik St.Peter-Ording e.V., St.Peter-Ording, Heft 10, Juli, 86-87.
HENCK, BRUNO (1958): Fischersiedlungen in Schleswig-Holstein, in: Das Fischerblatt Nr. 12, 203-222.
HENNING, ELISABETH (1951): Flüchtlingsschicksal und -milieu als gefährdende Momente für die psychische Entwicklung Jugendlicher. Untersuchung an gefährdeten und verwahrlosten weiblichen Jugendlichen, Dissertation, Kiel.
HENNINGSEN, ANNA MARIA (o. J.): Provinzial-Kochbuch, Kiel.
HERLEMANN, HANS-HEINRICH (1959): Vertriebene Bauern im Strukturwandel der Landwirtschaft, in: Lemberg, Eugen/Friedrich Edding (Hg.): Die Vertriebenen in Westdeutschland. Ihre Eingliederung und ihr Einfluss auf Gesellschaft, Wirtschaft, Politik und Geistesleben, Kiel, Bd. 2, 53-84.
HERRMANN, TOBIAS/KARL HEINRICH POHL/MICHAEL PETERS (Hg.) (1999): Flüchtlinge in Schleswig-Holstein nach 1945. Zwischen Ausgrenzung und Integration, Bielefeld.
HIELMCRONE, ULF VON/HANS HOFFMANN/WILLY-PETER STRÖM (1974): Husum. Bild und Geschichte einer Stadt, Husum.
HILLMER, C.O. (1953): Wiederaufbau der schleswig-holsteinischen Fischereihäfen und seine Finanzierung, in: Fischereiwelt 5, 79-80.
HOFFMANN, HANS (1991): Husum. Bild einer Stadt, Husum.
HUXOLL, JOHANNES (2005): Lebenswege und kulturelle Alltagsperspektiven, in: Tschernokoshewa, Elka/Marija Juric Pahor (Hg.): Auf der Suche nach hybriden Lebensgeschichten, Münster, 121-148.
JACOBS, INGA (1999): Die Anfänge des sozialen Wohnungsbaus in Schleswig-Holstein nach 1945, Magister-Hausarbeit an der Philosophischen Fakultät der Christian-Albrechts-Universität zu Kiel.
JASTROW, ALFRED (1978): Vertriebene und Flüchtlinge in Nordfriesland, Husum.
JÜRGENS, JESSICA (2000): Entnazifizierungspraxis in Schleswig-Holstein. Eine Fallstudie für den Kreis Rendsburg 1946-1949, in: Zeitschrift des Vereins für Schleswig-Holsteinische Geschichte 125, 145-174.
JÜRGENSEN, KURT (1976): Die Stunde der Kirche. Die Evangelisch-Lutherische Landeskirche Schleswig-Holsteins in den ersten Jahren nach dem Zweiten Weltkrieg, Neumünster.
KARASEK-LANGER, ALFRED (1959): Volkstum im Umbruch, in: Lemberg, Eugen/Friedrich Edding (Hg.): Die Vertriebenen in Westdeutschland, Bonn, 606-694.
KATSCHINSKI, CLAUS (1950): Ostpreußische Fischer in Travemünde, in: Das Ostpreußenblatt, Jg. 1, Folge 11, 357 f.
KHORASGANI, MATINA KESHAVARZ/MARLENE MERKLINGER (2007): Flüchtlinge in Sehestedt nach 1945, in: Jessen-Klingenberg, Manfred/Karl Heinrich Pohl (Hg.): Sehestedt aus regionalgeschichtlicher Perspektive. Ein Beitrag zu einer modernen Ortsgeschichte, Hamburg, 149-174.
KIP, ERIKA (2008): Dokumentation der Heimatsammlungen. Die kulturwissenschaftliche Bedeutung von Heimatstuben, in: Deutscher Ostdienst 12/2008, 7-9.
KLEINFELD, MARTIN (2007): Nissenhütten – Das Leben in der „halben Tonne", in: Landkreis Harburg, Kreiskalender, Jahrbuch für den Landkreis Harburg, 79-84.
KLOß, CHARLOTTE (1997): Erinnerungen, in: Diercks, Heide, 64-72.
KORFF, GOTTFRIED (1970): Heiligenverehrung in der Gegenwart. Empirische Untersuchungen in der Diözese Rottenburg, Düsseldorf.
KOSSERT, ANDREAS (2008): Kalte Heimat. Die Geschichte der deutschen Vertriebenen nach 1945, München.
KÖSTER, GUNDA (1990): Menschenleben in Bargenstedt, Husum.
KRÄNICKE, HELGA BIANKA (1997): „Pollackenvolk", in: Diercks, 38-40.
KRIEWALD, CHARLOTTE/IRMGARD FRANKE (1985): Notquartier in der Meldorfer Knabenbürgerschule 1945, in: Dithmarschen, H. 4, 118-119.
KRISS-RETTENBECK, LENZ/IVAN ILLICH (1984): HOMO VIATOR – Ideen und Wirklichkeiten, in: Kriss-Rettenbeck, Lenz/Gerda Möhler (Hg.): Wallfahrt kennt keine Grenzen. Themen zu einer Ausstellung des Bayerischen Nationalmuseums und des Adalbert Stifter Vereins München, München/Zürich, 10-22.
LAMPRECHT, ROLF-JOACHIM (1988): Aufnahme und Eingliederung der Flüchtlinge und Vertriebenen in Ahrensburg nach dem Zweiten Weltkrieg (1945-1952), Examensarbeit, Hamburg.
LANDESAUSGLEICHSBANK (Hg.) (1955): Die gewerblichen Vertriebenen- und Flüchtlingsbetriebe. Erfolge und ungelöste Aufgaben der Eingliederung.
LANGMAACK, URSULA (1997): Plattdeutsch als Heimatbedingung, in: Diercks, 253-255.
LEHMANN, ALBRECHT (1991): Im Fremden ungewollt zuhaus. Flüchtlinge und Vertriebene in Westdeutschland 1945-1990, München.
LEHMANN, ALBRECHT (2007²a): Bewusstseinsanalyse, in: Göttsch, Silke/Albrecht Lehmann (Hg.): Methoden der Volkskunde. Positionen, Quellen, Arbeitsweisen der Europäischen Ethnologie, Berlin, 271-288.
LEHMANN, ALBRECHT (2007b): Reden über Erfahrung. Kulturwissenschaftliche Bewusstseinsanalyse des Erzählens, Berlin.
LENZ, SIEGFRIED (1978): Heimatmuseum, Hamburg.
LESNIAK, PETER (2003): Alte Landschaftsküchen im Sog der Modernisierung. Studien zu einer Ernährungsgeographie Deutschlands zwischen 1860 und 1930, Studien zur Geschichte des Alltags 21, Wiesbaden/Stuttgart.
LUBOWITZ, FRANK (1986): Wilhelm Käber. Regierung und Opposition, Kiel.
LÜDEMANN, HERMANN (1949): Die Flüchtlinge in Schleswig-Holstein, Kiel.

Makoben, Hans (1997): Reinhard, in: Diercks, 178-180.
Manke, Horst (1959): Die Finanzierung der Flüchtlingsbetriebe mit einer Untersuchung zur Frage: Haben die Flüchtlingsbetriebe die Startbedingungen vergleichbarer einheimischer Betriebe erreicht? Inaugural-Dissertation der Wirtschafts- und Sozialwissenschaftlichen Fakultät der Universität zu Köln.
Martens, Holger (1998): Die Geschichte der Sozialdemokratischen Partei Deutschlands in Schleswig-Holstein 1945 bis 1959, 2 Bde., Malente.
Mehlhorn, Dieter-Jürgen (2006): Die Siedlung Fruerlundholz im Kontext ihrer Zeit, in: Wojahn 2006, 121-133.
Menges, Walter (1959): Wandel und Auflösung der Konfessionen, in: Lemberg, Eugen/Friedrich Edding (Hg.): Die Vertriebenen in Westdeutschland. Ihre Eingliederung und ihr Einfluß auf Gesellschaft, Wirtschaft, Politik und Geistesleben. Bd.I-III, Kiel, 6-23.
Mensing (1927-1935): Schleswig-Holsteinisches Wörterbuch, Volksausgabe, 5 Bde., Neumünster.
Metzner, Horst (1993): Die Wobau. Geschichte eines Wohnungsunternehmens in Schleswig-Holstein, Band 1, Raisdorf.
Meyer-Rebentisch, Karen (2008): In Lübeck angekommen. Erfahrungen von Flüchtlingen und Heimatvertriebenen, Lübeck.
Möller, Käte (1997): Hunger, in: Diercks, 214-216.
Müller, Fritz (1993): Die Verwaltung des Hungers 1945-1948. Eine Dokumentation der Arbeit des Regional Food Office, Kiel.
Neu, Edith (1997): Leuwagenreparatur, in: Diercks, 172-173.
Neubürger (1987): Neubürger nach dem zweiten Weltkrieg, in: Lorenzen-Schmidt, Klaus-Jürgen (Hg.): Grevenkop. Geschichte eines Dorfes II. 1920-1987, Grevenkop, 33-34.
Nissen, Nis R. (2000): Erinnerungen von Nis R. Nissen, in: Piening, Holger: Westküste 1945. Nordfriesland und Dithmarschen am Ende des Zweiten Weltkriegs, Heide, 228-234.
Notz, Ferdinand v. (1929): Ansverus, der Apostel und Märtyrer Lauenburgs in Geschichte, Sage, Stein und Bild, Ratzeburg.
Nürnberg, Gerhard (2006[3]): „Heute schau ich auf gestern" – Erinnerungen von Gerhard Nürnberg, in: Spolovjnak-Pridat, Isabella/Helmut Siepenkort: Ökumene im Widerstand. Der Lübecker Christenprozeß 1943, Lübeck, 125-132.
Obst, Carsten (1989): Die Flüchtlings- und Vertriebenenproblematik in Neumünster 1945 bis 1950, in: Jahrbuch für Volkskunde 32, 206-231.
Obst, Carsten (2007): Flüchtlinge in Neumünster, Heimatarchiv, Erfurt.
Orth, Ella (1919, 1929[5-7], 1939[10], 1949[15], 1954[20]): Praktisches Kochbuch für die Schleswig-Holsteinische Küche, Neumünster.
Perrey, Hans-Jürgen (1993): Stormarns preußische Jahre, Neumünster.
Petter, Elsa (1997): Wie war das damals?, in: Diercks, 86-89.
Petzold, Frank (1996): Kriegsende 1945 in Eutin, Eutin.
Peuckert, Will-Erich (1950): Schlesisch, (Erstauflage 1937), München.
Peyinghaus, Marianne (1985): Stille Jahre in Gertlauken. Erinnerungen an Ostpreußen. Berlin.
Pfeil, Elisabeth (1951): Fünf Jahre später: Die Eingliederung der Heimatvertriebenen in Bayern bis 1950, auf Grundlage der Untersuchung im Bayer, hg. vom Statistischen Landesamt, Frankfurt a. M.
Pfeil, Elisabeth (1968): Die 23-Jährigen. Eine Generationenuntersuchung am Geburtenjahrgang 1941, Tübingen.
Piening, Holger (2000): Westküste 1945. Nordfriesland und Dithmarschen am Ende des Zweiten Weltkriegs, Heide.
Pieschl, Gerhard (1989): Aufbau und Organisation der Vertriebenenseelsorge sowie Probleme der Vertriebenenarbeit im katholischen Bereich, in: Frantzioch, Marion/Odo Ratza/Günter Reichert (Hg.): 40 Jahre Arbeit für Deutschland – die Vertriebenen und Flüchtlinge. Ausstellungskatalog, Frankfurt a. M./Berlin, 265-273.
Planungsatlas Schleswig-Holstein (1960): Deutscher Planungsatlas Band III, Bremen-Horn.
Pochadt, Ilse (2007): Steckrüben und Torten, in: Diercks, 204-209.
Pohl, Karl Heinrich (Hg) (1997): Regionalgeschichte heute: Das Flüchtlingsproblem in Schleswig-Holstein nach 1945, Bielefeld.
Pohl, Margarete (1997): Lagerleben, in: Diercks, 235-238.
Preußisches Wörterbuch (1974-2005): Preußisches Wörterbuch. Deutsche Mundarten Ost- und Westpreußens, 6 Bde., hg. von Erhard Riemann/Ulrich Tolksdorf/Reinhard Goltz, Neumünster.
Protzner, Wolfgang (1987): Vom Hungerwinter zum kulinarischen Schlaraffenland. Aspekte einer Kulturgeschichte des Essens in der Bundesrepublik Deutschland, Stuttgart.
Rehders, Lenchen (1950): Flüchtlinge in ländlichen Siedlungen Schleswig-Holstein. Eine wirtschafts- und sozialgeographische Untersuchung der Dörfer Probsteierhagen und Fiefbergen und des Gutes Salzau, Dissertation, Kiel.
Rehn, Marie-Elisabeth (1991): „Enclosed please find monthly report ..." Die Lageberichte Sir Ronald Sinclairs aus Heide von 1948 bis 1951. Teil 1, in: Dithmarschen, H. 1, 14-20.
Reif, Heinz/Sigrid Heinze/Andreas Ludwig (1990): Schwierigkeiten mit Tradition. Zur kulturellen Praxis städtischer Heimatmuseen, in: Korf, Gottfried/Martin Rohe (Hg.): Das historische Museum. Labor, Schaubühne, Identitätsfabrik, Frankfurt a. M./New York/Paris.
Richtlinien für kulturelle Betreuung der Heimatvertriebenen in den Landkreisen und für die Pflege ihres Kulturgutes (1987[2]), in: Baden-Württemberg und seine Patenschaften. Ostdeutsche Kulturarbeit im Land und in den Gemeinden, hg. vom Innenministerium Baden-Württemberg, Stuttgart.
Rodehau, Martha (2007): Reichtum in Kartoffeln, in: Diercks, 52.
Röder, Annemarie (1991): Heimatmuseen, Heimatstuben und Sammlungen in Baden-Württemberg – Ein Überblick, in: Jahrbuch für ostdeutsche Volkskunde 34, Marburg.
Rohkohl, Kai (1985): Sprachverhalten und Sprachwandel einheimischer und ostdeutscher Fischer in Heiligenhafen, in: Tolksdorf, Ulrich (Hg.): Jahrbuch für ostdeutsche Volkskunde 29, Marburg, 318-362.
Rönnpag, Otto (1971): Von Pommern nach Ostholstein. Fleischwarenfabrik Wilhelm Brandenburg in Klein Timmendorf, in: Jahrbuch des Kreises Eutin, Eutin, 156-163.

Rosenfeldt, Jenspeter (1991): Nicht einer … viele sollen leben! Landreform in Schleswig-Holstein 1945-1950, Kiel.
Rössler, Susanne (1979): Gablonzer Glas und Schmuck. Tradition und Gegenwart einer kunsthandwerklichen Industrie, München.
Roth, Martin (1990): Heimatmuseum. Zur Geschichte einer Institution, Berlin.
Sacht, Hans-Christian (2007): Erste Nachkriegsjahre in Gettorf, in: Diercks, 194-200.
Sauer, Thomas (1997): Aus der Geschichte der Stormarner Sozialdemokratie. 1864-1933. 1945-1959. 1960-1970, Unveröffentlichtes Manuskript, Ahrensburg.
Saul, Harald (2001): Familienrezepte aus Ostpreußen. Geschichten, Personen und Rezepte einer unvergessenen Zeit, Leipzig.
Schäfer, Kathrin (2002): Firmengeschichte G. Pohl-Boskamp (2002), unveröffentlichtes Manuskript im Firmenarchiv Pohl-Boskamp.
Schenkendorf, Max von (1814): Muttersprache, o. A.
Schier, Siegfried (1982): Die Aufnahme und Eingliederung von Flüchtlingen in der Hansestadt Lübeck, Lübeck.
Schittko, Frank (1999): „Denn hier waren wir nicht willkommen". Die Integration der Flüchtlinge in Brunsbüttel, in: Herrmann, Tobias/ Karl Heinrich Pohl (Hg.): Flüchtlinge in Schleswig-Holstein nach 1945. Zwischen Ausgrenzung und Integration, Bielefeld, 109-125.
Schleidt, Irene (2007): Aufgewachsen mit der „Holsteinischen Ananas", in: Diercks, 143-146.
Schlesisches Wörterbuch (1963-1965): Schlesisches Wörterbuch, 3 Bde., bearb. u. hg. von Herbert Schmidt-Kasper o. A.
Schleswig-Holsteinische Landpost vom 20.6.1947: Landestagung des Bauernverbandes.
Schleswig-Holsteinischer Landtag (Hg.) (1950): Wortprotokolle des dritten Schleswig-Holsteinischen Landtages. Mai 1947-Mai 1950 (Bearbeitungszeitraum), Kiel.
Schmidt, Brigitte (2007): Ich habe eine zweite Heimat gefunden, in: Diercks, 210-14.
Schoof, Ernst (1970): Dithmarschen vor und nach 1945, in: Nissen, Nis R. (Hg.): Süderdithmarschen 1581-1970, Heide, 197-204.
Schroubek, Georg R. (1968): Wallfahrt und Heimatverlust. Ein Beitrag zur religiösen Volkskunde der Gegenwart, Marburg.
Schübeler, Horst (2005): Fischerei in Schleswig-Holstein. Bilddokumente zur Geschichte der Fischerei, Husum.
Schubert, Gernot (1997): Neue Lebensart, in: Diercks, 264-265.
Schuch, Hans Jürgen/Annemarie Röder (1989): Handreichungen für Heimatstubenleiter, Bonn.
Schulte, Kurt (1989): Büsum. Von der Insel zum Nordseeheilbad. Eine Chronik, Heide.
Schulz, Günther (1994): Wiederaufbau in Deutschland. Die Wohnungspolitik in den Westzonen und in der Bundesrepublik von 1945 bis 1957, in: Buchstab, Günter u. a. (Hg.), Forschungen und Quellen zur Zeitgeschichte, i. A. der Konrad-Adenauer-Stiftung, Bd. 20, Düsseldorf.
Schumacher, Fritz (1932): Das Werden einer Großstadt. Bilder aus dem neuen Hamburg, Hamburg.
Schürmann, Thomas (Hg.) (2009): „Wir fingen ganz von vorne an!" Siedlungsbau und Flüchtlingsintegration im Großraum Hamburg 1945-65. Schriften des Freilichtmuseums am Kiekeberg, Bd. 69, Ehestorf.
Schwartz, Michael (2004): Vertriebene und ‚Umsiedlerpolitik'. Integrationskonflikte in den deutschen Nachkriegs-Gesellschaften und die Assimilationsstrategien in der SBZ/DDR 1945-1961, in: Quellen und Darstellungen zur Zeitgeschichte, hg. vom Institut für Zeitgeschichte, Bd. 61, München.
Selk, Paul (1986): Die sprachlichen Verhältnisse im deutsch-dänischen Sprachgebiet südlich der Grenze, eine statistisch-geographische Untersuchung. Mit einem Vorwort von Hubertus Menke, Hamburg.
Siebenborn-Ramm, Kerstin (1996): Die „Butenhamborger". Kriegsbedingte Migration und ihre Folgen im und nach dem Zweiten Weltkrieg, Hamburg.
Siebeneichler, Max (1952): Die Gablonzer Industrie in Westdeutschland, in: Wirtschaftsdienst, hg. vom Hamburgischen Welt-Wirtschafts-Archiv, Jg. 32, Hamburg, 706-710.
Sikora, Christoph (1997): Lokalderbys in Osterrade, in: Diercks, 82-83.
Sörensen, Christian M. (1985): Vom Kampf gegen Hunger, Kälte und Wohnungsmangel vor 40 Jahren. Versorgungsprobleme in Husum am Ende des Zweiten Weltkrieges, in: Zwischen Eider und Wiedau. Heimatkalender für Nordfriesland, hg. vom Nordfriesischen Verein für Heimatkunde und Heimatliebe und dem Heimatbund Landschaft Eiderstedt, 150-162.
Sörensen, Christian M. (2003): Husum – eine politisierte Provinzstadt (1914-1949), in: Gesellschaft für Husumer Stadtgeschichte (Hg.): Geschichte Husums. Von den Anfängen bis zur Gegenwart, Husum, 187-238.
Specht, Lisa (1953): Der Pendelverkehr der schleswig-holsteinischen Städte und Hamburgs, in: Schott, Carl (Hg.): Beiträge zur Landeskunde von Schleswig-Holstein, Kiel.
Statistisches Landesamt Schleswig-Holstein (Hg.) (1967): Beiträge zur historischen Statistik Schleswig-Holsteins, Kiel.
Statistisches Landesamt Schleswig-Holstein (Hg.) (1974): Das Flüchtlingsgeschehen in Schleswig-Holstein infolge des 2. Weltkriegs im Spiegel der amtlichen Statistik, Kiel.
Statistisches Landesamt Schleswig-Holstein (Hg.) (1977): Lange Reihen zur Bevölkerungs- und Wirtschaftsentwicklung Schleswig-Holsteins 1950-1975, Kiel.
Stüber, Gabriele (1984): Der Kampf gegen den Hunger 1945-1950. Die Ernährungslage in der britischen Zone Deutschlands, insbesondere in Schleswig-Holstein und Hamburg, Neumünster.
Tabel, Rose-Marie (1997): Mehlbestäubte Briketts, in: Diercks, 74-76.
Tetzlaff, Wilhelm (Hg.) (1950): Flüchtlinge in Schleswig-Holstein. Die Ergebnisse der Flüchtlingssondererhebung des Sozialministers Schleswig-Holstein, Kiel .
Teuteberg, Hans-Jürgen/Günter Wiegelmann (1986): Unsere tägliche Kost. Geschichte und regionale Prägung, Münster.
Thiede, Klaus (1949): Die Fischwirtschaft Schleswig-Holsteins, in: Die Fischwoche 4, Heft 19, 24-26.
Thyssen, Thyge (1958): Bauer und Standesvertretung. Werden und Wirken des Bauerntums in Schleswig-Holstein seit der Agrarreform, Neumünster.
Tolksdorf, Ulrich (1967): Volksleben in den Ermländersiedlungen der Eifel, Marburg.

Tolksdorf, Ulrich (1975): Essen und Trinken in Ost- und Westpreußen, Schriftenreihe der Kommission für Ostdeutsche Volkskunde in der Deutschen Gesellschaft für Volkskunde e. V. 13, Marburg.
Tolksdorf, Ulrich (1978): Essen und Trinken in alter und neuer Heimat. Zur Frage des Geschmacks-Konservatismus, in: Tolksdorf, Ulrich (Hg.): Jahrbuch für ostdeutsche Volkskunde 21, Marburg, 341-364.
Tolksdorf, Ulrich (1986): Über den Sprachgebrauch ost- und westpreußischer Fischerfamilien in Schleswig-Holstein heute, in: Klaus-Groth-Gesellschaft, Jahresgabe, 143-151.
Tolksdorf, Ulrich (1987): Die neuen Fischersiedlungen nach 1945 in Schleswig-Holstein, in: Tolksdorf, Ulrich (Hg.): Jahrbuch für ostdeutsche Volkskunde 30, Marburg, 56-93.
Tolksdorf, Ulrich (1989): Der Beitrag ostdeutscher Fischer zur Entwicklung der maritimen Alltagskultur in der Nachkriegsgeschichte der Bundesrepublik Deutschland, in: Frantzioch, Marion, Odo Ratza/Günter Reichert: 40 Jahre Arbeit für Deutschland – die Vertriebenen und Flüchtlinge – Ausstellungskatalog, Frankfurt a. M./Berlin, 105-110.
Tolksdorf, Ulrich (1990): Phasen der kulturellen Integration bei Flüchtlingen und Aussiedlern, in: Bade, Klaus J. (Hg.): Neue Heimat im Westen. Vertriebene, Flüchtlinge, Aussiedler, Münster, 106-127.
Tolksdorf, Ulrich (1991a): Ermländische Protokolle. Alltagserzählungen in Mundart, Marburg.
Tolksdorf, Ulrich (1991b): Fischerei und Fischerkultur in Ostpreußen, Hamburg.
Trende, Frank (2006): Schleswig-Holstein in den 50er Jahren, Heide.
Tschernokoshewa, Elka (2005): Geschichten vom hybriden Leben, in: Tschernokoshewa, Elka/Marija Juric Pahor (Hg.): Auf der Suche nach hybriden Lebensgeschichten, Münster, 11-41.
Uhlig, Eva (1997): Meine Geschichte, in: Diercks, 56-57.
Unternehmermagazin (2007): Inhaber im Mittelstand. Zeitschrift für Familienunternehmen.
Varain, Heinz Josef (1964): Parteien und Verbände. Eine Studie über ihren Aufbau, ihre Verflechtung und ihr Wirken in Schleswig-Holstein, Köln/Opladen.
Vertriebene, Flüchtlinge (1953): Vertriebene, Flüchtlinge, Kriegsgefangene, heimatlose Ausländer 1949-1952. Bericht des Bundesministers für Vertriebene, Bonn.
Vogelsang, Carl M. Freiherr von (1961): Eine Wallfahrt im Norden, in: Rudloff, Johannes von (Hg.): Katholischer Wegweiser 1961 für Hamburg und Schleswig-Holstein, Hamburg 1961, S. 31-34.
Vogelsanger, Cornelia (1981): Emigration und Kultur – Flüchtlingsprobleme aus ethnologischer Sicht. Völkerwanderung unserer Zeit, Bern.
Völckers, Otto (1932): Wohnbaufibel. Für Anfänger und solche, die glauben, es nicht mehr zu sein, Stuttgart.
Völkel, Eduard (1955): Erinnerungen aus meinem Leben, Kiel.
Volquardsen, J. Volker (1977/1978): Zur Agrarreform in Schleswig-Holstein nach 1945, in: Zeitschrift der Gesellschaft für Schleswig-Holsteinische Geschichte 102/103, 187-344.
Wagner, Georg (1995): Sozialstaat gegen Wohnungsnot. Wohnraumbewirtschaftung und Sozialer Wohnungsbau im Bund und in Nordrhein-Westfalen 1950-1970, Paderborn.
Walther, Dorothea (1996): Frauenleben in Dithmarschen 1920-1990. Autobiographische Lebensgeschichten von Dithmarscher Landfrauen, in: Majewski, Rut/Dorothea Walther: Landfrauenalltag in Schleswig-Holstein im 20. Jahrhundert, Studien zur Volkskunde und Kulturgeschichte Schleswig-Holsteins 32, Neumünster, 9-98.
Wehden, Gisela (1997): Feindseligkeit, in: Diercks, 247-249.
Wendt, Stefan (1992): Trappenkamp – Geschichte einer jungen Gemeinde, Trappenkamp.
Wertz, Renate L. (1988): Die Vertriebenen in Schleswig-Holstein. Aufnahme und Eingliederung, Kiel.
Wetzel, Heinz (1940): Wandlungen im Städtebau, in: Bauen und Planen der Gegenwart, Heft 3, Stuttgart.
Wiebe, Dietrich (1968): Industrieansiedlungen in ländlichen Räumen dargestellt am Beispiel der Gemeinden Wahlstedt und Trappenkamp im Kreis Segeberg. Schriften des Geographischen Instituts der Universität Kiel, Bd. 28, Kiel.
Wiegelmann, Günter (2006): Alltags- und Festspeisen in Mitteleuropa. Innovationen, Strukturen und Regionen vom späten Mittelalter bis zum 20. Jahrhundert, 2. erw. Aufl. unter Mitarbeit v. Barbara Krug-Richter, Münsteraner Schriften zur Volkskunde/Europäischen Ethnologie 11, Münster/New York/München/Berlin.
Will, Eva (1997): Vom Schiffsbauhelfer zum technischen Betriebsleiter, in: Diercks, 55.
Wohlenberg, Hans Joachim (1997): Lokalderbys in Osterrade, in: Diercks, 82-83.
Wojahn, Marc (Bearb.) (2006): Evaluationsstudie der Siedlung Fruerlundholz in Flensburg/Schleswig-Holstein, Heft 2, Schriftenreihe „Stadtplanung" des Instituts für Städtebau und Verkehrsplanung der FH Kiel in Eckernförde.
Wulf, Peter (1995): Die Flüchtlinge in Schleswig-Holstein 1945-55. Belastungen und Chancen, in: Bohn, Robert/Jürgen Elvert (Hg.): Kriegsende im Norden. Vom heißen zum kalten Krieg. Historische Mitteilungen, Beiheft 14, Stuttgart, 95-104.
Xylander, Marlen von (2009): Flüchtlinge im Armenhaus. Studien zu Schleswig-Holstein 1945-1949, Dissertation, Universität Hamburg.
Zerlik, Otto (1979): Beginn in Trappenkamp. Vom Aufbau sudetendeutscher Industrie in Norddeutschland, in: Sudetendeutsche Zeitung vom 23.11.1979.
Ziesemer, Walther (1924): Die ostpreußischen Mundarten. Proben und Darstellung, Kiel, unveränd. Nachdruck, Wiesbaden 1979.

ABBILDUNGSVERZEICHNIS

Archiv Bauamt Husum: 58 (Akte 94/47: Heimstätte Schleswig-Holstein), 62 u. 65 (Akte 32/49: Willi Petersen).

Archiv Brandenburg, Timmendorfer Strand: 162, 164 (beide), 165 (beide), 166, 168, 169, 170 (beide), 171, 172, 173 (beide), 174 (beide), 175, 176 (beide), 177, 178, 179, 180 (alle).

Archiv Carstens: 43, 44, 45, 46, 47, 48, 49 (beide), 50, 51,52.

Astrid Paulsen: 53, 57, 63 (beide), 66, (beide), 67 (beide), 68 (alle).

Dieter-Jürgen Mehlhorn: 77, 78, 79 (beide), 80 (alle), 81 (beide).

Dithmarscher Landesmuseum: 24, 124, 199.

Firmenarchiv Pohl-Boskamp GmbH & Co. KG: 185, 186, 187 (beide), 188 (alle), 189, 190 (beide), 191 (beide), 192 (beide), 193 (beide).

Franz Unverhau: 11, 12 (unten), 27.

Freilichtmuseum Molfsee: 234.

Ilka E. Hillenstedt: 139 (unten links), 194, 221, 223, 225 (beide), 226, 227, 228, 229, 230, 231, 232.

Karen Heide: 213, 218.

Kieler Stadt- und Schifffahrtsmuseum: 17.

Kreisarchiv Nordfriesland: 59 (Akte C4/Nr. 46), 60 (Akte C4/Nr. 46).

Kreisarchiv Stormarn I 1: Nachlass Raimund Marsfels: 84, 88, 90.

Kreismuseum Herzogtum Lauenburg: 32 (unten), 126.

Landesarchiv Schleswig-Holstein: 7 (Abt. 2003.2, Nr. 2136), 18 (Abt. 2003.2, Nr. 2532), 19 (Abt. 2003.2, Nr. 1711), 20 (Abt. 2003.2, Nr. 1714), 34 (oben: Abt. 2003.2 Nr. 2637), 130 (Abt. 2003.2 Nr. 1257), 142 (unten links: Abt. 2003.2 Nr. 2145).

Pfarrarchiv der Katholischen Herz-Jesu Gemeinde Lübeck: 214.

Pfarrgemeinde St. Answer, Ratzeburg: 215, 217.

Privatbesitz: 10, 12, 13, 16, 21 (beide), 23, 26, 28, 30, 31, 41, 64, 110, 111, 112, 114, 115, 118, 121, 123, 127, 129, 132, 133, 141 (beide), 144, 147, 148, 150, 151, 201, 202, 203, 204, 205, 206, 208, 209, 210, 211, 212.

Sammlung Kieler Stadtarchiv: 9, 10 (oben: Magnussen, 15, 25 (Magnussen), 32 (oben), 33, 34 (unten), 35, 36 (Magnussen), 39, 137, 138 (beide), 139 (oben), 140 (Magnussen), 142 (oben: Nafzger), 142 (unten rechts), 198.

Sammlung Mallek: 86.

Schulz (1994): 71.

Stadtarchiv Heide: 37, 38.

Stadtarchiv Neumünster: 74, 75 (unten).

Stefan Wendt: 93 (Gemeindearchiv Trappenkamp), 95 (Hildegard Messer, Trappenkamp), 97 (Gemeindearchiv Trappenkamp), 98 (Gemeindearchiv Trappenkamp), 99 (beide: Gemeindearchiv Trappenkamp), 100 (oben: Gerd Ullrich Horenkohl, unten: Peter Schreiner, Trappenkamp), 104 (Gemeindearchiv Trappenkamp), 106 (Gerhard Bechmann, Trappenkamp), 107 (Gerd Schreiner), 108 (Gemeindearchiv Trappenkamp), 109 (Gemeindearchiv Trappenkamp).

Stefanie Janssen: 154, 159, 160 (beide), 161 (beide).

Tolksdorf (1987): 158.

Volkskundliche Sammlung Hesterberg, Schleswig: 136 (beide), 139 (Mitte u. links).

Wetzel (1940): 75 (beide oben).

DIE AUTOREN

Uwe Carstens, Dr. phil., Studium an der CAU Kiel. Geschäftsführer der „Ferdinand-Tönnies-Gesellschaft e. V." in Kiel. Insbesondere Veröffentlichungen zum Thema „Flucht, Vertreibung und Integration infolge des II. Weltkrieges".

Norbert Fischer, Prof. Dr. phil., seit 1995 am Institut für Sozial- und Wirtschaftsgeschichte der Universität Hamburg, Habilitation 2004. Veröffentlichungen zu Hamburg und seinem Umland, zur Friedhofskultur und Themen zur Küste.

Reinhard Goltz, Dr. phil., Herausgeber des Preußischen Wörterbuches und Geschäftsführer des Instituts für niederdeutsche Sprache in Bremen. Aufsätze zur niederdeutschen Sprache und neueren Literatur. Vorsitzender der Klaus-Groth-Gesellschaft sowie Sprecher des Bundesrates für Niederdeutsch.

Andrea Grotzke, M. A., Studium der Klassischen Archäologie, Medizingeschichte sowie Ur- und Frühgeschichte. Seit 2007 beim Pharmaunternehmen G. Pohl-Boskamp GmbH & Co. KG in Hohenlockstedt, Aufarbeitung der Firmengeschichte und Aufbau des Firmenmuseums.

Nils Hansen, Dr. phil., seit 1987 Wissenschaftlicher Angestellter am Seminar der Europäischen Ethnologie in Kiel. Fachliche Schwerpunkte in der Historisch-archivalischen Volkskunde, der Regionalkulturforschung und der Sozialgeschichte Schleswig-Holsteins.

Karen Heide, M. A. und Dipl. Soz. Päd., Studium der Europäischen Ethnologie/Volkskunde, Kunstgeschichte und Pädagogik sowie Sozialpädagogik. Zur Zeit Lehrauftrag am Seminar für Europäische Ethnologie in Kiel.

Ilka E. Hillenstedt, M. A., Studium der Ethnologie, Ur- und Frühgeschichte und Englischen Philologie in Bonn und Münster. Volontärin am Schleswig-Holsteinischen Freilichtmuseum und Kuratorin der Ausstellung „Fremdes Zuhause".

Stefanie Janssen, Dr. phil., Studium der Europäischen Ethnologie/Volkskunde. Freiberufliche Kulturwissenschaftlerin. Forschungsschwerpunkte in der maritimen Volkskunde und Nahrungsethnologie.

Hellmut Jucknat, als Kind auf der Flucht vom Preußischen Landgestüt Georgenburg mit seiner Familie nach Traventhal bei Bad Segeberg gekommen. Heute Pensionär, betreibt Familienforschung.

Ulrike Looft-Gaude, Dr. phil., Kulturhistorikerin am Schleswig-Holsteinischen Freilichtmuseum. Diverse Veröffentlichungen zur Kultur Norddeutschlands, u. a. zur Architektur, ländlichen Küche, zu Redensarten, Sagen und Terrazzo.

Klaus-Joachim Lorenzen-Schmidt, Dr. phil., Oberarchivrat am Staatsarchiv Hamburg, Sprecher des Arbeitskreises für Wirtschafts- und Sozialgeschichte Schleswig-Holsteins und des Beirats der Gesellschaft für Schleswig-Holsteinische Geschichte. Forschung zur Stadt- und Landwirtschaftsgeschichte der Herzogtümer und Lübecks.

Dieter-J. Mehlhorn, Prof. Dr. Ing., Architekt und Stadtplaner SRL, Lehrauftrag für Städtebau und Stadtplanung. Publikationen über regionale und spanische Architektur- und Stadtbaugeschichte sowie allgemeine Themen des Städtebaus. Schwerpunkt der praktischen Tätigkeit: Stadterneuerung und -gestaltung.

Astrid Paulsen, M. A., Volkskundlerin am Schleswig-Holsteinischen Freilichtmuseum. Verschiedene Beiträge und Publikationen zu kulturgeschichtlichen Themen, z. B. zum Tourismus, zum Alltagsleben, zur ländlichen Küche und zu Sagen.

Manuela Schütze, M. A., Studium der Volkskunde, Mittleren und Neueren Geschichte und Anglistik. Presse- und Öffentlichkeitsarbeit für Kulturinstitutionen, aktuell Leiterin der Unternehmenskommunikation/Pressesprecherin der Stadtwerke Neumünster.

Stefan Wendt, M. A., Studium der Germanistik und Geschichte. Technischer Redakteur in einem Kieler Softwareunternehmen. Publikationen zur schleswig-holsteinischen Orts-, Industrie- und Sportgeschichte.

Marion J. Wetzel, Dr. phil., Studium der Volkskunde, Kunstgeschichte, Pädagogik, Mineralogie und Physik. Interesse an Vertriebenenforschung und der Musikkultur des Ostens. Beschäftigt bei einem Internet- und Telekommunikationsunternehmen.